Unsere lichtvolle Zukunft

Große Veränderungen für Menschen, Tiere, Natur und Erde

Brigitte-Devaia Jost und Johannes Holey
und 14 weitere Autoren

Brigitte-Devaia Jost	www.brigitte-devaia.com
Johannes Holey	www.bewusstseins-erweiterungen.de
Bianka Denise Albrecht	www.seelen-raum.de
Britta Alanée Stüven	www.seelen-reise.de
Charlotte Deppisch	www.charlotte-deppisch.com
Elizabeta Merkec	www.spirit-sun-zentrum.de
Günther Wiechmann	www.guentherwiechmann.de
Heike Antons und Andreas Hösl	www.zentrum-neue-erde.de
Ingrid Maria Hülsmann	(Kontakt über den Verlag)
Johanna Zimmermann	(Kontakt über den Verlag)
Medium Johannes	www.medium-johannes.de
Margarete Frank	w ww.bewusst-sein.net
Peter Götz	(Kontakt über den Verlag)
Tara Eleonore Albers	www.merlintv-verlag.de
Ursula Maria Warga	www.ursulawarga.de

Devaia Verlag

Erste Auflage 2023

Birkenweg 4, 74579 Fichtenau
www.lieblingsverlag.de

Dieses Buch erscheint im Lieblingsverlag,
ist jedoch ein ‚geistiges Kind' des Devaia-Verlags
79650 Schopfheim, Tiergarten 2
www.devaia-verlag.com

Druck: CPI – Ebner & Spiegel, Ulm
Satz und Layout: Jan Udo Holey
Umschlaggestaltung: Brigitte-Devaia Jost
Umschlagbild: Brigitte-Devaia ART
‚Kraftplatz im Paradies der Neuen Zeit' (Bildausschnitt)
Buchillustrationen: Brigitte-Devaia ART

ISBN: 978-3939105886

Die Bilder in diesem Buch:
(Die Originalbilder sind natürlich farbig)
Bild 1: Abendgebet; Bild 2: Jenseitige Frau (Ausschnitt); Bild 3: Engelheilgarten (Ausschnitt); Bild 4: Engel der Schönheit des Herzens; Bild 5: Landschafts-Deva; Bild 6: Naturzauber und Haussegen-Engel (Ausschnitt); Bild 7: Rehkitz-Schutzengelfee (Ausschnitt); Bild 8: Naturengel (Ausschnitt)
Weitere Motive unter: www.brigitte-devaia.com

Ausschlussklausel:
Sämtliche Kapitel dieses Buches sind ausdrücklich und ausschließlich die Betrachtungsweise der Autoren und als Wertungs- und Meinungsäußerung zu verstehen. Diese Meinungsäußerungen stellen niemals, in keiner Weise, in keinem Satz, in keinem Zusammenhang eine Tatsachenbehauptung dar, selbst dann nicht, wenn der eigentliche Buchtext Empfehlungen ausspricht oder wenn darin Anleitungen zu bestimmten Anwendungen aufgeführt sind.
Sollte es irgendeinen Krankheitszustand betreffen, raten wir alle dazu, eine Ärztin oder Arzt oder Heilpraktikerin oder Heilpraktiker zu konsultieren.

Inhaltsverzeichnis

Brigitte-Devaias Einladung

Liebe Leserin, lieber Leser,
herzlich lade ich dich ein, dieses Buch mit dem Herzen zu lesen.

Leider werden noch viele Menschen in der Schule, der Universität, während der Berufsausbildung und beim Ausüben ihres Berufs einseitig auf den Intellekt getrimmt, sodass das Verstandesdenken dominiert und die ganzheitliche Wahrnehmungsfähigkeit viel zu kurz kommt. Doch allein mit unserem Intellekt können wir Spirituelles nicht erfassen und auch dieses spirituelle Buch nicht wirklich verstehen. Unser Intellekt hat andere, weltliche Aufgaben.

Beim Lesen eines spirituellen Buches geht es nicht nur um das Sammeln und Analysieren von Informationen, sondern im Wesentlichen um das innere Erleben des Gelesenen – so, wie es die kleinen Kinder noch tun. Sie lesen nicht nur, sondern leben in dem, was sie lesen. Sie tun noch alles mit offenem Herzen und haben viel Freude.

Wenn auch wir mit dem Herzen lesen, können wir während des Lesens intensive Gefühle und Freude empfinden, innere Bilder sehen, Klänge hören, vielleicht Düfte genießen und sogar Präsenzen spüren. Unser offenes Herz macht ein intensives Lese-Erlebnis möglich, von dem wir uns dann auch wirklich erfüllt fühlen.

Warum unser Herz das kann? Weil sich in unserem Herzen unser Gottesfunke befindet und wir dort in ständiger Verbindung mit unserer göttlichen Quelle und liebevollen Geist- und Lichtwesen sind – unserer geistigen Führung.

Mit dem Herzen zu lesen, bedeutet, mit unserer geistigen Führung zu lesen. Mit ihr zusammen erleben wir alles intensiver, lebendiger, schöner, lichtvoller und viel, viel bunter.

Danksagung und Widmung

Unseren innigsten Dank möchten wir allen Mitwirkenden im Diesseits und in der Geistigen Welt aussprechen, die dabei mitgeholfen haben, dass dieses Buch allen Hindernissen zum Trotz entstehen konnte und jetzt seine Aufgabe erfüllt!

Unser wärmster Dank geht an alle Mitautorinnen und Mitautoren für ihre wunderbaren Buchbeiträge und ihre Unterstützung! Ihr seid einfach wunderbar!

Wir danken allen sehr herzlich, die für dieses Buch gespendet haben! Mögen eure liebevollen Gaben vielfach zu euch zurückkommen!

Jan Udo Holey danken wir sehr für seine Großzügigkeit, dieses Gemeinschaftswerk zu finanzieren und herauszubringen!

Dieses Buch widmen wir

allen mutigen Menschen in der Vergangenheit und in der Gegenwart, die für das Ausdrücken ihrer spirituellen Wahrheit persönliche Erschwernisse, Anfeindungen und Kritik in Kauf nehmen und trotzdem weiterhin ihren Beitrag zum spirituellen Erwachen leisten.

Möge uns dieses Buch für die geistige Wirklichkeit öffnen.

Möge dieses Buch Hoffnung und Zuversicht in uns stärken.

Möge dieses Buch eine Quelle der Liebe, der Wärme, der Heilung, der Freude und des inneren Friedens für uns alle sein.

Brigitte-Devaia und *Johannes*

Vorwort von Brigitte-Devaia

Liebe Leserin, lieber Leser!
Den Impuls, ein spirituelles Gemeinschaftsbuch ins Leben zu rufen, erhielt ich aus der Geistigen Welt. Nach längerer Bedenkzeit bin ich dann darauf eingegangen und habe spirituell eingestellte Menschen, Autorinnen und Autoren aus Deutschland und Österreich eingeladen, Buchbeiträge zum Thema ‚lichtvolle Zukunft' zu schreiben.

Mir war wichtig, nicht ausschließlich routinierte Autorinnen und Autoren bei diesem Gemeinschaftsbuch-Projekt dabeizuhaben, weil ich das Gefühl hatte, dass es Gleichgesinnte gibt, deren Stärken ganz woanders liegen, die jedoch etwas Wertvolles mitzuteilen haben. Dieses Gefühl stellte sich als richtig heraus und es fand ein ‚buntgemischtes Völkchen' zueinander, aus dem eine Autorengemeinschaft wurde.

Es entstand ein überaus liebevolles und harmonisches Miteinander, was durch gemeinsame Meditationen und Gebete noch verstärkt wurde. Die Gebetsmeditationen waren allesamt sehr kraftvoll und erhebend und wir nahmen den Segen wahr, der auf dem Gemeinschaftsbuchprojekt liegt, wie auch die liebevolle und hilfreiche Gegenwart von Geist- und Lichtwesen. Eine bemerkenswerte, irdische und himmlische Buchgemeinschaft war entstanden.

An dieser Stelle finde ich es erwähnenswert, dass die Buchbeiträge in der für uns alle ausgesprochen belastenden Coronazeit geschrieben wurden, in der jeder mit heftigen persönlichen Sorgen und familiären Konflikten konfrontiert wurde. Es war so, als hätten wir uns inmitten eines eiskalten, dunklen und tobenden Schneesturms befunden und sollten über einen warmen, hellen und blühenden Frühling berichten. Deswegen empfinde ich Hochachtung und Dankbarkeit für die glanzvolle Leistung aller Autorinnen und Autoren dieses Gemeinschaftsbuches, die entsprechend starke und edle Motive und Ziele hatten, um so etwas unter diesen erschwerten Umständen durchziehen zu können.

Wir alle waren uns stets bewusst, dass wir Mitschöpferinnen und Mitschöpfer einer lichtvollen Zukunft sind und durch ein gemeinsames

Buch etwas zum Guten hin schöpferisch bewegen können, was uns natürlich enorm angespornt und beflügelt hat.

Es war und ist unser starkes, gemeinsames Ziel, dabei mitzuhelfen, anstehende und bitternötige Verbesserungen und Veränderungen, die in eine lichtvolle Zukunft führen, durch unsere konzentrierten Gedanken und Gefühle und das geschriebene Wort zu fördern.

Die lichtvolle Zukunft existiert in der Geistigen Welt schließlich bereits und jeder von uns wirkt an einer ‚Anpassung' der Erdenwelt an die bereits bestehende, lichtvolle Realität mit. Jeder bringt seine persönlichen Gaben mit ein und seine Erinnerungen an seine überirdische Heimat im Licht – noch unbewusst oder bereits bewusst. Wir alle sind es, die den Himmel auf die Erde bringen – was wohl noch ein großes Stück Arbeit sein kann!

Alle Autorinnen und Autoren sind geistig-spirituell eingestellte Menschen, die jedoch mitten im Leben und auf dem Boden stehen, alltägliche Sorgen wie auch menschliche Leiderfahrungen bewältigen müssen und sich zugleich mit der Geistig-Spirituellem Wirklichkeit befassen. Alle setzen sich auf persönliche Weise für das spirituelle Erwachen der Menschheit und für eine bessere Zukunft ein – gedanklich, gefühlsmäßig und in ihrem Wollen und Handeln. Alle engagieren sich für das Wohlergehen ihrer Mitmenschen, der Tiere, der Natur und der Erde. Für eine lichtvolle Zukunft brauchen wir Menschen, die bereit sind, dem Wohl aller zu dienen und ihr individuelles Können und Wissen, ihre Erfahrungen, ihre Talente und Fähigkeiten einerseits im eigenen Umfeld einzubringen wie auch in gemeinsame Projekte, die auf ethischen Idealen basieren und höhere Ziele verfolgen.

Beim Lesen der meisten Bücher kannst du dich auf einen einzigen Autor, seine Wahrheit, seine Welt, seine Sichtweise, seine Eigenart und seinen Schreibstil einstellen. Beim Lesen dieses Gemeinschaftswerkes bist du jedoch aufgefordert, dich immer wieder auf einen neuen Autor und seine Sichtweise und Eigenart einzulassen. Doch gerade durch diese ‚bunte' Vielfalt kommen auch vielfältige Impulse und Anregungen zu dir. Die Vielfalt dieses Buches ist eine große Bereicherung, doch zugleich auch eine Herausforderung.

Nun möchte ich noch auf den Mut aufmerksam machen, den Autorinnen und Autoren aufbringen müssen, wenn sie sich zu heiklen und zu spirituellen Themen in einer Buchveröffentlichung äußern. In der Vergangenheit haben mutige Menschen große persönliche Nachteile in Kauf nehmen müssen und dies hat sich bis heute nicht geändert. Auch heute noch wird Spirituelles, Gutes und Wahres unterdrückt und bekämpft. Schwierigkeiten und Hindernisse sind auch rund um dieses Buch aufgetaucht. Gut zu wissen, dass diese deutliche Zeichen dafür sind, dass wir uns auf dem richtigen Weg befinden… ☺

Unsere große, gemeinsame Aufgabe ist es, auf die Hilfe aus der Geistigen Welt zu vertrauen und trotz verdunkelter Weltlage von unserer lichtvollen Zukunft überzeugt zu sein und in der Gegenwart Entsprechendes zu denken, zu fühlen, zu wollen und zu tun. Denn unsere Zukunft erschaffen und gestalten wir alle gemeinsam JETZT!

Auf diese Weise vollbringen wir einen Mitschöpfungsakt, an dem auch alle Autorinnen und Autoren und auch du, liebe Leserin, lieber Leser dieses Buches beteiligt sind.

Lichtvoll wird unsere Zukunft werden,
wenn die Geistige Wirklichkeit erkannt wird,
auf göttliche Hilfe vertraut wird,
die Wahrheit gefunden wird,
das Gute gewollt wird,
das Schöne bewundert wird,
die Liebe gelebt wird
und die äußere Welt danach gestaltet wird.

Herzwarm *Brigitte-Devaia*

Vorwort von Johannes Holey

Verehrte Leserinnen, liebe Leser,
in diesem Buch geht es um ‚unsere lichtvolle Zukunft' und alle 16 Beiträge der Autorinnen und Autoren fordern uns ganz bestimmt zu einem gründlichen Umdenken auf, denn bislang geht es ja noch ziemlich lichtarm zu. Dabei könnte auch die Frage aufkommen, können wir uns eine lichtvolle Zukunft überhaupt schon vorstellen? Und ich meine, dass das jeder von uns kann, eben auf seine individuelle Art, es sollte jedoch wirklich ‚lichtvoll' sein, denn der dunklen, geplanten Zukunft geben wir prinzipiell keinerlei Energie mehr. Doch eigentlich ist das wohl grundsätzlich jedem klar, wenn er ein Buch mit diesem Titel kauft.

Es kann allerdings auch sein, dass es doch einige Tatsachen gibt, die noch nicht allgemein genug bekannt sind, und davon möchte ich drei Themen soweit anschneiden, dass sich jeder in seiner Bewusstwerdung an die vorhandene höhere Schwingung des Buches anpassen kann. Das sind die Themen **Platonisches Weltenjahr; der Mensch als etwas ganz Besonderes** und natürlich auch der **Göttliche Plan.**

Unser gesamtes Sonnensystem hat wie jeder Planet einen Orbit oder eine Umlaufbahn, die 25.920 Jahre dauert. Weil Platon im Altertum über diese Kenntnisse schon berichtet hat, wird dieser solare Orbit **‚Platonisches Weltenjahr'** genannt. Dieses teilt sich in 12 verschieden Perioden oder Äonen auf, die wir Tierkreiszeichen nennen.

Dass auch andere irdische Rhythmen damit in Verbindung stehen, zeigt das einfache Beispiel unserer Atmung. Normal macht der Mensch in der Minute 18 Atemzüge, die zwar altersmäßig etwas variieren können, doch durchschnittlich sind beim normalen Menschen 18 Atemzüge richtig. Wenn wir das hochrechnen, heißt das: 18 x 60, dann haben wir in einer Stunde 1080; das mal 24, die Stunden am Tag, ergibt erstaunlicherweise 25.920 Atemzüge an einem Tag.

Doch die besondere Bedeutung des solaren Orbits für die heutige Zeit ist die Tatsache, dass das letzte der zwölf Tierkreiszeichen, der ‚Wassermann' (Aquarius) mit seiner Geistausschüttung, seit dem 21.12.2012 unseren inneren und äußeren Wandel mitbestimmt. Dieses Datum wurde im sogenannten ‚Maya-Kalender' vorausgesagt und die Erben dieses alten Mayawissens drückten es absolut präzise aus: *„...dass die Welt an diesem Punkt nicht enden, sondern einen fundamentalen Wandel durchlaufen wird, da wir von einem kosmischen Zeitalter ins nächste übergehen."* Und zwei wichtige Energien spielen hier als ‚Zeitalter' oder auch als Zeitlinien mit: Die 4000jährigen dunklen Energien Babylons (Johannes nennt sie in Offb. 18:4 ‚*Hure Babylon*') oder des Kali Yugas (buddh.: *das schwarze Zeitalter*) gehen zu Ende und heute in der ‚Neuen Zeit' nehmen die lichten Geistenergien des Aquarius zu.

Am 23. Dezember 2009 lässt die NASA mit einer sonderbaren Entdeckung aufhorchen, die vom Voyager-Satelliten gemacht worden war. Das Sonnensystem sei vor kurzem in eine interstellare Wolke eingetaucht, die eigentlich gar nicht da sein sollte. Erfüllen sich jetzt die Voraussagen der Plejadier und Sirianer, dass wir in den sogenannten Photonenring eingetreten sind? ‚*Wir*' heißt: Unser gesamtes Sonnensystem. Ganz wesentlich geändert haben sich schon die Energien, also das für uns noch Unsichtbare. Dabei sind es selten einzelne Energien, die betroffen sind, sondern stets ganze Energiefelder. Alles ist davon betroffen – von den mini-kleinen Energiefeldern zum Beispiel unserer Körperzellen bis hin zu unserem unvorstellbar riesigen galaktischen Energiefeld. Wir erleben damit die hermetische Formel: Mikrokosmos ähnelt dem Makrokosmos.

Nun noch kurz zum Begriff Photonenlicht, einem Wort, das möglichst verschwiegen und das mit allerhand Bezeichnungen ersetzt wird: *Hochfrequenter Gamma-Ray*, *Galaktische Superwelle*, *Interstellare Wolke*, *erhöhte Plasmatätigkeit*, *galaktische Lichtwelle* und noch kaum so, wie ich es auch meine, nämlich als *Christusgeist*.

Ergänzen möchte ich noch, dass diese Lichtenergie für unsere Seelen bestimmt ist, die sich dabei öffnen können. Auch unsere reduzierten

(Junk)-DNS-Stränge werden wieder frei und dadurch erweitert sich unser Bewusstsein automatisch und wir werden dabei über uns selbst staunen. Doch das Licht bedeutet nicht gleich Glück, Segen und Frieden, denn zuerst führt uns das Licht ins Lernen und in eine Erhellung unseres Geistes, um unserem noch viel zu niedrigschwingenden Bewusstsein auf die Sprünge zu helfen. Wie diese Erhellung des Geistes stattfindet, entscheidet nicht unser kluger Verstand, sondern unsere Seele, die das sicherlich schon längst getroffen habt – im Einvernehmen mit der Schöpfung.

Die dunkle Elite unserer 3D weiß das alles auch ganz genau und will es mit allen Mitteln verhindern, doch sie selbst halten die hochvibrierenden Schwingungen dieses Photonenlichts überhaupt nicht mehr aus und müssen flüchten. Ausführlich habe ich darüber in meinem Buch »Megawandel« berichtet.

Ein Problem bleibt dabei offen und harrt auf ein Wunder: Wie soll das bei Milliarden inkarnierten Seelen geschehen? Greift da womöglich der Himmel mit einer Liebes- und Hilfsaktion ein? Immerhin gibt es ja das uralte Bibelzitat: *„Gott sprach, es werde Licht. Und es ward Licht!“* Also nützen wir es!

Das zweite Thema, das ich dem Buch für eine bessere Akzeptanz des beschriebenen ‚Lichtvollen‘ vorausschicke, könnte auch sein, dass schon unsere 3D-Körper wahrhaftig etwas Besonderes sein könnten – zumindest als ‚Kinder Gottes‘. Denn ich staune oft oder belächle es auch manchmal, wenn uns mächtige Wesen aus der Geistigen Welt wie zum Beispiel Erzengel in der Anrede zu Beginn ihrer Botschaft überhöflich und bewundernd wie auch dankbar begrüßen. Wie haben wir so etwas verdient? Vielleicht weil wir Spirituellen bislang nur einsame Exoten sind? Allerdings neben einer sehr hohen Anzahl Erwachender.

Ich fand neuerdings noch eine ganz andere mögliche Erklärung dafür. Der unermüdliche Forscher Jason Mason erklärt in seinem Buch »MiB Band 5«, dass laut bekannter Whistleblower bei einem Teil der dunklen Elite die Meinung herrsche, dass das menschliche Genom angeblich in der ganzen Galaxis einzigartig sei. In unserer Milchstraße solle der Planet Erde das effektivste Versuchsfeld für die Seelenentwicklung sein – die ideale, herausfordernde Umgebung, die die Evolution, Ausbildung und Reifung der Seelen ermöglichen würde. Unsere DNS bestehe aus Genen von mindesten 12 verschiedenen Rassen von Raumgeschwistern, welche unsere irdischen Gene im Laufe von tausenden Jahren ‚veredelt' hätten. Die bereits beginnende Transformation werde somit auch genetisch sein und werde zu einer neuen Spezies mit einem höheren Bewusstsein führen – die Schöpfer der ‚Neuen Erde'.

Ich finde es ja köstlich, dass der alte Unglauben, die Menschheit sei einmalig im Kosmos – den es auch heute immer noch bei unzähligen Besserwissern gibt –, damit eine neue materialistische Schöpfungsvariante bekommt, denn ein Teil des Geschilderten wird ja wohl zutreffend sein. Und ich erwähne es hier, um sicherzustellen, dass wir heute bereits absolut fähig sein könnten, eine wirklich ganz neue ‚Lichtvolle Zukunft' zu kreieren – nämlich als bisheriger ‚Homo sapiens' ein ‚Homo spiritualensis' mit höherem Bewusst-SEIN zu werden. Und Klaus Medicus versichert uns:

„Ob uns die Gene dabei von Gott oder einer säkularen Macht eingeimpft wurden, spielt keine Rolle. Denn wir wissen aus der Epigenetik, dass wir unsere Gene über unsere Gedanken, Gefühle, inneren Einstellungen und Überzeugungen sowie unser Bewusstsein beeinflussen. Die Gen-Expression wird von uns selbst gesteuert. Dafür ist maßgeblich, in welcher Umgebung wir leben: eine Umgebung, die uns einlädt, unser Leben in Liebe und Erfüllung zu verbringen, oder eine von Ängsten, Sorgen und Furcht geprägten Umgebung."

Meine dritte Anregung zu diesem spirituellen Gemeinschaftsbuch ist die Zusicherung, dass es für ‚unsere lichtvolle Zukunft' einen ‚Plan Gottes' gibt, an dessen Planung in den höheren Bewusstseinsebenen wir einstmals mitbeteiligt waren. **Zum ‚göttlichen Plan' gehören also auch wir alle.** Es sind womöglich unser Höheres Selbst oder unser Führungsengel, welche uns jetzt mit ihren Eingaben daran erinnern und unseren jeweiligen Bewusstseinsgrad nützen, als ‚Kinder Gottes' auch zu aktiven Ausführenden zu werden. Dieser göttliche Plan der Befreiung der immer wieder inkarnierten Seelen aus den irdischen Energiefeldern der gottlosen Invasoren vor Jahrtausenden ist schon sehr lange angelegt. Ich erinnere dabei an den ‚Erlöser' Jesus (nicht von unseren Sünden☺), der im Äon der Fische die Basis für unseren aktuellen Bewusstseinswandel gelegt hat – für die Erlösung aus der geistigen Versklavung seiner Erdengeschwister. Seine Liebe und sein göttliches Christusbewusstsein stehen uns JETZT zur Verfügung, um uns von allen negativen Energiefeldern befreien zu können. Die zunehmende Höherschwingung, das galaktische Photonenlicht, erleichtert es uns.

Das Endergebnis des kollektiven seelischen Aufstiegs ist somit klar: In den höheren und zeitlosen Bewusstseinsebenen ist alles schon geschehen und wir schwingen dort wieder in der göttlichen Einheit. Und zu dieser Lichtvollen Zukunft können wir wieder Paradies sagen. Das Wassermann-Symbol zeigt schon von alters her einen ‚Geistausschütter' und man spricht in unserer materiell ausgerichteten 3D vom ‚neuen Geistzeitalter', nämlich dem Geist Gottes! Also lasst uns auch mit Begeisterung Mitschöpfer sein!

Für diese unsere höhere Schwingung ist auch unsere innere ‚Ganzheitlichkeit' Voraussetzung. Doch weder durch künstliche noch menschliche Intelligenz oder Rituale oder Techniken ist es möglich, uns eine solche ‚geistige Qualität' einzukaufen. Das schaffen nur unsere Erkenntnis und Akzeptanz der für uns noch unsichtbaren ‚Geistigen Welt', die ausschließlich ‚göttlich' ist. Kurz erwähne ich hierzu die helfenden Naturwesen der Geistigen Welt, unsere liebenden Ahnen, die unzähligen liebenden Engel, die mächtigen Erzengel, die Aufgestiegenen Meisterinnen und Meister, die lichtvollen Raumgeschwister und schließlich die ‚Quelle von allen, was ist', die liebende Schöpferintelligenz.

Und wie sieht die Geistige Welt eigentlich aus? Auch das erfährst du so klar beschrieben wie selten. Wir ahnen ja gar nicht, was unser feinstofflicher Seelenkörper während des Tiefschlafs unseres grobstofflichen Erdenkörpers erleben kann. Bei ihrem Ausflug in die irdische Licht- und Liebessphäre der 5D kann sich unsere Seele erholen, so wie sich unser Körper im Schlaf entspannt und stärkt. Dann kann also ein gesunder Tiefschlaf ein ,Reset' für Seele und Körper sein – allerdings ein wahrhaft göttlicher, den wir in unserer Bewusstseinsentwicklung begeistert aufnehmen können. Solches vor uns verborgenes Wissen erlaubt es uns endlich, auch in der materiellen Welt nur noch Lichtvolles und Friedliches zu erschaffen.

Vor kurzem las ich eine Botschaft vom Erzengel Metatron und darin war folgender Hinweis als Abschluss:

„Seid offen für das Neue, beurteilt und bewertet nichts und niemanden, öffnet euer Herz, lasst eure innere Weisheit euch den Weg zeigen. Ihr seid alle göttlich geführt, egal ob ihr daran glaubt oder nicht beziehungsweise einer Religion angehört. Alle sind entsprungen von derselben Quelle allen SEINS. Es gibt den göttlichen Plan, dem ihr euch alle ,unterworfen' habt, also freut euch, dass es nun soweit ist und er sich erfüllt."

Ich segne eure Seelen und lasse mein Herzlicht strömen. Und so möchte ich eure Seelen mit meinem Licht erinnern, worin ihre Aufgaben bestehen könnten. Und in der Vielfalt der erweiterten Bewusstseine, die ihr jetzt bei unseren Autorinnen und Autoren spüren und erkennen könnt, zeigt sich, dass auch in der Vielfalt Einheit herrscht. Wie könnte es auch anders sein, denn Gott ist in uns allen.

Bei den reichlichen Verbindungen dieses Buches mit der Geistigen Welt habe ich mir erlaubt, eines unserer Medien zu bitten, doch mal ,oben' über unser Buch nachzufragen und der mächtige Erzengel Gabriel meldete sich mit dieser Kurzbotschaft:

„Geliebte Erdenbürger, die ihr euch da aufgemacht habt, eure wunderschöne Erde, euren Planeten zu retten. Ich danke euch im Namen aller

am Umbruch beteiligten Wesenheiten des Lichtes für eure Offenheit und das Vertrauen, diesen Weg zu gehen.

Auf eurer Reise habt ihr schon viele neue Erkenntnisse gewonnen und werdet immer wieder in eurem Bewusstsein angehoben. Das dient euch und dem gesamten Planeten. Egal ob ihr in der Öffentlichkeit euren Beitrag leistet oder euch geistig mit der Materie beschäftigt, alles und jeder ist einzigartig und wichtig in diesem Geflecht des Aufstiegs.

Jede Zeile, die ihr in diesem Buch lest, bringt euch vorwärts, hebt eure Stimmung, löst eure Ängste. So entsteht ein immerwährender Paradigmenwechsel, ihr werdet eins mit ‚Himmel und Erde'. Genau das ist es, wonach ihr schon so lange auf der Suche seid. Immer schon wusstet ihr, dass euch etwas in eurem Ganz-Sein fehlt.

Nun habt ihr die Möglichkeit, euch der Vollendung hinzugeben. So seid euch sicher, auf dem richtigen Weg zu sein, eure Berufung voll und ganz zu leben.

Es grüßt euch mit lichtvollen Grüßen Erzengel Gabriel und all seine Begleiter!" (19.11.2023)

Danke, lieber Gabriel und danke, liebe Johanna Zimmermann.

Kapitel 1

Brigitte-Devaia Jost

Liebe Leserin und lieber Leser!
Wir Autorinnen und Autoren möchten unsere spirituellen Einblicke mit dir teilen. Und meine Herzensgabe an dich ist eine von meiner geistigen Führung inspirierte Schilderung deines Lebens in der ‚Geistigen Welt'. Hautnah erlebst du beim Lesen einen Ausschnitt deines parallelen Lebens, welches du zwischen deinen Verkörperungen und im Tiefschlaf führst.
Bist du bereit, dich davon ermutigen, erfreuen und zuversichtlich stimmen zu lassen und dein irdisches Leben von einem anderen Standpunkt aus zu betrachten?
Spirituell ausgerichtete Menschen können sich glücklich schätzen, von ihrer geistigen Existenz zu wissen, denn dies befreit und stärkt! Doch viele Menschen sind diesbezüglich noch ahnungslos und glauben sogar, dass sie nur dieses eine Leben haben. Sie befinden sich natürlich in unterschwelligen Ängsten, was sie schwächt und manipulierbar macht, sodass sie durch negative Einflüsse und Mainstream-Medien in ungute Richtungen gelenkt werden können, ohne es zu bemerken. Das ‚Corona-Spektakel' ist ein Paradebeispiel dafür.
Für eine lichtvolle Zukunft ist es wichtig, dass noch mehr Menschen die Wahrheit erkennen können! Und hierbei unterstützen uns Geist- und Lichtwesen, die ein weltweites, spirituelles Erwachen fördern.

Ich danke dir so sehr dafür, dass auch du dabei bist!

Die beiden Grundvoraussetzungen für unsere lichtvolle Zukunft sind Spiritualität und Liebe! Und in der folgenden Schilderung wirst du erleben, warum.

Herzwarm *Brigitte-Devaia*

Dein paralleles Leben in der ‚Geistigen Welt'

Stell dir einmal vor, dass du nach einem anstrengenden, herausfordernden Tag abends müde einschläfst und in einer anderen, wunderschönen Welt wieder aufwachst, in der alles genau so ist, wie es deinem inneren Wesen entspricht und in der du Menschen triffst, die dir sehr nahe stehen. Nach und nach wird dir bewusst, dass du soeben in deine Lichtheimat heimgekommen bist, zurückgekehrt aus einer Welt, in der du nur wiederholt zu Besuch bist – die Erdenwelt. Du weißt, dass du dich die meiste Zeit in deiner Lichtheimat aufhältst, außer, wenn du gerade die Erdenwelt besuchst.

Du weißt auch, dass du nach deinem irdischen Tod, bei dem nur der irdische Körper stirbt, wieder in deine lichte Heimat zurückkehren wirst. Und immer wieder einmal, wenn sich dein irdischer, grobstofflicher Körper im Tiefschlaf befindet, bringt dich ein Geistwesen in deinem feinstofflichen Körper nach Hause. Du träumst nämlich nicht nur, wenn du schläfst, sondern begibst dich oftmals auf Reisen, auf außerkörperliche Reisen. (Ich kann bezeugen, dass es außerkörperliche Reisen und ‚Lichtwelten' wirklich gibt, und damit bin ich nicht alleine. Ich habe selbst außerkörperliche Erfahrungen gemacht, die mir zum Teil in Erinnerung geblieben sind.)

In deiner Lichtheimat ist dir dies alles vollbewusst, doch sobald du wieder die Erdenwelt besuchst, bist du wie benebelt und weißt nichts mehr von deinem Leben dort.

Es gibt sicherlich viele Gründe für deine wiederholten Besuche in der noch dämmrigen Erdenwelt. Von dort dringt das Weinen vieler Menschen, Kinder und Tieren bis in deine Lichtheimat hinauf und du hast beschlossen, etwas von deinem Wissen und deinen Fähigkeiten, die du dort besitzt, in die Erdenwelt einzubringen.

Schade, ja, dass dir das Meiste während der Besuche in der Erdenwelt nicht mehr bewusst ist, doch es scheint eine sinnvolle Einrichtung zur sein. Ansonsten würdest du wahrscheinlich ganz schnell wieder einen

Abflug nach Hause machen, noch bevor du dein wertvolles, himmlisches Souvenir hinterlassen hast. Scherz beiseite. Eine gute Nachricht ist die, dass du die Erdenwelt nicht alleine besuchst, sondern dort viele Menschen triffst, die ebenfalls auf Besuch sind und ihr Wissen und ihre Fähigkeiten aus Ihrer Lichtheimat mitbringen, um auch beim großen Erwachen auf der Erde mitzuwirken.

Was du bei deinem nächtlichen Aufenthalt in deiner Lichtheimat erlebst und erkennst, wer du dort bist, beschreibe ich in der nachfolgenden Schilderung, die deine Erinnerungen anregen kann, wenn du es möchtest. Denn der große Beschluss steht fest: Mehr Menschen sollen sich bewusst an spirituelle Wahrheiten erinnern können und daran, woher sie kommen und wer sie sind!

Zur nachfolgenden Schilderung wurde ich von meiner geistigen Führung inspiriert. Und obwohl ich ihre Inspiration mit größter Sorgfalt, Achtsamkeit und Liebe umgesetzt habe, kann ich dieses Himmelsgeschenk nicht annähernd so rein, so liebe- und lichtvoll wiedergeben, wie es zu mir gekommen ist. Deswegen ist mir wichtig, dass dir, liebe Leserin und lieber Leser, bewusst ist, dass all das, was von mir geschildert wird, in Wirklichkeit noch viel großartiger, lichtvoller, liebevoller und intensiver ist.

Die gefühlslebendige, herzerwärmende und romantischschöne Beschreibung deines Lebens in der geistigen Welt soll unmittelbar dein Herz ansprechen, sodass du das Geschilderte nicht nur verstehen, sondern auch fühlen und miterleben kannst. So kannst du dann auch ‚zwischen den Zeilen lesen', denn Vieles ist einfach unbeschreiblich. Ich lade dich nicht nur dazu ein, mit dem Herzen zu lesen, sondern auch langsam zu lesen, damit deine Gefühle, deine Eindrücke und Wahrnehmungen ausreichend Zeit haben, sich in dir zu entfalten und eine lebendige Welt in dir entstehen zu lassen. Gedanken und Wahrnehmungen können zwar blitzschnell sein, doch Gefühle brauchen viel Zeit…

Ein Vertrauter im Blütenparadies

Es ist spät am Abend und dunkel geworden. Müde schläfst du in deinem Bett ein. Als du wieder aufwachst, ist es hell, sehr hell, doch du befindest dich nicht mehr in deinem Bett, sondern auf einer behaglichen Liege in einem mit Blütenranken überwachsen Pavillon.

Oh! Du hast dich in deinem Bett schlafen gelegt und wachst jetzt in einem Pavillon auf – ist dies ein Traum? Nein, dafür fühlt es sich zu lebendig und zu real an.

Noch bist du schläfrig und orientierungslos und deine Sicht ist auch noch leicht verschwommen. Doch nach und nach dämmert dir, dass soeben etwas Bedeutsames geschehen sein muss. Doch was? Du möchtest dir unbedingt Klarheit verschaffen und ganz wach werden, merkst jedoch, dass du willentlich keinen Einfluss darauf nehmen kannst. Da du dich wohlfühlst und es dir sogar ungewöhnlich gut geht, gibst du alle Anstrengungen auf und wartest ab.

All die vielen, großen Blüten, deren Ranken den Pavillon regelrecht überwuchern, verströmen einen betörend süßen, leicht fruchtigen Blütenduft. Der Wohlgeruch ist außergewöhnlich und begeistert dich sondergleichen. Uneingeschränkt erklärst du ihn für alle Zeit zu deinem Lieblingsduft. Ausgiebig genießt du das wohltuende Duftbad, welches eine außerordentlich erfrischende und belebende Wirkung auf dich hat.

Dir fällt auf, dass die großen Blüten schimmern und als du deine Hände anschaust, siehst du zartfeines Licht wie Nebel aus ihnen herausströmen, welches bei genauerem Betrachten in allen Farbnuancen schillert. Wie wunderschön!

Wie lange liegst du eigentlich schon auf der Liege in diesem Pavillon? Du hast gar kein Zeitgefühl...

Nun nimmst du Jemanden in deiner Nähe wahr. Die Ausstrahlung dieser Person scheint liebevoll und fürsorglich zu sein. Es beruhigt dich, dass du nicht alleine bist. Deine Beruhigung steigert sich schnell zu einem wohligen Geborgenheitsgefühl. Du weißt noch nicht, was genau mit dir geschehen ist, wo du bist und wer in deiner Nähe ist, dennoch fühlst du dich wie von Zauberhand getragen und wie im Mutterschoß geborgen. Ob der wundervolle Blütenduft dies bewirkt?

Langsam richtest du dich auf und sofort sind zwei kraftvolle Hände da, die dich stützen. Als du in das dazugehörende, lächelnde Gesicht blickst, erkennst du mit Erstaunen und Freude einen dir vertrauten Freund. Es ist dir sofort klar, dass du mit ihm in Liebe verbunden bist, einer Liebe, wie sie über sehr lange Zeiträume hinweg reift – eine alte Liebe. Die große und beeindruckende Erscheinung deines Geistfreundes ist jung – geistig verjüngt – doch seine Liebe zu dir ist alt – uralt. Du weißt, dass er zu deiner großen Seelenfamilie gehört und ihr bereits unzählige Leben miteinander verbracht habt, nicht nur auf der Erde, sondern auch in Sternenwelten anderer Galaxien.

Das Gesicht des dir Vertrauten ist ebenmäßig schön und wird von hell glänzenden, schulterlangen Haaren eingerahmt. Seine Augen sind strahlend und sein gütiger, tiefgründiger Blick, der ununterbrochen auf dir ruht, verrät, dass er eine beachtliche, geistig-spirituelle Reife besitzt und von einer bedingungslosen Liebe erfüllt ist, für die es keine menschlichen Worte gibt. Auch er ist von einem wunderschönen Schimmer umgeben.

Überglücklich sinkst du in seine sanfte Umarmung hinein und hast dabei das Empfinden, als würde sie eine Ewigkeit lang andauern und von einem Zeitalter zum nächsten in dir immer mehr Freude erwecken. Dein Freund lächelt und nickt zustimmend. Er scheint zu verstehen, was du denkst und mitzuempfinden, was du fühlst. Fängt sein Herz jetzt etwa an zu glühen?

Obwohl du dich inzwischen dem Erkunden deiner Umgebung zuwendest, fühlst du immer noch die Arme deines Freundes um dich und wie seine Liebe dich warm umhüllt. Du staunst darüber, dass der Nachklang ebenso angenehm ist wie die Umarmung selbst.

Jetzt erst bemerkst du, wie groß und prächtig das zu allen Seiten hin offene Gebäude ist, in dem ihr euch befindet. Der Pavillon besteht aus mehreren tausend kleinen bis handgroßen, funkelnden Edelsteinen und Kristallen, die ihm eine überaus kraftvolle und bezaubernde Ausstrahlung verleihen. Hohe, türkisfarbige Marmorsäulen ragen bis zu einem mit Ornamenten verzierten, goldenen Kuppeldach hinauf, welches im milden Sonnenschein glänzt.

Neugierig geworden, schaust du dich jetzt um, wo diese beeindruckende Wohnlaube steht. Sie befindet sich auf einer Anhöhe mitten in einer Blumenwiese. Ein zierlicher Weg und kunstvolle Blumenbeete sind um den Pavillon angelegt. Unzählige Blütenranken umschlingen ihn, als wollten sie ihn umarmen.

Überall funkelt, flirrt, schwirrt, surrt und pulsiert es. Alles scheint leicht zu vibrieren und in Bewegung zu sein. Jetzt siehst du genauer hin und entdeckst kleine Wesen aus Licht, die sich fliegend fortbewegen und einen Schweif aus glänzendem Lichtstaub hinter sich herziehen. Zart blitzen ihre vielfarbigen Lichter auf. Alle Blumen und Blüten sind von diesen schwebenden Blütenwesen umgeben, die ihnen ein irisierendes Leuchten verleihen. Du bist entzückt wie ein kleines Kind und deinem Freund huscht deswegen ein Lächeln über sein Gesicht.

Übergroße Blüten hängen vom Kuppeldach des Pavillons herab und sondern eine schimmernde Flüssigkeit ab, die heruntertropft. So mancher Tropfen landet auch auf dir und du staunst, dass dieses ‚Blütenblut' im Nu in deine Haut einzieht und schon nach kürzester Zeit nichts mehr davon zu sehen ist.

Dein geistiger Freund amüsiert sich über deinen überraschten Gesichtsausdruck und genießt es offensichtlich, bei dir zu sein. Als er mit Bewunderung über die Blumen spricht, leuchten seine Augen. Er betont, dass die Blüten aus Liebe bestehen und lebendige Wesen sind, für die es nichts anderes als Liebe gibt. Ihr Duft hat eine stark belebende Wirkung auf alle, die wie du hier ankommen und hilft ihnen beim Aufwachen. Ihr ‚Blütenblut' wirkt stärkend und hilft ihnen beim Aufstehen und beim ersten Umhergehen. Diese Wesen haben die Fähigkeit, sich auf die Bedürfnisse und Vorlieben der Ankömmlinge einzustellen und passen sowohl ihre Duftnote als auch ihr Blütensekret an das an, was gebraucht wird.

Jetzt fällt dir wieder ein, dass die Blüten dir deinen Lieblingsduft geschenkt haben, der natürlich besonders aufrichtend auf dich gewirkt hat. Voller Dankbarkeit streichelst du eine der bewunderungswürdigen Blüten, die sich warm wie Haut und weich wie feinste Wolle anfühlt. Das Blütenwesen neigt sich zu dir hin und ergießt eine reichliche Menge seines Blütenblutes auf deine Hand, was einen bemerkenswerten Kraftzuwachs für dich zur Folge hat. Und es ist dir, als würde es sich mit dir darüber freuen. Für einen kurzen Moment lang bist du allerdings darüber erschrocken, dass der Glanz der Blüte schwächer wird und sie welkt. Sie hat dir offensichtlich ihre Lebensessenz geschenkt. Doch bereits im nächsten Augenblick ändert sich dies und du staunst darüber, dass sie jetzt noch heller strahlt und obendrein auch noch wächst.

Dein Begleiter legt nun deine Hand in die seine. Leise und andächtig bemerkt er, dass es das ‚Wesen der Liebe' sei, welches sich hier offenbart. Das Wesen der Liebe gibt mit ganzem Herzen etwas von sich selbst und wird dadurch noch größer, noch stärker und noch lichtvoller. Dein geistiger Begleiter hat dir soeben etwas Bedeutsames mitgeteilt und du denkst daran, dass dies nicht nur in dieser Geistigen Welt so ist, sondern auch auf der Erde.

Der Innenraum des Pavillons ist mit bequemen Sitzbänken und Liegen ausgestattet. In seiner Mitte hängt ein überwältigender Kristall vom goldenen Dach herab, der deine Aufmerksamkeit auf sich zieht. Er wird von einem schillernden Kristallwesen durchschwebt, das dich freundlich beliebäugelt. Plötzlich steigt es weit hinauf und dehnt sein Licht aus. Es erzeugt einen angenehmen Sog, der dich sanft nach oben zieht. Du hast augenblicklich das Gefühl, viel leichter zu werden. Das Kristallwesen schenkt dir seine Liebe, indem es deine restliche Erdenschwere in sich aufnimmt und in für dich spürbare Erleichterung umwandelt. Es hilft dir, dich an die Leichtigkeit dieses Ortes anzupassen. Was für ein liebevolles Wesen und was für ein wundervoller Ort! Doch was ist es für ein Ort? Wo bist du? Dein Vertrauter legt seine Hand auf deine Schulter, schaut dir tief in die Augen und erklärt dir, dass du dich in einer lichten Sphäre der Geistigen Welt befindest und hier ein Geistmensch bist, so wie er. Du wirst jetzt nach und nach vollständig erwachen und das sei ein wunderschönes Erlebnis, das du nur mit Geduld genießen kannst. Genießen gerne, doch Geduld ist nicht deine Stärke. Du möchtest so ganz nach menschlicher Erdenmanier augenblicklich mehr wissen, alles wissen, worüber dein Freund ausgiebig lacht und dich dann mit seinem Lachen noch ansteckt.

Eine atemberaubend schöne, himmlische Landschaft

Dein erheiterter Freund macht dich nun auf die zauberhafte Landschaft aufmerksam und den überwältigenden Ausblick, den ihr von der Anhöhe aus habt. Er versichert dir, dass dir die Schönheit dieser Landschaft helfen wird, vollständig aufzuwachen und mehr über das alles hier zu erfahren. Langsam lässt du also deinen Blick über die überirdische Landschaft schweifen, in der sich unzählige Hügel, mit blühenden Bäumen und Blumen übersät, bis hin zum Horizont erstrecken und in der Ferne immer mehr mit den Farben des Himmels verschmelzen. Du bist begeistert. Es ist offensichtlich, dass dein geistiger Begleiter diese atemberaubend schöne Landschaft liebt und bereits nach deinem ersten Rund-umblick bist auch du unwiderruflich in sie verliebt. Das ging schnell, meint dein Freund mit einem Augenzwinkern, denn du hast bisher nur wenig gesehen. Wie du sie erst lieben wirst, wenn du alles entdeckt hast...

Hinter euch türmen sich erhabene Berge auf und ein grandioser Wasserfall stürzt an den Bergwänden in die Tiefe herab in einen Bergsee hinein. Der märchenhafte See ist von schillerndem Gestein in verschiedensten Farbtönen und einer Fülle von bunten Bergblumen umrahmt. Ein plätschernder Bach bahnt sich seinen Weg hinab ins Tal und umspült dabei mehrere Hügel, die mit kleinen Brücken verbunden sind. Auf einigen von ihnen funkeln die goldenen Dächer anderer Pavillons.

Auf eurer linken Seite erstrecken sich die üppig blühenden Zweige majestätischer Bäume bis weit in den Himmel hinauf. Ihre Blüten ähneln den Kirschblüten auf der Erde. Rechts schlängelt sich ein blumenumsäumter Weg mit sanftem Gefälle hinunter. Bisweilen schließt du genüsslich deine Augen, um den melodischen Klängen der Natur zu lauschen, welche in immer wiederkehrenden Wogen anschwellen und wieder abklingen.

Beinah gleichmäßig verteilt stehen einzelne Häuser in einer Fülle unterschiedlicher Formen und Farben inmitten großzügig angelegten und verzauberten Frühlingsgärten auf all den Hügeln verteilt. Du kannst dich gar nicht satt sehen an ihren herrlichen Formen und Farben. Hier und da erkennst du kleinere Dörfer, die aus ineinander verschachtelten, fließend-rundlich gestalteten Häusern in vielen Pastellfarben bestehen. Blühende Dachterrassen, Blumengärten und exotische Bäume, Springbrunnen und mit schillernden Mosaiken belegte Wege und Treppen machen aus den Häusergruppen wahre Kunstwerke. Die von Blumen umwachsenen Treppen, die überall zu sehen sind, sind ein wunderschöner Anblick.

In der Ferne liegt eine von ausgedehnten Parkanlagen eingefasste Stadt mit kleinen, großen und auch turmhohen Gebäuden, Säulengängen und futuristischen Bauwerken. Das Zentrum der Stadt bildet ein mit Kristallen besetztes, prunkvolles, nahezu transparentes Gebäude. Von diesem imposanten Gebäude führen sieben gleichmäßig verteilte Straßen sternförmig durch die Stadt hindurch bis zum Stadtrand, wo sie in die Stadtgärten münden.

Die zauberhafte Stadt liegt wie ein funkelndes Juwel zwischen all den Hügeln. Über ihr schweben kleinere Flugobjekte in unterschiedlichen Formen, die größere Gruppen von Geistmenschen befördern. Dein Vertrauter sagt, dass ihnen hier auch andere Fortbewegungsmöglichkeiten zur Verfügung stehen und sie die Flugobjekte nicht bräuchten. Sie reisen jedoch ausgesprochen gerne zusammen in ihnen und genießen den Ausblick.

Hier werden alle kleinen und großen Gebäude in die jeweiligen Landschaften eingepasst, in denen sie stehen, wodurch ein harmonisches Landschaftsbild erzeugt wird. Die Natur, die Gebäude und die Geistmenschen bilden eine einträchtige Einheit. Die Ausstrahlung harmonischer Landschaften bewirkt bei den Bewohnern Wohlbefinden und Freude. Hier gibt es keine schwindelerregend hohe und metallischkalten Hochhäuser, keine grauen Beton-Wohnblocks und halbzerfallene Gebäude. Alles, was es hier gibt, ist schön, ausgeglichen und erhebend. Alles dient dem Wohle der Geistmenschen und alles wird von ihnen gestaltet. Es ist ein Teil von ihnen, spiegelt ihr Inneres wider, ihre Seele und ihren Geist. Die Schönheit der Landschaft ist ein Ausdruck ihrer eigenen, seelisch-geistigen Schönheit.

Deine Aufmerksamkeit fällt nun auf die Geistmenschen, von denen viele in lockere Gewänder gehüllt, zu zweit und in kleinen Gruppen die romantischen, verschlungenen Wege in der Hügellandschaft entlangschlendern. Einige sitzen unter Bäumen und blühenden Sträuchern auf moosbewachsenen Bänken in kleinen Nischen am Wegesrand, andere bevorzugen die Behaglichkeit in Lauben, die von duftenden Rosen überwachsen sind. Viele versammeln sich auch gerne an den Ufern kleiner, malerischer Seen, auf deren hell glitzernden Wasseroberflächen Seerosen schwimmen.

Und über allem hier liegt dieser sanfte, geistige Glanz, den du so sehr liebst – über den Bäumen, den Blumen, den Seen, den Bergen, den Häusern, der Stadt und den Geistmenschen. Bisweilen erscheint es dir so, als würde alles von innen heraus schimmern.

Dankbar nimmst du die heitere, liebe- und friedvolle Ausstrahlung der Geistmenschen in dieser Region in dich auf und spürst die innere Verbundenheit mit ihnen. Hier ist die tiefe Verbundenheit mit allen anderen allgegenwärtig, auch wenn diese gerade weit von dir entfernt sind. Du kannst dich in deiner Vorstellung bis zu ihnen in die Ferne ausdehnen und ihnen ganz nahe sein. Dabei nimmst du alles wahr, was mit ihnen geschieht, was sie denken, was sie fühlen und was sie sagen. Du kannst jedoch auch eine Weile lang für dich alleine sein und sofort bildet sich eine geistige Hülle um dich, die von den anderen respektiert und niemals durchdrungen wird. Gerne würdest du jetzt mit einigen Geistmenschen zusammenkommen, doch dein Begleiter weist darauf hin, dass ein anderes, ausgesprochen wichtiges Erlebnis für dich vorgesehen ist.

Ankunftszentren und Heimatgefühle

Dein Geistfreund beobachtet aufmerksam, was in dir vorgeht und nimmt sich selbst zurück, damit du auf deine Art und in deiner Zeit vollständig erwachen kannst. Und das, was gerade in dir vorgeht, lässt sich nur so beschreiben: Je tiefer du in die Schönheit dieser Landschaft eintauchst und je länger du in ihr bist, desto stärker breitet sich eine unbändige Freude in dir aus. Freude über die Naturschönheiten und die kleinen Blütenwesen, Freude über das Zusammensein mit deinem geliebten, geistigen Freund, Freude über dein sich steigerndes Wohlgefühl und Freude darüber, hier sein zu können, wo auch immer dieses ‚Hier' ist.

Du bist überwältigt von all den erhebenden Eindrücken und jetzt geschieht es! Jetzt geschieht das, worauf du so sehnlich wartest. Du wachst auf! Dein Erwachen steigt wie eine aufgehende Sonne an deinem Bewusstseinshorizont empor und du hast das Gefühl, dich unermesslich auszudehnen. Und nun endlich kannst du erkennen, was mit dir so Großartiges geschehen ist und wo du bist. Du träumst nicht und du bist auch nicht gestorben, sondern durchlebst den ‚kleinen Tod' – den Tiefschlaf. Du hast deinen Erdenkörper im Tiefschlaf verlassen und bist in deinem feinstofflichen Seelenkörper in eine hochschwingende und lichtvolle Sphäre der Geistigen Welt hinübergewechselt, die dir sehr vertraut vorkommt. In spirituellen Kreisen auf der Erde haben sich Fachworte gebildet und man würde diese Lichtsphäre als ‚oberste Astralwelt' oder ‚untere fünfte Dimension' bezeichnen, jedoch sind die Ansichten darüber sehr verschieden. Doch dein Begleiter bevorzugt in seinen Erklärungen *„eine lichte Sphäre in der Geistigen Welt"* und du schließt dich ihm an.

Und hier stehst du nun also als vollkommen realer und wahrhaftiger Geistmensch, in deinem realen, feinstofflichen Körper, mit einem ebenso realen Geistfreund auf einer absolut realen Blumenwiese in einer lichten Sphäre der Geistigen Welt, die realer nicht sein könnte. Und auf der Erde liegt dein irdischer, grobstofflicher Körper im Tiefschlaf und schnarcht in den höchsten Tönen. Ach, wie herrlich ist das denn!

Immer mehr erwachst du in dieser überirdischen, feinstofflichen ‚Sphärenwelt', während dein irdisches Leben nun etwas mehr in den Hintergrund tritt. Du kannst dich natürlich an alles erinnern – sofern du das möchtest –, doch dein seelisch-geistiges Leben rückt jetzt in den Mittelpunkt. Und wie alle Ankömmlinge durchläufst auch du nach dem Hinüberwechseln von der grobstofflichen Erdenwelt in diese feinstoffliche Lichtsphäre zunächst einmal eine Erholungs- und Anpassungsphase. Bei diesem Wechsel übst du in gewisser Hinsicht jedes Mal wieder das ‚kleine Sterben'. Apropos sterben, wirst du nach deinem irdischen Tod hierherkommen? Dein geistiger Freund nickt. Du kommst von hier und kehrst hierher zurück. Mit größter Wahrscheinlichkeit. Der letzte Satz verunsichert dich und du fragst, ob es denn nicht feststeht, dass du wieder hierherkommst, worauf er dich liebevoll neckt. Nicht, wenn du dich auf der Erde noch zu einem Biest entwickelst. Über diesen Scherz müsst ihr dann beide herzhaft lachen.

Bei den nächtlichen Übergängen ist es meistens dein geistiger Freund, der dich abholt und in deinem feinstofflichen Körper in diese lichte Lichtsphäre bringt, während dein irdischer Körper von Engelwesen regeneriert und gehütet wird. Dein Begleiter ist in dieser Betreuung ausgebildet und hat die dafür notwendigen Fähigkeiten. Er kann beispielsweise deine Gedanken lesen und deine Gefühle mitempfinden, wodurch er sich ganz auf dich einstellen kann und weiß, was für dich gut ist. Er ist in seinem Wesen sehr mitfühlend und empathisch, was ihn für eine solche Aufgabe auszeichnet. Zudem liebt er dich über alles und würde alles für dich tun und das macht ihn zum besten Betreuer. Er bringt dich nach deinen Übergängen an verschiedene Orte, die dir gerade besonders gut tun und an denen es dir leicht fällt, Schritt für Schritt zu erwachen. Kein Übergang gleicht dem anderen und auch das Abholen aus der grobstofflichen Erdenwelt gestaltet sich unterschiedlich.

Die meisten Erdenmenschen werden von ihren Begleitern in speziell dafür errichtete Ankunftszentren gebracht. Dies sind in die Natur eingebettete, wunderschöne Gebäude, in denen es zahlreiche Nischen mit bequemen Liegen gibt. Alle Ankommenden werden von ihnen nahestehenden Geistmenschen die ganze Zeit über betreut und begleitet. Und noch bevor du fragen kannst, versichert dir dein Freund, dass es in diesen Ankunftszentren ebenfalls große Blüten und Kristalle gibt, deren lebendige Wesen den Menschen helfen. Da die Gebäude keine Fenster und Türen haben – was nicht nötig ist, da es hier keine unangenehmen Wettereinflüsse gibt – haben sie beim Aufwachen einen freien Blick in die Natur, deren Schönheit sie bewundern können. Ihre Bewunderung erhebt sie aus dem Nachklang irdischer Schwere und Last und die lebendigen Wesen der Natur unterstützen sie dabei, sich an die geistige Lebensweise anzupassen.

Deine Frage, ob ihr denn jede Nacht hierherkommt, verneint dein Freund mit einem etwas ernsteren Gesichtsausdruck. Die Aufenthalte hier sind überaus wertvoll, weil sie für euch nicht jede Nacht möglich sind, in manchen Lebensphasen sogar nur selten. Er versichert dir jedoch, dass sich dies ändern wird.

Zudem können nur Menschen, die in ihrem irdischen Leben zu Liebe und Mitgefühl fähig sind und deren Lebenseinstellung auf Spiritualität begründet ist, hierhergebracht werden, weil sie dann mit der Grundschwingung dieser lichten Sphäre in der Geistigen Welt übereinstimmen. Es gibt unzählige, weitere Sphären – von dunklen bis hin zu ganz hellen in allen Abstufungen und jeder Mensch hält sich in derjenigen Sphäre auf, die ihm entspricht.

Wenn sich verkörperte Menschen bei ihrem Übergang in diese Welt in einer Lebensphase befinden, in der sie sich in einem erhöhten Bewusstseinszustand und in großer Liebe befinden und sie dadurch höher schwingen, müssen sie nicht unbedingt in ein Ankunftszentrum gebracht werden. Sie können dann auch an anderen Orten ankommen, wie es bei dir heute geschehen ist. Ihre Begleiter wissen, welche Plätze für ihre Ankömmlinge vorteilhaft sind.

Es gibt viele beliebte Ankunftsgebiete hier. Manche Menschen werden in muschelförmige Häuser am rauschenden Meeresstrand gebracht, andere in Häuser an stilltiefen Bergseen, wieder andere in Innenbaumgrotten im dufterdigen Wald oder in futuristische Bauten, die aus glasähnlichem Material bestehen. Es gibt zahlreiche Gebäude und Orte, die für eine Ankunft bevorzugt werden und dafür sehr geeignet sind. Sie werden von begabten Landschafts- und Gebäudegestaltern eigens für die Ankömmlinge geschaffen und gehen in ihrer wundervollen, kreativen Aufgabe ganz auf. Sie sind es, die heilsame Plätze für Ankommende kreieren.

Während der interessanten Ausführung deines Freundes kehren Stück für Stück Erinnerungen an frühere Aufenthalte zurück. Unter anderem tauchen lächelnde Gesichter von Geistmenschen auf, die zu deiner großen Seelenfamilie gehören. Viele von ihnen leben hier, während eine geringere Anzahl in der grobstofflichen Erdenwelt verkörpert ist. Mal treten die einen von euch in das Wagnis einer weiteren Verkörperung auf der Erde ein, mal die anderen. Diejenigen, die in der Geistigen Welt bleiben, unterstützen die auf der Erde leben.

Jede inkarnierte Menschenseele braucht parallele Aufenthalte in der Geistigen Welt. Kein Mensch könnte all die Herausforderungen, all die Sorgen und Schmerzen des Lebens auf der Erde überstehen, wenn er nicht immer wieder hierherkommen und ‚neu auftanken' könnte!

Je klarer und wacher du hier wirst, umso mehr erscheint dir das Leben in der grobstofflichen Erdenwelt wie ein Traum, aus dem du gerade erwachst. Du fühlst dich, als würdest du aus dem Nebel heraus in eine klare Sicht hineinkommen; als würdest du einen kalten, dämmerigen Raum verlassen und ins warme, geistige Sonnenlicht eintreten; als würdest du von einem fahlen Lebensgefühl in ein viel freudvolleres und intensiveres hinüberwechseln…

Hier in dieser klaren Sicht, im warmen, geistigen Sonnenlicht mit diesem unvergleichbaren, freudvollen und intensiven Lebensgefühl fühlst du dich zuhause, viel mehr als in der Erdenwelt. Hier hast du die ganze Zeit über ein überaus starkes Heimatgefühl. „*Willkommen in deiner Heimat im Licht*" tönt es dir in fröhlichmelodischem Gesang entgegen. Auf diesen Moment hat dein Freund gewartet. Feierlich legt er seine Hand auf dein Herzzentrum, wodurch sich dein intensives Heimatgefühl noch erheblich verstärkt. Er möchte, dass sich dieses Heimatgefühl in dich einprägt. Es soll als Grundstimmung in dir bleiben, auch wenn du wieder im irdischen Leben bist. Er verspricht dir, dass du dich in deinem irdischen Leben an dieses Heimatgefühl erinnern wirst, daran, dass du noch eine zweite Heimat hast, die sogar diejenige Heimat ist, von der aus du dich auf die Erde verkörpert hast. Es wird dir bewusst sein, dass die herausfordernde Erdenheimat nur eine Heimat auf Zeit ist. Und dies wird dir Vieles erleichtern.

Ach, diese sorgenerfüllte, irdische Heimat... So lange sich das Leben auf der Erde nicht einmal annähernd so gestaltet, wie es deinem inneren, seelisch-geistigen Wesen entspricht und noch weit von dem entfernt ist, wie du in Wirklichkeit leben willst, kann sie für dich nur eine Heimat auf Zeit sein. Doch sie wird sich zum Guten hin verändern, alles wird sich dort zum Guten hin verändern. Im Erdenleben ist dir dies nicht immer klar, doch hier in deiner geistigen Heimat hast du es kristallklar vor Augen.

Obwohl dir die irdischen, seelisch-geistigen Entwicklungschancen durchaus bewusst sind, betrübt dich das unbeschreibliche Leid der vielen Menschen, vor allem der Kinder und Tiere. Du kannst die Tränen tiefen Mitgefühls nicht aufhalten. Du weinst. Dein mitfühlender Freund nimmt dich jetzt in seine Arme und tröstet dich damit, dass kein Lebewesen in seinem Leid alleingelassen wird und auch nicht für immer in einem bedauernswerten Zustand bleibt. Wenn sie im Tiefschlaf in ihre Heimatsphären hinüberwechseln, erhalten sie die beste Fürsorge, die du dir vorstellen kannst. Alles Leid auf der Erde hat einen tieferen Sinn, den ihr alle eines Tages verstehen werdet.

Er gibt dir zu verstehen, dass dein Mitgefühl seine größte Wertschätzung verdient. Hier in der Geistigen Welt ist die mitfühlende Liebe der höchste Seinszustand, der von allen angestrebt und hochgeschätzt wird. Auch wenn die heilige, heilsame Kraft des Mitgefühls in der Erdenwelt noch wenig gelebt wird und dir dein Mitgefühl viel Kraft abverlangt, so ist und bleibt es die Stärke und Schönheit deines Herzens! Dein Freund ermuntert dich nun mit einer Ankündigung. Bald wirst du einen Weisheitslehrer kennenlernen, der aus einer höheren Lichtsphäre hierherkommen und eine große Versammlung abhalten wird. Sie wird auch für dich ein unbeschreiblicher Lichtblick werden.

Nun bringt dir dein Begleiter deine erstaunlichen Fähigkeiten, die du hier in deiner seelisch-geistigen Heimat besitzt, in Erinnerung. Du kannst beispielsweise in einer unbeschreiblichen Intensität und Klarheit die Gedanken anderer lesen und ihre Empfindungen mitfühlen. Du musst nicht unbedingt gehen, du kannst dich auch mittels deiner konzentrierten Gedankenkraft vorwärtsbewegen und bist blitzschnell dort, wo du sein möchtest. Auch besitzt du eine brillante Erinnerungsfähigkeit an andere Leben. Und du kannst dich auf Gegenstände konzentrieren und sie feinstofflich materialisieren. All diese Fähigkeiten und viele weitere wendest du allerdings nicht automatisch an, sondern nur dann, wenn du sie bewusst wählst. Verschmitzt fügt dein Begleiter noch schnell hinzu, dass du hier einfach einen viel größeren Durchblick hast – wenn du den mal auf der Erde hättest! Und die Art, wie er sich ausdrückt, ist wieder ein Grund für euch, gemeinsam zu lachen.

In der grobstofflichen Erdenwelt, besonders in schweren Zeiten, liegen deine Stärken unter vielen Sorgen, Leiden und Schmerzen begraben. Und was dann nach einer Weile von ihnen noch übrig ist, blinzelt nur in außergewöhnlichen Momenten hervor – vielleicht einmal beim entspannten Meditieren, in der Badewanne, in der Natur und im Urlaub. Doch hier in deiner Heimat im Licht begegnest du unmittelbar deiner wahren, seelisch-geistigen Schönheit und Größe. Und der Vollständigkeit halber muss auch gesagt werden, dass ebenfalls deine Schwächen nicht zu übersehen sind, denn du bist immer noch derselbe Mensch wie auf der Erde, mit derselben Einstellung, den gleichen Eigenarten, Neigungen und denselben Stärken und Schwächen, jedoch alles in verfeinerter Form. Es ist beinahe überflüssig zu sagen, dass du hier an deinen Schwächen arbeitest und viel Unterstützung erhältst. Niemand verurteilt dich für sie, weil auch diejenigen, die dauerhaft hier leben, wissen, was es bedeutet, Schwächen meistern zu müssen. Hier wirst du vollständig angenommen und geliebt, so, wie du jetzt gerade bist, selbst dann, wenn deine Persönlichkeit seltsame Allüren aufweist. Denn hier ist ohnehin jedem bewusst, dass deine derzeitige, irdische Persönlichkeit nur vorübergehend ist. Nur dein wahres ‚Ich‘ bleibt dir für immer. Da sich hier alle auf mitfühlende Liebe ausrichten, fällt es dir leicht, zu akzeptieren, dass die Geistmenschen in dir lesen können wie in einem offenen Buch und dass du nichts, aber auch gar nichts, zurückhalten oder verstecken kannst. In der Regel löst dieser Umstand jedoch kein Beschämen bei euch verkörperten Menschen aus, sondern Erleichterung und ein Gefühl des Angenommenseins.

Traurigkeit und Glücksgefühle

Obwohl du hier mit erhebenden Erkenntnissen und Erlebnissen gesegnet bist, wirst du gerade etwas traurig darüber, dass du dich an nichts erinnern kannst, wenn du wieder in deinem irdischen Körper aufwachen wirst. Ach, könntest du dich doch an all dies erinnern oder doch wenigstens an einen kleinen Teil, denn in deinem irdischen Leben stehst du gerade vor großen Herausforderungen und es würde dich ermutigen und trösten. Deine zunehmende Traurigkeit könnte der Grund dafür sein, dass es dich jetzt abrupt zurück in deinen irdischen, schlafenden Körper zieht. Dann wäre dein heilsamer und aufbauender Aufenthalt hier beendet, was bedauerlich wäre, weil jeder Besuch einzigartig und nicht wiederholbar ist.

Dein geistiger Begleiter, der dich sehr gut kennt, weiß, was jetzt zu tun ist. Er ruft den liebevollen Geist eines Vogelschwarms herbei und macht ihn auf den Anflug deiner Traurigkeit aufmerksam. Kurze Zeit später nähert sich ein Vogelschwarm. Die vielen Vögel befinden sich im Inneren ihres gemeinsamen Geistwesens. Sie lassen sich auf dem Baum neben euch nieder. Der Geist der Vögel kommt nun zu dir und betrachtet dich aufmerksam. Er empfindet, was du empfindest. Die heilsame Anwesenheit seiner Vögel und ihr fröhlichleichtes Gezwitscher holen dich sofort aus deiner Traurigkeit heraus. Mit ihren Zwitscherliedern drücken die Vögel ihre hellzarte Daseinsfreude aus, die jetzt auf dich übergeht und dich ansteckt. Sie klingen wie heilsame Melodien.

Auch auf der Erde haben Vögel eine sehr heilsame Wirkung auf die Menschen. Diese zartleichten Geschöpfe erhellen und reinigen die Atmosphäre und halten sich gerne dort auf, wo das Licht der Liebe leuchtet. Eine Freudenwelle überkommt dich. In deiner Vorstellung umarmst du jetzt alle Vögel mit der Wärme deiner Liebe und bedankst dich für ihr Kommen. Und hier in der lichten Sphäre der Geistigen Welt kannst du sehen, wie die Wärme deiner Liebe den Vogelschwarm einhüllt. Bevor sich der Vogelgeist mit seinem Schwarm wieder in die Lüfte erhebt, lässt er einen seiner Vögel auf deiner Hand landen. Tief berührt streichelst du den kleinen, schimmernden Liebling, der dich mit seinen großen, schönen Geistaugen liebevoll ansieht und dir Momente des Entzückens und inniger Verbundenheit schenkt.

Hier in deiner geistigen Heimat kannst du Natur- und Tiergeister sehen, denn hier ist ihr ‚Gruppengeist' zuhause. Hier kannst du all das betrachten, was du im Erdenkörper begrenzt auf deine fünf körperlichen Sinne noch nicht sehen und wahrnehmen kannst. Dankbar schaust du den Vögeln nach, die sich in ihrem Vogelgeist befinden, der seinen Schwarm zusammenhält und lenkt und mit ihnen in einem anmutigen Tanz über die Landschaft fliegt.

Dein ohnehin schon beachtliches Wohlgefühl steigert sich nun zu einem ausgeprägten Glücksgefühl. Dein geistiger Begleiter erklärt dir, dass Glücksgefühle in den lichten Sphären der Geistigen Welt nichts Außergewöhnliches sind und dass die Geistmenschen hier in einem fortwährenden Glückszustand leben, was eine Folge ihre Herzensliebe und ihrer spirituellen Wachheit ist. Die Bewohner hier verlieren sich jedoch nicht in Glücksgefühlen, sondern nutzen sie als Basis für gesteigerte Kreativität und ein frohsinniges Miteinander.

Oh, wie hast du dies alles in deinem Erdenleben vermisst – mehr unterschwellig als bewusst! Nie mehr möchtest du diese erhebende Atmosphäre missen. Nie mehr möchtest du dein Leben hier in deiner geistigen Heimat vergessen. Doch du wirst alles wieder vergessen. Bald schon. Bald schon wirst du wieder in deinen tiefschlafenden Erdenkörper zurückgezogen und in der Erdenwelt aufwachen und dich an nichts mehr erinnern…

Der Lehrer aus einer höheren Sphäre

Ein sanfter Wind kommt auf und kündigt etwas an. Es ‚liegt etwas in der Luft'. Du fühlst es. Dein geistiger Freund lächelt wissend. Und schon erreicht dich die warmherzige Heiterkeit weiterer Geistmenschen, die bislang taktvoll Abstand gehalten und gewartet haben, bis du dein Ankommen hier in deiner geistigen Heimat mithilfe deines Freundes vollzogen hast. Nach einer herzwarmen Begrüßung erfährst du, dass sie gekommen sind, um euch zu der Versammlung des Weisheitslehrers und Heilers abzuholen. Sie findet auf dem Gipfel eines Berges statt und der Weg dorthin ist zauberhaft. Vorfreude und auch ein klein wenig Aufregung erfassen dich jetzt und deinem Freund huscht wegen dieser menschlichen Regung wieder einmal ein Lächeln übers Gesicht.

Zusammen mit der warmherzigen Geistmenschenrunde wanderst du nun auf den Berg zu. Ein schmaler Pfad führt steil bergauf. Ihr könntet natürlich mittels eurer Vorstellungskraft in Sekundenschnelle oben sein. Die Fortbewegungsart durch Gedankenkraft ist hier üblich und beliebt. Doch die Gruppe will mit dir hinaufwandern, um mit dir die herrliche Natur und Landschaft zu genießen. Es ist nicht mühsam für euch, den steilen und steinigen Fußweg hinaufzuwandern, denn eure feinstofflichen Körper ermüden nicht und ihr berührt beim Gehen den Boden auch nur ganz leicht.

Nun betretet ihr das eindrucksvolle Reich der Berggeister, die sich über euren Besuch sehr freuen. Je weiter ihr euch auf den Berg hinauf erhebt, desto stärker werdet ihr von ihrer Kraft, Stabilität, von ihrer Weisheit und ihrem Weitblick berührt. Die neugierigen und gütigen Hüter uralten Wissens lieben es, von Menschen, die gleichzeitig auf der Erde leben, persönliche Geschichten zu erfahren. Nicht mit deinem Mund erzählst du sie ihnen, sondern mit der Gesamtheit deiner Gedanken, deinen Empfindungen und deinen Erinnerungsbildern, die du immer mit dir in deinem Inneren trägst.

Oben angekommen, betretet ihr eine ganz eigene Welt – die wundersame Welt der Berggipfel, die hier in der lichtvollen Sphäre der Geistigen Welt weder karg noch schneebedeckt, sondern mit den schönsten Blumen und mit zahlreichen alten Bäumen bewachsen sind. Für dieses himmlische Bergplateau gibt es keinen Vergleich auf der Erde. Alle schönsten, irdischen Gartenanlagen, die du in höchstem Maße bewunderst, sind bescheidene Ausgaben dieses Paradieses. Irdische Landschaftsgärtner und Gartenkünstler erhalten ihre Ideen auch von hier.

Wer diesen Berggipfel erreicht und sich länger auf ihm aufhält, fühlt sich immer mehr mit den Schöpfern allen Lebens und den Erbauern der Natur verbunden, wodurch alles von einer sakralen und sanftheiteren Atmosphäre durchdrungen ist. Mit Bedacht schlendert ihr am Rand des Berggartens entlang und bestaunt den einzigartigen Ausblick. Du bist tief beeindruckt.

In der Mitte des Plateaus ragt ein prachtvolles, dreistöckiges Tempelgebäude empor, das von riesigen, uralten Bäumen und blühenden Rosenbüschen umgeben ist. Im obersten Stockwerk, welches zu allen Seiten hin offen ist und zu dem eine breite Treppe hinaufführt, finden sich immer mehr Geistmenschen ein, die auf weichen Bänken Platz nehmen, die im Kreis angeordnet sind. Du bestaunst den riesengroßen, leuchtenden Bergkristall, der im Zentrum des Tempelsaals auf einer Erhöhung steht. Das Kristallwesen, welches ihn umschwebt, betrachtet freundlich alle Ankommenden.

Erheitert beobachtest du nun ein buntes Vogelpaar, welches auf der Kristallspitze sitzt und neugierig alles unter ihnen beobachtet. Hin und wieder fliegen sie auf die Schultern und die ausgestreckten Arme der Besucher, die ihre Schönheit bewundern, doch die Kristallspitze, zu der sie immer wieder zurückfliegen, scheint eine mächtige Anziehung auf sie auszuüben. Diese beiden großen Vögel sehen den Paradiesvögeln auf der Erde sehr ähnlich. Überall im Saal sitzen auch kleinere, zutrauliche Vögel, die alle Neuankommenden mit hellem Gezwitscher empfangen.

Der riesige Tempelsaal ist ringsum mit einem breiten, goldverzierten Geländer versehen, auf dem es sich viele Katzen bequem gemacht haben. Einige Geistmenschen gehen ganz darin auf, diese liebevollen Tempelkatzen zu streicheln, die auch hier in der geistigen Heimat ihr wohltuendes und heilsames Schnurren verbreiten.

Von deinem Freund erfährst du, dass der Weisheitslehrer und Heiler einhundertelf Geistmenschen eingeladen hat, unter denen sich auch Menschen befinden, die ein paralleles Leben in der grobstofflichen Erdenwelt führen. Doch trotz dieser beträchtlichen Menschenmenge gibt es kein unruhiges Gedränge, es herrscht vielmehr ein sanftheiteres Beisammensein.

Der Weisheitslehrer und Heiler lässt nicht lange auf sich warten. Er wird von zwei weiteren Geistmenschen begleitet, einer Frau und einem Mann. Lächelnd betreten die drei den Tempelsaal und stellen sich in die Mitte neben den Kristall. Dort verbeugen sie sich vor euch. Der Schimmer, von dem sie umgeben sind, ist unvergleichlich glanzvoll. Alle drei stammen aus einer Lichtsphäre, in der die Bewohner sehr vergeistigt sind und in nahezu transparenten Lichtkörpern leben, die sie der feinstofflichen Schwingung dieser Sphäre anpassen können. In ihrer Heimatsphäre gibt es viele weitere Heilerinnen und Heiler und Weisheitslehrerinnen und Weisheitslehrer, die Versammlungen in dieser und in anderen Sphärenwelten abhalten, um die dort Lebenden in ihrer seelisch-geistig-spirituellen Weiterentwicklung zu unterstützen.

Der Weisheitslehrer spricht ohne seine Lippen zu bewegen. Alle Anwesenden hören seine wohlklingende, sonore Stimme in ihrem Inneren. Während er zu euch spricht, erhebt ihr euch seelisch-geistig immer mehr in seine lichtvolle Wirklichkeit hinein. Er dankt euch allen für euer Kommen und drückt seine besondere Freude darüber aus, dass alle diejenigen, die parallel in der Erdenwelt leben, jetzt hier sein können. Ihr werdet nämlich all das, was ihr hier erlebt, mit in euer irdisches Leben hineintragen, was bedeutungsvoll ist.

Obwohl die hohe, geistig-spirituelle Reife und Erhabenheit des Lehrers unverkennbar ist, erweckt seine offenherzige, freundliche Art und seine Bescheidenheit in euch Gefühle von Freundschaft und Vertrautheit und lässt jegliche Scheu vor seiner geistigen Größe verschwinden. Und seine Erzählung über seine eigene Geschichte verstärkt euer Vertrautheitsgefühl noch mehr, was der gütige Geistmensch natürlich weiß.

Er ist mit irdischen Leiden und Herausforderungen bestens vertraut, weil er selbst zig Verkörperungen auf der Erde durchlebt hat. In seinen stärksten Inkarnationen war er Schüler des Buddhas und Schülerin von Christus Jesus. Damit stößt er bei euch auf größtes Interesse und verspricht euch, bei einer nächsten Versammlung mehr über diese beiden großen Menschheitsbefreier zu erzählen. Zu deiner Freude scheint auch der Weisheitslehrer nicht vor stillen Tränen der Rührung gefeit zu sein.

Der Engel

Während der Weisheitslehrer spricht, geschieht etwas Wundervolles, etwas, was nicht nur dich, sondern auch alle anderen im Tempelsaal erschüttert – sehr angenehm erschüttert. Es taucht die Gestalt eines bis zum Dach hinaufragenden Lichtwesens auf. Ein Engel erscheint! Das Engelwesen führt immerzu anmutige Bewegungen aus, wodurch es euch so vorkommt, als würde es mehr schwimmen als schweben. Eine gewaltige Lichtwoge geht von ihm aus, die sich über euch ergießt und du weißt, dass dies seine Art der Begrüßung ist. Eure Begeisterung intensiviert sich noch, als geistige Lichtflammen aus dem Herzzentrum des Engels zu lodern beginnen. Ihr werdet seelisch-geistig so stark von ihnen erhoben, dass ihr euch allesamt von euren Bänken erhebt, eure Arme empfangend nach oben streckt und euch erst wieder nach einer Weile hinsetzt.

Euch allen ist natürlich bewusst, dass dieses Lichtwesen seine Lichtintensität erheblich reduziert, damit ihr sie ertragen könnt und dass es die Größe seiner Gestalt an den Tempelsaal anpasst. Dennoch ist seine Gegenwart immer noch so voller Lichtkraft, dass ihr in eure eigene Engelwirklichkeit, in das Lichtwesen, das ihr selbst seid, hineinversetzt werdet. Du legst nun deine Hand auf dein Herzzentrum, als wolltest du dich dort festhalten. Und dein stets heiterer Freund gibt dir zu verstehen, dass dies der absolut beste Haltegriff ist, den man sich vorstellen kann, was euch beide dazu anregt, leise vor euch hinzukichern. Du erfährst von ihm, dass das Lichtwesen bei allen Versammlungen des Lehrers gegenwärtig ist und ihm ‚himmlische Heilkräfte' überträgt. Begeistert beobachtest du, wie das Licht des Engels auf den Lehrer übergeht und ihn durchfließt und vollständig einhüllt. Der bereits strahlende Lehrer leuchtet nun noch heller. Du bist sehr überrascht und betroffen, dass sich der Lehrer jetzt an diejenigen von euch wendet, die parallel ein Leben auf der Erde führen, also auch an dich. Er drückt seine größte Wertschätzung und Bewunderung für euren ‚Erdengang' aus und versichert euch, dass er jeden von euch kennt und unterstützt. Du spürst die große, reine Liebe, die der Lehrer euch entgegenbringt, eine Liebe, die stellvertretend für eine allumfassende, höhere, göttliche Liebe ist. Sie trifft euch alle mitten ins Herz und treibt euch liebeshungrigen ‚Erdlingen' heiße Tränen tiefster Berührung und Erschütterung in die Augen. Mit Nachdruck betont er, dass ihr euch nicht vorstellen könnt, wie sehr ihr in Wirklichkeit wertgeschätzt und geliebt werdet. Er bittet euch darum, die Liebe in eurem irdischen, sorgenbelasteten und herausfordernden Leben noch mehr in den Mittelpunkt zu stellen und auch euch selbst genügend Liebe und Mitgefühl entgegenzubringen. Damit hat der Lehrer einen empfindlichen Nerv getroffen. So manches Schluchzen hallt jetzt durch den Tempelsaal und die Katzen, die bisher entspannt auf dem Geländer lagen, haben sich nun den einen und anderen Schoß erobert, um die Weinenden auf ihre zärtlich verschmuste Art zu trösten, was ihnen vortrefflich gelingt. Und weil sich die Katzen so gerne mehrmals um sich selbst drehen, bevor sie sich gemütlich niederlegen und dies ein aufheiternder Anblick ist, kommt schnell wieder eine vergnügliche Stimmung auf.

Der Weisheitslehrer setzt nun seine Rede mit einer Katze im Arm fort. Als sich dann jedoch auch noch eine Katze über seine Füße legt und eine andere sich um seinen Hals schlingt, sich die beiden großen, bunten Vögel auf seine Schultern setzen und sich kleine Vögel auf seinem Kopf niederlassen, brecht ihr alle in ein ausgedehntes, fröhliches Gelächter aus. Ein heilsames Gelächter, in das der Lehrer und seine beiden Begleiter herzhaft miteinstimmen. Der Lehrer scheint mit dieser Wende überaus zufrieden zu sein und auch damit, was seine Liebeserklärung und Wertschätzung in euch aufgerührt hat. Die Stimmung im Saal ist großartig und ihr alle fühlt euch stark genug, für das, was noch kommt.

Wahrheiten, Weisheiten und Tempelkatzen

Die Katze, die lang ausgestreckt über deinem Schoß und dem deines Freundes liegt, beobachtet alle eure Empfindungen und Regungen. Große Empathie und auch Neugierde gehen von ihr aus. Begeistert beobachtest du, wie noch viele, weitere Katzen in den Saal kommen und sich zu den Besuchern legen. Du bist allerdings auch verwundert darüber. Jetzt siehst du, dass alle durch nebelartige Lichtbänder, die wie Nabelschnüre aussehen, mit einer gemeinsamen Lichtquelle verbunden sind – einem großen, herrlich anzusehenden, schillernden Wesen. Dein Freund und Begleiter weist darauf hin, dass hier auf diesem Bergplateau in dieser Tempelanlage besonders viele Tempelkatzen leben, die bei Versammlungen, Zeremonien und Festen stets anwesend sind. Sie alle sind mit ihrem ‚Gruppengeist' verbunden, einem sehr spirituellen, mütterlich behütendem Wesen. Die Tempelkatzen sind Gruppenwesen und doch hat jede von ihnen inzwischen individuelle Eigenarten und eine zarte Persönlichkeit, die durch die Liebe und Aufmerksamkeit, die sie von den Tempelbesuchern erhalten, stetig wächst. Wenn sie spüren, dass ihre Anwesenheit besonders gebraucht wird, kommen sie in Scharen und verbreiten eine ansteckende heitere Gelassenheit. Dieser Tempel ist nicht nur wegen der unvergleichlich, schönen Gartenanlage beliebt und bekannt, sondern auch wegen der vielen, wundervollen Tempelkatzen. Sie machen aus dieser Bergspitze einen außergewöhnlichen Kraftplatz, der von Lehrern und Heilern aus höheren Sphären wertgeschätzt wird.

Nun hört ihr die Stimme des weisen Lehrers und Heilers wieder in eurem Inneren und folgt aufmerksam seinen Erläuterungen. Er teilt euch mit, dass er ein Botschafter eines riesigen Zusammenschlusses von Geist- und Lichtwesen, ‚Sternenmenschen' und Erdenmenschen ist, unter denen sich auch aufgestiegenen Meisterinnen und Meister befinden. Diese ‚Lichtgemeinschaft' setzt sich für die Belange der irdischen Menschheit ein und steht mit vielen Verkörperten in Verbindung, durch die sie in die Erdenwelt einwirken. Ihre edlen Aufträge führt die Lichtgemeinschaft im Namen des ‚Sonnengeistes' aus, dem göttlichen Regenten der Menschheit.

Dem weisen Heiler ist das sich zuspitzende Chaos, das nicht enden wollende Leid und die Dunkelheit in der grobstofflichen Erdenwelt und den dazugehörenden düsteren Astralwelten bewusst. Er versichert euch allen eindringlich, dass letztendlich dennoch alles gut werden wird! Du spürst, wie besonders diejenigen im Tempelsaal, die gerade ein paralleles Leben auf der Erde führen, aufatmen.

Mit Inbrunst spricht der Weisheitslehrer nun weiter. Wenn ihr in eurem irdischen Leben die Gewissheit haben könnt, dass ihr in Wahrheit unsterblich seid und dass bei eurem irdischen Tod nur der irdische Körper stirbt, ihr jedoch in eurer Heimat im Licht weiterlebt, dann versiegt jegliche Angst vor dem Tod und vor dem, was danach kommt! Ihr erhaltet dann neue Lebensstärke und neuen Lebensmut.

Wenn ihr in eurem irdischen Leben die Gewissheit haben könnt, dass euer Erdenleben nicht euer einziges Leben ist, ihr parallel auch in der geistigen Welt lebt, dann könnt ihr das Unabänderliche und Unschöne in eurem irdischen Leben gelassen hinnehmen! Gelassenheit macht euch unabhängig von äußeren Umständen.

Wenn ihr in eurem irdischen Leben die Gewissheit haben könnt, dass ihr eine göttliche, allgegenwärtige, geistige Führung habt und von Geistmenschen und Engeln begleitet werdet, fühlt ihr euch niemals mehr einsam und verlassen, sondern vom Himmel beachtet und behütet! Ihr seid nun von der Täuschung befreit, dass eure menschliche Persönlichkeit alles selbst wissen, selbst können und selbst entscheiden muss und kann.

Wenn ihr in eurem irdischen Leben die Gewissheit haben könnt, dass ihr in Wirklichkeit ein Geistwesen und sogar ein Lichtwesen seid und nur vorübergehend ein verkörperter Erdenmensch, dann erkennt ihr euch selbst und kommt in eure wahre Größe! Die Erkenntnis, wer ihr in Wirklichkeit seid, befreit euch von der Dominanz eurer menschlichen Persönlichkeit und von einengenden Ansichten über euch selbst. Ihr wachst dann in eine große, seelisch-geistige Freiheit hinein und könnt nun Spiritualität, Wahrheit, Liebe und Mitgefühl in den Mittelpunkt eures menschlichen Lebens stellen, statt eurer menschlichen Persönlichkeit. Jetzt könnt ihr auch mit allem einverstanden sein, was ist und wie es ist.

Wenn ihr in eurem irdischen Leben die Gewissheit haben könnt, dass ihr in Wirklichkeit immer und überall mit allen Lebewesen seelisch-geistig verbunden und geistig-spirituell eins seid und nur vorübergehend durch eure Existenz in verschiedenen Körpern, durch trennendes Verstandesdenken und durch eure auf euch selbst bezogene Persönlichkeit voneinander getrennt erscheint, dann lösen sich eure Trennungsängste, eure Verurteilungen, eure Ablehnungen und eure Emotionen auf. Stattdessen werdet ihr empathisch, mitfühlend, gütig und vergebend und erreicht euren höchsten Zustand, in dem ihr die Verbundenheit mit allen lebt, den Zustand der mitfühlenden Liebe. Jetzt seid ihr in eurem höchsten Zustand! Jetzt erwacht ihr in eurem gemeinsamen Ursprung! Jetzt erwacht ihr in Gott!

Hier in der lichten Sphäre der Geistigen Welt erlebt ihr diese Wahrheiten und seid euch absolut gewiss. Doch wie erreicht ihr diese Gewissheit in eurem irdischen Leben? Alles, was ihr hier in eurer Lichtheimat erlebt und erkennt, alles, was ihr hier lernt und anstrebt und alles, was ihr hier seid, bringt ihr in euer irdisches Leben ein. Nach und nach. Ihr müsst dort allerdings dafür aufnahmebereit werden, sozusagen einen Becher erschaffen, in den alles hineinfließen kann. Diese Aufnahmebereitschaft erreicht ihr, indem ihr euch mit der spirituellen Realität beschäftigt und euch spirituell weiterentwickelt. Dabei bildet sich der Becher. Einen besonders großen erhaltet ihr, wenn ihr euch im Zustand der Liebe befindet. Dann kann entsprechend viel von eurer seelisch-geistigen Präsenz, die ihr hier in der lichten Sphäre seid, in euer irdisches Leben hineinfließen. Und all das, was euch hier in eurer Heimatsphäre besonders stark berührt, drängt auch stärker in euer irdisches Leben. Ein wichtiger Grund für diese Versammlung ist, euch starke Erlebnisse und Eindrücke zu vermitteln, Höhepunkte, die noch lange stark in euch nach klingen.

Der Lehrer legt nun eine Pause ein, damit sich die Wahrheiten in euch ausbreiten können. Nach einer Weile fährt er fort. Ihr bringt jedoch alle eure Erkenntnisse und Erlebnisse nicht nur in euer eigenes irdisches Leben ein. Als Mitglied der Menschengemeinschaft sickert es ins vereinte Menschheitsbewusstsein hinein und fließt nach und nach allen anderen Menschen zu. Jeder von euch leistet damit einen grundlegenden Beitrag zum spirituellen Erwachen der Menschheit.

Ihr werdet jetzt darauf aufmerksam gemacht, dass dies zwar ein großartiger Einblick ist, jedoch nur ein kleiner Ausschnitt einer viel größeren, allumfassenden Wirklichkeit darstellt und auch die Hilfe für die Menschheit noch viel umfangreicher ist, als ihr es euch vorstellen könnt.

Der Lehrer kündigt euch nun an, dass es die Gabe seiner Begleiterin und seines Begleiters ist, euch mit weiteren, intensiven und in höchstem Maße berührenden Erlebnissen zu beschenken. Doch zuerst wird er jedem einzelnen von euch eine große Heilung ermöglichen und euch für ihre Gaben empfänglich machen. Er führt alle Anwesenden in einen sehr langen meditativen Zustand absoluter Stille hinein, während er mit der großen Heilung beginnt.

Berührende Heilung

Der Lehrer geht jetzt durch die Reihen von einem zum anderen und schenkt jedem seine persönliche Aufmerksamkeit und Heilung. Man könnte ja meinen, dass er mehrere Tage dafür bräuchte, um mit einhundertelf Menschen in einen so liebevollen Kurzkontakt treten zu können. Diesen Gedankengang teilst du mit den anderen Erdlingen, weil er ein typisch irdischer ist, worüber sich dein Begleiter wieder einmal köstlich amüsiert.

Prompt kommt seine Erklärung, dass Zeit nicht von allem unabhängig existiert, sondern immer in Beziehung zu Lebewesen und ihren Lebensräumen steht, von denen sie unterschiedlich wahrgenommen wird. Dein Körper befindet sich im grobstofflichen Lebensraum der Erde in der dazugehörigen Zeit etwa vier Stunden im Tiefschlaf, doch hier in der feinstofflichen Sphäre kommt dir dein Aufenthalt viel länger vor. Zeit existiert nur, wenn Wesen und Welten noch Spuren von Stofflichkeit besitzen. In rein geistigen Lichtsphären gibt es keine Zeit und keinen Raum mehr. Euer geistiges Bewusstsein kann sich jederzeit überallhin bewegen Deine Heimatsphäre hier besitzt eine verfeinerte Stofflichkeit und alle Lebewesen leben in feinstofflichen Körpern und somit ist auch noch Zeit für sie vorhanden, wenn auch anders als in der grobstofflichen Erdenwelt. Der Weisheitslehrer kann hier jedem einzelnen seine liebevolle Aufmerksamkeit schenken, ohne dafür eine halbe Ewigkeit zu brauchen, weil er als höheres Geistwesen die Zeit und unser Zeitempfinden verändern kann.

Zusammen mit dem Engelwesen vermag der weise Heiler die seelischen Verletzungen besonders von euch Erdlingen zu heilen, indem er euch seelisch-geistig in eine höhere, göttliche Ordnung hineinhebt und sich alles in euch auf diese höhere Ordnung ausrichten kann. Die Heilung eures inneren Seelenlebens hier in der lichten Sphäre hat die Heilung eurer irdischen Körpers zur Folge. Wenn auf der Erde für Heilung des Körpers gebeten wird, findet sie zuerst hier in eurer seelisch-geistigen Heimat statt. Eure Heilungen hier in eurer Heimatsphäre geschehen in dem Maße und auf die Art und Weise, wie es aus höherer Sicht für euch richtig ist. Der Heiler hat dabei das Entwickeln eurer Herzenskräfte, eurer Spiritualität und eurer Schicksalswege im Blick. Er ist ein edles Werkzeug der göttlichen Urquelle und der göttlichen Gemeinschaft allen Lebens, die durch ihn wirkt.

Jetzt ist es soweit! Du bist an der Reihe. Der weise Heiler steht nun vor dir und schenkt dir seine ganze Aufmerksamkeit. Du wirst von seiner geistigen Gegenwart durchpulst, die alles andere als klein ist. Es ist, als stünde eine große, lebendige, geistige Sonne vor dir – hell, warm, liebevoll, wissend, weise, heilsam. Seine Ausstrahlung ist so durchdringend, dass du dich augenblicklich in einer Bewusstseinserhöhung befindest, wie du sie noch nie erlebt hast. Dein Herzzentrum beginnt zu glühen. Es brennt ein geistiges Feuer in deinem Herzen – ein Feuer der Liebe. Es ist das Liebesfeuer eurer beiden Herzen zusammen! Sein Herz ist dein Herz geworden und du hast keine Ahnung, wo der Lehrer anfängt und du aufhörst oder wo du anfängst und er aufhört. Es gibt keine Begrenzungen mehr. Du bist er und er ist du. Und weil er wie eine Sonne ist, bist auch du wie eine Sonne. Und deine Erfahrungen auf der Erde sind auch die seinen. Jetzt gibt es nur noch euch zusammen. Vereint in einer Liebe, die nur als wahrhaft ‚göttlich' beschrieben werden kann.

Der Lehrer und Heiler kennt deine wahre Größe und erhebt dich nun in sie hinein. Das ist sein Geschenk der Heilung für dich. Du erlebst dich jetzt als Lichtwesen, das sich mutig auf der Erde verkörpert und einzigartige Erfahrungen in einer als extrem schwierig empfundenen Grobstofflichkeit erlebt. Oh, du bist noch sehr viel mehr, doch das legst du in die Schatztruhe deines Herzens.

Es ist dir nicht möglich, die Intensität dessen, was du gerade erlebst, zu erfassen, noch zu verstehen oder zu erklären. Du weißt auch nicht, wie lange du in diesem erweiterten Bewusstseinszustand bist. Du erlebst nun, wie unzählige, seelische Schmerzen aus deinem jetzigen irdischen Leben in das gemeinsame Feuer eurer göttlichen Liebe hineingesogen werden. Dort wandeln sie sich in pure Lebenskraft um, die dir wieder zufließt.

Es ist dir nicht wichtig zu wissen, was da soeben geschehen ist, es ist dir viel wichtiger, dass du weißt, dass du jetzt nicht mehr der Mensch bist, der du zuvor warst und dass du diese Erneuerung auch in dein Menschsein mitnimmst. Denn der seelisch-geistigen Mensch, der du hier bist, bist du auch auf der Erde. Das, was du hier in deiner geistigen Heimat erlebst, erkennst und neu dazu lernst, wirkt in dein irdisches Leben hinein. Hier werden Pläne geschmiedet, Projekte entworfen, Fertigkeiten erlernt und Verabredungen getroffen. Hier kommst du mit gleichgesinnten Geistmenschen zusammen, die ähnliche Interessen und Aufgaben haben. Hier entscheidet ihr gemeinsam, wann, wo und wie ihr euch auf der Erde begegnen werdet, um euch gegenseitig zu unterstützen, zu helfen und euch auch gegenseitig herauszufordern.

Auch umgekehrt wirst du hier von den Erfahrungen, welche die materielle, körperliche Lebensweise auf der Erde mit sich bringt, beeinflusst und bereichert. Deine beiden parallelen Leben sind miteinander verflochten und beeinflussen sich gegenseitig. Doch deine wahre Heimat ist hier – solange, bis du in noch höhere Sphären aufsteigst und dann in noch höhere und noch höhere...

Du ahnst, dass die Gegenwart dieses weisen Heilers dich nie wieder verlassen wird. Der Weisheitslehrer nickt zustimmend und die Art seines Lächelns verrät dir, dass er dir noch etwas Wichtiges mitzuteilen hat. Tief blickt er dir in deine Augen, während er dir offeriert, dass er nun dein Geistführer ist und dich bei deinem speziellen Liebesdienst an der Menschheit unterstützt, in den du auf der Erde gerade hineinwächst. Er wird immer heilend und inspirierend an deiner Seite stehen und dir dabei helfen, deine Aufgaben zum Wohle aller zu vollbringen.

Du bist fassungslos und ergriffen und sehr dankbar. Du kannst dir wirklich nicht vorstellen, dass dein herrlicher Glückszustand noch zu überbieten ist, doch bald schon wirst du eines Besseren belehrt. Als der Heiler sich dann von dir verabschiedet und weitergeht, spürst du einen leichten Trennungsschmerz in deinem Herzen, den du empfinden darfst, denn schließlich bist du ja ein Erdling.

Hologramm der Grenzenlosigkeit

Der Lehrer hat seinen Heilungs-Rundgang beendet. Nun berührt sein Begleiter den Kristall, woraufhin dieser sich verflüssigt, ohne jedoch seine Form zu verlieren. Er begibt sich nun in das Innere des Kristalls hinein. Fragend schaust du zu deinem Freund, der dir sagt, dass es seine Gabe sei, mithilfe des Kristallwesens ein Portal in andere Dimensionen und Sphären zu öffnen. Nun siehst du, wie das Kristall-Lichtwesen vibriert und sich im Tempelsaal ausdehnt. Ihr befindet euch jetzt in ihm und seid zunächst einmal von vielen Farben und abstrakten Formen umgeben, aus denen sich mehrdimensionale, holographische Einblicke in die Weiten des Kosmos und in unzählige Sphärenwelten bilden. Der Saal verschwindet für euch und ihr befindet euch inmitten grenzenloser Weite. Der Begleiter des Weisheitslehrers überträgt euch nun die Fähigkeit, in einige Sphärenwelten hineinzutauchen, um sie erleben zu können.

Ihr reist jetzt in rasanter Geschwindigkeit durch Sphären, Welten und Zivilisationen in unterschiedlich stofflichen Dichtegraden und erlebt in nur wenigen Augenblicken eure eigenen Leben dort. Ja, sie alle sind ebenfalls deine Heimaten! Du erkennst, dass sowohl deine jetzige Heimatsphäre in der geistigen Welt wie auch die Erdenwelt zwei Tröpfchen in einem endlosen Meer von Tröpfchen sind und nimmst jetzt deutlich deine Multidimensionalität wahr. All deine Existenzen in verschiedensten Lebensräumen, denen du jetzt begegnest, sind jedoch nur ein klitzekleiner Ausschnitt deiner noch viel umfassenderen Existenz.

Du dehnst dich noch weiter aus und erwachst jetzt in deiner wahren, grenzenloser Größe: Du bist reines Leben, reines Bewusstsein, reines Licht, reine Liebe in allen Formen und Verdichtungen und existierst ‚überall'. Du bist alles zusammen und zugleich jedes einzelne. Du bist eins mit allem und alles ist eins mit dir. Du erwachst in deiner Grenzenlosigkeit. Und du bist völlig überwältigt. Alle im Tempelsaal sind überwältigt. Lange herrscht Stille. Absolute Stille. Nicht einmal die Katzen schnurren...

Das Gewahrsein eurer Grenzenlosigkeit ist die Absicht des Lehrers und seiner beiden Begleiter. Hochbeglückt segnen sie euch und gratulieren euch, einen Hauch von Grenzenlosigkeit erlebt zu haben. Ja, nur einen Hauch. Denn solange ihr noch in einer feinstofflichen Existenzweise lebt, könnt ihr nur einen Hauch von Grenzenlosigkeit erfassen. Als reingeistiges Lichtwesen, welches ihr auch seid, lebt ihr in Grenzenlosigkeit. Doch dieser großartige und wundervolle Hauch von Grenzenlosigkeit ist ausreichend, um euch von begrenzten Sichtweisen und Kleinheitsgefühlen und den Ängsten, die durch sie verursacht werden, befreien und heilen zu können.

Vor diesem Erlebnis der Grenzenlosigkeit war für dich die Tatsache, dass du parallele Leben hier in deiner Heimatsphäre und auf der Erde führst, beinahe unfassbar und nun weißt du, dass es nicht nur diese beiden Existenzweisen sind, die du parallel lebst, sondern dass es da gleichzeitig sogar noch sehr viel mehr gibt...

Himmlische Musik

Die Begleiterin des Lehrers tritt nun nach vorne und schließt ihre Augen. Das herrliche Engelwesen beginnt, sein Licht in sie einströmen zu lassen. Es scheint so, als ob sie in den starken, vielfarbigen Lichtwirbel im Herzzentrum des Engels hineingesaugt wird und jetzt in denselben schönsten Lichtfarben des Engels leuchtet. Diese lichtvolle Erscheinung ruft Entzücken und Bewunderung in euch allen hervor.

Nun stimmt die Begleiterin des Lehrers völlig selbstvergessen und hingebungsvoll eine sanfte Melodie an. Die erwärmende und harmonisierende Heilkraft ihrer zartfeinen Stimme, die hell und rein wie viele Glocken erklingt, berührt euch tief und jeder von euch fühlt eine beinah unfassbare, unbeschreibliche Verbundenheit mit der Wirklichkeit der Engel. Ja, ihr spürt es jetzt wieder. In Wirklichkeit seid ihr alle Engel. Diese ‚Erleuchtung' überwältigt euch alle derart, dass ihr in eine himmlische Ekstase geratet.

Die Singstimme holt euch sanft wieder zurück in den Tempelsaal, der von einer tief sakralen Atmosphäre durchströmt wird. Ihr sitzt ergriffen beieinander und gebt euch die Hände. Nun wiegt ihr eure feinstofflichen Körper im Rhythmus der heiligen Melodie und es gibt für euch nur noch himmlische Freude, grenzenloser Friede und unbegrenzte Dankbarkeit für all die Geschenke...

Abschied

Keinem von euch fällt der nahende Abschied von den drei Geistwesen leicht, obwohl ihr wisst, dass es nicht wirklich ein Abschied ist, weil ihr niemals wirklich getrennt voneinander seid, sondern in euren Herzen und im Geist stets vereint seid. Dennoch fließen Tränen. Diese warme Gefühlstiefe ist euch, die ihr gleichzeitig in der Erdenwelt lebt, besonders zueigen und sie wird von den drei nicht nur respektiert, sondern auch wertgeschätzt und geliebt. Sie verlassen sodann den Tempelsaal und wandern am Bergkamm entlang in die Ferne, wo sich ihre Erscheinungen auflösen...

Nach vielen Abschiedsworten, Umarmungen und Küssen verlassen einhundertelf überglückliche Geistmenschen nach und nach den Tempelsaal. Deine Geistfreunde und dein vertrauter Begleiter scharen sich nun um dich und beglückwünschen dich zu deinem neuen Geistführer.

Du hast noch viele Fragen und eine wird dir jetzt beantwortet. In den lichten Sphären sind weibliche und männliche Geistmenschen selbstverständlich gleichgestellt und es gibt sowohl weibliche als auch männliche Lehrer und Heiler wie auch weibliche und männliche Betreuer für die Ankömmlinge.

Schweigend spaziert ihr durch den bezaubernden Garten des Bergplateaus, um den Nachklang dieses gigantischen Erlebnisses zu genießen.

Die ‚Tiermutter' und die Tierheiler

Dein Betreuerfreund teilt dir nun mit, dass sich der Aufenthalt hier dem Ende zuneigt, weil die Tiefschlafphase deines irdischen Körpers bald beendet ist. Doch noch bevor dich ein Anflug von Traurigkeit erwischen kann, spricht dein Freund von einer Überraschung für dich. Ihr seid beide bei einer von ihm hochgeschätzten Freundin eingeladen, die ein riesengroßes Herz hat. Sie bleibt freiwillig in dieser Sphäre, obwohl auch sie, wie der Weisheitslehrer und seine Begleiter, dauerhaft in höheren Lichtsphären leben könnte, doch sie hat sich einem besonderen Liebesdienst verschrieben. Sie hilft Haustieren, Nutztieren und Versuchstieren, die nach einem armseligen und leidvollen Leben auf der Erde gestorben sind und jetzt hier leben.

Zusammen mit zahlreichen anderen Tierheilerinnen und Tierheilern und sehr vielen Tieren lebt sie im ‚Grünland' zwischen vielen kleinen Seen, gurgelnden Bächen, saftigen Wiesen und verwunschenen Wäldern. Verteilt in diesem wunderschönen urigen Gebiet stehen Tierheilheime und Wohngebäude in organischen, rundlichen Formen. Hunde, Katzen, Pferde, Kühe, Schafe, Schweine, Vögel, Enten, Gänse, Kaninchen und andere Tiere genießen dort ihr von Liebe und Fürsorge erfülltes, durchaus abenteuerliches Zusammenleben mit den Geistmenschen. Diese gehen gemeinsam mit den Tieren auf Entdeckungsreisen und spielen und schwimmen auch mit ihnen. Unter ihnen tummeln sich unzählige Naturwesen, die das Leben dieser heiteren, verspielten, liebevollen Gemeinschaft mit märchenhaftem Zauber würzen.

Diesmal wählen dein Begleiter und du die gedankliche Fortbewegung und findet euch im Nu im Grünland ein. Die Tierheilerin erwartet euch bereits und eilt euch freudig mit offenen Armen entgegen. Und während ihr euch begrüßt und umarmt, nähern sich neugierig einige Tiere. Hunde hüpfen fröhlich um euch herum, Katzen streichen um eure Beine, Kaninchen umringen euch und Vögel landen auf euren Schultern. Schon bald seid ihr auch von Kühen, Schafen, Schweinen und Pferden umringt. Die Tiere sind außer sich vor Freude über euer Kommen und ihr könnt gar nicht anders, als ihre Freundlichkeit zu erwidern und eine Weile lang in ihren Liebesbezeugungen zu schwelgen. Es gibt nicht einmal Spuren von Angst, Aggression oder Misstrauen in ihnen. Alle Tiere hier sind offen, wach und zutraulich. Dir fallen ihre großen und klaren Geistaugen auf und ihre tiefgründigen Blicke, die deutlich zeigen, dass sie erwachende Persönlichkeiten sind.

Du bist tief berührt davon, wieviel Liebe, Lebensfreude, Neugierde und Zärtlichkeit dir von all den Tieren entgegenströmt. Sie alle haben ein besonders großes Interesse an dir, weil sie sehen können, dass du ein paralleles Leben in der grobstofflichen Erdenwelt lebst. Aufmerksam nehmen sie deine inneren Erinnerungsbilder und Gefühle auf. Dein geistiger Freund genießt es sehr, dir beim Streicheln und Küssen der Tiere zuzusehen, weiß er doch, wie sehr dir diese wundervollen Geschöpfe am Herzen liegen und wie sehr dir das Leid der Tiere auf der Erde zusetzt.

Dir fällt jetzt eine weißfellige Hündin auf, die dich aus der Ferne eindringlich beobachtet. Sie hat den starken Drang, zu dir zu kommen, lässt jedoch den anderen Tieren den Vortritt. Was für ein empathisches Tier!

Gefolgt von einer Schar von Tieren und Naturwesen spaziert ihr jetzt über die saftiggrünen Wiesen und genießt sowohl den Anblick dieser herrlichen Natur als auch die verzauberte Atmosphäre. Die Tier-Heilerin kommt dir wie eine ‚große Mutter' vor. Die Tiere lieben sie sehr. Plötzlich saust ein Bündel Lebensfreude an euch vorbei, die weißfellige Hündin. Aufgeregt springt sie um dich herum, doch streicheln lässt sie sich noch nicht von dir. Sie überträgt ihr Gefühl auf dich, dass dafür die Zeit noch nicht gekommen ist.

Die Tiermutter beginnt nun über den Tod der Tiere zu sprechen. Wie bei den Menschen sterben auch bei den Tieren nur die irdischen Körper und sie kehren nach ihrem Tod in ihren feinstofflichen Körpern in ihre heimatliche Sphäre zurück. Tiere, die innig mit Menschen zusammengelebt haben, von denen sie sehr geliebt worden sind und die aufgrund dieser Beziehung eine Persönlichkeit entwickeln konnten, finden sich in lichtvollen Sphären ein und warten dort auf ‚ihre' Menschen. Eine Liebesbeziehung zwischen Tieren und Menschen bleibt für immer. Der Tod solcher Tiere ist ein unvergleichlich schönes Geschehen und die Tiermutter verspricht dir, dich später zu solchen Übergängen mitzunehmen.

Nun schneidet sie ein unliebsames Thema an und du siehst Traurigkeit in ihren Augen. Leidende Haustiere, Nutztiere, Schlacht- und Versuchstiere, die Leid und Qualen erlebt haben, können nicht sofort nach ihrem Tod in eine lichtvolle Sphäre hinüberwechseln. Sie sind völlig verängstigt, verwirrt, fühlen sich immer noch in Gefahr und haben keinen Lebenswillen und kein Vertrauen mehr. In diesem Zustand können sie nur in traurige und bedrückende Sphärengebiete hinüberwechseln. Immer und immer wieder durchleben sie ihre ‚alten' Ängste und Schmerzen, die sich so tief in ihre Seelen eingebrannt haben, dass sie nicht spüren können, dass ihre Körper gestorben sind und ihr Leid eigentlich vorbei ist. Und obwohl ihre feinstofflichen Körper in Wirklichkeit unversehrt sind, weisen sie doch noch eine Weile lang die Verletzungen auf, die man ihnen in ihrem Erdenleben zugefügt hat.

Tierheiler begeben sich abwechselnd in diese traurigen Sphärengebiete hinab, um die Tiere in ihren Verstecken und Schlupflöchern aufzufinden und mit Einfühlungsvermögen und grenzenloser Geduld herauszulocken. Erst dann können sie ins Grünland gebracht werden, um das gerade verlassene, qualvolle Leben auszuheilen und ein neues, glückliches Leben zu beginnen.

Während der Heilungsprozesse für die Tiere befinden sich die Tierheiler im Zustand der mitfühlenden Liebe und empfangen die Heilkräfte der Naturwesen und eines Tierengels. Wenn die Tiere dann endlich ihrer Heilerin oder ihrem Heiler vertrauen, werden sie liebevoll umarmt, gewärmt, zärtlich gestreichelt und können befreit und gestärkt werden. Für die Tierheiler sind die Momente, in denen sich ihnen die Tiere öffnen und anvertrauen, zutiefst erfüllend. Das Wunder ihrer Heilung und Verwandlung geschieht durch die hingebungsvolle Liebe der Heiler und das Mitwirken der Naturwesen und des Tierengels.

Die weiße Hündin

Und nun endlich kommt die weißfellige Hündin zu dir. Sie schmiegt sich zärtlich an dich und schaut dir mit einem unendlich liebevollen Blick in die Augen, vielmehr tief in deine Seele. Ihr besonders einfühlsames und sanftes Wesen berührt dich sehr. Jetzt hält sich die Hündin nicht mehr zurück und überschwemmt dich mit ihrer Liebe, einer sehr starken und dir vertrauten Liebe. Und auf einmal erkennst du sie wieder. Diese Hundeseele war schon so oft bei dir. Mit Tränen der Rührung umarmst du sie. Du nimmst wahr, wie eure Wiedervereinigung hell aufleuchtet, so wie es immer geschieht, wenn sich das, was zusammengehört, wiederfindet. Und wieder einmal vergießt du Tränen. Die Tiermutter und dein Freund setzen sich andächtig zu euch und segnen eure Vereinigung.

Nun lässt dich die Tiermutter am vergangenen Leben der Hündin teilhaben. Dein Freund legt seine Hand auf deine Schulter und lässt etwas von seiner Lebenskraft in dich hineinfließen. Die Tiermutter erzählt mit ernstem Gesicht, dass die Hündin in ihrem irdischen Leben unermessliches Leid erlebt hat. Sie wurde als Welpe viel zu früh von ihrer Mutter weggenommen und völlig hilflos und verängstigt in ein pharmazeutisches Tierversuchslabor gebracht, wo sie ihr recht kurzes Leben in einem kleinen Zwinger verbracht hat. Anfangs fanden die Mitarbeiter, die Versuche und Operationen an ihr durchführten, sie noch niedlich und haben sie auch einmal gestreichelt, doch später, als ihr Körper von all den künstlich erzeugten Krankheiten, den Versuchsmedikamenten, den Untersuchungen und operativen Eingriffen krank und verstümmelt war und ihr Blick trüb wurde, schauten sie sie nicht mehr an und ignorierten auch ihr ihre Schmerzensschreie, die ohnehin niemals lange dauerten, weil das Tier viel zu entkräftet war. Die Laborangestellten waren abgestumpft und von ihrer Arbeit überzeugt.

Doch da gab es diese ältere Putzfrau, die durch viel Kummer in ihrem Leben gebückt ging, die mit allen Tieren im Labor großes Mitleid hatte, besonders jedoch mit der Hündin, die von Monat zu Monat und schließlich von Woche zu Woche immer schwächer wurde. Sie kam regelmäßig eine Stunde vor Arbeitsbeginn ins Labor und holte stets dieses arme Wesen aus seinem vergitterten Gefängnis. Sie streichelte es und weinte oft dabei und betete inbrünstig und aus ganzem Herzen für die Erlösung aller Tiere, aller Affen, Hunde, Katzen, Kaninchen, Hamster und Mäuse und besonders für diese Hündin, die ihr ans Herz gewachsen ist.

Der einzige Lichtblick im Leben der Hündin war diese Frau. Jeden Morgen wartete das Tier sehnsüchtig auf seinen menschlichen Engel, der sie dann eines Tages kurzerhand in einem großen Korb versteckte und mit nach Hause nahm. Dem Tierarzt sagte sie, dass sie diese Hündin gefunden hätte, doch er ahnte, was wirklich geschehen war, sagte aber nichts. Als großer Tierliebhaber stand ihm das blanke Entsetzen im Gesicht, als er die Hündin untersuchte. Er konnte ihr nicht mehr helfen, es war nur noch eine Frage der Zeit. Doch der gütigen Frau gab er einen mit bestem Futter gefüllten Karton mit, weil er vermutete, dass sie nur wenig Geld hat. Die gläubige Frau beichtete einem Priester, dass sie die Hündin gestohlen hat, was wohl ungesetzlich sei. Doch der aufgeschlossene Priester entgegnete, dass sie nur gegen ohnehin unmenschliche Gesetze verstoßen hätte, doch nicht gegen die Gesetze des liebenden Gottes. Jesus liebt alle Lebewesen, auch diese Hündin und er würde ihr für die Rettung dieses armen Tieres danken. Sie bräuchte also kein schlechtes Gewissen zu haben, sondern könnte sogar stolz auf ihre Tat sein.

Aus Dankbarkeit und Zuneigung für ihre Retterin hielt die Hündin noch durch. Ein paar Wochen lang durfte sie in ihrem Bett schlafen und auf ihrem Schoß liegen, doch nach einiger Zeit wurde die Frau ernsthaft krank und ihr kaltherziger Sohn brachte das seiner Ansicht nach hässliche, kranke Tier ins Tierheim. Die Frau weinte bitterlich und war völlig verzweifelt, ebenso die Hündin. Obwohl im Tierheim andere menschliche Engel alles für sie getan haben, starb sie bereits zwei Tage später nicht nur an ihren körperlichen und seelischen Wunden, sondern an gebrochenem Herzen.

Nach ihrem irdischen Tod fand die Tiermutter die Hündin in der traurig-bedrückenden Sphäre eingerollt unter einem Gebüsch und brachte sie alsbald ins Grünland, wo sie geheilt und geliebt wurde und schließlich wieder aufgeblüht ist.

Die Tiermutter versichert dir, dass kein einziges Tier sich selbst überlassen und alleingelassen wird. Jedes Tier wird hier von den Tierheilern gesundgeliebt. Und es gibt noch viele weitere Einrichtungen wie diese, in denen auch anderen Tierarten geholfen wird. Der Bedarf sei hoch, weil in der Erdenwelt noch so viele Tiere leiden und in jedem Erdenjahr über eine Milliarde Tiere getötet werden.

Menschen, die Tiere ausnutzen oder sogar quälen oder auch nur ihr Leid erlauben, schaden nicht nur den Tieren, sondern auch sich selbst, besonders sogar sich selbst. Auf deine Frage hin, was mit Menschen geschieht, die Tiere quälen und dann nach ihrem Tod hierherkommen, korrigiert dich die Tiermutter. Sie können nicht hierherkommen und in dieser Sphäre leben. Sie wechseln in eine dunklere Sphäre über, die ihnen entspricht. Sie verharren so lange in ihrer dunklen Sphäre, bis sie alles tief bereuen und wiedergutmachen wollen. Dann erst werden sie in einer lichteren Sphäre willkommen geheißen. Die Tierheilerin betont, dass sie hier von niemandem verurteilt oder bestraft werden. Wenn die Zeit reif ist, werden sie wie die Tiere seelisch gesundgeliebt, denn alle hier befinden sich im Zustand der mitfühlenden Liebe.

Am liebsten möchtest du den Leidensweg dieser wundervollen Hündin ungeschehen machen, doch die Tierheilerin lässt dich wissen, dass Leid auch eine gute Seite hat. Die Hündin hat aufgrund ihrer leidvollen Erfahrungen eine besondere Empathie und Feinfühligkeit und reines Mitgefühl für andere Lebewesen entwickelt. Sie ist fähig, in den Tieren, die neu hier ankommen und noch verschlossen, verstört und verängstigt sind, Vertrauen zu wecken, sodass sie sich den mitfühlenden Tierheilern öffnen können. Die Hündin hat bereits unzählige, besonders harte Schutzschalen ‚aufgeknackt'. Durch ihr Leid ist sie innerlich und äußerlich so wunderschön geworden.

Du bist stolz auf die Hündin und drückst sie fest an dein Herz. Die Hündin spürt und sieht, dass sie bei dir sein kann, wenn du immer einmal wieder hierherkommst, während dein irdischer Körper schläft. Aus Liebe zu dir wird sie sich in der dafür richtigen Zeit wieder auf der Erde verkörpern und mit dir durch dein restliches Leben gehen. Und eines Tages, wenn ihr beide eure irdischen Körper verlasst und dauerhaft in dieser lichten Sphäre der Geistigen Welt lebt, wird sie immer an deiner Seite sein.

Nun kommt dein Abschied. Ihr drei setzt euch mit den Tieren auf die sattgrüne Wiese. Mit der Hündin im Arm bedankst du dich mit Tränen in den Augen bei der Tiermutter und bei deinem treuen Freund. Du kannst dir keinen schöneren Ort vorstellen, an dem du auf die Rückkehr in die Erdenwelt wartest. Dein Geistfreund bleibt bei dir, als dein feinstofflicher Körper in deinen irdischen Körper zurückgezogen wird.

Beim Aufwachen hast du das Gefühl, aus einem anderen, wundervollen Leben zurückzukehren und du spürst, dass die wenigen Erinnerungen kein Traumgeschehen sind, sondern Realität. Und bevor du dich aus deinem Bett erhebst, um dem neuen Tag entgegenzugehen, siehst du für den Bruchteil einer Sekunde in deinem Schlafzimmer die Umrisse eines hochgewachsenen Mannes, der eine Hündin im Arm trägt, die eifrig mit ihrem Schwanz wedelt...

Über Brigitte-Devaia Jost

Brigitte-Devaia Jost ist als spirituelle Kunstmalerin, Autorin, Seelensängerin, Meditations- und Seminarleiterin bekannt.
‚Brigitte-Devaia' ist ihr Seelen- und Künslername. ‚Brigitte-Devaia ART' ist der Name ihrer spirituellen Kunstmalerei und ihrem feinen, unverkennbaren Pastell-Malstil.
Sie empfindet es als ihre Aufgabe, ihre Einblicke in die unsichtbare, geistige Wirklichkeit in ihren Bildern sichtbar und in ihren Schilderungen erlebbar zu machen.
Mit ihren Gaben möchte sie ein Stückchen ‚Himmel auf die Erde bringen' und zum spirituellen Erwachen der Menschen beitragen. Die Herzen mit Geistreichem, Lichtvollem und Herzwarmem zu berühren, steht bei ihr ganz oben.

Brigitte-Devaia ist Mutter einer erwachsenen Tochter und eines erwachsenen Sohnes und lebt derzeit mit ihren Lieben und mehreren geretteten Katzen in einem ‚Hüsli' auf fast 1000 Metern Höhe im Naturpark Südschwarzwald zwischen Wäldern, Wiesen und Kühen.
Aus Liebe zu den Tieren ernährt sie sich seit ihrer Jugend abwechselnd vegetarisch und vegan.

Von Brigitte-Devaia gibt es Bücher, Meditations- und Musik-CDs wie auch Kunstkarten und Kunstdrucke.

www.brigitte-devaia.com **www.devaia-verlag.com**

Kapitel 2

Johannes Holey

Liebe Lichtgeschwister,
Milliarden von Seelen sind in diesen Zeitabschnitt inkarniert und wirken mit, dass ‚Unsere Lichtvolle Zukunft' im perfekten ‚Plan Gottes' JETZT Schritt für Schritt real wird. Dieser Wandel entsteht durch Bewusstseinserweiterung aus dem kleingeistigen ICH in das ganzheitliche WIR.
Und damit das auch geschehen kann, müssen sich die meisten Menschen von der bequemen Unwissenheit verabschieden. Denn erst was sich *in uns* geändert hat, kann ins Kollektiv übergehen. Lasst uns jetzt schnellstens befreit in die ‚Neue Zeitlinie' wechseln und ich zeige hier einige Wege dazu auf, die wir alle leichter gehen können. Denn wir sind Mitschöpfer und gestalten unsere Zukunft.

Eine neue Ganzheitlichkeit

Unsere Seelen sind überwiegend in der Bewusstseinsebene, die wir fünfte Dimension (5D) oder Paradies oder Hyperraum nennen, zuhause und dort ist alles zeitlos, friedlich, lichtvoll und ganzheitlich. Wenn sich nun eine Seele entscheidet, aus welchen Gründen auch immer, wieder einmal in die irdische Verdichtung der 3D-Bewusstseinsebene zu inkarnieren, weiß sie, dass hier die eingeschränkte Zeit-Matrix herrscht und auch jede innere Kraft grundsätzlich eine Gegenkraft hat. Sei es die Wahrheit oder der Frieden oder die Liebe oder das Licht, alles ist in dieser Ebene polar angelegt und muss entsprechend gelebt und erlebt werden. Das Lernziel heißt dabei *Entscheidungen treffen*.

Ganzheitlich ist göttlich und das Getrenntsein ist ‚ahrimanisch/satanisch'. Ich verwende diesen Überbegriff für alle die dunklen, astralen Energiewesen, Energiefelder und Phantome: Die außerirdischen Invasoren, die irdischen gefallenen Engel, die Dämonen und alles, was uns aus der astralen, unsichtbaren Sphäre besetzt, belastet, verführt und trennt.

In unserem Zeitabschnitt und unseren westlichen Raum dominiert eine 4000-jährige Zeitlinie, die ich ‚die Babylonische' nenne und die auch als ‚Kali Yuga' bekannter ist. Und eine ihrer Unheilformeln lautete schon in Rom *„divide et impera"*, zu Deutsch *„trenne und herrsche"* – also das reine Gegenteil von Ganzheitlichkeit. Man konnte die Menschen immer mehr von Gott-Vater und von Mutter-Erde trennen, von ihren unsterblichen Seelen, ihrem Kinder-Gottes-Geist, in Vereinzelung aus den Gemeinschaften, die Wissenschaft in zersplitterte Disziplinen, Geld und Kapital in unvorstellbarem Reichtum und vielfältiger Armut und und und – euch fällt sicher noch mehr dazu ein.

Der leichteste Trennungsweg ist dabei das Verführen des menschlichen Egos, sich aus dem ‚Du' und dem ‚Wir' auserwählt zu fühlen und sich egomanisch und machtorientiert gegen Gemeinschaft und Ganzheitlichkeit auszurichten. Warum soll das der einfachste Weg sein? Weil er auch in jedem von uns bereits angelegt ist und wir zu lernen haben, dass Einheit, Licht und Liebe, unsere angeborene Göttlichkeit, auch auf der 3D-Bewusstseinsebene gelebt werden kann.

Der verkörperte Mensch ist mit zwei mächtigen Schöpferorganen ausgestattet, die Anschluss an die Seele und den göttlichen Geist haben: sein Gehirn und sein Herz. Allerdings ist das Gehirn ebenfalls in zwei getrennte Hemisphären geteilt und damit auch für zwei verschiedene Aufgabenbereiche des Lebens in der 3D befähigt und qualifiziert. In meinem Beitrag möchte ich auch über das manipulierte *Nichtwissen* berichten, mit dem die Dunkle Seite geschickt ihre materialistische NWO vorantreiben will, was unsere Neuschöpfung einer ‚lichtvollen Zukunft' systematisch zu behindern scheint – denn jede Kraft hat ja eine Gegenkraft. Und da wir im sogenannten Informations-Zeitalter leben, können wir heute dieses Nichtwissen erschüttern und ich berichte

- zuerst über unsere beiden gegensätzlichen Hirnhälften und wie die Egomanie des Verstandes die heutige Welt beherrscht.
- Im zweiten Teil erkläre ich die Harmonisierung unserer beiden Hirnhälften und die dadurch entstehenden Schöpferkräfte für unsere lichtvolle Zukunft.
- Und der dritte Schwerpunkt ist unser ‚Drittes Auge', seit Jahrtausenden bekannt, seit Jahrzehnten vergiftet und neuerdings durch Mikrowellen geschwächt.

Unsere beiden genialen, jedoch gegensätzlich Hirnhälften

Sehen wir uns jetzt zuerst einmal das Thema menschliches Gehirn an. In der EDV mit ihrer hyperschnellen Informationstechnologie ist die Datenrate oder Datenübertragungsgeschwindigkeit eine entscheidende Grundlage und wird in Bit pro Sekunde ausgedrückt. Dies wird inzwischen auch im menschlichen Gehirn gemessen. Dabei kommt man zu immer erstaunlicheren Erkenntnissen. Da ja unser Gehirn in zwei getrennte Hemisphären geteilt ist, offenbaren sich auch immer überraschendere Ergebnisse.

Unsere beiden Hemisphären ‚verarbeiten' nämlich auch verschiedenschnell unsere eigene Datenflut. Vergeblich suchen wir Hirnforscher, die bestätigen dürfen, dass unsere linke Hemisphäre, hochintelligent wie sie tatsächlich ist, mit einer niedrigeren ‚Datenübertragungsrate' arbeitet als die rechte. Neuste Zahlen der linken Seite lauten: mit rund 2000 Bits in der Sekunde. Und nun kommt die absolute Überraschung: Unsere rechte Gehirnhemisphäre soll angeblich mit 400 Milliarden Bit/s arbeiten. Das wären also 400 Gigabyte pro Sekunde. Diese Tatsache habe ich vor Jahren ein einziges Mal beschrieben gefunden und es wird perfekt verschwiegen, um unser Verstandesmonopol erhalten zu können.

Warum hat die Natur (oder die Schöpfung) uns so ungleich ausgestattet? Eine Antwort könnte sein: Die linke Hirnhälfte ist vor allem für die Analytik zuständig, die rechte fürs Gesamtkonzept. Und der britische Forscher Iain McGilchrist vermutet: Die linke Hälfte war einst nur die ‚Gesandte' der rechten und hat dann die Herrschaft übernommen. Denn die Gefühle, die Intuitionen und das innere Wissen sind angeboren (endogen), wogegen der Verstand angelernt und erworben ist.

Als Erklärung für diesen gewaltigen Unterschied habe ich bisher folgendes gefunden: Bei unserer Geburt ist die linke Hemisphäre wie eine leere Bio-Festplatte, auf der sich alle Erfahrungen, Worte und Bilder speichern. Das fängt schon im Baby-Alter an und geht über Erziehung, Schulen, Berufsausbildung und lebenslangen Informationen und Erfahrungen in den grenzenlosen Speicher der linken Gehirnhälfte – und nennt sich Verstand.

Diese linke Verstandeshälfte wird daher auch *Ratio* genannt und ist männlich, logisch, analytischer, zweifelnder, perfektionistischer und stets erfolgsorientiert. Hier ist auch unser ICH zuhause – in der riesigen Spannweite von einem wertvollen, individuellen ICH bis zu einer selbstsüchtigen Egomanie. Ähnlich maßlos kann es auch zwischen unserem ‚gesunden Menschenverstand' und einem dominanten Machtgehabe zugehen. Grundsätzlich erkennt man dabei, dass die heutige Welt überwiegend und mehr denn je aus linkshirndominanten Menschen mit ihren Egos besteht. Unsere gesamte Zivilisation – Computersysteme, Schulen, Universitäten, Wirtschaft, politischer Strukturen, Kirchen – sind überwiegend erfolgsorientiert auf die Leistung unserer linken Gehirnhälfte ausgerichtet.

Sie ist schlichtweg genial, doch eben auch begrenzt, denn alles Eigenschöpferische bekommt sie über ihre Zwillingshälfte von rechts. Unser Verstand ist ein perfekter Verwalter und praktischer Beschützer unseres Lebens, doch er kann nur stets auf das lebenslange *eigene* Abgespeicherte zugreifen, vergleichen und entscheiden. Und das ist *seine* Welt, in der er etwas ist.

Bleiben wir dabei: Unser Gehirn ist in eine linke und eine rechte Hälfte gespalten. Beide sind genial miteinander vernetzt, denn Milliarden von Nervenverbindungen sorgen hier für die laufende Kommunikation. Doch das Grundprogramm der beiden Hemisphären ist und bleibt auch dabei grundverschieden.

Für dieses Gespaltensein in zwei gegensätzliche Körpersteuersysteme finden wir bekannte Bezeichnungen – ich erwähne jeweils die linke Gehirnhälfte vor der rechten: Im Osten heißt es *Yang und Yin*, im Lateinischen *ratio und emotio*, bei C. G. Jung *Animus und Anima*, allgemein *Verstand und Intuition* und im Esoterisch-Spirituellen *männlich und weiblich* oder *Intellekt und Gefühl* oder *explizites oder implizites System* oder *Kopf und Herz*. Da ich bei meinen Vorträgen oft auch ins Praktische tauche, trenne ich auch gerne in *ICH und WIR* und lande oft im philosophischen *Haben und Sein*.

Kann dieses kopfige Doppel-System tatsächlich so extrem ausfallen? Sehr sogar, denn mit unserer linken Gehirnhälfte sind unser rechtes Auge und Ohr, unsere rechte Hand und die ganze rechte Körperhälfte verbunden. Mit unserer rechten Gehirnhälfte sind unser linkes Auge und Ohr, unsere linke Hand, die ganze linke Körperhälfte *und das Herz verbunden.*

Man kennt diese kreuzweise Verbindung schon lange und nennt sie ‚kontralateral'. Manche Forscher und Autoren trennen diese Qualitäten der beiden Gehirnhälften noch viel konsequenter und härter als ich sie oben aufgezählt habe. Erkennst du, wenn du die Gegenüberstellung der ‚konträren Veranlagungen' unserer beiden Gehirnhälften aufmerksam liest, welchen gewaltigen Einfluss sie auf unser Alltagsleben haben, wie sie unseren Charakter prägen und unsere Aktionen und Reaktionen mitbestimmen?

Was zeichnet nun die höhere Qualifizierung unserer rechten Hirnhälfte aus? Im Gegensatz zur linken mit ihrem ICH ist sie generell auf das WIR angelegt und ausgerichtet – die ursprüngliche und überlebensbedingte Basis menschlichen Lebens. Dieses WIR betrifft auch die Familie, das Mütterliche und das Weibliche und die Sprache dieser Gehirnhälfte sind somit die Gefühle – so wie die Bezeichnung der linken Hemisphäre Ratio lautet, heißt die rechte *Emotio*.

Den oben aufgezählten Prioritäten der linken Hirnhälfte (männlich, logisch, analytischer, zweifelnder, perfektionistischer und stets erfolgsorientiert) stehen folgende Gegensätze der rechten Hirnseite gegenüber: weiblich, intuitiv, künstlerisch/musischer, schöpferischer, toleranter und stets ganzheitlicher.

Doch da die rechte Hirnhälfte unsere linke Körperseite steuert, besitzt sie ja ihrer Zwillingshälfte gegenüber noch ein zusätzliches und überragendes Aktionspotential, das Herz – sodass man auch von einer ungleichen hirnigen Polarität sprechen könnte. Wird aus dem dominanten ‚Kopf über Herz' durch ein zukünftiges ‚Herz über Kopf' endlich eine ganzheitliche ‚Herz-Kopf-Kohärenz'? So lautet die Empfehlung von Armin M. Kittl, einem Experten für Spitzenleistungen:

„*Geniales Denken ist die zielgerichtete Verbindung von Verstand und Intuition und deren optimale Kombination von Konzentration und Entspannung, um das Bewusstsein auszudehnen. Dadurch entwickelt der Mensch unvorstellbare, geistige, schöpferische Kräfte, weil das Gehirn auch optimal arbeitet*".

Durch diese fast archaischen Verschiedenheiten unserer beiden Hirnhälften – wie Urprinzipien – ist ein dringendes Umdenken notwendig geworden. Denn erst der *harmonisierte Zustand* dieser Prinzipien bedeutet für uns Glück, Gesundheit und Wohlergehen – und ist Selbstheilung in Reinstform.

Energetische Polaritäten bestimmen unser Leben!

Wo sind sie nicht überall und seit uralten Zeiten festgeschrieben? *Wohin* überall verfolgen sie uns mit ihren Gegensätzlichkeiten, und in *wievielen* Fällen begegnen uns die irdischen Polaritäten immer auffälliger? Dabei wird uns auch allmählich klar, dass sie seit jeher in *unserer* individuellsten und intimsten Denk- und Steuerzentrale, unserem Wunderwerk Gehirn, ursächlich angelegt sind – dass sie dort richtiggehend zuhause sind.

Der ungarische Wissenschaftsphilosoph, Systemtheoretiker und Autor Professor Dr. Ervin Lászlό, Autor von über 40 Sachbüchern, überträgt diese gegensätzlichen Qualitäten unserer Gehirnhälften auf unsere Kultur und fordert einen **Paradigmenwechsel für eine veränderte rechtshirnige Zukunft** – einen grundsätzlichen Wechsel der ‚herrschenden Meinung': „*Wir müssen den Sprung schaffen zu einer ganzheitlichen organistischen Empfindung, die dann auch eine wissenschaftliche Grundlage haben kann.*" László arbeitete damals auch am Film und Buch »Bleep« mit.

Die Autorin, Theologin und Pädagogin Dr. Christa Mulack erklärt dazu:

„*Das religiöse Empfinden entspricht den Eigenschaften der rechten Hirnhälfte, die mit ihrem synthetisch-ganzheitlichen metaphorischen Denken als typisch weiblich angesehen wird, da in der Tat Frauen in ihr mehr zuhause sind als Männer, die meist nur unbewussten Zugang zu ihr haben. Weiblicher Vielfalt entsprechend ist diese rechte Hemisphäre bei der Frau weniger spezialisiert als beim Mann, sodass sie bei Ausfällen der linken Hälfte deren Funktion übernehmen kann. Das ist beim Mann nicht möglich, da bei ihm die Funktionen der rechten stärker festgelegt sind, genauso festgelegt wie sein dogmatisches Glaubensgebäude.*"

Der bekannte holländische Arzt und spirituelle Lehrer Dr. med. Roy Martina beschäftigt sich seit 1978 mit alternativen Heilweisen wie Homöopathie, Akupunktur, Kräuterheilkunde, Qigong und vielem mehr. Außerdem trainiert er seit 35 Jahren Kampfsport und hat internationale Titel in Karate und Judo gewonnen. Roy Martina hält weltweit Seminare im Bereich der Präventivmedizin und Selbsterkenntnis und erklärte mit Überzeugung:

„*Würde man die linke Gehirnhälfte entfernen, wären alle Menschen sofort spirituell – auch die Männer.*"

Mit diesen Beispielen aus wissenschaftlichem Munde sind wir aufgefordert, uns immer wieder aufs Neue zu bemühen, die Synchronizität unserer beiden Gehirnhälften zu steigern.

Wo liegen nun die Verbindungen zu unserem Herzen? Meiner Meinung nach geht die energetische Verbindung über die Thymusdrüse, die unter dem stabilen Brustbein, dem Sternum, ruht. Dieses Wort stammt vom altgr. *sternon* (Brust, Herz, Gemüt). Nicht so eindeutig sind die Beschreibungen über den Thymus, denn mit der energetischen Verbindung ‚Gehirn-Thymus-Herz' hat sich wohl noch niemand intensiv befasst. Doch gerne gebe ich euch das weiter, was ich dazu gesammelt habe, denn es ist wirklich hochinteressant. Ihr werdet staunen.

Ein gestärkter Thymus trägt zu mehr Lebensfreude bei.

Wird er angeregt, schüttet er vermehrt T-Zellen aus. Diese mobilisieren unsere Abwehrkräfte. Es werden weitere chemische Botenstoffe ausgesandt, die ebenfalls unsere Abwehrkräfte stärken und das Lebensgefühl erhöhen. So trägt jeder selbst durch einfache und kleine Tätigkeiten zu mehr Gelassenheit, Optimismus und Lebensfreude bei. Diese Tätigkeiten als Methoden zur Stärkung des Thymus sind ganz einfach:

1. Bewusst lächeln und
2. klopfst dabei mit der Faust oder mit drei Fingern leicht auf den Thymus. Klopfe ca. 20mal oder eine Minute lang. Dadurch regst du ihn ebenfalls an. (Vielleicht war King Kong deswegen so stark oder Johnny Weißmüller als Tarzan? Er klopfte sich ja heftig auf die Brust vor seinem legendären Tarzanschrei.)
3. Lege dabei deine Zungenspitze hinter die oberen Zähne an den Gaumen und halte sie dort zirka eine Minute lang.
4. Verbinde dich geistig mit dem kleinen Geistwesen des Organs Thymus, und vermittle ihm, dass du es liebst und ihm sehr dankbar bist.

Der Begriff ‚Thymus' stammt von dem altgriechischen Wort *thymos* ab, was so viel wie Lebenskraft, Seele und Gefühl oder Sensibilität bedeutet. Er liegt im Bereich des Herzchakras und am Herzmeridian. Der Thymus ist ein kleines Organ mit großer Bedeutung. Er ist das wichtigste Organ zur Aufrechterhaltung unseres Immun- und Abwehrsystems. Er ist das Kontrollorgan für das gesamte, vor allem auch für das emotionale Immunsystem. Der Thymus ist für die Abwehrzellen also eine Art Schule, in der sie zu fertigen ‚Körperpolizisten' ausgebildet werden. Angeblich ist der Thymus bei 95 Prozent der Menschen geschwächt. Bei einem Erwachsenen ist die Thymusdrüse meistens aufgrund von unbearbeitetem, emotionalem Druck geschrumpft und funktioniert, wenn überhaupt, nur minimal.

Daher trägt ein gestärkter Thymus zur Entspannung und Lebensfreude bei. Wann immer ein Ungleichgewicht in der Funktion der beiden Gehirnhälften auftritt, wird die Aktivität des Thymus beeinträchtigt. Umgekehrt trifft dies genauso zu. **Wann immer der Thymus stimuliert wird, werden auch die Gehirnhälften in Balance gebracht.**

Je mehr wir uns auf diese Art damit befassen, desto mehr lenkt das etwas von der Tatsache ab, dass dies ein weiblicher Energiestrom oder Impuls sei – eigentlich bei Männlein und Weiblein gleich –, sicher meistens ein Impuls der Gefühle, eine interne Brücke unseres herzlichen Verhaltens.

Vier seltene Erkenntnisse bezüglich unserer Gefühle sind mir dazu ‚eingefallen', **denn unsere Gefühle sind es** – nicht unser Denken –, welche die höhere Qualität unseres Lebens bestimmen.

- Im gigantischen Bereich *Gesundheit/Krankheit* belegen die Erkenntnisse von Dr. Hamer, dass es nur die Gefühle sind, die in einem Schockerlebnis oder im Dauerleiden Ursachen setzen – nur was wir dabei fühlen, kann uns schließlich krank machen. Dieses revolutionäre Umdenken in der Medizin erkennen die hamerschen Therapeuten bereits als einen ‚Paradigmenwechsel'. Auch der seelische Hintergrund so vieler Symptome, die als sogenannte Zivilisationskrankheiten behandelt werden, signalisiert sich durch Gefühle.

- Im Gesundheitlichen entwickelt sich noch etwas ganz Alternatives: die *gefühlvolle Handarbeit* der sensiblen Osteopathie. Es ist eine wertvolle Gegenentwicklung zur dominant gewordenen Pharma- und Gerätemedizin, dass der Therapeut ausschließlich durch seine Fühligkeit und sein Wissen innere Körperspannungen feststellen und beheben kann. Dadurch kann der Körper wieder eigene Selbstheilungsprozesse einleiten und stabilisieren. Durch die Mobilisierung des faszialen (muskuloskelettalen) Systems werden Einschränkungen im Verlauf der Blut- und Lymphgefäße eliminiert, was so wieder zu einer verbesserten Durchblutung und Selbstheilung führen kann. Mit Stolz und Freude erlebe ich das in meiner Familie, da meine Tochter und mein Schwiegersohn in ihrer gemeinsamen Praxis für Physiotherapie, Osteopathie und Naturheilkunde dieses individuelle Heilverfahren erfolgreich einsetzen. Und ihre Tochter, meine Enkelin, ebenfalls Heilpraktikerin, hat die Osteopathie zuvor als vierjähriges Studium in London absolviert.(1)
- Später, wenn wir wieder im 5D-Hyperraum zuhause sind, entscheiden in unseren Lebenserinnerungen ebenfalls *ausschließlich* unsere jeweiligen Gefühle, die wir bei unseren Gedanken, Worten und Werken im Erdenleben empfunden hatten. Jede Zelle hat ihr Quantenfeld, und dieses speichert grundsätzlich und zeitlos alle unsere Gefühle. Im sogenannten ‚Lebensfilm', den wir uns nach der Rückkehr in unsere Seelenheimat kritisch betrachten, sind wir dabei selbst ganz allein unser eigener ‚Richterengel'.
- Und in unseren Konflikten im Diesseits ist es die mächtige *Kraft der Liebe*, der Ausdruck unserer inneren Göttlichkeit, die nur als ‚Gefühl' empfunden werden kann. Liebe kann man nicht denken, auch wenn man sie als Theologe jahrelang studiert. Diese Liebe, die wir normalerweise im Herzen stationieren, kann nur über die hochwertigen Systeme unserer rechten, gefühlsorientierten Hirnhemisphäre umgesetzt werden.

Ich wiederhole: Gefühle sind angeboren (endogen), Verstand ist angelernt und erworben. Unser Ulmer Genie-Professor Albert Einstein erkannte seine Intuitionen richtig als Gefühle und reklamierte:

„Alles, was zählt, ist die Intuition. Der intuitive Geist ist ein Geschenk und der rationale Geist sein treuer Diener. Wir haben eine Gesellschaft erschaffen, die den Diener ehrt und das Geschenk vergessen hat."

Ich unterscheide allerdings zwischen Gefühlen und Emotionen. Die meisten Gefühle sind unpersönlich und kommen nur aus dem Herzen, wohingegen die Emotionen fast immer kopfig und auf Personen oder Situationen bezogen sind. So meinte auch unser genialer Geheimrat von Goethe: *„Welch eine himmlische Empfindung ist es, seinem Herzen zu folgen."* Man nennt diese Herzensgefühle auch ‚transpersonale Gefühle', die frei von jeglichem Denkprozess sind und dadurch persönliche Vor- und Nachteile außer Acht lassen. Sie relativieren die Bedeutung von Personen und haben ihren Ursprung in der Erkenntnis der Wirklichkeit. Sie empfinden nur die Tatsachen und werden daher zu Liebe, Mitgefühl, Dankbarkeit oder Glückseligkeit.

Auch bei unseren Alltagskonflikten ist es stets die mächtige *Kraft der Liebe* – der Ausdruck unserer inneren Göttlichkeit –, welche eben nur als Gefühl empfunden werden kann. Liebe kann man wie gesagt nicht denken, doch man kann sie im Herzen fühlen und sie über das weibliche System unserer rechten, gefühlsorientierten Hirnhemisphäre umsetzen. Der Wandel, der dabei ansteht, ist also das allmähliche Geschehenlassen und Beobachten, *was* in uns *wie* abläuft. Durch den Beobachter-Abstand haben wir quasi einen höheren Standpunkt, und unsere Sichtweise der eigenen Reaktionen wird dabei immer klarer.

Hierher passt schon der erste Hinweis über das Positive, wenn beide Hemisphären zusammenarbeiten. Das ist der Begriff ‚Mitgefühl', denn dabei passt sich der kluge Verstand *akzeptierend* an die Gefühlswelle von rechts an. Dabei fließt nicht nur ungehindert inneres Licht und Liebe, sondern auch unser Verstand (das Ego) kann sich dabei ein bisschen gönnerhaft empfinden und dem Liebeswunsch der rechten Hemisphäre nachgeben.

Lasst mich noch drei besondere Erkenntnisse über unser Gehirn hervorheben:

- **Unser Gehirn ist nutzungsabhängig**
  „Durch Gedanken verändern wir unser Gehirn." (Dr. Joe Dispensa)
- **Unser Gehirn ist veränderungsfähig**
  „Wichtige Gehirnstrukturen verändern sich und neue Synapsen bilden sich." (Prof. Dr. Dr. Gerald Hüther)
- **Unser Gehirn ist gefühlsmächtig**
  „Durch bewusste Gefühle verändern wir unsere DNS." (Gregg Braden)

Im Alpha-Zustand entsteht die Neue Welt

Nun komme ich zu einem meiner Lieblingsthemen. Der Begriff ‚Alphazustand' bedeutet, dass beide Gehirnhälften in Harmonie und Gleichschwingung sind. Also auch abgehoben im Alltag von seinen damit betroffenen Anbindungen des Denkens und Fühlens. Das heißt: Innerlich freigeschaltet zum Beispiel bei einer Meditation, im Gebet, bei harmonischen Klängen, zarter Musik, unauffälliger Hintergrundmusik, doch andererseits auch bei herzlichem Lachen, beim Tanzen, beim Schaukeln, beim Waldbaden. Nicht nur bei fließenden Flüssen und Bächen, sondern auch sehr angenehm an stillen Wasseroberflächen – in der Alpha-Harmonie des Gehirns kann der Körper auch angenehm Kraft tanken.

In dieser Alpha-Harmonie herrscht in unserm Gehirn eine ganz bestimmt Schwingungsfrequenz, die mit dem Elektroenzephalogramm (EEG) gemessen werden kann. Die wissenschaftliche Tabelle davon sieht so aus:

Unsere fünf irdischen Bewusstseinszustände

In unserem Tagesrhythmus durchlaufen wir entsprechend unserer Hirnaktivität drei bis vier Bewusstseinszustände:

- **Gamma** (38-100 Hz): Sie treten zum Beispiel bei starker Konzentration, Lernprozessen, auch bei Angstzuständen auf.
- **Beta** (15-37 Hz): der Alltags-Modus, in dem komplexe mentale Aktivitäten wie Arbeiten und Autofahren stattfinden.
- **Alpha** (8-14 Hz): Es ist die entspannte Harmonie in unserem Gehirn, enorm aufnahmefähig. Daher kommen die besten Ideen meist kurz vor dem Einschlafen oder ganz in der Früh.
- **Theta** (4-7 Hz): Diese Wellen herrschen vor, wenn wir tief entspannt sind, also im REM- oder Traumschlaf.
- **Delta** (0,5-3 Hz): Im Tiefschaf haben wir die niedrigste Hirnfrequenz.

Dadurch, dass in unserer Alphaharmonie unser linkshirniger Verstand die Weisheit der rechten Hemisphäre anregt, sind wir ungewöhnlich geöffnet für andere Ebenen und Informationen, die in der Alltagsschwingung Beta nicht erlebt werden können. Das habe ich einmal praktisch genutzt mit dem „Superlearning“ nach Lozanov. Mitte der 60er-Jahre erschuf der bulgarische Arzt und Psychologe Dr. Georgi Lozanov seine Entspannungsmethode »Suggestopädie«, die dann in den USA zu »Superlearning« wurde. Ich musste nämlich mein Businessenglisch aufmöbeln, und dabei erzeugt dieser besondere Entspannungszustand, untermalt mit Barockmusik, unterbewusste Gedächtnisöffnungen (ohne Wörterbüffeln). Warum gerade Barockmusik? Diese Stücke haben meistens 60 bis 70 Schläge pro Minute, und man weiß, dass das genau der Hirnfrequenz im Alphazustand entspricht.

Wenn ein Physikprofessor wie Einstein im schon erwähnten Zitat gesteht, dass für ihn die *Intuition* an erster Stelle steht, dann meint auch er seine Alphaharmonie.

Unsere hochentwickelten und geliebten Haustiere sind dauerhaft in der Alphaharmonie und wissen intuitiv, wann wir nachhause kommen und noch viel mehr. Sie ist auch der Halbtrancezustand der Yogis, beim Tai-Chi und Quigong, im Zen oder in der Meditation oder in stillen Gebeten. Die meisten Solisten in ihren Konzerten, viele Komponisten, viele Kunstmaler, alle Geistheiler wirken in ihrer Alphaharmonie – obwohl ich jetzt hierbei nur Männer aufzähle, gilt das ganz besonders auch für die Damenwelt.

In einen solchen ‚vertieften' Harmoniezustand geraten natürlich auch die Hörer solcher Musik und Gesänge, die Betenden in den Kirchen und die Urlauber beim Sonnenbad. Es spielt nämlich dabei auch das veränderte Umfeld eine förderliche Rolle zum Eintritt in das eigene entspannte Bewusstseinsfeld. ‚Starke' Plätze mit hohen Energiefeldern finden wir nämlich nicht nur in der ursprünglichen Natur, sondern auch in kulturellen Räumen wie den beliebten Konzertsälen und an ‚heiligen' Plätzen, wie sie einfache Kirchen und Kapellen und manche der berühmten Dome vermitteln.

An solchen Plätzen, die ja meistens einen besonderen Rückzug aus unserem Alltag bedeuten, kommen wir auch unserer Seele oder unserer inneren Geistigkeit näher. *„In der Ruhe liegt die Kraft"*, heißt es ja zu Recht. Auch durch Entspannung und Loslassen harmonisieren sich unsere beiden Hirnhemisphären, und wir bekommen dann den sonst verschütteten Zugang zum genialen Urwissen und der Weisheit unserer rechten Hemisphäre. Das nennen wir dann *Intuition*. Als weiteren Zugang bietet uns unsere rechte Hirnhemisphäre die Verbindung zu unserem ‚Höheren Selbst' oder unserem ‚Göttlichen Geist' oder dem Christusbewusstsein oder zur ‚Göttlichen Ureinheit'.

Eine spezielle Art dieser gedanklichen Entspannung können auch Gemälde und deren Kunstdrucke sein, wenn sie uns durch ihre ‚Ausstrahlung' mental erreichen. Bilder und Gemälde ohne Worte sprechen *direkt* unsere rechte Hirnhemisphäre an und gehen an der kritikstarken Vormachtstellung unserer linken Denkhälfte vorbei. Wenn in den medialen Gemälden, wie sie unsere Brigitte-Devaia in ihrer Alphaharmonie erschafft, wortlose Seelenbotschaften aus der geistigen Welt mitschwingen, entsteht eine tiefe, unterbewusste *Kommunikation der Gefühle*. Versenkung steht meistens im Vordergrund, doch auch Tränen machen unseren Seelenbereich wieder frei. Dazu schrieb Brigitte-Devaia:

„Wenn Engel in solch feinen Frequenzen in unser Bewusstsein treten können, sich uns in bildhafter Form zeigen, sich in Klängen und Melodien hörbar machen, Botschaften durchgeben, dann setzt dies doch voraus, dass wir alle aufnahmebereit für sie sind, dass wir ihr Licht in uns finden und in unser Leben und in diese Welt integrieren können. Engel der neuen Zeit kommen in Scharen, um uns in den kommenden Jahren wertvolle Begleiter zu sein, während wir noch so manche Überraschung in uns und um uns herum erleben werden."

Die negativen und positiven Einwirkungen von außen

Unsere Gehirne werden seit einigen Jahrzehnten immer stärker Strahlen- und Schwingungsbelastungen ausgesetzt, die es in den vergangenen Jahrtausenden noch nie gegeben hat. Wie schnell können sie sich daran anpassen und können sie das überhaupt? Der hochfrequente E-Smog und die zunehmenden schnurlosen Technologien belasten vor allem das Gehirn, weil dieses unzählige (50millionstel Millimeter kleine) Magnetit-Kristalle enthält und so auch der Mensch damit erdverbunden ist (ähnlich den Störchen oder den Lachsen und vieler andere Lebewesen) – und das besonders in den zentralen Großstädten, wo es zu einem äußeren ‚Dauer-Strahlen-Gewitter' geworden ist. (Dr. med. Joachim Mutter)

Das Ergebnis dieser unsichtbaren Dauerbelastungen sind die Nerven- und Gemütskrankheiten, deren erschreckende Zunahme von der EU bereits als neue Volkskrankheit bezeichnet wird. So heißt es auch: *„Gemütskrankheiten sind im 21. Jahrhundert zur größten Herausforderung für die Gesundheitspolitik Europas geworden."* (Technischen Universität Dresden) 38 Prozent leiden an mindestens einer derartigen Erkrankung, heißt es in einer europaweiten Studie. Am weitesten verbreitet: Angststörungen, Schlaflosigkeit oder Depression, doch dazu zählen längst auch Teile der Demenz oder die persönlichen Ausweglosigkeiten, die im Freitod landen und sind stets Symptome, die auf seelische und elektromagnetische Energieüberbelastungen hinweisen.

Gibt es auch positive Strahlungen und Schwingungen von außen? Das scheint auslegungsbedürftig zu sein und ich zähle zu denen, die nicht darüber klagen, dass unser Erdmagnetfeld (gebietsweise verschieden) immer schwächer wird. Dieses war wohl jahrtausendelang der gewohnte Schutz vor bestimmten kosmischen Strahlungen, doch auch der Kosmos und unsere Galaxis sind in vielen Bereichen lebendig und erleben einen Wandel – eben in anderen Größenordnungen. Solche ‚Wassermanngeist-Ausschüttungen' sind schon lange messbar und man spricht von *hochvibrierendem Photonenlicht*, *Hochfrequenter Gamma-Ray*, *Galaktischer Superwelle*, *Interstellarer Wolke*, *erhöhter Plasmatätigkeit*, *galaktische Lichtwelle* wie auch schlichtweg vom *Christusgeist.*

Und durch das schwächelnde Erdmagnetfeld können gerade diese Energien leichter in das irdische Leben und auch in die menschlichen Steuerorgane Herz und Gehirn, speziell in die Zirbeldrüse, einströmen. Diese aktuelle Zunahme höherer, galaktischer Einstrahlungen nehmen besonders unsere Gehirne, die voller Magnetit-Kristalle stecken, auf und bringen damit verschiedene Veränderungen in das menschliche Leben. Das geschieht hauptsächlich auf drei inneren Ebenen:

- Der schon geschilderten Synchronisierung unserer beiden Gehirnhemisphären,
- der Aktivierung der Zirbeldrüse, die exakt zwischen den beiden Hemisphären wirkt und
- der Zunahme der Herzkräfte in der ganzheitlichen, inneren Führung ‚vom Kopf zum Herz'.

Was tut sich dabei bei jedem Einzelnen von uns? Durch die Reduzierung des Erdmagnetfelds und der Zunahme der Schumann-Resonanzfrequenz entsteht bei fast allen Menschen eine *unterbewusste Hemisphärensynchronisierung*, die erwähnte Alphaharmonie, die ja eine innere Entspannung, eine innere Beruhigung und eine Entkräftung der ichbezogenen linken Hirnhälfte mit ihren Emotionen bewirkt. Dadurch können immer öfter die bislang unterdrückten, individuellen Seelenkräfte als Gefühle wieder mehr Einfluss in unser Leben und das Zusammenleben mit Anderen gewinnen – unser ICH kann jetzt leichter mit dem DU und dem WIR mitfühlen. Und dadurch spüren wir auch aus ganzheitlicher Sicht immer mehr eigene und womöglich ungeahnte und bislang schlummernde Vitalkräfte. Diese sind bereits unsere Schöpferkräfte für unsere lichtvolle Zukunft.

An zweiter Stelle bekommt die Aktivierung unserer *Zirbeldrüse* immer mehr Bedeutung. Denn unsere Zirbeldrüse, die Epi(*über*)physe oder das ‚Dritte Auge', das nach innen blickt, ist der Zugang zu unserer Übernatürlichkeit, unserer Spiritualität und unserer mitgebrachten und vergessenen Göttlichkeit. Diese endokrine Drüse ist von unseren acht Hormondrüsen im Körper am höchsten gelegen und dockt auch an die Seele, an das Höhere Selbst und seine Schöpferkräfte an – auch an die Speicherungen in der Akasha-Chronik und in den morphischen Feldern. Und das sind die entscheidenden Schritte für unsere Bewusstseinserweiterungen, die aus unserem inneren Frieden den weltweiten Frieden der lichtvollen Zukunft generieren.

Durch die dritte oben erwähnte, innere Veränderung spüren wir immer öfter auch das überraschendgroße *Magnetfeld des Herzens*, doch das schauen wir uns anschließend an.

Das Energiezentrum unseres ‚Dritten Auges'

Die winzige kiefernzapfenförmige Zirbel- oder Pinealdrüse ist weit mehr als das Steuerorgan für unseren inneren Tag-und-Nacht-Rhythmus. Schon vor Tausenden von Jahren wurde die Zirbeldrüse als Organ der außersinnlichen Wahrnehmung verstanden – als Fenster zu anderen Dimensionen, allerdings nicht bei uns im Abendland. Erst aus dem Hinduismus und dem Buddhismus wissen wir, dass unsere Epiphyse die Basis unserer hohen Stirn- und Kronen-Chakren ist, dem 6. und dem 7. Chakra (tausendblättriger Lotus), und das ‚Dritte Auge', das nach innen blickt. **Die zentral im Gehirn fungierende Epiphyse ist der mentale Schlüssel für die Pforte zwischen den materiellen und den geistigen Körpern der Menschen.** Dazu liegt sie mittig am harmonisierten Platz zwischen unserer seelisch mächtigen rechten und der körperlich mächtigen linken Gehirnhemisphäre.

Auch im Altgriechischen wurde sie als Überseele erkannt und ,Epi'physe genannt (griech. Vorsilbe *epi* = über). Im alten Rom nannte man sie ,Meisterdrüse' und in Altchina war es das ,Himmelsauge'. René Descartes, der Begründer des modernen frühneuzeitlichen Rationalismus, hat hier den ,Sitz der rationalen Seele' vermutet: *„In der Zirbeldrüse fließen Körper und Seele zusammen."* Dieses Kleinod – ,der Regler aller Regler' – beeinflusst das gesamte endokrine System des Körpers und reguliert und kontrolliert erstaunlich viele entscheidende Vorgänge wie das Wachstum und die körperliche Entwicklung, die Fortpflanzung, die Körpertemperaturkontrolle, die Nierenfunktion, den Schlaf-Wach-Rhythmus, das Immunsystem, die Kontrolle und Vernichtung sogenannter ,Stressoren', die Vernichtung sogenannter ,freier Radikale' und die Steuerung des Alterungsprozesses.

Da das ,Dritte Auge' gleichzeitig unser Stirn-Chakra darstellt, sind damit auch viele mediale Gaben und Vorstufen damit verbunden. Das zeigt uns die Aufzählung der geistigen Schwingungen dieses Chakras, die hohe Bedeutung für die lichtvolle Zukunft unserer Menschheit haben: Seele, Geist, Intuition, innere Führung, göttliche Inspiration, Präsenz, Klarheit, Hellsicht, Empathie, Visualisierung und Telepathie. In der Sirius-Botschaft vom 2.10.2020 heißt es: *„Hier findet sich die Verbindung zur Wahrheit allen Seins."*

Doch kommen wir zurück in die Materie: Unsere Epiphyse produziert bei Dunkelheit selbst das wertvolle Hormon **Melatonin.** Als sogenanntes Schlafhormon ist es ein unterbewertetes Superhormon, denn die oben aufgezählten Zirbeldrüsenfunktionen beruhen weitgehend auf diesem Hormon.

Doch sehen wir uns das Thema noch genauer an. Die Zirbeldrüse ist unser psychisches und physisches Energiezentrum(!) und empfängt auch höhere Lichtschwingungen. Diese passt sie an den physischen Körper an. Sie gibt die Energie an alle Chakren weiter, an Drüsen und Organe. Sie transportiert Licht als Grundlage für unsere organischen Transformationsprozesse. Sie wandelt Licht in chemische Reize und

Informationen um. (energetic-cleaning.ch) Die besondere Verbindung zur Thymusdrüse habe ich schon erwähnt. Mystische Traditionen und geheime Schulen kannten bereits den hohen Wert für übersinnliche Energieaufnahmen und außersinnliche Wahrnehmungen. Manche empfinden die Zirbeldrüse auch als Energietor zum Ein- und Ausstieg der Seele aus dem Körper. Praktisch gesehen agiert das ‚Dritte Auge' als ‚Schalter', welcher höhere Bewusstseinszustände und Erfahrungen visueller Spiritualität aktiviert. (Samuel Sagan) Mehrere Wissenschaftler bestätigen inzwischen den möglichen Mediumismus und die extrasensorischen Fähigkeiten der Drüse.

Schon lange befasse ich mich mit der hohen Bedeutung der Epiphyse für die menschliche Evolution mit ihrer Verbindung zur Geistigen Welt. Dabei fand ich zwei Techniken, wie die jeweiligen Machtsysteme mit astralen, schwarzmagischen und heute auch mit chemischen Mitteln versuchen, unsere geistig-göttlichen ‚Kommunikationsmöglichkeiten' zu blockieren oder durch bewusste Trennung ganz zu unterbinden.

Diese elementare Antenne des irdischen Körpersystems zur Geistigen Welt stört schon lange die gottlos-freimaurerischen Vorläufer des ‚Tiefen Staates' und sie erfanden vor fast einhundert Jahren eine feindosierte Langzeitvergiftung durch Fluoride. Denn die beiden größten Antagonisten und Gegenspieler für ihre wertvolle Drüsentätigkeit sind Fluorid und in unserer Neuzeit die nächtlichen elektromagnetischen Felder im Schlafraum. Auch in Standby geschaltete Geräte reduzieren die nächtliche Melatoninproduktion der Zirbeldrüse. Spätabendliche Arbeiten oder Fernsehen an den Flachbildschirmen verzögern durch die Blaulichtanteile unsere nächtliche Melatoninerzeugung. Außerdem reagiert die Zirbeldrüse nachweislich auch auf Funkfrequenzen der DECT-Telefone, ELF-Strahlung, WLAN, Handys etc. – sie verkalkt sich als Schutz davor.

Doch Fluorid ist der direkte Feind der Zirbeldrüse. Fluorid ist die moderne Seuche in den meisten Zahnpasten, und solche sollten grundsätzlich nie mehr verwendet werden. Gerade in der Zirbeldrüse wurden körperliche Fluorid-Höchstkonzentrationen entdeckt. Fluorid kann nämlich die Blut-Hirn-Schranke überwinden und hat nachweislich neurotoxische und neurodegenerative Wirkungen auf das Gehirngewebe. Wer darüber mehr wissen möchte, findet dazu eine ausführliche Abhandlung unter »www.zentrum-der-gesundheit.de/fluorid.html«

Nun kommt die bange Frage: „*Wie kann ich die Fluoride im Gehirn wieder ausleiten?*" Mit Melatonin! Dummerweise kann unsere Epiphyse mit dem Älterwerden generell immer weniger **Melatonin** produzieren. Als Medikament ist es in Deutschland verschreibungspflichtig, kann jedoch übers Internet aus den Produktionen in UK und in den USA problemlos bestellt und importiert werden. Ich selbst schlucke – nicht nur altersbedingt – seit Jahren fast jeden Abend 2 x 5 mg Melatonin als Nahrungsergänzung, etwa eine halbe Stunde vor dem Zubettgehen. Zurzeit nehme ich ein US-Präparat mit 10 mg.

Als Nahrungsergänzung hat es außerdem eine weitere wichtige Funktion: als Schlafmittel. Die Stunde Schlaf *vor* Mitternacht ist mit seinem Tiefschlaf nicht nur eine besondere körperliche Erholungsphase, sondern ist auch mit außerkörperlicher Erholung in der Geistigen Welt verbunden. Nicht umsonst heißt es schon von alters her: „*Eine Stunde Schlaf vor Mitternacht ersetzt drei Stunden danach*". Oder „der *Schlaf vor Mitternacht ist der beste*", von Rudolf Steiner in »Geheimwissenschaft im Umriss«.

Durch die dritte oben erwähnte, innere Veränderung spüren wir immer öfter auch das mächtige *Magnetfeld des Herzens*, das die HeartMath-Forscher definiert haben. Die elektrische Komponente dieses Feldes ist etwa 60-mal stärker als die des Gehirns, die magnetische sogar bis zu 5000-mal und kann noch mehrere Meter vom Körper entfernt gemessen werden. Sagenhaft! Dort heißt es auch:

> „*Dieses Herz-Feld pulsiert und sendet komplexe, rhythmische Muster durch den ganzen Körper, wodurch es offenbar eine Vielzahl von Prozessen beeinflusst – auch unser Gehirn synchronisiert sich immer wieder auf diesen elektromagnetischen Puls. In Entspannung und Freude synchronisieren sich auch Atem und Blutdruck. Das Herz-Feld könnte damit das synchronisierende Signal für den ganzen Körper bereitstellen,*

auf das wir uns bewusst einstimmen können, um sozusagen in ‚Harmonie mit dem Herzen' zu schwingen."

Wir sehen also, dass die vielfältigen Herzqualitäten eben nicht nur romantisches Wunschdenken und ähnliche Träume sind, sondern genauso konkrete Physik. Und die metaphysische Schwingung dieser Herzenergie heißt immer schon LIEBE. Starke Gefühle der Liebe können auf alle groben Emotionen unseres ICHs, auf viele unserer inneren Lebensfeindlichkeiten und Blockaden sowie unseren vielfältigen Ängsten heilsam einwirken. Die Liebe des physischen Herzens und die Liebe des metaphysischen ‚Höheren Selbstes' sind ganz einfach göttlich!

Und für die Zukunft wird es auch die stärkste Lebensenergie sein und der mächtigste Veränderer im Sinne eines neuen Bewusstseins und unserer Ganzheitlichkeit. Wenn wir hier staunend und vielleicht auch ehrfürchtig feststellen, was unser oft überlastetes Herz unauffällig und verlässlich vollbringt – Jahr für Jahr und pausenlos bei Tag und Nacht – erfüllt es uns mit größter Dankbarkeit. *„Danke, mein liebes Herz."*

Entgegen aller geist- und gottlosen Gehirnwäsche entstehen trotzdem Bewusstseinserweiterungen. Unsere linke Gehirnhemisphäre bestimmt täglich, wie wir die Welt da draußen erfahren und wie wir damit umgehen. Wenn wir jedoch ihrer rechten Zwillingshälfte gestatten, motivierend und ergänzend mitzuwirken, werden wir von einem bequemen Gehirn-Besitzer zu einem verantwortlichen Gehirn-Benutzer.

Denn neben allen äußeren Schlacht-Feldern war das innere schon immer das Herz und der Verstand der Menschheit. Und es bedarf der aktuellen Änderungen, dass *beide zusammen* endlich blühende Gärten erschaffen und auch unser Inneres schon bald kein Ort der Kriege mehr ist, sondern eine harmonische Schöpfung für eine lichtvolle Zukunft.

Ganzheitlichkeit durch unsere reaktivierten DNS-Stränge

Einst wurde von den Archonten und auch anderen machtorientierten Außerirdischen, z.B. von den Anunnaki, die zwölfsträngige, genetische DNS (engl.: DNA) der irdischen Kinder Gottes auf zwei Stränge reduziert und unsere materialistischen Wissenschaftler sprechen von den wertlos gewordenen Strängen als Junk-Stränge. Die seelenlosen, dunklen und übermächtigen Wesenheiten, die immer wieder in unser Sonnensystem und auf unseren wunderschönen, goldreichen Planeten eingebrochen sind, nützen das bis heute, wissen jedoch schon, dass ihre Zeit abgelaufen ist, denn die Frequenzen der Neuen Zeit seit 2012 schwingen zu hoch für sie.

Bei uns Lichtgeschwistern sind nun durch dieses göttliche zunehmende Photonenlicht schon mehrere DNS-Stränge zusätzlich wieder reaktiviert und wir nähern uns unserer eigentlichen Ganzheitlichkeit – während die restlichen zweisträngigen Geschwister weiterhin noch in der Matrix der Dunkelmächte energetisch gefangen gehalten werden können. **Sie können daher überhaupt keine diesbezüglichen Entscheidungen treffen!**

GOTT will alle seine Seelen wieder heimholen und der letzte Kampf ist erst dann zu Ende, wenn auch die Milliarden völlig unschuldig DNS-Kastrierten durch irgendeinen göttlichen Gnadenakt ebenfalls DNS-reaktiviert sind. Sie können dann wie wir in der höherschwingenden Bewusstseinsebene strahlend und überglücklich ihre multidimensionalen Schöpferkräfte für die neue Zeitlinie des Christusbewusstseins mobilisieren.

Irgendwann kam dann die Frage auf, wie würden denn die urcodierten DNS-Stränge, wenn sie wieder reaktiviert sind, bei uns in der 3D wirken und wie würden wir das erkennen? Folgende Erklärungen und Erkenntnisse gibt es bereits, um mit dieser bislang verdrängten Ganzheitlichkeit überhaupt umgehen zu können:

- Alle ‚Lichtgeschwister' haben bereits eine schon teilweise reaktivierte DNS.
- Dank unseres ‚Freien Willens' können wir es ermöglichen, dass sich unsere decodierten DNS-Stränge wieder reaktivieren können.
- Es gibt Energien und Geistige Wesenheiten, die helfen, unsere fehlenden DNS-Stränge zu reorganisieren und damit unserer verlorengegangenen Ganzheitlichkeit wieder näherzukommen.

Der Umgang damit hängt von unserem Bewusstsein ab und ich finde dabei drei DNS-Gruppierungen, die damit bereits auf dem Wege sind:

- Die bereits vollbewussten Lichtgeschwister,
- diejenigen, die trotz ihrer Unkenntnisse über die DNS in ihren Tätigkeiten bereits un-bewusst diese reaktivieren und
- DNS-bestbestückt die Kinder der Neuen Zeit.

Dazu fand ich eine Erkenntnis, die überrascht:

„Die DNS ist die Grundlage des ‚Lebendigen' und galt bislang als unveränderbar, wobei Experimente gezeigt haben, dass je nach gedanklicher Innenwelt die DNS eines Menschen sich verkürzen bzw. verlängern kann und sogar codierte Sequenzen ab- bzw. anschaltet, je nach mentaler Befindlichkeit des Menschen. So wirken Gedanken nicht nur auf ‚unbelebte' Materie ein, wie auf Wasserkristalle, was die Forschung von Masaru Emoto sehr eindrucksvoll aufzeigt, sondern auch auf ‚belebte' Materie wie die DNS, die ja die Grundlage alles Lebendigen und unserer Körperlichkeit ist." (Rudolf Engemann)

Diese Möglichkeit kann sich Dank der Photonen auch auf die ‚gelöschten' DNS-Stränge ausdehnen, doch dazu später mehr.

Die **Lichtgeschwister**, die bewusst und mit ihrer individuellen Veranlagung ihr *inneres* Licht leben, haben alle schon zusätzliche DNS-Stränge reaktiviert. Das passt genau zur berühmten ‚Bergpredigt' des Neuen Testaments, in der Jesus fordert: *„Ihr seid das Licht der Welt. So* *lasst euer Licht leuchten vor den Leuten, damit sie eure guten Werke sehen und euren Vater im Himmel preisen.*“ Ob sie nun als Channelmedien, als Therapeuten, als Autoren, als Referenten oder als Leiter von Organisationen etc. wirken, sie alle lassen ihr inneres Licht leuchten. Ich vernahm in mir, dass ich sie ‚Herzmenschen‘ nennen soll.

Daneben gibt es natürlich längst auch unzählige Geschwister, denen nur noch nicht bewusst ist, dass sie mit ihrer Überzeugung und ihren bewundernswerten Tätigkeiten nebenher ebenfalls ihre stillgelegten DNS-Stränge wieder aktivieren. Beispiele sind die HSPs, die Vegetarier und Veganer und Rohköstler, die Friedensbewegungen, die Dorf-Planungen, alternative Schulen, die Pflegerinnen und Pfleger in den Anstalten, unzählig auch die Unauffälligen (und jene, die mir gerade nicht einfallen). Ganz sicher auch die Impfverweigerer ☺. Schauen wir uns jetzt einige der noch Unbewussten etwas genauer an.

HSP – die Menschen mit feiner Wahrnehmung

Seit 1996 gibt es die folgende Aussage der kalifornischen Psychologin Dr. Elaine Aron über Menschen, die mit dem inzwischen internationalen Kürzel **HSP** als ‚Hochsensible Personen’ bezeichnet werden. Man vermutet, dass es wohl ein Fünftel der Menschheit betrifft. Ich empfehle schon hier eine Korrektur in ‚Hochsensible Persönlichkeiten‘, denn die meisten Berichte darüber stellen es als Schwäche anstatt als Stärke dar. Alle von ihnen haben in sich übersinnliche Gaben versteckt, die zu Aufgaben heranwachsen möchten. Sie sind empathisch, haben ein gutes Bauchgefühl und häufig einen sechsten Sinn. Es setzt Kraft frei, wenn sie ihre Begabungen lieben und diese für ihr Leben nutzen können und nach ihrer sehr typischen Art eben dann auch für andere nutzen –, *schließlich sogar zielorientiert für eine neue ganzheitliche WIR-Kultur.*

Und für mich passen sie durch solche Qualitäten auch in das aktuelle Zeitgeschehen, das schon lange im Neuen Testament angekündigt ist (Pfingstrede des Petrus):

„Und es soll geschehen in den letzten Tagen, spricht Gott, da will ich ausgießen von meinem Geist auf alles Fleisch; und eure Söhne und eure Töchter sollen weissagen, und eure Jünglinge sollen Gesichter sehen…“

Das ‚Dritte Auge' von immer mehr HSPs erwacht, das Auge, das nach innen blickt (noch oft zu ihrem Leidwesen). Epy(*über*)physe nennt sich die winzige Zirbeldrüse, die unser Stirn-Chakra bedient und die den Online-Anschluss an alles Übersinnliche ermöglicht. Dieses Übersinnliche können wir althergebracht *Himmel* nennen oder aktualisiert auch *Parawelt* oder *Hyperraum* oder *5D* oder *‚Schöpfungs-Quantenfeld'*. Letzteres erhielt von unserer Wissenschaftselite im Jahr 2014 als ‚Gottesteilchen' erklärt sogar Nobelpreisehre. Und dieses Übersinnliche reaktiviert automatisch auch unsere DNS-Stränge.

Die aktuellen zunehmenden Schwingungserhöhungen ermöglichen das heute jedem, eine HSP oder mehr zu werden. Jeder, der will – jeder hat ja den eigenen Freien Willen –, kann die Qualität des inneren Lichtes forcieren.

Vegetarisch – vegan – rohköstlich

Mit Vegetarismus helfen wir uns *gesundheitlich* und der Tier- und Umwelt *moralisch*. In der Entscheidung, sogar vegan zu leben, gesellt sich dazu eine konsequente *Ethik*. Dieser gefühlsgerechten Entscheidung danken *wir* – es dankt auch die Welt der Tiere, es danken deren Geistwesen, und es dankt die lebendige und liebende Mutter Erde. Das Energiefeld der unsichtbaren Schwingungen von Schmerz und Todesangst von jährlich weltweit 70 Milliarden getöteter Mitgeschwister aus dem Tierreich belastet längst unseren Planeten schwer – die unzähligen Lebewesen aus dem Wasser sind nicht bekannt. Wir bitten beschämt um Entschuldigung und segnen diese unschuldigen Geschöpfe.

Eine Umfrage zeigt, dass Deutschland den höchsten Prozentsatz an pflanzlichen Essern (Vegetarier und Veganer) in der EU aufweist. Mehr und mehr Menschen suchen nach Alternativen zur tierischen Ernährung. Was zunächst als Lifestyle-Trend einer kleinen Minderheit erschien, hat sich in der deutschen Gesellschaft als ernst zu nehmende

Ernährungsweise etabliert. Vegetarismus und Veganismus sind auf dem Vormarsch.

„Go Green! Iss grün, trinke grün und lebe grün" – ohne Parteibuch! Es heißt, dass das Urzellprogramm rohe Kost gewesen sei, denn das Feuer wurde ja erst später erfunden. Wenn überzeugte Anhänger dabei auch von Heilkost sprechen, haben sie in vielen belegten Fällen Recht, nicht nur bei der DNS.

Ich glaube, dass ich zu diesem Themenbereich weiter nichts ausführen muss, doch generell baut diese Lebenseinstellung ganz automatisch auch unsere von den Dunkelwesen decodierten DNS-Stränge wieder auf.

Jetzt zähle ich noch weitere Ideen und Gruppierungen auf, die alle auf dem Weg zu ihrer Ganzheitlichkeit unterwegs sind und sich dabei ganz automatisch aus der nachhaltigen Reduzierung ihrer DNS-Stränge befreien. Zum Beispiel die Friedensbewegungen, die privaten Schulgründungen, spirituelle Dörfer (Anastasia lässt grüßen), Tierschutz und Tierpflege, Demeter Landwirtschaft und viele andere Gemeinschaftsprojekte sind nicht nur angedacht, sondern bereits manifestiert. Auch ahnen wir nicht, wie viele der humanen Pflegerinnen und Pfleger in unzähligen Anstalten liebevoll dienen und ihre Empathie dabei zeigt schon ihnen unbewussten DNS-Zuwachs. So geht es auch allen, die für ein neues WIR und das Gemeinwohl tätig sind.

Unser genialer Albert Einstein meinte schon vor fast einhundert Jahren:

> *„Eine Verbesserung der Bedingungen auf der Welt ist im Wesentlichen nicht von wissenschaftlicher Kenntnis, sondern vielmehr von der Erfüllung humaner Traditionen und Ideale abhängig."*

Und vor allem kommen wir damit wieder unserer ursprünglichen Ganzheitlichkeit näher.

Nun betrachten wir noch die dritte DNS-Gruppierung, **die neuen Kinder**. Im Bereich der Jugend und des Nachwuchses entsteht auch eine Neuentwicklung, die weit über das erwähnte Fünftel der Menschheit hinausgeht. Allerdings wird das noch zu wenig erkannt, und Erziehungskräfte können kaum damit umgehen.

„*Eine immense Zahl unserer heutigen Kinder sind hochentwickelte spirituelle Wesen, die auf die Erde gekommen sind, um uns bei diesem Übergang in eine neue Welt zu helfen. Diese neuen Kinder haben die Fähigkeit, mit außerordentlichen Mitteln den Übergang dieser Welt in eine neue in die Wege zu leiten.*“ (Drunvalo Melchizedek)

Vergessen wir dazu im Moment die durch die KI (Künstliche Intelligenz) und die schwachsinnige Klima-Ablenkungen erzeugten Verführungen – ihr mitgebrachten DNS-Stränge werden im richtigen Moment, also in der passenden Schwingung unseres Umfeldes, sehr aktiv werden.

Meiner Meinung nach fehlen jetzt noch zwei wichtige Themen: Wie wir uns auf diese Wiederbelebung unserer fehlenden DNS-Stränge konzentrieren können und wer aus der Geistigen Welt uns dabei helfen könnte.

Über die erste Frage geben die Autorenkolleginnen und -kollegen in diesem Buch viele Erklärungen und Wege, ohne dabei die DNS zu erwähnen, und sie wird ganz einfach dabei kraftvoll erwachen. Und die einzig brauchbare Hilfe auf diesen DNS-Reaktivierungs-Wegen kommt durch unsere Seele, unserem Höheren Selbst. Denn durch diese wirken dann alle gerufenen Wesenheiten, ob nun die Mutter Erde oder die Mutter Maria, ob die lichtvolle Christusenergie oder das göttliche Licht in unserem Herzen (Gottesfunke). Alles kommt in Fluss, wenn wir uns dafür entscheiden. Und vermutlich wird die Geistige Welt uns noch mehr vom aktivierenden **Photonenlicht** schicken. Über Photonenlicht habe ich bereits in allen meinen Büchern berichtet und ich kann heute ergänzen, dass es eigentlich als ‚unendliche Energie' seine göttliche Kraft ins Endliche vollzieht. Dieses photonische Plasmafeld, mit dem Sonne und Erde interagieren, bewirkt eine Beschleunigung des Wandel-Prozesses.

Ist so etwas überhaupt denkbar und irgendwie möglich und erklärbar? Zu den Forschungen von Dr. Gregg Braden bezüglich unserer DNS und der aktuellen Photonenzunahme berichtet Rudolf Engemann:

„Im Bereich der Quantenphysikalischen Forschung wollte man die Wechselwirkung der Photonen (Energie des Lichtes) auf die DNS untersuchen und stellte fest, dass sich die DNS, wie auch die Photonen selbst, in gegenseitiger Anwesenheit auf besondere Weise anordneten und veränderten. Diese Veränderung blieb sogar bestehen, wenn die Bestandteile des Experimentes, also Photon und DNS, wieder voneinander ‚getrennt' wurden. Und nicht nur das, die DNS wie auch die Photonen behielten ihre veränderte Struktur bei, sie standen nun auch in einer dauerhaften Beziehung, was man daran entdecken konnte, dass wenn jeweils auf eines der Bestandteile eingewirkt wurde, diese Veränderung auch bei dem anderen Bestandteil zu messen war. Die Photonen und die DNS waren immer noch miteinander verbunden, obwohl man sie physisch voneinander getrennt hatte."

Das erinnert mich irgendwie an den wissenschaftlichen Beweis des ‚Hundertsten Affen'. Das wäre dann auch die richtige und zukünftige Größenordnung.

Resumee

Die liebe göttliche DNS im grobstofflichen Menschenkörper ist ein geniales Wunderwerk und wir werden uns durch ihr Erwachen in uns noch sehr wundern. Genieße einfach, was du noch mehr darüber in diesem Buche erfahren wirst. Die Wertschätzung in Verbindung zu unserer Seele scheint die satanische Dunkelseite bislang allerdings höher anzusetzen als auf der Lichtseite. Rudolf Steiner erkannte hellseherisch schon um 1910 (GA 177, S. 97f):

„Die Seele wird man abschaffen durch ein Arzneimittel. Man wird aus einer ‚gesunden Anschauung' heraus einen Impfstoff finden, durch den der Organismus so bearbeitet wird in möglichst früher Jugend, möglichst gleich bei der Geburt, dass dieser menschliche Leib nicht zu dem Gedanken kommt: Es gibt eine Seele und einen Geist."

Ja, es geht um jede Seele. Doch der babylonisch-alttestamentarische Zyklus ist ausgelaufen. Ihre Zeit ist rum und im Christusbewusstsein entsteht ‚Unsere Lichtvolle Zukunft'.

Gott ist in uns und will gelebt werden

In meinen wöchentlichen Rundbriefen habe ich schon mehrfach darauf hingewiesen, dass wir endlich ein neues und sinnvolles Gottesbild brauchen. Falls du dich vielleicht erinnerst, gehe ich von einer völlig anderen Sichtweise aus, indem ich überzeugt bin, dass der Schöpfer Gott grundsätzlich mit jedem seiner Geschöpfe geistig verbunden ist – online. Bei uns inkarnierten Menschen (außer den Robotern, den Klonen und den in Menschenform versteckten Außerirdischen) ist es der ‚Gottesfunken' oder der ‚Hot Spot' in unserem Herzen. Also:

GOTT hat in jedem von uns seinen Anschluss
und ist somit in uns *und will gelebt werden.*

Natürlich kann jeder auf seine Art weiter zu Gott im Himmel beten oder alles tun, was in Liebe geschieht. Doch mit diesem Wissen, dass der göttliche Anschluss direkt in jedem Herz angelegt ist, können wir auch mit allen Geistigen Kräften ganz anders umgehen.

So komme ich nun zu zwei besonderen Bewusstseinsebenen, die dabei entstehen können. In der ersten mögen wir uns mit Gott so *vereinen*, dass es keiner Dunkelkraft mehr möglich ist, uns abzulenken. In ungestörten und völlig entspannten Momenten üben wir:

Die mystische Vereinigung mit Gott.

Wir brauchen keine Heiligen, keine Eingeweihten, keine Erleuchteten und auch keine Mystiker zu sein, um uns in unserem Herzen mit Gott immer wieder zu v e r e i n e n. Wir müssen nur davor unsere verstandesmäßigen und ichbezogenen Energien und Bilder aus uns entfernen, sodass nur die reine, seelische Liebe im Herz verbleibt.

Längst wurde bei mir daraus eine Übung mit sehr tiefem Zugang zu dem, was ich als ‚Liebe Gottes' oder ‚Licht Gottes' in meinem Herzen irgendwie als gegeben annehme, denn mehr darüber zu sinnen ist ziemlich sinnlos. Mein *Vertrauen* hat sich schon vielfältig ‚gelohnt', denn ich hatte dann Tage, an denen einfach alles gelang. Außerdem meine ich inzwischen innerlich derartig ‚friedfertig' geworden zu sein, innerlich stark und absolut angstfrei, was unsere Zukunft betrifft. Hier heißt es halt auch „*Learning by doing*". Ich bedanke mich zwischendurch natürlich bei unseren unsichtbaren Liebeswesen und sage manchmal „*ich bin überglücklich, dass Gott in meinem Herzen wohnt!*". Da wirkt dann wohl mein zunehmendes Gottvertrauen mit.

Letztendlich erlaube ich mir noch die Vorstellung, was wir wohl damit erreichen können, wenn immer mehr von uns Lichtgeschwistern in dieser angehenden ‚unio mystica' geistig vereint sind?

„Das Licht aus meinem Herzen"

Wenn wir dieses Licht aus unserem Herzen zu anderen aussenden wollen, sollen wir das stets ausschließlich an die Seele der oder des Betroffenen strahlen. Diese kennt ihren Körper, kennt den gemeinsamen Lebensplan und den Sinn bestimmter Situationen und wird deinen Liebesstrahl dankbar und passend umsetzen. Folgende Antwort gab der jenseitigen Matthew Ward seiner irdischen Mutter am 3.3.2023 auf die Frage, wie wir das ‚Licht der Liebe' aussenden können:

> *„Mit Freude sagen wir euch, dass dies so einfach ist wie euer Wunsch, es zu tun! Wenn ihr dies in einem Gebet oder einer Meditation oder Visualisierung ‚formulieren' wollt, ist das natürlich in Ordnung, doch schon eure entsprechenden Empfindungen und eure Absicht reichen aus. Und da ist keine ‚Adresse' erforderlich. Einfach euer Gedanke an die Person, die Gruppe oder die Erde selbst lenkt eure LIEBES-LICHT-ENERGIE dorthin, wo ihr sie haben möchtet."*

Dazu meint Brigitte-Devaia in ihrem Kapitel »Das vergessene innere Zentrum«:

„In unserem Herzzentrum finden wir unsere Liebesfähigkeit, die unsere innere Göttlichkeit und Erfüllung ist. Im ‚Kosmischen Zentrum' in unserem Herzzentrum ist das göttliche Wesen der Liebe – das Große Göttliche, welches in allem ist und durch das wir mit allem eins sind. Wir können uns das so vorstellen, dass sich in unserem Herzzentrum ein ursprüngliches Zentrum befindet, das mit allem verbunden ist, was existiert. Es ist gewissermaßen ein Dimensionstor überallhin und auch die Empfangsstelle von allem, was zu uns kommt. Es ist unser Kommunikationszentrum mit dem Göttlichen; und weil das Göttliche in allem ist, was existiert, haben wir dort auch Verbindung mit allem. Dort befindet sich unsere größte Informationsquelle, zu der wir jederzeit Zugang haben."

Und von Dr. Rudolf Steiner kennt man seine Aussage (1920):

„In unserer Zeit gibt es bestimmte Veränderungen im Herzen, aus denen sich, nach und nach, eine fünfte Kammer entwickelt. Durch diese fünfte Kammer wird die Menschheit ein neues Organ besitzen, welches uns erlaubt, Lebenskräfte anders als im jetzigen Moment zu steuern."

Linda Giese, Autorin und Lebenscoach, hat dazu eine spirituelle und sehr lesenswerte Erklärung zusammengestellt, nachdem in den Suchmaschinen großes Schweigen über die 5. Herzkammer herrscht. Meine Empfehlung: http://linda-giese.de/das-groesste-Geheimnis-der-Menschheit/

Wenn du nun schon etwas vertrauter bist mit dem Umdenken, möchte ich noch auf eine spirituelle Ergänzung hinweisen. Jedes Blutmolekül, das durch unser Herz fließt, wird mit dieser göttlichen Energie aufgeladen und diese Energie fließt nun durch unser ganzes Körpersystem. Unser Herz wird dabei auch zu einem göttlich-energetischen ‚Reiniger'. Worauf schon unser Geheimrat von Goethe hingewiesen hat,

„geht jede seelische Weiterentwicklung von uns Menschen über eine Vergrößerung dieses Funkens. Jedes Verneinen von Gott und ähnliche Reaktionen schwächt den Funken, dagegen lässt geistiges und liebevolles Leben diesen Gottesfunken im Herzen sich ausdehnen."

Eine wissenschaftlich kontrollierte Studie belegt, dass das Herz eines durchschnittlichen Menschen nur 20 Photonen Licht pro Sekunde aussendet, jemand, der auf sein Herzzentrum meditiert und Liebe und Licht zu anderen aussendet, erstaunliche 100.000 Photonen pro Sekunde ausstrahlt.

Nun kommt wohl auch die Frage auf „***Gibt es auch ein Zusammenleben mit Gott-in-uns?***" und in einer Meditation erfuhren wir:

„Der Spot in eurem Herzen ist zwar winzig klein, doch in eurem geistigen Herzen strahlt er in hellem Lichte und das körperliche Herz ist klein. Stellt euch das vor!"

Ganz überraschend kam auch eine genau hierher passende Antwort von Gott selbst. Als ich am 28.8.2023 Heidi Antons (die liebe Mitautorin in Kapitel 8) um eine andersgeartete Mutter-Erde-Botschaft bat, hat sich der ‚Gott-Schöpfer' mit folgenden Worten eingeblendet:

„Jeder Einzelne von euch ist meine Hände und Füße, ist mein Auge und mein Mund, mein Gedanke und mein Klang. Durch euch erfahre ich mich selbst, und ich bin ALLES. Alle Menschen unterscheiden sich voneinander, weil das gar nicht anders sein kann. Jeder von euch verkörpert eine winzige Facette des Ganzen und alles zusammen bin ICH. Menschen haben nicht nur unterschiedliche Farben, sondern auch unterschiedliche Formen und Charaktere, Talente, Vorlieben, Neigungen und Schwächen. Jeder von euch ist ICH und ich erfahre MICH durch euch – entwickle mich durch EUCH immer weiter, weil dies dem Leben überhaupt erst Sinn verleiht.
ICH reibe mich, durch euch, an mir selbst – an meiner eigenen, unermesslichen Vielfalt. Wozu das gut ist? Im Idealfall für wahre SELBST-Erkenntnis, Akzeptanz eurer Göttlichkeit und bewusstem Agieren als meine Hände, Füße, Augen, Münder, Gedanken und Klänge. Ihr seid ICH und ich bin ALLES!"

Brigitte-Devaia durfte zu diesem Herz-Thema schon vorher ein wunderschönes Pastellgemälde malen, denn als sie sich einmal empathisch in ihr Herz hineingefühlt hatte, hat sich ihr **Amaania-Deva**, der ‚Engel der Schönheit des Herzens' gezeigt. Im 4.Bild am Anfang des Buches strahlt er dich an. Dieser gab ihr auch eine besondere Botschaft dazu, aus der ich diesen Kernsatz zitiere:

> „*Höre auf die Stimme deines Herzens! Sie ist leise, jedoch kristallklar. Sie spricht auch dann die Wahrheit aus, wenn sich andere Stimmen in dir schreiend und klagend durchsetzen wollen. Folge den Wahrnehmungen, die aus deinem Herzen kommen. Vertraue ihnen, denn im Herz bist du mit allem, was existiert, verbunden. Dein Herz ist unbegrenzt. Die größte Realität, die alle anderen Realitäten durchfließt, ist Göttin-Gott im Zentrum deines Herzens.*"

Nun denken wir mal über eine weitere Bewusstseinsebene nach, die der Engel *Amaania* soeben erwähnt:

Gott *und* Göttin sind in uns.

Denn ohne die materielle Nahrung – im Wort *Materie* steckt ja sichtbar die *mater* (lat. *Mutter*) –, ohne das Wasser unserer Mutter Erde in unseren Körpern (bis zu 80 Prozent) und dem täglichen Trinkwasser, ohne das wir vier Tage nicht überleben und schließlich den Sauerstoff in der Luft, dessen Mangel im Körper wir schon nach einigen Minuten nicht überleben, bestätigt vollumfassend, dass wir auch ‚Kinder' unserer liebenden ‚Großen Mutter Erda' sind.

Dies ist nicht nur eine logische Tatsache, sondern hat auch einen soliden, jedoch wenig bekannten Hintergrund. Der Dr. E. Bordeaux Székely, ein ungarischer Philologe und Linguist, verfasste das »Essener Friedensevangelium« nach vatikanisch geretteten Urtexten, in dem Jesus seinem inneren, vegetarisch lebendem Kreis von Jüngern vieles erklärte. Unter anderem eben auch, dass es neben Gottvater für uns Irdische noch die göttliche MUTTER ERDE gibt, ohne die es kein Erdenleben gebe.

Nun spinnen wir das mal weiter:

Jetzt sind Gott-Vater und Mutter-Erde beide zusammen in unserem Herzen, bei jedem von uns. So erkennen wir, dass sich das Zusammenleben in unserer Kindheit mit unseren irdischen Eltern dann als Erwachsene wiederholt: Wir als ‚Große Kinder der göttlichen Eltern' können und sollen jetzt endlich auch göttlich schöpferisch sein.

Unser ‚herzliches' Online-Zusammenleben mit Gott *und* Göttin ist wohl dann schon ein Teil des Einheitsbewusstseins – mehr und höherschwingend geht wohl auf unserer grobstofflichen Lebensebene kaum. Und ich wiederhole mich dazu auf Neudeutsch: „*Learning by doing*".

Alsdann bekam ich auch ein geistiges Geschenk. Denn morgens, vor dem Aufstehen, verbinde ich mich gerne mit dem Licht in meinem Herzen, wobei ich allerdings manchmal sehr friedvoll wieder einschlafe. Doch einmal, nach einer abendlichen Meditation mit Brigitte-Devaia, in der es auch um das Beurteilen Anderer ging, bekam ich ein geistiges Geschenk der allerschönsten Art:

> *„Ich übergebe dem ‚Göttlichen Geist in mir' meinen freien Willen. Die reine Liebe schwingt dann in allen meinen Zellen, meinen Gedanken und meinen Begegnungen und mein ‚Geist in Liebe' schwingt dann wie Sein ‚Geist in Liebe'. Ich solle mich dabei selbst glücklich beobachten, erleben und mich neu erkennen, wie ich auch sein werde."*

Dieses einmalige Geschenk für unsere Umwandlung und Transformation der *belastenden Energien* des üblichen Urteilens und Verurteilens in die *beglückende Energie* der Liebe gebe ich gerne weiter – als einen Vorgeschmack auf unsere Lichtvolle Zukunft.

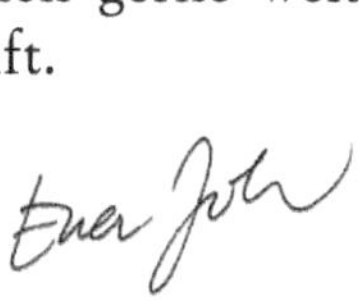

Über Johannes Holey

Auf die Welt kam er 1935 als Egerländer, einst Sudetenland, heute CZ. Aufgewachsen ist er im schönen Schwabenland, in dessen Nähe er dann später auch seine Familie gründete.
Als geschäftsführender Gesellschafter des Familienbetriebes war er bis 1998 jahrzehntelang mehr Arbeit-*geber* als Unter-*nehmer*. Verschiedene Ehrenämter erfüllten ihn beim lokalen Bankinstitut, bei der IHK Heilbronn und im Verband der Deutschen Bekleidungsindustrie.

Als sein Körper mit 63 rentenfähig wurde, konnte er sich dann ganz seiner inneren Berufung widmen – als Journalist, Referent in D, A und CH und Autor von sieben Sachbüchern, zuerst im Gebiet religiöser Philosophie, zu seinem Lieblingsthema ‚Jesus', dann im alternativen Gesundheitsbereich und nun im Bereich spiritueller Philosophie mit seinem zweiten Lieblingsthema ‚Bewusstseinswandel'.

Seit 2003 arbeitet er intensiv mit der Kunstmalerin Brigitte-Devaia Jost zusammen und erkennt mehr und mehr das Mitwirken der Geistigen Welt, der Hl. Familie, der unzähligen Engel und Devas und der elementaren Naturwesen.

Nach einer wunderschönen Auszeit auf der kanarischen Insel La Palma (laut UNESCO Biosphärengebiet und drittschönste Insel der Welt) lebt er jetzt im Naturschutz- und Biosphärengebiet Südschwarzwald (inzwischen fast vegan, ohne Fernsehen und kaum Alkohol) – stolz auch als Vater dreier erfolgreicher ‚Kinder' und opa-artgerecht mit neun Enkeln.

Er meint, im Rückblick kann er nur dankbar staunen, wie sich dieses Erdenleben bislang *ent*-wickelt hat. Sein lebenslanger Optimismus und unerschütterlichen Idealismus lassen ihn auch heute nicht aufhalten, an einer gründlich veränderten und lebenswerten, lichtvollen Zukunft mitzuwirken.

www.bewusstseins-erweiterungen.de

Kapitel 3

Bianka Denise Albrecht

Mein Name ist Bianka Denise und ich gehe schon viele Jahre den Weg meiner Seele. Menschen darin zu begleiten, auch ihren Weg zu finden, ist für mich die größte Freude. Die Stärkung der eigenen Kraft und die Verbindung zur inneren Quelle ist mir das Wichtigste, worin ich Menschen unterstützen möchte, denn ich habe selbst erfahren, wie es ist, von mir selbst getrennt zu sein und welche Freude es ist, mit mir und der Schöpfung verbunden zu sein.

Dieses Buch ist eine Brücke, durch die unsere Seelen miteinander einen Tanz durch Raum und Zeit tanzen. Diese Berührung, wie alle Berührungen im Leben, schwingen jedoch weiter in dir und erzeugen weitere Wirkungen und Lichtwellen, die wiederum andere Menschen, Tiere, Pflanzen, Mineralien und Wesenheiten berühren. Auf der Schöpfungsebene sind wir alle miteinander verbunden.

Mögen durch die Worte und Schwingungen dieses Buches sie deiner Seele, Mutter Erde und allen Wesen Segen, Frieden und Licht bringen.

Mögen alle Menschen, Tiere, Naturwesen, Pflanzen, Samen, alle Flüsse, Seen und Meere die Ur-Kraft und ursprünglichen göttlichen Bauplan in sich erwecken und voller Schöpferkraft in ihrem Ur-Glanz erstrahlen.

„Mitakuye Oyasin“

Die Erweckung der Ur-Kraft

Wir sind ein Teil von Mutter Erde und sie ist ein Teil von uns. Sie ist in uns und wir sind in ihr. Mutter Erde ist ein ständig erneuernder und pulsierender Organismus, der in perfekter Harmonie und Zusammenspiel Milliarden über Milliarden neue Schöpfungen hervorbringt.

Dabei kann man Mutter Erde mit unserem Körper vergleichen. Auch unser Körper funktioniert in wundersamer Weise. Unser Herz schlägt und unsere Nieren und Leber funktionieren, ohne dass wir ihnen jeden Morgen sagen müssen, was genau sie tun sollen, um unseren Körper am Leben zu erhalten. Unser Herz weiß es, und unsere Nieren, Leber und alle unsere Organe wissen ganz genau, was sie zu tun haben.

In jeder deiner Zellen existiert ein Ozean – das Zellwasser, Kraftwerke, die Mitochondrien und eine Sonne – dein Zellkern. In diesem Zellkern befindet sich eine Spirale, deine LICHT-DNS. Diese Licht-DNS fungiert als Antenne in den Kosmos und verbindet dich mit deiner multidimensionalen Seele. In deinem Körper gibt es Billionen von Zellen. Sie alle kommunizieren mit Lichtimpulsen untereinander und arbeiten somit in Harmonie miteinander.

Es sei denn, diese Harmonie wird gestört. Dann gibt es körperliche Blockaden, Energiestaus und Krankheiten. Dann ist das Zusammenspiel deiner Organe und Körperfunktionen gestört und das harmonische Zusammenspiel bestimmter Organe funktioniert nicht mehr so gut.

Mutter Erde ist ebenso ein lebendiger Organismus, der atmet und durch unzählig viele schöpferische Vorgänge jeden Tag neues Leben gebiert und Leben zerstört, indem es wieder in die Ganzheit zurückfindet, in Mutter Erde verstoffwechselt wird, und daraus wieder neues Leben entsteht. Somit entsteht ein feinabgestimmter Kreislauf, auch Ökosystem genannt.

Die Flüsse von Mutter Erde kann man mit dem Blut in unseren Adern vergleichen, das wichtige Nährstoffe in jeden Teil unseres Körpers liefert, wie auch die Flüsse und Quellen von Mutter Erde, die in sogenannten Wasseradern oft unterirdisch fließen und unseren Planeten mit frischem Wasser versorgen. Die Berge sind mit unserem Skelett und Knochen und das Gras von Mutter Erde ist mit unseren Haaren, die über unseren ganzen Körper wachsen, vergleichbar.

Hast du schon einmal das Bild einer Lunge gesehen? Sie sieht aus wie ein Baum. Bäume liefern den wichtigen Sauerstoff, den wir zum Überleben brauchen. Wälder dieser Erde sind somit die Lunge von Mutter Erde, die wir Lebewesen brauchen, um am Leben zu bleiben.

Atem ist Leben. Wenn man diese universelle Perspektive über die Kreisläufe des Lebens übernimmt, erkennt man sehr schnell, wie uns die Luft zum Atmen durch Maskenzwang und durch Abholzung der Wälder (auch für den vermeintlichen Umweltschutz durch Windkrafträdern in Wäldern) genommen wird. Atem ist Leben und füllt jede unserer Zellen mit Energie und Lebendigkeit. Daher ist das bewusste und tiefe Atmen, am liebsten in der Natur, lebenswichtig für ein gesundes Gleichgewicht, während wir uns in den Übergang in eine Neue Zeit begeben.

Wie auch wir in unserem Körper wichtige Energiezentren, die sogenannte Chakren haben, die die Energie in unserem Körper verteilen, so hat auch Mutter Erde viele wichtige Energiezentren, durch die das energetische Gleichgewicht von Mutter Erde aufrechterhalten wird. Für indigene Völker sind diese Energiezentren ihre heiligen Stätten, in denen sie ihre Zeremonien abhalten. Dadurch kommen sie auch in eine tiefe Verbindung und Verwurzelung mit diesen Orten und sie werden von deren heiliger und lichtvoller Energie aufgeladen. Somit nähren diese Kraftplätze die Seelen der Menschen und die Menschen mit ihren heiligen Zeremonien die Orte, welche ihre Energien ins Energiefeld der Erde strahlen und dieses ins Gleichgewicht bringen können.

Auf ähnliche Weise können wir durch Atem, Meditation und die Klärung unserer Chakren das Energiefeld unseres Körpers und unserer Seele in Harmonie bringen.

Viele Kirchen und Klöster wurden auf diese ‚Heiligen Kraftorte' gebaut, als das Christentum sich verbreitete. Wenn ein Ort für religiöse Zeremonien in Liebe genutzt wird, unabhängig von Religion, kann die Energie dieser Zeremonien auch der Erde helfen. Wird der heilige Ort jedoch von Institutionen gebraucht, die profitabhängig agieren oder Menschen in Angst halten, kann dieses Energiezentrum auch gestört werden, unabhängig von Religion. Viele ‚Heilige Orte' oder Stätten dieser Erde wurden den indigenen Völkern genommen, und es wurden Industrieanlagen darauf gebaut. Als wir mit Marko Pogačnik, einem bekannten Geomant, in Deutschland unterwegs waren, erzählte er uns, dass die Firma Daimler Benz in Stuttgart auf dem Vitalzentrum der Region steht.

Die Kogi-Indianer, ein ursprünglicher Stamm aus der Sierra Nevada, verkaufen neuerdings ihren angebauten Kaffee über den schamanischen Kollegen Oliver Driver. Dieser schreibt auf seiner Webseite:

> *„Ende 2014 war ich zum dritten Mal in Kolumbien und erstmalig war Mamá José Gabriel, ein wichtiges Oberhaupt der Kogi anschließend für drei Wochen zu Besuch in Deutschland. Während dieser Zeit sprachen wir viel über die Ziele der Kogi, wie sie mit den Einnahmen aus dem Kaffee ihr Land zurückkaufen werden.“*[1]

Die Kogi-Indianer sehen ihre heiligen Stätten als das ‚Herz der Erde'. Auf der Webseite des Urwaldkaffees steht: *„Spendet für die Kogi und helft uns, das Herz der Erde zu retten!“* Das ist der Grund, warum wir Kogi-Kaffee trinken und den Kogi-Indianern Geld spenden, um damit das Ursprüngliche, das dem Menschen und Mutter Erde verloren gegangen ist, auf unserem Weg in die Neue Zeit durch konkrete Handlungen zu unterstützen.

LICHT-DNS
Verbindung zum multidimensionalen Bewusstsein

Dieser Planet Erde ist ein Wunder, genauso wie jedes Baby ein Wunder ist. Jede Mutter kennt die Freude, nach der Geburt ihr Kind in den Armen zu halten, die Finger und die Zehen zu zählen, um voller Verwunderung und Demut dankbar zu sein, dass alle Gliedmaßen dran sind. Ich kann mich noch an meine Babys erinnern. Wie glücklich ich war, als sie das erste Mal in ihre Windel machten, gähnten und sich streckten. Ich hatte nichts dazugetan und hatte dem Körper keine Anweisung gegeben, wie er wachsen soll. Ich hatte meine kleinen Jungs einfach nur geliebt und sie sind geboren. Perfekt göttlich, als ganz individueller Ausdruck des Göttlichen.

Doch wie ist es möglich, dass unser Körper, gleichwohl der Organismus Erde, weiß, was er zu tun hat? Hier kommt das göttliche und geistige Prinzip ins Spiel. Es gibt eine Intelligenz, die alles in perfekter Harmonie ordnet. Man kann sie Kosmische Intelligenz, Gott, Allah, Großer Geist, Viracocha, Urquelle oder Urlicht nennen, dessen Natur LIEBE ist. Denn nur die Kraft der LIEBE vermag es, alles zusammenzufügen und in harmonischer Ordnung zu kreieren. Die Natur Gottes ist LIEBE und da wir ein Teil Gottes sind, ist unsere wahre Natur auch pure LIEBE.

Genauso wie der Göttliche Geist die Schöpfung in perfekter Harmonie erschafft, ist unser Geist in der Lage, unseren Körper in Balance zu bringen. Alle Botschaften, die dein Geist deinem Körper und deiner Seele gibt, werden umgesetzt. Wenn du mit Liebe, Dankbarkeit und Achtsamkeit an deinen Körper denkst, liebevoll mit ihm umgehst, und ihn mit lichtvoller geistiger und stofflicher Nahrung versorgst, wird dein Körper und alle deine Zellen dir das danken.

Jede Zelle in deinem Körper hat eine geistige Intelligenz und ist in sich ein kleiner Kosmos, der mit allen anderen anliegenden Zellen und Zell-Universen durch Licht miteinander kommuniziert. In jeder Zelle befindet sich ein Ozean und eine Sonne – der Zellkern. In diesem Zellkern befindet sich eine Spirale – deine LICHT-DNS. Die Spirale ist eine heilige geometrische Form, die das Naturprinzip widerspiegelt und die Energien kreisförmig nach oben leitet, um dir bei deinem Aufstieg in eine höhere Entwicklungs- und Entfaltungsebene zu helfen. Jede Zelle hat im Zellkern eine goldene Spirale, deine LICHT-DNS, die als Antenne für dein multidimensionales Bewusstsein gesehen werden kann, die dir den Aufstieg in ein höheres Bewusstsein der Neuen Zeit ermöglicht. Die DNS ist die Schnittstelle zum multidimensionalen, kosmischen Feld. Sie nimmt Informationen aus diesem ‚Hyperraum' auf. Mit ihr hast du Zugang zum multidimensionalen ‚World Wide Web' und kannst Informationen aus unterschiedlichen Schwingungsebenen aufnehmen. Es ist deine Schnittstelle der Inspiration für das Empfangen von evolutionären Impulsen, die aus dem Göttlichen Bewusstseinsfeld an alle Göttlichen Seelen, die Teil dieses Göttlichen Netzwerkes sind, weitergegeben werden. Durch deine DNS wirst du zum lichtvollen Schöpfer der Neuen Zeit, indem du Impulse aus dem Göttlichen Feld aufnimmst und damit die Neue Erde erschaffst.

> *„Nach den Forschungsergebnissen von Pjotr Garjajev und seinem Team ist die DNS nicht nur Sender und Empfänger elektromagnetischer Energie, sondern nimmt auch die in der Strahlung enthaltene Information auf und interpretiert sie weiter. Die DNS ist also ein höchst komplexer interaktiver Biochip auf Lichtbasis mit 3 Gigabits Speicherfähigkeit, der noch dazu in der Lage ist, die menschliche Sprache zu verstehen. Der russische Biophysiker und Molekularbiologe Pjotr Garjajev und seine Kollegen untersuchten zudem das Schwingungsverhalten der DNS. Sie prägten einem Laserstrahl ein bestimmtes Frequenzmuster auf und konnten durch ihn die DNS-Frequenz und damit die genetischen Informationen beeinflussen. Garjajevs Forscherteam schaffte es sogar, Informationsmuster einer bestimmten DNS auf eine andere zu übertragen und so den Zellen die Programmierung eines fremden Genoms aufzuprägen. So verwandelten sie mit Erfolg Frosch- in Salamanderembryonen, indem sie einfach die Informationsmuster der DNS übertrugen.“*[(2)]

In diesem Zusammenhang ist es zu hinterfragen, wenn die natürliche Funktion unserer LICHT-DNS-Spirale möglicherweise durch einen ‚mRNA-Impfstoff', der in unsere DNS eingreifen kann, gestört oder sogar umprogrammiert wird,[(3)] sodass es uns unmöglich wird, auf das Göttliche Quantenlichtfeld zuzugreifen. Auch der flächendeckende Ausbau und Bestrahlung durch die 5G-Technik kann unter diesen spirituellen Aspekten, die mit unserer spirituellen Entwicklung zu tun haben, kritisch betrachtet werden. Anhand dieser Erkenntnisse kann diese Gen-Therapie-Impfung, die weltweit verabreicht wird, als Eingriff in unsere naturgegebene Göttlichkeit, die wir als Sender und Empfänger Göttlicher Licht-Signale sind, gesehen werden. Durch unsere DNS können wir auf die Göttliche Matrix und Informationsfeld zugreifen und uns auch mit allen Wesen in diesem Hyperkommunikationsraum vernetzen, so wie zum Beispiel Insekten-, Vogel- oder Fischschwärme das schon immer machen. Zu Insekten und speziell den blinden Termiten schreiben Grazyna Fosar und Franz Bludorf in ihrem Buch »Vernetzte Intelligenz«:

„Jahrzehntelang schon ist es für Biologen ein Rätsel, wie es möglich ist, dass die Tiere gemeinsam zu solch gewaltigen Bauten wie dem Bienenstock oder gar dem Termitenhügel befähigt sind. Hierzu muss es ein ausgeklügeltes Kommunikationssystem geben, damit auch jeder an seinem Platz das Richtige tut, um das Bauwerk als Ganzes zusammenwachsen zu lassen. Wenn man den Bau eines Termitenhügels in seinen einzelnen Phasen verfolgt, so sieht man Erstaunliches. Tatsächlich beginnen die blinden Tiere an verschiedenen Stellen zu bauen, und am Ende treffen sie sich so exakt, wie es unseren Bauingenieuren und Architekten nur unter Anwendung komplizierter Technik möglich wäre. Der bekannte britische Biologe Rupert Sheldrake zitiert zum Beispiel Beobachtungen, bei denen man mitten in eine ‚Termitenbaustelle' eine Glasscheibe stellte, die keine Gerüche durchließ. Dennoch wurde das Gebäude ordnungsgemäß fertiggestellt, trafen sich die einzelnen Bauabschnitte exakt an der richtigen Stelle, nur durch eine Glasscheibe voneinander getrennt. Dies ist nur scheinbar ein Wunder, denn es zeigt sich, dass man zur Erklärung des Phänomens nur das Gruppenbewusstsein heranzuziehen braucht – das morphogenetische Feld beziehungsweise nach neuesten Erkenntnissen: die Hyperkommunikation auf DNS-Ebene."(4)

So ist es auch uns Menschen als Lichtträger der Göttlichen Intelligenz möglich, auf das Göttliche Lichtquantenfeld der Schöpfung durch unsere LICHT-DNS zuzugreifen. Wird diese durch eine Gentherapie-Impfung oder durch Strahlungen manipuliert und durch Angstbotschaften programmiert, wird diese Verbindung zum Göttlichen Schöpfungsfeld gestört. Es sei denn, der Mensch ist bereit, tiefer in die Mechanismen der ‚Licht- und Schatten-Schöpfung' zu blicken und sich aus

Liebe zu sich selbst und zu Mutter Erde, ganz bewusst und aus innerer Überzeugung, wieder mit der natürlichen Göttlichen Schöpfungs-Matrix zu verbinden.

Dieses Lichtquantenfeld der Göttlichen Schöpfung versorgt den Menschen dann mit Licht- und Schöpfungsimpulsen, um eine ‚Neue lichtvolle Erde' im Einklang mit Mutter Erde und allen Wesen zu manifestieren. Vergleichbar mit einem Tierschwarm ist es dann so, dass jeder Mensch gemäß seiner einzigartigen Göttlichen Seelenkraft und Seelenqualität diejenigen Schöpfungen hervorbringt, wofür er erschaffen wurde. Wenn wir mit dem Göttlichen Schöpfungsfeld verbunden sind, muss der Einzelne nicht wissen, wie die Erschaffung der Neuen Erde in seiner Gesamtheit genau funktionieren wird, denn wenn jeder seinen ‚Part', der ihm durch seine Seele und DNS übermittelt wird, erfüllt, werden wir gemäß dem Göttlichen Schöpfungsplan und gemäß unserer eigenen Schöpfungskraft eine Neue Erde im Einklang mit allen Wesen manifestieren.

Der Mensch hat beim Abstieg in diese Materie und die dreidimensionale Welt häufig die Verbindung zum Göttlichen Feld und seiner Seele verloren. Sein freier Wille ermöglicht es ihm, Erfahrungen in dieser Dualität und Trennung zu sammeln, um sich an einem Punkt an seine wahre Göttliche Natur zu ‚erinnern' und zu erkennen, dass auch er ein machtvoller Schöpfer seiner Gedanken und Gefühle ist.

Ich bin überzeugt, dass durch eine bewusste Entscheidung für unsere Göttliche Natur, die Gifte und energetischen Bindungen, die durch die Impfung in unseren Körper gegeben wurden, wieder ausgeleitet werden können. Wir sind hier auf der Erde, um zu lernen. Jeder Fehler, den wir machen, hat die Fähigkeit, uns tiefer mit unserer wahren Natur zu verbinden.

Um eine lichtvolle und harmonische Zukunft für alle Wesen zu manifestieren, ist es wichtig, dass wir auf Lichtebene miteinander in Kommunikation treten können. Nur wenn wir wieder lernen, mit den Pflanzen, den Tieren, den Steinen, dem Wasser, den Elementen und den Wesen der Natur zu kommunizieren, können wir eine Neue Erde erschaffen, in der alle Wesen synergetisch zusammenleben und sich gegenseitig ergänzen und beglücken. Jeder auf dieser wunderschönen Mutter Erde soll sich glücklich und geliebt fühlen und sein volles Potential leben dürfen.

Die Rückkehr zur wahren Natur

Ein Großteil der Menschen auf unserem Planeten ist in dieser Übergangszeit in ein Neues Zeitalter getrennt von ihrer wahren Natur und von der Liebe. Sie versuchen, die Naturgesetze zu bändigen und nach ihrem Belieben zu kontrollieren und zu manipulieren. Dabei müssen wir nichts kontrollieren. Wenn wir uns mit unserer Seele und der Liebe im Universum, dem Göttlichen verbinden, wird alles in Harmonie zum höchsten Wohle unserer Seele und aller Wesen geschehen. Denn die Göttliche Intelligenz hat die Fähigkeit, alles in Liebe im Einklang mit den geistigen Gesetzen zu ordnen. Mutter Erde strebt immer nach Aufrechterhaltung der natürlichen Harmonie und gleicht Disharmonien durch meist für uns Menschen drastische Maßnahmen aus, um den Gesamtorganismus Erde in Harmonie zu halten. Manche Tier- und Pflanzenarten sterben aus, andere werden geboren. Erdkatastrophen, wie zum Beispiel Hungersnöte, Überschwemmungen oder Erdbeben geben Mutter Erde die Fähigkeit, einen Ausgleich zu schaffen und sind oftmals ein Versuch, die Balance wiederherzustellen.

Werden die Flüsse daran gehindert, natürlich zu fließen, kommt es als logische Folge davon zu Überschwemmung. Auch die Verlangsamung des Jetstreams, der für die Sturzfluten und ungewohnte Wetterlagen verantwortlich ist, könnte unter anderem an den vielen Windrädern liegen, die den Wind verlangsamen. Außerdem kann das Wasser nicht mehr in den Boden fließen, wenn er durch die Windräder und die Straßen, die dafür in vielen deutschen Wäldern gebaut werden, zugebaut und der Boden gepresst wird. Wie der menschliche Körper auch in seiner Ganzheit betrachtet werden muss, um ihn zu heilen, ist es auch mit Mutter Erde so.

Auch Leben und Tod ist ganzheitlich als natürlicher Kreislauf zu betrachten, durch den unsere Seelen gehen. Deine Seele, die in ihrer Natur LICHT ist, inkarniert für einen gewissen Zeitraum in deinen Körper, um nach dem Leben ins Lichtreich zurückzukehren. Dabei ist deine Seele unendlich und kann nicht sterben.

Wenn wir Menschen erkennen, dass die gesamte Schöpfung von Göttlicher Intelligenz durchdrungen ist, können wir auf diese Göttliche Schöpfung vertrauen. Wir müssen das Bevölkerungswachstum nicht künstlich kontrollieren. Wir müssen lediglich unser Handeln ändern. Wenn wir in Einklang mit Mutter Erde leben, ihre Bedürfnisse beachten und einen Weg finden, in Harmonie mit unseren und den Bedürfnissen von Mutter Erde zu leben, können wir unsere lichtvolle Zukunft hier auf Erden manifestieren. Mutter Erde hat so viel Platz und Fülle für alle Wesen dieser Erde und es existieren Erkenntnisse und so viele neue Technologien, dass niemand auf dieser Erde hungern muss und jeder Mensch und jedes Tier ein friedvolles und glückliches Leben in Geborgenheit und Frieden, ohne Angst vor Krieg, Terror, Verfolgung oder Ausgrenzung, leben kann. Wenn wir als Menschheit uns dafür entscheiden, wird es genauso sein. Dabei sollten die regionalen Bedürfnisse von Land, Mensch, Tier- und Pflanzenwelt individuell berücksichtigt werden. Wir brauchen keine Steuerung von multinationalen Konzernen. Jeder Mensch, jede Kultur und jedes Stück Land auf dieser Erde hat eine individuelle Prägung und liefert eine ganz bestimmte energetische Qualität für unsere Mutter Erde.

Die Ur-Kraft zurückholen

Das SWR-Fernsehen berichtet 1988 in seiner Reportage von einer bahnbrechenden Forschung(5). Sie zeigten die Möglichkeit, die Ur-Information von Pflanzen und Tieren durch ein elektrisches Feld wieder zu ‚erwecken'. Die Wissenschaftler des Schweizer Chemiekonzern Ciba-Geigy bestrahlten die Sporen und Fortpflanzungszellen des gemeinen Farns in einem elektrischen Feld. Auf diese Weise wurde ein gewöhnlicher Wurmfarn mit seinen gefiederten Blättern zu einem

Hirschzungenfarn mit rund zulaufenden, zungenartigen Blättern – ein Ur-Farn, der in vorgeschichtlicher Zeit die Erde besiedelt hat. Experimentiert wurde auch mit anderen Pflanzen wie zum Beispiel der Maispflanze. Maiskörner werden in der Reportage von Heinz Schurch, einem Ciba-Geigy-Forscher, in ein Wasser-Erde-Gemisch in luft- und wasserdichte Schälchen eingelegt und für drei Tage in das statische Elektrofeld gestellt. Danach wachsen die Keime wie jede andere Pflanze im Topf oder im Gewächshaus weiter. Der Mais, der aus diesen Keimen erwächst, ist widerstandsfähiger und hat an einem Trieb fünf Maiskolben anstatt nur einem, wie es bei herkömmlichem Mais ist. Er ‚erinnert' sich offensichtlich daran, wie er früher einmal beschaffen war – ohne Genmanipulation oder Chemie. Die Erbmerkmale, die durch Zucht oder durch Degeneration verloren gegangen sind, können somit wieder hervorgeholt und aktiviert werden. Das Experiment funktionierte sogar bei Regenbogenforellen. Diesen wurden im Labor Eier entnommen, künstlich befruchtet und anschließend für vier Wochen einem statischen Elektrofeld ausgesetzt. Die Forellen, die daraus geboren wurden, sind im Vergleich zu herkömmlichen Forellen zu einem Drittel größer, schwerer, fleischiger und kräftiger. Sie haben kräftigere Farben und stärkere Zähne. Die Fischuntersuchungsstelle in Bern bezeichnete die Tiere als eine Ur-Form der Forelle, die bereits vor 150 Jahren praktisch ausgestorben war. Das Patent auf diese Forschung hat der Chemie-Konzern Ciba-Geigy. Er stellte die Forschungen dazu jedoch ein, weil die Pflanzenschutzmittel oder Fischzuchtmittel, die der Konzern vertreibt, mit diesen neuen Erkenntnissen nicht mehr gebraucht werden würden.

Diese wunderbare Forschung gibt viel Hoffnung darauf, dass wir als Menschheit die Möglichkeit haben, die Ur-Kraft und ursprüngliche Information in der Natur durch einfache Maßnahmen wiederzuerwecken. Wir haben also die Möglichkeit, den Prozess unserer Umweltverletzungen umzukehren und unsere Mutter Erde in ein Paradies zu verwandelt. Wäre das vielleicht sogar mit den 5G-Masten möglich, die derzeit auf der ganzen Welt aufgebaut werden? Das ist eine schöne Vision, die ich mir sehr gerne im Geiste vorstelle.

Es braucht ein globales, erwachtes Bewusstsein, damit diese Forschungen gemeinsam mit vielen anderen Forschungen zum Wohle aller angewandt werden. Ein Mensch, der eine tiefe Verbundenheit mit Mutter Erde entwickelt, wird alle Menschen, Tiere, Pflanzen, Berge, Seen und Ozeane als einen Teil von sich erkennen und wird diese mit Liebe und Respekt behandeln.

Wenn Kriege nicht mehr geschürt werden, wenn wir nicht mehr in einem Zustand von Angst und Mangel gehalten werden, wenn jeder Mensch sich geliebt und wertgeschätzt fühlt und genug zum Leben hat, werden wir von einem Bewusstsein des Mangels in ein Bewusstsein der Fülle wechseln. Dann kann die ursprüngliche Licht- und Seelenkraft wieder in den Körper der Menschen und in das Land zurückkehren. Die Göttliche Schöpfung möchte durchdrungen sein von Göttlicher Seele und ursprünglicher Kraft.

Diese Ur-Kraft ist mit der modernen Zivilisation nicht nur den Pflanzen und Tieren, sondern auch den Menschen verloren gegangen. Dadurch ist der Körper der Menschen geschwächt und krankheitsanfälliger. Der Verlust von Ur-Kraft kann man im schamanischen Kontext auch Seelenverlust nennen, in dessen Prozess sich lichtvolle Anteile der Seele abspalten. Seelenverlust ist der Grund, warum ein Großteil der Menschen das Gefühl für ihre innersten Bedürfnisse verloren hat, und nur noch wie Maschinen funktioniert. Das Maskentragen, die Angst vor einem unsichtbaren Feind und die Zwangsausübung zu blindem Gehorsam, entmenschlicht und entseelt uns weiter und gibt der Seele keine Chance, zu strahlen.

Schon seit vielen Jahren gehen durch unseren modernen Lebensstil, Stress, jedoch auch durch traumatische Erfahrungen, licht- und kraftvolle Anteile der Seele verloren. Die liebevolle Beziehung zur Natur und Mutter Erde kann deinem Bewusstsein helfen, sich auch an seine wahre göttliche Natur zu ‚erinnern'. Wenn du kraftvoll mit deiner Seele und all ihren lichtvollen Anteilen verbunden bist, hast du auch die Kraft, dir selbst treu zu bleiben. Deine Seele ist zudem dein stärkster Schutz, denn ein kraftvolles Energiefeld kann man nicht so leicht angreifen.

Befreiung der Seele ins Licht

Viele Menschen fühlen ganz besonders jetzt, wo unser Planet Gaia in eine höhere Frequenz aufsteigen möchte, ihre inneren Blockaden, die sie weiterhin an die Matrix der Angst binden und sie manipulierbar machen. Alles, was nicht der Frequenz der Liebe entspricht, kommt an die Oberfläche, um gereinigt und transformiert zu werden. Solltest du also Gefühle wie Ängste, Zorn, Trauer oder Hass verspüren, dann ist es wichtig, mit Liebe und nicht mit Ablehnung darauf zu reagieren und ehrlich in diese Bereiche zu schauen. Jeder Mensch trägt die Schmerzen vieler Inkarnationen mit sich herum und diese Schmerzen dürfen jetzt geheilt werden, um sie aus dem persönlichen, aber auch aus dem kollektiven Feld zu lösen. Manchmal reicht es aus, sich liebevoll um seine seelischen Schmerzen zu kümmern, damit sie transformiert und geheilt werden können, manchmal braucht man jedoch auch therapeutische Hilfe, um niedere Schwingungen und Blockaden zu transformieren.

Man kann deine Seele auch mit der Sonne vergleichen. Seit Milliarden von Jahren scheint die Sonne unaufhörlich – auch wenn es Nacht auf der Erde wird oder Wolken am Himmel sind. Genauso ewig und strahlend ist deine Seele. Wie die Wolken die Sonne verdunkeln, können auch innere Blockaden und Ängste dich davon abhalten, dein inneres Licht zu fühlen. Diese Wolken können sich auflösen oder abregnen, sodass die Sonne und dein inneres Licht wieder für dich scheinen können. Wenn du dich mit deinen Gefühlen auseinandersetzt, reinigen deine Tränen deine Seele wie ein reinigendes Gewitter, das auch auf Mutter Erde Spannungen lösen und Energien reinigen kann.

Energien, die eine Seele ganz besonders auf lange Zeit, manchmal seit der Geburt oder vergangenen Leben blockieren können, sind Fremdseelen. Ich erlebe in meinem Seelenraum immer wieder, dass Menschen erst dann Zugang zu ihrem inneren Licht und Klarheit bekommen, wenn sie von Fremdseelen befreit sind.

Doch was sind Fremdseelen? Ich habe diesen Begriff in meinem Buch: »Clearing – Befreiung der Seele ins Licht« geprägt, um damit

Seelen zu beschreiben, die nach ihrem Tod nicht in die Lichtebenen wechseln, sondern sich an den Körper eines Menschen binden. Die feinstoffliche Seelenenergie des Verstorbenen heftet sich an den Energiekörper oder die Aura des Menschen. Der betroffene Mensch spürt diese Fremdseelen körperlich, seelisch und geistig, ist sich jedoch häufig dessen nicht bewusst. Diese Fremdseelen, die sich in einem fremden Körper aufhalten, übertragen ihre Gefühle, Ängste, Schuldgefühle und Überzeugungen auf den Körper, den sie bewohnen. Auf diese Weise können Menschen veranlasst werden, Dinge zu tun, die sie niemals tun würden. Es kann sie aber auch abhalten, Dinge zu tun, die sie gerne tun würden. In den meisten Fällen ist durch die Anhaftung von Fremdseelen die Verbindung zur eigenen Seele gestört. Außerdem flüchten lichtvolle Seelenanteile vor diesen Energien, da die Fremdseelen häufig sehr dominant sind und die eigenen Seelenanteile sich dadurch nicht ausdrücken können. Starker Energieverlust, Depression, innere Unklarheit und Stimmungsschwankungen können Symptome für Anhaftungen durch Fremdseelen sein.

Bei den ‚Clearings' (so nennt man die Befreiung der Seelen) kommen häufig sehr viele Fremdseelen zum Vorschein. Manchmal sind es ganze Familiensippen, die sich an das Energiefeld der Personen heften und damit auch ihre Energie und körperliche Beschwerden an die Person übertragen – auch Seelen aus vergangenen Leben oder karmische Verhängnisse können eine Seele blockieren. Es ist so wichtig, über dieses Phänomen und Therapiemöglichkeit Bescheid zu wissen, denn ohne die Befreiung all dieser Energien wird die Seele der Menschen nicht den Raum bekommen, die sie braucht, um sich licht- und kraftvoll entfalten zu können und mit ihrer Kraft eine lichtvolle Zukunft mit uns gemeinsam zu erschaffen.

Auf dem Weg in unsere lichtvolle Zukunft dürfen wir uns von allen niederschwingenden ‚Schatten-Energien', die uns an das alte Bewusstsein und Matrix binden, befreien.

Lichtvoller Wandel von der Dunkelheit ins Licht

Was sind ‚Schatten-Energien‘ und welche Macht haben sie über uns? Es gibt immer wieder Berichte über ‚Schattenmächte‘ oder ‚Dämonen‘, die angeblich unsere Erde übernommen haben. Viele Menschen glauben daran und entwickeln verständlicherweise entsprechende Ängste, Wut und Hass gegen diese Energien. Diese Ängste, Wut und Hass wirken dann weiter im Energiefeld der Erde und auch im Körper der betroffenen Menschen, die dadurch psychisch, seelisch und körperlich krank werden und damit auch ihre Verbindung zur Seele verlieren können. Solange du gegen die ‚Schattenmächte‘ kämpfst, agierst du auf der gleichen ‚Kampfes-Ebene‘ wie sie und baust Energieverbindungen zu diesen Ebenen auf. Dadurch bist du für die ‚Schatten-Mächte‘ auch manipulierbar.

Es ist ein Balance-Akt. Zum einen ist es wichtig, deine Seele zu nähren und Verbundenheit zu leben, auf der anderen Seite ist es jedoch auch wichtig, aus deiner lichtvollen Position heraus die Manifestationen der ‚Schatten-Mächte‘ ohne Bewertung anzuschauen und dich mit diesen Themen auseinanderzusetzen. Denn alles, was hier auf dieser Erde kollektiv geschieht, wurde von uns allen in vielen Inkarnationen erschaffen. Es geht also darum, eine neutrale Haltung gegenüber diesen ‚Schattenmächten‘ aufzubauen. Diese wirken solange in jedem von uns, bis wir uns ehrlich damit auseinandersetzen. Dieser Bewusstseinsprozess kann sehr schmerzhaft sein.

Viele Menschen verurteilen die ‚Schatten-Mächte‘ und bekämpfen womöglich in Wahrheit ihre eigenen, verdrängten Seelenanteile. Wir alle haben kollektiv unsere Realität miterschaffen: Die liebevollen und lichtvollen Schöpfungen, jedoch auch die ‚Schatten-Schöpfungen‘, denn jeder von uns trägt verdrängte Schattenanteile in sich, die in vergangenen Leben eine ähnliche Schwingung oder Frequenz verbreitet haben.

Das Licht, wenn wir uns ausschließlich damit verbinden, kann auch blenden oder verblenden, nämlich dann, wenn wir unsere ‚Schatten‘ ausblenden und alles, was uns unangenehm erscheint, verdrängen. Dieser Verdrängungsmechanismus verlängert unser Leid solange, bis wir mutig genug sind, uns auch mit den ungeliebten Anteilen unserer Seele auseinanderzusetzen.

In unzählig vielen Leben haben wir als Seele das zerstörerische Prinzip und das aufbauende Prinzip erforscht, wir haben gelernt, was es bewirkt, wenn wir aus Angst oder wenn wir aus Liebe agieren, wenn wir jemandem Schmerz zufügen oder jemandem helfen. Wir haben zahllose Opfer und Täterleben erlebt und viele Seelen, die jetzt als Lichtheiler auf unserem Planeten wirken, haben in vergangenen Leben schwarzmagische Praktiken angewandt, und Menschen bewusst geschädigt. In meinen Clearing- und Rückführungs-Ausbildungen konnte ich viele Teilnehmer darin begleiten, ihre ‚Schatten-Anteile' zu erkennen und durch Annahme und Liebe zu transformieren. Für mein Verständnis ist es der mutigste Prozess überhaupt, sich seinen eigenen verdrängen Seelenanteilen zu stellen und eine Grundvoraussetzung, um diese zu erlösen und in höhere Lichtebenen aufzusteigen. Erst wenn wir diese spirituelle Aufgabe gemeistert haben, sind wir frei von Resonanzebenen, die uns an die künstliche und rein materialistische Matrix binden. Sich nur mit dem Licht auseinanderzusetzen und die ‚Schatten-Seiten' in uns oder im kollektiven Miteinander zu ignorieren, hilft nicht, diese zu transformieren.

Dunkle Energien erleuchten

Auf der astralen Ebene gibt es auch sehr viele ‚verdunkelte' Seelen, die ihr Licht verloren und als dämonische Besetzungen wahrgenommen werden. Es sind Seelen, die jahrhundertelang ihren Weg verloren und in der ‚Niederen Astralwelt' verkehrt haben. Sie sind der festen Überzeugung, dass sie ‚böse' sind. Erst wenn ich sie in meiner spirituellen Arbeit an ihr wahres inneres Licht ‚erinnere', erwachen sie und sind bereit, sich dem Licht zuzuwenden. Energien, die von vielen Menschen als ‚dämonisch' wahrgenommen werden, entpuppen sich als lichtvoll, indem ich mich ihnen mit Liebe und Respekt zuwende. Und indem ich an ihr Licht glaube, erkennen sie das Licht in sich selbst. Versucht man jedoch aus Angst und Voreingenommenheit die vermeintlich ‚bösen Energien' aus dem Energiefeld der Menschen auszutreiben, macht man sich selbst angreifbar. Auf der Ebene des Kampfes haben diese Energien Macht über uns, auf der Ebene der Liebe nicht.

Es gibt auch noch Energieformen, die keine Seelen und sehr mächtig sind. Diese Energien wurden in Ritualen und Zeremonien jahrhundertelang durch Anbetung und okkulte Praktiken erschaffen. Jeder Mensch hat die Fähigkeit, Engel oder Dämonen zu kreieren. Durch lichtvolle Gebete können wir Engel erschaffen, die ihrem Auftrag gemäß wirken. Brigitte-Devaia gebiert durch ihre Bilder viele Engel auf diese Erde. Einige davon hängen bei mir über meinem Bett.

Ebenso verhält es sich mit ‚mächtigen Dunklen Energien', die die Menschheit seit Jahrhunderten in gewissen okkulten Kreisen durch Zeremonien und durch okkulte Praktiken kreiert, programmiert und ‚gefüttert' hat. Diese Energien nähren sich von Emotionen wie Hass, Angst, Sadismus und brauchen diese Energien, um am Leben zu bleiben. Sobald die Menschen aufhören diese Energien zu füttern, werden sie sich in Luft auflösen. Es gibt auch viele Berichte von ‚Dunklen Außerirdischen', die die Erde übernehmen wollen.

Meine ganz persönliche Meinung dazu ist: Solange ich diese Außerirdischen nicht vor mir stehen sehe oder es jemanden auf dieser Erde gibt, der mit ihnen persönlichen irdischen Kontakt hatte, kann es auch eine Projektion unseres Bewusstseins sein. Was wir in der feinstofflichen Ebene sehen, können also auch Wesen sein, die nur deswegen existieren, weil irgendjemand angefangen hat, ihnen Realität zuzusprechen und dann viele Menschen daran glauben. Wenn sich diese ‚selbsterschaffenen' Wesen dann noch von unserer Angst und Vorstellungskraft ernähren können, werden sie immer mächtiger. Es ist auch durchaus denkbar, dass diese Wesen von Menschen erschaffen wurden, die damit Angst säen und spirituelle Menschen von ihrem Weg abbringen wollen.

In meinem persönlichen spirituellen Verständnis und Erfahrung entsteht alles aus dem menschlichen Bewusstsein und kann durch die Veränderung des Bewusstseins auch wieder verändert und transformiert werden. Wir sind den ‚Dunkelmächten' nicht hilflos ausgeliefert. Wir müssen nur aufhören, ihnen Futter zu geben, denn sie brauchen uns, um am Leben zu bleiben. Sie fühlen sich nicht wohl, wenn wir liebevoll sind und werden auf diese Weise ausgehungert.

Ich bin mir darüber im Klaren, dass nicht jeder diese Ansicht teilt. Doch auf der lebenspraktischen Ebene hat mich diese innere Einstellung bis jetzt davor bewahrt, energetisch angegriffen zu werden, obwohl ich in meiner Praxis viel mit Fremdenergien zu tun habe.

Lichtvoller Schutz

Ein starkes Energiefeld, energetische Hygiene und eine klare spirituelle Ausrichtung sind auf deinem Weg in eine lichtvolle Zukunft sehr wichtig. Durch deine klare Ausrichtung ziehst du automatisch die Geistwesen in dein Energiefeld, die deiner Ausrichtung und spirituellen Absicht entsprechen.

Deine strahlende göttliche Seele stärkt dich von innen heraus und schenkt dir Orientierung und Vertrauen. Sie ist das Licht, das dich führt. Auch wenn du kein Licht am Ende des Tunnels zu sehen vermagst, besinne dich auf dein inneres Licht und den Kompass. Durch die Verbindung zu dir selbst, deiner Seele, Mutter Erde und Vater Himmel, wirst du gut geführt auf deinem Weg in unsere lichtvolle Zukunft. Solltest du dich dennoch schwach fühlen und kein kraftvolles Energiefeld aufbauen können, werden dir lichtvolle Gedanken, Gebete, Aufenthalt in der Natur, Meditation, Auseinandersetzung mit deinen Gefühlen, therapeutische Hilfe und gezielter Energieaufbau durch Gebete, Klang, ätherische Öle, Essenzen oder Heilsteine helfen.

Die folgenden Meditationen können dir helfen, deine Chakren zu klären, dein Energiefeld aufzubauen und zu stärken, deine LICHT-DNS zu aktivieren und zu schützen, sowie die Verbindung zu deinem multidimensionalen Wesen aufzubauen. Du kannst jede Meditation für sich oder alle drei aufeinander aufbauend machen.

Atem-Meditation

- Sitze in einer entspannten Haltung und verbinde dich voller Liebe und Dankbarkeit mit Mutter Erde.
- Stell dir dabei vor, dass du tiefe Wurzeln von deinen Fußsohlen und deiner Wirbelsäule in die Erde wachsen lässt.
- Verankere dich somit ganz tief und breit mit Mutter Erde und nimm ihre Kraft durch deine Wurzeln auf.
- Fühle, wie die Kraft von Mutter Erde dich aufrichtet und stärkt.
- Fühle deinen Atem ganz bewusst, wie er ein- und wieder ausfließt.
- Stell dir vor, dass du mit jedem Einatmen Göttliche Ursprungs-Energie in deinen Körper aufnimmst.
- Mit jedem Ausatmen lässt du Energie los. Stell dir dabei vor, dass du die Energie, die du loslässt, dem Göttlichen Strom übergibst, der diese Energie umwandelt und dir als Licht-Energie wieder zur Verfügung stellt.
- Übergib somit deinen Atem dem Göttlichen Atem.
- Lasse dich atmen.
- Versuche nicht, deinen Atem zu kontrollieren, sondern erlaube dem Göttlichen Atem, deinen Körper zu übernehmen und Licht dorthin zu senden, wo es gerade gebraucht wird.

Chakra-Klang-Meditation

Atme lichtvolle Ursprungs-Energie in einer bestimmten Farbe in jedes Chakra hinein. (Das Chakra-Bewusstseins-Öl[6] für das jeweilige Chakra kann dich dabei unterstützen).

Töne das Mantra „*HU*“ (gesprochen wie engl. *You*). Mache immer wieder eine kleine Pause beim Tönen und fühle, wie du dich fühlst. Gehe dann intuitiv zum nächsten Chakra weiter. Atme im nächsten Chakra wieder Ursprungs-Energie in einer bestimmten Farbe ein und töne das Mantra „*HU*“ solange, bis du alle Chakren auf diese Weise gereinigt und aktiviert hast. Innerkörperliche Chakren können Blockaden gespeichert haben, welche unter Umständen während der Meditation als Gefühl auftauchen. Lass die Gefühle dann einfach fließen. Außerkörperliche Chakren sind Entwicklungs-Chakren, die im Laufe der seelischen Entwicklung aktiviert werden. Bis auf das Erdchakra, das sich unter deinen Fußsohlen in der Erde befindet, kannst du dir auch alle außerkörperlichen Chakren über deinem Kopf vorstellen. Tatsächlich sind sie in einer höheren Schwingungsebene angesiedelt. Du musst nicht genau wissen, wo sie sich befinden. Deine Seele weiß es und schickt deinen Atem und Ton genau dorthin.

- **Wurzelchakra, Rot:** *Urvertrauen, Urinstinkte, Vitalität, Stabilität, Geborgenheit,* Lage: Ende der Wirbelsäule
- **Sakralchakra, Orange:** *Sinnlichkeit, Kreativität, Lebensfreude, Sexualität, Gefühle,* Lage: Unterbauch
- **Sonnengeflecht, Gelb:** *Selbstvertrauen, Selbstbewusstsein, Integrität, Disziplin, Macht/Ohnmacht, Gedanken, eigene Größe,* Lage: Oberhalb des Bauchnabels
- **Herzchakra, Grün oder Rosa:** *Liebe, Mitgefühl, Respekt, Raum geben, Verbundenheit,* Lage: Mitte der Brust
- **Halschakra, Türkis:** *Selbstausdruck, Authentizität, innere Wahrheit, ursprüngliches Sein,* Lage: Kehlkopf
- **Stirnchakra, Blau:** *übersinnliche Wahrnehmung, geistige Klarheit, höhere Erkenntnis, Erfassen tiefer Zusammenhänge,* Lage: Stirn zwischen Augenbrauen
- **Kronenchakra, Violett:** *Vertrauen und Hingabe an das Universum und die göttliche Intelligenz und Führung, sich als geistiges Wesen erkennen, in Verantwortung gehen, Einheit,* Lage: Scheitel
- **Seelenstern Chakra, Magenta:** *Göttliche Liebe, Respekt, Wert- und Vorurteilsfreiheit, Fähigkeit zu Vergebung, göttliche Dreieinigkeit, Vater-Mutter-Kind*
- **Lunares Chakra, Silber:** *Ur-Weiblichkeit, Empfänglichkeit, Fähigkeit, den göttlichen Geist und Heilkraft aufzunehmen und fließen zu lassen, Hingabe*

- **Solares Chakra, Gold:** *Schöpferkraft, Seelenaufgabe, göttlicher Plan*
- **Kristall-Chakra, Kristallines Licht:** *höchste Lichtwelten, Engelwelten, Höheres Selbst*
- **Kosmisches Chakra, Weiß:** *Quelle allen Seins, Reines Licht, Urquelle, Ich-BIN-Gegenwart, Buddha-Natur*
- ***Atme das Licht des Kosmos durch alle Chakren hindurch bis ganz hinunter ins Erdchakra, das sich in der Erde unter deinen Füßen befindet.***
- **Erdchakra, Purpur:** *Verbindung zur Erde und Deinen Wurzeln, altes Wissen/Weisheit,* Lage: unter deinen Füßen in der Erde.
- **Fühle die Verbindung und den Lichtkanal zwischen Himmel und Erde.**

LICHT-DNS-Meditation

Diese Meditation kann dir helfen, deine LICHT-DNS zu nähren und zu schützen. Das Chakra-Bewusstseins-Öl ‚Gold‘[7] kann bei dieser Meditation sehr unterstützend wirken.

- Schließe deine Augen und bitte den Goldenen Strahl aus der Göttlichen Quelle um sein evolutionäres Licht.
- Stell dir vor, dass du dieses Goldene Licht aus der Göttlichen Quelle in deinen Körper hineinatmest.
- Mit dem Einatmen nimmst du das Goldene Licht auf und mit dem Ausatmen verströmst du dieses Goldene Licht im Körper.
- Fühle, ob es Orte in deinem Körper gibt, wo dieses Licht gebraucht wird. Atme das Goldene Licht dort hinein.
- Schenke deinem Körper und all seinen 100 Billionen Zellen deine Liebe.
- Danke deinem Körper, deinen Organen und all deinen Zellen für ihre Arbeit, die sie dein ganzes Leben lang für dich tun, ohne dass du ihnen jede Aktion mitteilen musst.
- Schenke deinen Zellen ein Lächeln und fühle, wie deine Zellen zu dir zurücklächeln.

- Gehe nun mit deiner Aufmerksamkeit zu deinen Zellen und atme Goldenes Licht in jede deiner 100 Billionen Zellen.
- Stell dir den Ozean in deiner Zelle vor und atme Goldenes Licht dorthinein.
- Nimm deinen Zellkern wahr und atme Goldenes Licht hinein.
- Nimm nun deine DNS-Licht-Spirale wahr und atme das Goldene Licht in diese Lichtspirale hinein.
- Umhülle deine DNS mit Goldenem Licht.
- Stell dir vor, wie deine Goldene LICHT-DNS sich dreht und bleibe ein paar Minuten bei dieser Wahrnehmung, während du ruhig weiteratmest.
- Fühle, wie deine DNS mit multidimensionalen Lichtebenen und mit deinem göttlichen Wesen verbunden ist.
- Bitte dieses multidimensionale Höhere Selbst, sich dir zu zeigen
- Heiße dein multidimensionales Selbst willkommen und nimm das Licht, die Energie und die Schwingung deines Göttlichen Selbstes ganz in dich auf.
- Gehe in liebevolle Verbindung. Hat es dir etwas zu sagen oder möchtest du deinem Höheren Selbst eine Frage stellen?
- Erkenne, dass DU dieses Lichtwesen auf einer höheren Entfaltungsebene bist und erlaube die Verschmelzung mit deinem SEIN.
- Erlaube, dass die Lichtkraft und die Energie deines höherdimensionalen Aspektes in alle deine Zellen fließen, bis tief hinein in deinen Zellkern und LICHT-DNS.
- Dehne dieses Goldene Licht deines multidimensionalen Seins in deine Aura und Energiefeld aus und fühle dich davon umhüllt.
- Gehe dann mit deiner Aufmerksamkeit wieder in deinen Körper und spanne deine Muskeln an. Stell dir vor, wie du das Goldene Licht deines multidimensionalen Seins mit jeder Anspannung in deine Muskeln und Knochen hineinziehst und dort verankerst.
- Fühle deine Füße und deine Wurzeln. Bewege deine Füße, schüttle dich oder klopfe gegebenenfalls deine Beine und Körper ab, um wieder ganz in deinem Körper anzukommen.

Ich bin nun am Ende meines Beitrages angelangt. Ich hoffe, dass ich dir ein wenig weiterhelfen konnte. Ich bin mir bewusst, dass jede Seele einen ganz individuellen Weg geht, daher nimm für dich bitte nur das, was sich stimmig anfühlt. Ich habe mich weniger auf die Visionen einer ‚lichtvollen Zukunft' fokussiert als darauf, was wir als Basis in uns entwickeln dürfen, damit eine lichtvolle Zukunft geschehen kann. Nur in einem gesunden Boden können sich starke Wurzeln bilden und die Pflanze kraftvoll in den Himmel wachsen.

Trotzdem möchte ich gerne mit einer lichtvollen Vision abschließen. In meiner ‚Vision für eine Neue Zeit' wird durch Liebe, Achtsamkeit, Meditation, Schmerz, Freude und Erkenntnis in Verbindung mit der Seele und der Göttlichen Schöpfungskraft die ursprüngliche Ur-Kraft in allen Lebewesen wieder ‚erweckt'.

In diesem Sinne wünsche ich dir, liebe Leserin und lieber Leser, starke Wurzeln, Verbindung zu deiner Seele und Erweckung deiner Ur-Kraft, aus der heraus wir gemeinsam ‚unsere lichtvolle Zukunft' erschaffen.

Nun möchte ich mit einem Segenswort der Lakota-Indianer, dem „*Mitakuye Oyasin*"[(8)] abschließen. „*Mitakuye Oyasin*" bedeutet, dass wir mit der gesamten natürlich-göttlichen Schöpfung in einem Verwandtschaftsverhältnis stehen und mit allem verbunden sind. Es bedeutet, dass wir ein Teil dieser grandiosen und wundervollen Schöpfung sind.

Mögen die Manifestationen für unsere lichtvolle Zukunft dem höchsten Wohle aller unserer Verwandten dienen.

„*Mitakyue Oyasin*"

Über Bianka Denise Albrecht

Bianka Denise Albrecht ist Mystikerin, Lebenskünstlerin, Autorin, Seminarleiterin und Seelenbegleiterin. Sie gibt Einzelsitzungen und Ausbildungen in Clearing, Seelenrückholung, Timeline-Rückführungen und Seelenarbeit. Gemeinsam mit ihrem Mann Ralf Albrecht leitet sie schamanische Ausbildungen und Seminare für die Seele.

Durch ihre tiefe Verbindung zur Natur und ihrer Seele erlebte sie ein inneres Erwachen und Heilung ihrer Seele, welches ihr Leben und ihre Wahrnehmung dauerhaft veränderten und sie seither den Wunsch verspürt, andere Menschen darin zu unterstützen, in Verbundenheit mit der Natur, ihrer Seele und Lichtnatur zu gelangen und ihre individuellen Seelenkräfte zu entfalten.

Auf ihren Seminaren und Ausbildungen erfahren Menschen tiefe Seelenheilungen und Verbundenheit mit sich selbst, mit anderen und mit Mutter Erde.

www.seelen-raum.de
www.schamanische-ausbildung.com
http://chakra-bewusstseins-oele.seelen-raum.eu

Kapitel 4

Britta Alanée Stüven

Liebe Leserin und lieber Leser!

In unserer Lichtvollen Zukunft wird es ganz natürlich für uns Menschen sein, zusätzlich zu den Kontakten mit Engeln und liebevollen Verstorbenen mit den Seelen der Tiere und Pflanzen in telepathischem Kontakt zu sein. Aufgrund dessen habe ich im Teil 1 zwei Geschichten ausgewählt, um unsere Vorstellungskraft in diese Richtung zu stärken.

Es wird auch ganz selbstverständlich für uns sein, im telepathischen und sichtbaren Kontakt mit unseren Raumgeschwistern zu stehen, die uns in Vielem behilflich sein werden – und uns bereits jetzt auf zumeist unsichtbare Weise unterstützen. Es ist ihr göttlicher Auftrag und mir daher eine große Freude, Botschaften von Ashtar Sheran, dem Leiter der ‚Intergalaktischen Föderation', mit allen Lesern im Teil 2 zu teilen. In Teil 3 erfährst du außerdem eine mögliche Version, wie sich die Welt in eine wahrhaft friedvolle Welt des Miteinanders und Füreinander-da-seins wandeln kann. Ich wünsche dir viel Freude beim Lesen.

Herzensgrüße, deine *Britta Alanée*

Teil 1
Telepathische Kontakte mit Tieren

Kommen wir nun zu zwei Geschichten, die zeigen, wie einfach wir in der Lichtvollen Zukunft mit Bäumen und Tieren sprechen werden und sie somit besser verstehen können. Beide Geschichten stammen aus meinem Buch »Medana«.

Der weise Baumgeist

Die Teenagerin Nicola sah aus ihrem Zimmerfenster, in dessen Höhe die Krone eines Rotdorns begann. Sie betrachtete die wundervollen rosaroten Blüten. Ja, es war Frühling, und der Baumgeist war ihr seit einiger Zeit ein liebevoller Freund und immer wieder für Überraschungen gut.

Noch bevor sie ein Wort an den Baumgeist richten konnte, hörte sie:

„Danke, dass du vorhin so lieb an mich gedacht hast. Das hat mir sehr viel Freude bereitet."

„Das hast du mitbekommen?", fragte sie überrascht.

„Ja! Alle deine Gedanken über mich kommen bei mir an. Ich kann sie wahrnehmen. Das nennt man Telepathie."

„Aha!?" Nicola war sprachlos.

„Siehst du die Blüten hier an meinem unteren Zweig? Die habe ich extra noch für dich hervorgezaubert, damit du dich selbst darin spiegeln kannst. Du bist zu einer wunderschönen Blüte geworden, Nicola. Dafür danke ich dir, denn du machst mir dadurch sehr viel Freude. Du hast mein Vertrauen gestärkt, dass ihr Menschen uns als eure Freunde wiederentdeckt."

Es ging ihr durch und durch, vom Baumgeist mit ihrem Namen angesprochen zu werden. Es war ein eigenartiges Gefühl. Es kam ihr so vertraut vor, als ob eine ganz enge Bindung zwischen ihr und dem Geist des Rotdorns bestand.

„Ja, wir sind uns sehr vertraut. Als du noch ein kleines Kind warst, haben wir öfter zusammen gespielt. Erinnerst du dich daran?"

„Nein, aber ich kann mir vorstellen, dass es so war, weil ich eine starke Zuneigung dir gegenüber empfinde, obwohl ich dich nicht sehen kann. Ich finde es wunderbar, wenn du mich Nicola nennst. Wie ist denn eigentlich dein Name? Wie möchtest du von mir genannt werden?"

„Ach, ich brauche keinen Vornamen. Das ist unwichtig für mich. Ich gehöre zur Familie der Rotdorne. Das reicht. Rotdorn, so kannst du mich ruhig nennen. Der Name passt zu meiner Schwingung."

„Weißt du, welcher Name mir einfällt? ‚Geist der Liebe'. So werde ich dich nennen. Wie findest du das?"

„Das ist kein Name für mich", wehrte er ab. *„Da könntest du mich mit Gott verwechseln, denn Gott ist Liebe, und ich bin aus seiner Liebe heraus erschaffen worden..."*

„Aber, wenn alles in und durch Gott lebt, bist du dann nicht auch ein Teil von Gott, der zu ihm gehört, ohne den er unvollständig wäre?"

„Man, du lernst ja ganz schön schnell! Du hast Recht. Also gut, nenne mich ‚Geist der Liebe'. Aber denke daran, dass auch du ein 'Geist der Liebe' bist! Gott ist auch in deinem Inneren und will mehr und mehr in dir erwachen, um durch dich immer umfangreicher und intensiver in der Welt zu wirken auf konstruktive Weise. Das ist Gottes Geschenk an jeden Menschen. Öffne dich ihm durch Meditation!"

„Meditation? Davon habe ich bis jetzt nur flüchtig gehört. Ich kann mich noch nicht mal richtig entspannen."

„Dann lerne es!", forderte der Baumgeist sie eindringlich auf. *„Meditationen helfen dir, dich mehr und mehr mit deiner wahren Natur vertraut zu machen."*

„Und du bist sicher, dass du wirklich mich meinst?"

„Ja, vollkommen sicher. Oder siehst du noch jemanden im Raum?"

„Nein, aber vielleicht siehst du noch jemanden?"

„Ja, allerdings! Deinen Schutzengel sehe ich. Er freut sich übrigens, dass du mich wahrnimmst. Bald wirst du auch ihn kennenlernen."

„Man, das ist ja ein Ding! Ich glaub', ich träume. So sind die Märchen, die von Engeln, Feen und Zwergen berichten, gar nicht so weit entfernt von der Wahrheit?"

„Richtig erkannt! Es gibt mehr Wesen, die für deine Augen unsichtbar ihre Aufgaben erfüllen, als du dir jetzt vorstellen kannst. Lass es gut sein! Es reicht für heute. Aber eines möchte ich dir noch mit auf den Weg geben. Du lernst sie leichter wahrzunehmen, wenn du regelmäßig meditierst. Je besser du dich auf dein Wahres Selbst einstimmen kannst, umso mehr erhöhst du deine Energie. Sei voller Vertrauen, und gehe mutig voran. Du bist eine Pionierin Gottes auf Erden. Ein wunderbares Leben steht dir bevor.“

Nicola standen vor Rührung Tränen in ihren Augen. Etwas in ihrer Seele fühlte sich angesprochen. Es war immer wieder aufbauend für sie, was der weise Baumgeist ihr offenbarte. Und wie sollte es jetzt weitergehen? Wie konnte sie lernen zu meditieren? Sie hatte keine Ahnung davon. Doch da nahm sie innerlich eine freundliche Stimme wahr, die ihr sagte:

„Setze dich einfach hin, und achte auf deinen Atem.“

Es war scheinbar ihr Schutzengel, denn die Stimme klang deutlich anders als die des Rotdorns. Vor Spannung hielt sie ihren Atem an.

„Nein, nicht anhalten, lass ihn fließen!", hörte sie nun deutlich. Sie folgte dem Rat und bemerkte, wie gut es ihr tat.

„Habe Geduld!“, hörte sie klar und deutlich.

Ja, das hatte ihr der Geist des Rotdorns auch schon geraten. Es war gar nicht so leicht, diesen Rat zu befolgen.

„Für alles ist Zeit. Nimm sie dir, und gehe verständnisvoll mit dir um. Dann fällt es dir leichter, in deine Aufgaben hineinzuwachsen.“

Nicola bedankte sich bei ihrem Schutzengel und nahm sich vor, auch seinen Rat zu befolgen, so gut es ihr möglich war. Sie fühlte sich reich beschenkt, diese wunderbaren Einblicke zu erhalten. Sie war neugierig darauf, was sie noch alles in ihrem Leben erfahren durfte.

Der kleine, mitteilsame Vogel

Eines anderen Tages hielt Nicola sich in einem Park auf und setzte sich auf eine der vielen Bänke, die am Ufer des wunderschön angelegten Sees standen. Dabei beobachtete sie einen kleinen Vogel. Scheinbar mit Leichtigkeit hüpfte er auf eine Bank, von der Bank wieder hinunter auf den Boden und dann hinüber in einen Busch. Kaum einen Flügelschlag brauchte er dazu. Es sah richtig spielerisch aus, wie der Vogel sich fortbewegte.

„*Sich so bewegen zu können...*“, begann Nicola zu schwärmen. Und schon war der Vogel wieder auf der Rücklehne der Bank und sah sie an. Nicola lachte. Er hatte ihre Gedanken verstanden und wollte sich nun mit ihr unterhalten.

„*Ja, so ist es, Nicola. Ich kenne dich. Du kommst fast jeden Tag hier durch. Aber meistens bist du so in Eile, dass kein Kontakt zwischen uns möglich ist*“, hörte sie plötzlich.

„*Ich freue mich, dass du meine Gedanken ebenfalls wahrnehmen kannst. Auf mich kannst du dich genauso einstimmen und dich mit mir unterhalten, wie du es mit dem Geist des Rotdorns tust. Ist das nicht wunderbar? Ist dir eigentlich schon bewusst geworden, was das für ein Geschenk für dich ist? Das ist doch viel besser als jedes Geburtstagsgeschenk, oder? Entschuldige! Nun rede ich gleich so viel auf dich ein... Hoffentlich glaubst du jetzt nicht, dass ich eingebildet bin. Ich freue mich doch so, dass du meine Gedanken hörst. Das ist auch für mich ein großes Geschenk. Je mehr Menschen wissen, dass wir denken und fühlen können, umso besser gehen sie mit uns um und erhalten uns unsere Lebensräume. Ich wünsche mir sehr, dass ihr uns freundlich gesonnen seid und mit uns zusammen in Frieden leben möchtet.*“

Nicola war ganz gerührt. „*Ich wünsche dir, dass dein Wunsch in Erfüllung geht. Und ich werde tun, was ich dazu tun kann.*“

„*Danke, Nicola. Bis bald. Ich muss jetzt zurück zu meiner Familie. Aber ich komme wieder. Bis dann!*“

„Bis bald! Und schöne Grüße an deine Lieben."

„Danke!"

Mit einem Zwitschern erhob sich der Vogel in die Lüfte und entschwand bald darauf Nicolas Blicken. Sie fühlte sich noch immer durchströmt von Energie, von Liebe. Es war erstaunlich, was für ein starkes Gefühl der Geborgenheit dieser kleine Vogel in ihr ausgelöst hatte. Vertrauensvoll setzte sie ihren Weg fort.

Teil 2

Botschaften von Ashtar Sheran, dem Leiter der Intergalaktischen Föderation

Die folgenden Botschaften sind Auszüge aus meinem Buch »Alanée's Seelen-Reise«. Ashtar Sheran sprach mich persönlich an, doch wenn du, liebe Leserin, lieber Leser, sie liest, fühle du dich auch selbst von ihm angesprochen, denn der Inhalt seiner Botschaften gilt für uns alle.

Meinen Namen Alanée, den ich in meinem Leben als Außerirdische getragen hatte, sah ich deutlich vor mir und hörte ihn sogar, als die Erinnerungen an mein Leben auf dem Planeten Metharia im Alpha-Centauri-System begannen. Das System ist ca. 4,3 Lichtjahre vom Planeten Erde entfernt.

Zusätzlich zu den Erinnerungen erhielt ich Botschaften von Ashtar Sheran, der in meinem Leben als Alanée mein Vater Anthart war. Seit Jahrzehnten helfen er und sein großes Team uns Menschen auf der Erde bei der spirituellen Entwicklung, damit wir den Wandel in eine liebevolle, friedvolle Welt des Miteinanders und Füreinander-da-seins so sanft wie möglich manifestieren können.

Liebe ist der Schlüssel

„Gott zum Gruße, liebe Alanée und lieber An-Kar! Ich bin Ashtar Sheran. Schön, dass ihr gemeinsam euch eingestimmt habt.

Liebe ist der Schlüssel zum Glück. Öffnet eure Herzen füreinander, für alle Wesen und für die ganze Welt. Seht die Erde wieder als einen strahlenden, leuchtenden Stern. Und er leuchtet so, weil Frieden und Liebe auf diesem Planeten regieren. Das ist unser oberstes Ziel, und es wird getragen von allen Wesen, die diesen Frieden in sich finden und das liebevolle Miteinander üben. Habt Vertrauen und Geduld auf eurem Weg. Viel wird geschehen, und ihr werdet wissen, dass es euer Weg ist, der sich vor euch ausbreitet. Lasst euch darauf ein, dass euer Leben neugestaltet wird. Und erkennt immer mehr eure Zusammenarbeit mit uns, euren Raumgeschwistern. Wir grüßen euch aus dem All. Auch wir vereinigen uns, um dieses liebevolle Licht ins ganze Universum auszustrahlen. Und es ist so wunderschön zu sehen, wie überall in der ganzen Welt ebenfalls dieses Licht ausgestrahlt wird. Wir vereinigen uns zu einer starken Kraft. Diese Energie wirkt heil- und segenbringend. Vieles kann dadurch gelindert werden, doch nicht alles kann aufgehoben werden. Es gibt Ereignisse, die geschehen, weil sie zum Ablauf des karmischen Geschehens gehören.

Bewahrt euch euren inneren Frieden, und tragt ihn hinaus in die Welt. Wo immer ihr seid, wisset, dass die göttliche Flamme der Liebe in euch leuchtet und überall Licht ausstrahlt, wo ihr auch seid, ob zu Hause, in eurer Umgebung, in der Stadt, in der Firma, im Auto – überall ist dieses innere Licht, euer Christus-Bewusstsein, mit euch und strahlt Licht aus in die größte Finsternis hinein. Haltet diese Vision aufrecht von dem liebevollen Licht in euch, das von euch ausstrahlt. Fühlt euch selbst als diesen strahlenden, leuchtenden Stern, so wie ihr die Erde seht. Und visualisiert, dass jeder Mensch dieses Licht in sich trägt und es zum Leuchten bringt.

Viele kleine Sterne auf diesem Planeten Erde ergeben den großen, leuchtenden Planeten Erde. Lasst das Licht in euch leuchten und strahlt es aus über alle Wesen, ob im sichtbaren oder unsichtbaren Bereich. Strahlt es aus über die Natur, in die Atmosphäre, ins Erdinnere hinein. Legt den Mantel der Liebe um die ganze Welt. Und die Menschen, die offen dafür sind, werden diese Liebe in ihre Herzen einlassen, werden diese Liebe weitertragen in ihr Umfeld hinein. Auch Mutter Erde freut sich über jede liebevolle Energie, die ihr gesandt wird. Es hilft ihr bei ihrem Heilungsprozess.

Und so ist es auch mit den Menschen. Je geborgener Menschen sich fühlen, je liebevoller sie sich angenommen fühlen, je mehr sind sie bereit, diese Liebe weiterzutragen. Aus der inneren Kraft heraus, aus dem inneren Gefühl des Geborgenseins heraus, aus dem inneren Frieden heraus. Dadurch wird die Welt neu gestaltet, neu geboren.

Ich grüße euch von der Weltraumstation Share. Haltet den Frieden in euch aufrecht, erlebt ihn jeden Tag neu. Tragt ihn weiter, wo ihr auch seid. Wisset, dass ihr stets unter Gottes Schutz und Führung seid, wenn ihr in der Liebe bleibt. Achtet auf euren Schutz. Strahlt Licht und Liebe aus, wo ihr auch seid, und geht vertrauensvoll euren Weg.

Liebe Grüße senden euch auch eure Sternengeschwister. Frieden über alle Grenzen! Frieden im ganzen Universum! Ich bin Ashtar Sheran, der Leiter der Intergalaktischen Flotte!"

Mit euch geschieht die Wandlung

„Die Arbeit an euch selbst besteht immer, euer ganzes Leben lang, und nicht nur auf der Erde, auch in den geistigen Sphären. So geht es auch mir. Auch ich lerne weiter. Wir lernen alle weiter. Wir entwickeln uns immer mehr in unser Wahres Selbst hinein, in unsere wahre Göttlichkeit hinein. Und durch unsere Friedensfähigkeit eröffnen sich neue Horizonte. Das Leben weitet sich immer mehr aus, ebenso die Kreativität. Habt Geduld mit euch selbst. Probiert nicht, die zweite Stufe vor der ersten zu tun. Fangt mit euch an!

Mit euch geschieht die Wandlung. Euer innerer Frieden bewirkt den äußeren Frieden. Und die Liebe zu euch selbst bewirkt die Verstärkung der Liebe in der Außenwelt. Erkennt die Verantwortung darin! Wie wollt ihr anderen helfen, wenn ihr selbst noch nicht in eurer Mitte seid? ‚Trachtet zuerst nach dem Reich Gottes in euch', so hat Jesus Christus schon gesagt, ‚dann wird euch alles andere dazugegeben werden.' Und so ist es. In euch geschieht die Wandlung zum Besseren. Von innen nach außen geschieht die Wandlung. So ist es immer. Im Inneren ist der Schlüssel für das glückliche Sein, ob auf Erden, ob hier auf dem Raumschiff, auf einem anderen Planeten oder auf einer anderen Sonne. Im ganzen Weltraum gilt dieses Gesetz.

Liebe Alanée, liebe Geschwister, habt Vertrauen auf eurem Weg! Macht euch bewusst, dass ihr nur dann zum Segen aller auf Erden wirken könnt, wenn ihr wirklich mit Freude tut, was ihr tut. Erfüllt eure Aufgaben mit Freude. Jede Aufgabe ist gleich viel wert. Bei uns gibt es keine Bewertung der Tätigkeiten. Es gibt nur immer größere Verantwortung. Macht euch dies bewusst. Je mehr ihr im kleinen Kreis eure Aufgaben sicher und liebevoll erfüllt, umso mehr Aufgaben können wir euch geben.

Macht es gut, liebe Geschwister. Ich grüße euch aus den Sphären des Lichtes und der Liebe. Ich bin es, Ashtar Sheran. Bis zum nächsten Mal!"

Und ich dankte:
„Danke für die kraftvolle Energie, die ich gespürt habe! Danke, dass ich mich so aufgeladen fühle, so klar im Kopf, so voller Vertrauen und Leichtigkeit. Liebe Grüße sende ich dir und unseren Geschwistern. Vielen Dank auch für euren Schutz und für eure Führung! Dafür danke ich auch den Engeln, Jesus Christus und Gott-Vater-Mutter. Amen."

Dieses Licht, das ihr ausstrahlt, bringt Erkenntnis

„Liebe Tochter, ich grüße dich. Ich bin Ashtar Sheran. Da wir so von Herzen miteinander verbunden sind, findet unsere Gedankenübermittlung zwischen uns statt. Wir brauchen nicht auf Hilfsmittel zurückzugreifen. Diese Verbindung zwischen uns hat sich aufgebaut über Äonen. Viel haben wir gemeinsam erlebt, auch zusammen mit vielen, vielen anderen, die hier mit mir zusammenarbeiten, die auch deine Familie sind, deine Geschwister aus der Sternenheimat und aus der Geistigen Welt ebenso, wie die Geschwister, die aus der Sternenwelt mit dir zusammen auf der Erde inkarniert sind. Fühle dies immer deutlicher, und du wirst wissen, wie stark du geschützt bist.

Nun gilt es für dich, voranzuschreiten und immer mehr dein wahres Sein auszustrahlen, damit so viele wie möglich durch dein Sein auf Erden noch erweckt werden und in den Sog hineinkommen, ebenfalls die Verbindung zu ihrem Wahren Selbst wiederherzustellen. Nur so ist gewährleistet, dass so viel wie möglich zum Heil und Segen aller und von Allem getan werden kann. Dieses Licht, das ihr ausstrahlt, bringt Erkenntnis. Strahlt ihr es mit Liebe aus, bringt es das wahrhaftige, friedvolle Miteinander, denn wo Liebe regiert, braucht es keine Waffen mehr. Vertrauen baut sich auf, und der wahre Friede ist da, das wahre, freundschaftliche Miteinander, so wie es unter uns Santinern gang und gäbe geworden ist. Du weißt es wohl, denn du bist eine von uns. Du hast unser friedvolles Miteinanderleben mitbekommen. Du hast es tief in deinem Herzen verborgen. Und diese gefühlsmäßige Erinnerung daran, dass ein Zusammenleben unter Menschen auch anders verlaufen kann, als es zur Zeit auf Erden üblich ist, ist dir ein klarer Wegweiser für deinen Auftrag, den du auf Erden zu erfüllen hast: Die wahre Liebe und das wahrhaft freundschaftliche Miteinander vorzuleben, damit viele es dir gleichtun.

In jeder Situation bleibe im Einssein mit deinem Wahren Selbst. So kann viel Wunderbares geschehen, und du wirst immer die starke, deutliche Führung spüren, wo du auch bist.

Liebe Alanée, ich sende dir Grüße aus dem Weltraum. Frieden über alle Grenzen! Ich bin Ashtar Sheran.“

Geht euren Weg in der Freude

„Geht euren Weg in der Freude, was dieser Weg auch bringen mag, denn die Freude und die Liebe sind die stärksten Heilkräfte, die wir haben. Liebt die Erde ins Licht hinein. Liebt die Menschen ins friedvolle Sein hinein. Liebt die Tiere und Pflanzen. Seid ihnen dankbar für den Dienst, den sie euch erweisen. Übernehmt die Verantwortung, die ihr habt in diesem Sein, für euch selbst, für eure Mitmenschen, für den Planeten Erde. Und das, was ihr dort auf Erden tut, das hat auch Auswirkung auf das ganze Universum, denn alles ist eine Einheit. Alles lebt durch die Liebe Gottes und ist in der Liebe Gottes miteinander verwoben. Und so kann keiner etwas tun, was nicht Auswirkung auch auf alle anderen hat, ob bewusst oder unbewusst. Und deshalb hat es auch schon so viel Auswirkung auf das Ganze, wenn ein jeder bei sich selbst anfangen würde. Doch seid gewiss, auch wenn dies noch ein utopisches Ziel ist, so ist es doch eines Tages erreicht. Und jeder, der Bescheid weiß, fange bei sich selbst an. Diese Bestrebungen finden immer größere Auswirkungen, haben mehr Einfluss. Fangt bei euch selbst an, und ihr werdet staunen, welche Auswirkungen dies nach sich zieht – nicht nur für euch selbst, sondern für das Ganze. Ich bin Ashtar Sheran."

Voraussetzungen für den sanften Übergang in die 5. Dimension

„Liebe Tochter Alanée! Ja, die Zeiten wandeln sich, doch bleib im Vertrauen und geh deinen Weg vertrauensvoll weiter, den Menschen Hoffnung zu machen auf den sanften Übergang in die neue Dimension. Was ihr euch vorstellen könnt, könnt ihr auch verwirklichen! Wenn ihr diesen Gedanken überhaupt nicht habt, sondern euch in die Ereignisse auf Erden hineinziehen lasst – gefühlsmäßig –, wie wollt ihr dann den Frieden um euch erhalten und den sanften Übergang erleben?

Ihr manifestiert, was ihr fühlt! Bleibt euch dessen immer bewusst! Was auch im Außen geschieht, bleibt in eurer Mitte, im Vertrauen, dass Gott mit euch ist und dadurch wir Santiner als eure Beschützer – die Engel, wie wir in der Bibel genannt wurden. Wir können und dürfen euch schützen, wenn ihr um unsere Hilfe bittet. Bleibt im Frieden. Nur das hat Bestand. Alles andere, was im Unfrieden ist, wird vergehen, wenn ihr in die neue Dimension hineingereift seid. Er verschwindet wie der Tau am Morgen, wenn die Sonne ihre wärmenden Strahlen aussendet. So ruhe auch du dich immer wieder aus in der wärmenden Liebe Gottes, der unser aller Vater ist. In Liebe, Ashtar Sheran. Frieden über alle Grenzen!"

Teil 3

Wie wird es in der ‚Lichtvollen Zukunft' sein?

Nun kommen wir noch zu anderen Themen, die uns alle bewegen. Wie wird die Entwicklung auf dem Planeten weitergehen, und wie wird sich in Zukunft zum Beispiel das Film- und Showgeschäft entwickeln?

Die lichtvolle Welt des Films in Zukunft

Liebe Leserin und lieber Leser, hier beschreibe ich nun eine mögliche Wandlung im Bereich des Films, denn in der Lichtvollen Zukunft wird sich auch die Filmindustrie verändern.

Vergiss bitte alles, was du über das gegenwärtige Filmgeschäft, über Hollywood & Co., gelesen und gehört hast. Stelle dir stattdessen eine Welt vor, in der die Menschen, die im Filmbereich arbeiten, als ganz normale Bürger angesehen werden und sich frei in der Welt bewegen können – von gelegentlichen Bezeugungen eines Fans mal abgesehen... Sie sind also Bürger, die keine Bodyguards brauchen und sich auch sonst nicht von ihrer Umwelt abschirmen. Das Ziel der Regisseure und Produzenten ist es, lehrreiche und trotzdem unterhaltsame Filme herzustellen und zu veröffentlichen – Filme, die den Sinn des Lebens in den Vordergrund stellen und die Menschen motivieren, ihr Leben vertrauensvoll zu leben, im Frieden mit sich selbst und der Welt.

Die Kinder der erfolgreichen Schauspielerinnen und Schauspieler gehen auf eine Schule, die für alle Kinder offen ist. Es existiert kein

Gefühl, besser zu sein als die anderen, sondern das Wissen, dass jeder auf seine Art und Weise wertvoll ist. In diesem Bewusstsein leben alle Menschen, da sie sich von Herzen für ein liebevolles, einfühlsames Miteinander und Füreinander-da-sein einsetzen. Die unterschiedlichen Fähigkeiten eines jeden werden gefördert und anerkannt. Ihnen ist bewusst, dass sie alle durch die gleiche unsichtbare, bedingungslos liebende Macht am Leben sind.

In der lichtvollen Welt gibt es nur eine Chance, glücklich zu sein: Wahrhaftig zu leben und durch konstruktiven Einsatz der eigenen Fähigkeiten zum Wohl aller beizutragen.

Eine Vision zur Entwicklung auf dem Planeten Erde

Hier berichte ich über einen Schulungstag an Bord des Raumschiffes Solarus. Es handelt sich um einen Auszug aus meinem Buch »Medana«.

Schade, dass sie das nicht öffentlich bekanntgeben konnten. Der Zeitpunkt war noch nicht soweit. Zunächst sollten sie selbst vorbereitet werden – diejenigen, die dies erlebten. Sie hatten sich auf die größte Forschungsreise begeben, die der Mensch je unternehmen konnte – die Erforschung ihres Wahren Selbstes.

„*Ich kann es gar nicht oft genug wiederholen, wie wichtig es für euch ist, unseren allmächtigen Vater-Mutter-Gott, den Schöpfer aller Wesen, Welten und Sphären, im Namen der Liebe an jedem Tag um Schutz und Führung zu bitten*", sprach die engelhafte Geistlehrerin Nike eindringlich. „*Nur dann können eure Helfer aus der geistigen Welt euch wirksam gegen Fremdeinflüsse schützen, besonders, falls ihr mal nicht so gut drauf seid. Das können sie aber nur, wenn ihr um diese Hilfe gebeten habt. Ansonsten mischen sie sich nicht ein. Diese Helfer sind zwar für euch noch unsichtbar, aber sie sind real, so wie ich. Wie ihr wisst, kann ich mich unsichtbar und wieder sichtbar machen, und auch ihr werdet es eines Tages können. Ihr habt euren freien Willen, gebraucht ihn weise!*", ermahnte Nike ihre Schützlinge, dann fuhr sie fort:

„Nun möchte ich euch die Erinnerung wiedergeben, warum ihr hier geschult werdet. Auch das hat mit eurem freien Willen zu tun – auch wenn ihr es zurzeit wahrscheinlich abstreiten würdet. Doch vor eurer ersten Inkarnation auf dem Planeten Erde habt ihr alle euch dafür entschieden, diesem Planeten in dieser entscheidenden Phase beizustehen. Ihr habt erkannt, dass eine dunkle Macht den Zugriff auf den Planeten Erde startete. Ihr wusstet, was das für die Menschheit bedeutete, die dort lebt, und ihr wusstet, dass im Falle von großen kriegerischen Auseinandersetzungen die Zerstörung des Planeten im Bereich des Möglichen lag. Davon wäre das gesamte Weltall betroffen mit all seinen Zivilisationen in den unterschiedlichsten Ebenen – besonders, weil die Atomkraft mit im Spiel ist, deren zerstörerische Kraft auch noch auf den Seelenkörper übergreift. Sie leitet die Zersetzung der Materie ein, die nur noch durch die heilende Kraft der Liebe zu stoppen ist. Auch der Einfluss der dunklen Macht kann nur durch die reine, selbstlose Liebe gestoppt werden. Deshalb habt ihr euch entschieden, auf dem Planeten Erde zu inkarnieren, um durch eure Lichtausstrahlung und Liebeskraft den Einfluss der dunklen Macht zu bremsen und dann ganz zu stoppen. Manche von euch sind erwachsen, andere von euch sind noch Kinder, doch ihr alle habt schon mehrere Inkarnationen hier verbracht, um vorbereitet zu sein für diese Zeit, wo der Einsatz zum Abschluss kommen soll.“

Die Teilnehmer an der Schulung auf dem Raumschiff Solarus staunten über das, was ihnen von Nike offenbart wurde.

„Wo haben wir uns dafür entschieden? Wer sind wir?“, fragten einige aus der Gruppe.

„Ihr seid von eurem Kern her engelhafte Wesen wie wir.“

„Engel sollen wir sein?“

„Ja, ihr seid Wesen, die voller Liebe und Frieden sind und dies dadurch auch in der Außenwelt bewirken können.“

„Aber, warum bin ich dann nicht immer so liebevoll, verständnisvoll und geduldig“, fragte eine Teenagerin in die Runde.

„Das geht nicht nur dir so", beruhigte Nike das Mädchen. *„Auch die anderen haben mit einem Ungleichgewicht in ihren Gefühlen zu tun. Ihr seid in einer viel niedrigeren Schwingung als die Solarer vom Raumschiff Solarus, und die Solarer leben ebenfalls in einer viel niedrigeren Schwingung als die Sonnenwesen vom Reich Nincana, wo ich herkomme. So könnt ihr euch am leichtesten vorstellen, dass euch die Erinnerung an euer Wahres Sein verlorengegangen ist mit der ersten Inkarnation auf diesem Planeten. Eure Erinnerung verschwand wie ein Traum am Morgen, wenn ihr erwacht. Doch dieses Risiko wolltet ihr eingehen, um den Menschen hier zu helfen. Und ihr wolltet es für Gott tun, den Schöpfer von uns allen. Ihr wusstet, dass ihr dem Planeten Erde bereits durch eure unbewusste Lichtausstrahlung helfen würdet. Und nun, wo euch bewusst wird, wer ihr seid, verstärkt sich eure Heilkraft so enorm, dass ihr damit rechnen könnt, Wunder zu bewirken. Je mehr ihr euch für eure Aufgaben einsetzt, umso mehr kommen eure Erinnerung und eure Fähigkeiten zurück, so wie ihr euch darauf einlassen könnt. Habt also Geduld mit euch selbst, wenn ihr nicht gleich voller Liebe und Frieden sein könnt, wie ihr eigentlich sein wolltet. Es kommt! Durch die Tiefen, die ihr noch durchwandert, kommt ihr eurem Ziel immer näher. Und bedenkt, was ihr für euch selbst bereinigt, bereinigt ihr auch in der Außenwelt. Alles bildet eine Einheit. Auch die dunklen Wesen gehören zu dieser Einheit sowie die Menschen, die die Ziele eurer Regierung unterstützen, sei es ihnen nun bewusst oder unbewusst. Sendet ihnen eure Liebe! Achtet den göttlichen Funken in ihnen, indem ihr ihnen eure Liebe sendet. Das heißt nicht, dass ihr billigen sollt, was sie tun. Doch indem ihr den lichtvollen Kern in ihnen achtet, bringt ihr ihn immer mehr zum Vorschein. Worauf ihr eure Aufmerksamkeit richtet, das verstärkt ihr. Was ihr euch vorstellt, verwirklicht ihr. Wogegen ihr seid, zieht ihr genauso in euer Leben wie das, wofür ihr seid. Also lernt, f ü r den Frieden zu sein! Und übt euch im liebevollen Umgang miteinander. Haltet die Vision in euch aufrecht, dass die Erde ein Planet wird, auf dem die Liebe regiert. Stellt euch das gesamte Weltall als ein Friedensreich vor. Was ihr euch vorstellen könnt, verwirklicht sich, besonders, wenn ihr schon die Freude*

empfindet, die es mit sich bringt, in einem Reich zu leben, in dem die Wesen miteinander in Frieden leben, liebevoll miteinander umgehen und sich gegenseitig weiterhelfen, ins allumfassende Gottesbewusstsein hinein zu reifen. Das ist die Geburt des Menschen, wie Gott ihn sich gedacht hat.“

Alle Anwesenden waren tief bewegt von Nikes Rede. Schweigen herrschte im Schulungsraum noch lange, nachdem sie geendet hatte. Es gab viel zu verarbeiten und noch viel zu lernen, das wurde ihnen klar. Doch sie waren bereit, diese Herausforderung anzunehmen.

Tägliche Meditationen gehörten ebenfalls zur Schulung dazu. Sie lernten, nach der Entspannung ihres Körpers die göttliche Energie bewusst in sich einströmen zu lassen, sich dadurch zu harmonisieren und leichter empfänglich für die innere Führung zu werden. Und sie lernten, diese Energie heilbringend auszustrahlen für die ganze Erde und all ihre Bewohner, für die gesamte Natur und alle Wesen, ob sichtbar oder unsichtbar. Sie magnetisierten die kosmische Energie mit ihrer Liebesfähigkeit, mit ihrem inneren Frieden und ihrer Vorstellung, dass ihr Heimatplanet wieder ein gesunder, friedvoller Planet ist, auf dem alle Menschen glücklich und zufrieden miteinander leben.

Unter Anleitung von Nike lernten sie, dass sie durch gemeinsame Meditationen noch viel mehr bewirken konnten, als wenn jeder nur für sich allein meditiert. Es kam auf das Kraftfeld an, das sich durch alle Teilnehmer verstärkt aufbaute. Die Kraft potenzierte sich mit jedem, der an den Gruppenmeditationen teilnahm, was bedeutete, waren es zehn Teilnehmer, strahlten sie die Friedensenergie hundertfach stärker aus, als wenn nur jeder für sich allein meditiert hätte. Um diese Wirkung zu erzielen, brauchten sie sich noch nicht einmal an einem Ort zu versammeln. Sie konnten sich auch geistig mit allen verbinden, die zur gleichen Uhrzeit meditierten. Das war ein großer Vorteil, da durch das Misstrauen der Regierung die Versammlungsfreiheit immer mehr eingeschränkt wurde.

Ihr Wirken zog immer größere Kreise. Die Mädchen und Jungen, die mit den Solarern in Verbindung standen, konnten immer mehr ihrer

Mitschüler für die Idee begeistern, sich durch ihre Gedanken und Vorstellungen aktiv für den Erhalt des Friedens auf der Erde einzusetzen. Auch Lehrer schlossen sich dem an. Und ihre Eltern gewannen Arbeitskollegen, Freunde, Bekannte und Verwandte für die Botschaft des Friedens. Auch Menschen, mit denen sie vorher noch gar keinen Kontakt gehabt hatten, schlossen sich dieser Bewegung an. Ihre Botschaft erreichte mehr Menschen, als sie jemals für möglich gehalten hatten.

Doch es gab auch eine Gegenbewegung durch Menschen, die mit ihren Ansichten Schüler und Erwachsene in ihren Bann zogen. Durch deren überwiegend negative Einstellung unterlagen sie voll den unterschwelligen Beeinflussungen der Regierung. Sie stifteten Unfrieden und schmiedeten Pläne, wie sie den Boten des Friedens Steine in den Weg legen konnten.

Doch die Kinder und Erwachsenen, die auf dem Planeten Erde für den Höchsten Schöpfer des Universums im Namen der Liebe im Einsatz waren, standen unter einem großen Schutz. Keiner konnte ihnen auch nur ein Haar krümmen, da sie wahrhaftig im Sinne der Liebe und des Friedens dienten. Jeder einzelne hatte einen Schutzengel aus dem Sonnenreich Nincana zur Seite und einen der Solarer vom Raumschiff Solarus, die bereits gelernt hatten, sich jederzeit unsichtbar zu machen und sich und andere durch ihre Gedankenkraft aus einer Gefahrenzone zu bringen.

Das hatten auch einige der Gegenbewegung erlebt. Es war ihnen unheimlich. Sollte da doch mehr dran sein, als sie bisher vermutet hatten?

Sie kamen zum Nachdenken. Wodurch ihr allmähliches Umdenken eingeleitet wurde, war auch das Verhalten der Menschen, die mit den Solarern zusammenarbeiteten. Sie hörten niemals ein böses Wort von ihnen. Es war ihnen ein Rätsel, warum sie trotz ihres liebevollen Verhaltens keine leichten Gegner waren. Wann immer sie ihnen auflauerten, um ihnen einen Denkzettel zu verpassen, verschwanden sie vor ihren Augen. Es war wie verhext.

Diesen wirksamen Schutz hatten die geschulten Erdbewohner Nike zu verdanken. Sie hatte ihnen eingeschärft, dass sie niemanden verurteilen sollten, was für Handlungen es auch immer waren. So boten sie keine Angriffsfläche, weil sie im göttlichen unbesiegbaren Kraftfeld der allumfassenden, bedingungslosen Liebe blieben. Dadurch konnten ihre Schutzengel und die Solarer ihnen noch leichter beistehen, da sie sich nicht auf Verstrickungen durch negative Handlungen einließen.

Sie lernten diejenigen, die anders waren als sie, in Liebe anzunehmen. Dabei stimmten sie sich auf den liebevollen, lichtvollen göttlichen Kern ein, der in jedem vorhanden ist, unabhängig von seiner gegenwärtigen, seelischen Entwicklungsstufe. Und sie hatten es bereits erfahren, was für große Auswirkungen dies hatte. Es war tatsächlich so, wie Nike sagte, dass sie das, worauf sie sich konzentrierten, zum Vorschein brachten und verstärkten. Je mehr sie auf den göttlichen liebevollen Kern in ihren Gegnern zentriert blieben und sie in Liebe so annahmen, wie sie waren, umso weniger Macht erhielten ihre Gegner über sie.

Die Dunkelmacht verlor immer mehr ihren Einfluss und zog sich zurück. Was für sie so gut begonnen hatte, endete in einem Fiasko. Sie kamen unter den Einfluss der immer stärker werdenden Liebesausstrahlung der zu ihrem göttlichen Sein erwachten Bewohner der Erde. Auch in ihren Herzen wurde etwas angerührt, eine Erinnerung an ferne Zeiten, in denen es ganz selbstverständlich war, dass alle Wesen miteinander in Frieden lebten und liebevoll miteinander umgingen. Es war für sie eine schmerzhafte Erinnerung, die sie vom Planeten Erde wegtrieb.

Doch einige der dunklen Wesen waren bereit, neue Wege zu gehen. Sie hatten es satt, von der Unterdrückung anderer Seelen zu leben. Sie erkannten, dass sie sich dadurch von der wahren Sonnenseite des Lebens fernhielten. In ihrem Wunsch fühlten sie sich auch noch dadurch bestärkt, dass sie einige ihrer eigenen Leute bereits Seite an Seite mit den Solarern wirken sahen. Sie schienen glücklich und zufrieden zu sein. Scheinbar ging es ihnen besser, als wenn die Solarer sie nicht gefangengenommen hätten. Selbst ihr Anführer wich vor deren Liebesausstrahlung zurück. Er war noch nicht bereit, sich zu wandeln. Doch sie wussten, eines Tages würde auch er wieder das sein, was er von seinem göttlichen Kern her bereits war – ein lichtvolles, liebevolles Wesen.

Es bedurfte zwar intensiver Schulung durch Nike und ihre Mitarbeiter, doch es war eine Freude zu erleben, mit welchem Eifer sie sich nun für den Frieden einsetzten. Dafür waren sie bereit, alles auf sich zu nehmen, was sie an inneren Wandlungen durchzustehen hatten. Sie erfuhren viel Hilfe und fühlten seit Langem mal wieder so etwas wie Dankbarkeit und Freundschaft.

Diese Entwicklung gab den Solarern und ihren Unterstützern auf der Erde immer mehr Freiraum, Glück und Erfüllung. Mit Freude kamen die Regierenden der unterschiedlichen Länder des Planeten Erde wieder zusammen. Die unhörbaren und unsichtbaren Manipulationen wurden abgestellt. Ein Aufatmen ging durch die Reihen der Bevölkerung, als sie das erfuhren. Ebenso, als sie hörten, dass die Formeln vernichtet wurden, die preisgaben, wie Vernichtungswaffen hergestellt werden. Die Wissenschaftler wollten ihre Fähigkeiten von nun an lieber in den konstruktiven Dienst an der Gemeinschaft stellen.

Da der Friedenswunsch zu einem Herzenswunsch aller Bewohner der Erde geworden war, durften sie nun von den Solarern lernen, wie freie Energie aus dem Kosmos für alle nutzbar gemacht werden konnte. Das war ein großes Geschenk, ebenso der Erhalt des Friedens, der in den Herzen der Menschen geboren wurde.

Es herrschte ein Miteinander, wie es der Planet noch nicht erlebt hatte. Eine große Freude erfüllte den Planetengeist, so dass er am liebsten einen Luftsprung gemacht hätte. Doch das konnte er seinen Bewohnern nicht antun, sie so durcheinander zu rütteln. Vor einiger Zeit hätte er es noch getan, aber aus anderen Gründen...

Der Austausch der Welten begann. In Frieden und Harmonie zu leben, war nun das oberste Ziel. Ein Wunder war geschehen, das die zielstrebige Vision einiger weniger möglich gemacht hatte.

Nun begann das Lernen und Lehren erst richtig. Die Kinder und Erwachsenen, die bereits von den Solarern ausgebildet worden waren und mit ihnen zusammenarbeiteten, übernahmen die Lehrfunktion für die Menschen, die jetzt erst erwacht waren. Und zu ihrer Freude blieben die Solarer bei ihnen. Dadurch konnten die Menschen auch weiterhin an Bord des Raumschiffes Solarus geschult werden. Es standen auch Ausflüge in den Weltraum und der Besuch von anderen Sternen-Völkern mit auf dem Programm, um Freundschaft unter vielen Völkern im Universum zu entwickeln. Doch auch vor Ort, überall auf der Erde, lernten sie, ihre neuen Fähigkeiten einzusetzen.

Sie lernten, durch ihre Gedankenkraft die von Atomstrahlungen verseuchten Gebiete wieder zu reinigen und zu heilen. Landstriche, in denen sich schon lange keiner mehr aufhalten konnte, wurden wieder bewohnbar und für die Landwirtschaft nutzbar. Die Naturgeister kehrten zurück, um mit den Menschen zusammenzuarbeiten. Und das Wunderbare war, dass die Menschen sie immer deutlicher wahrnahmen, ebenso ihre Botschaften und ihr Aussehen.

Es war wirklich eine Zeit der fröhlichen und freundschaftlichen Zusammenarbeit angebrochen, auch zwischen den Menschen und ihren Geistführern und Schutzengeln. Das Leben war auf einmal viel interessanter und abenteuerlicher als jemals zuvor. Warum waren sie nicht schon vorher auf die Idee gekommen, sich als ‚Eine Familie' zu betrachten, in Frieden miteinander zu leben und einander auf ihren unterschiedlichsten Wegen zu helfen? Das fragten sich viele, denn dieser Neubeginn war für sie alle eine wahre Bereicherung ihres Lebens, die sie allen Menschen, die im unermesslichen Universum leben, wünschten.

Ja, sie alle waren eine große Familie, die Familie des Einen Göttlichen Geistes, des Schöpfers des Universums sowie aller Wesen und Dinge. Es gab nur Gott, nur Liebe, die alles und alle erfüllte – das Gefühl der Einheit mit allem, was ist...

„*Das ist der Schlüssel*", erzählte Nike ihnen. Sie hatten ihn gefunden und beherzt genommen, um ihr Leben zum Wohl aller zu wandeln – als leuchtender Meilenstein in der Entwicklung der Menschheit. Und ihre Botschaft strahlt hinaus ins Weltall, noch heute, wenn auch nicht für alle Ohren hörbar, so doch für alle wirksam:

„Ihr Menschen, ihr Wesen im All,
welcher Farbe, Form oder Größe auch immer!
Brüder und Schwestern seid ihr,
Kinder des Einen Geistes, der das Weltall erschuf.
Kommt in Frieden zueinander,
und hört das gesprochene Wort unseres Gottes,
der uns Vater und Mutter ist,
der uns alles ist,
weil er in allem ist
und durch ihn alles ist:

Lebt in Frieden miteinander, in Liebe füreinander.
Seid dankbar und frohen Mutes, wer immer ihr seid.
Für einen jeden ist reichlich vorhanden,
denn ich liebe euch alle gleich,
und ich bin unendlich reich.
Der Schlüssel zu diesem Reichtum
liegt in eurem eigenen Herzen.
Benutzt ihn wohl!
Gönnt anderen ihren Erfolg,
dann ist der Erfolg auch eurer.
Was ihr anderen gönnt,
das gönnt ihr auch euch selber.
Erfüllt eure Gedanken mit Liebe,
und handelt aus Liebe.

So fließt euch reicher Segen zu – einem jeden –
denn das ist euer Erbe, das euch keiner nehmen kann!
Ihr könnt nur hinauszögern, es zu beanspruchen.
Der Schlüssel liegt in euch! Benutzt ihn weise!
Meine Liebe und mein Segen begleiten euch.

So sei es!“

Über Britta Alanée Stüven

Geboren wurde Britta Stüven 1960 in einem kleinen Dorf in der Nähe von Elmshorn. Im Alter von 7 Jahren zog sie mit ihren Eltern und ihrer Schwester in ein Haus an einem Deich. Der nächste Nachbar war circa zwei Kilometer entfernt. Die Stille und Weitläufigkeit der Landschaft half ihr dabei, sich schon früh über den Sinn des Lebens Gedanken zu machen. Bereits im Alter von 9 Jahren war ihr bewusst, dass das Leben nach dem Tode des physischen Körpers weitergeht. Die ersten Geschichten schrieb sie ab dem Alter von 13 und ihr erstes Buch „Medana“ erschien 1997.
Zusätzlich zu ihrer Vorliebe zu schreiben, hilft Britta ihren Klienten dabei, in Verbindung mit ihrem Wahren Selbst zu kommen und in dieser Verbindung konstruktiv auf Erden zu leben zum Wohle des Ganzen.
Ihre Hauptaufgaben sind die Leitung von Beratungen, Meditationen und Rückführungen in frühere Leben. In Bezug darauf stehen ihr vielfältige, eigene Erfahrungen zur Seite.

Britta Stüvens Bücher, Hörspiele und Meditations-CDs werden im Devaia-Verlag vorgestellt und auf ihrer Homepage.

www.seelen-reise.de

www.devaia-verlag.com

Kapitel 5

Charlotte Deppisch

Ihr Lieben, liebe Lichtgeschwister,
ich liebe es, in mein Herz zu gehen, in die Welt der Liebe einzutauchen, mich mit meiner Seele zu verbinden, die Bilder zu sehen, intensiv zu fühlen, zu hören, zu riechen…
Es ist wie ein Zusammenfließen aller Sinne, die dann in Worte gekleidet aus mir herausströmen. Wie lauter kleine Lichtfunken, die sich in Buchstaben verwandeln und sich aneinanderreihen, Wort für Wort. Die Schwingung fühle ich körperlich. Ich lasse alles los, verweile in meinem Herzen, und doch bin ich im Jetzt und Hier. Wie zwei Welten, in denen ich gleichzeitig bin, oder die sich wie vermischen, bis sie eins geworden sind und ich ein Teil davon bin.

So trete ich in Kontakt mit den Himmelreichen und mit den Seelen der Menschen. Es ist wie das Lesen in einem reich bebilderten Buch.

Immer intensiver möglich wurde mir das durch die Innenschau, durch meine eigene Bewusstseins- und Transformationsarbeit.

Auf dem lichtvollen Weg der Heilung weitet sich das Bewusstsein, der Blick von oben, eine übergeordnete Sicht. Es zeigt sich ein immer größeres Spektrum, andere Welten, Dimensionen – die Unendlichkeit des Seins.

Von Herz zu Herz in Liebe und Dankbarkeit – *Charlotte*

Wir gestalten ‚unsere Lichtvolle Zukunft' selbst

Ihr Lieben, liebe Lichtgeschwister, unsere ‚Lichtvolle Zukunft' gestalten wir selbst. Ihr, die ihr dies lest, seid euch dessen bewusst. Wir sind die Schöpfer dessen, was war, ist und sein wird. Es ist an uns, das Paradies, welches in unserer Erinnerung gespeichert ist – die meisten haben es nur vergessen, das friedvolle Land des Lächelns, des immerwährenden Glücks, das Land der wahren Liebe und des Mitgefühls, das Land des Friedens – wieder zu verwirklichen. Im Herzen ist es bereits erleb- und fühlbar...

In jedem von uns erblüht irgendwann die Sehnsucht, die Sehnsucht nach der Gotteserfahrung, die das ganze Sein durchdringt. Es ist ein langer Weg, mit vielen Hürden und Herausforderungen, der gegangen werden will. Vom Erwachen bis zur Vollendung gibt es viel zu tun. Das Wissen, welches sich durch euer Herz über eure Seele offenbart, will verinnerlicht und gelebt werden. Und genau das geht viel tiefer, als es den Meisten bewusst ist. Wie Jesus einst sagte, können wir tun, was er tat und noch viel mehr. Demzufolge haben wir noch zu tun! Der Weg der Heilung offenbart sich Schritt für Schritt. Wir sind Schöpfer unserer selbst und des Paradieses, wonach unser Herz sich sehnt. Dieses den Menschen ins Herz zu legen, ist eine meiner Aufgaben. Es braucht ein stetes Erinnern.

Durch das, was sich jetzt im Außen abspielt, werden viele Herzenstüren aufgeschlossen. Das Licht der Wahrheit kann hineinfließen, sodass die Menschen erwachen. Ein jeder trägt die Selbstverantwortung, sein Energiefeld zu reinigen, zu klären, die Verletzungen des Herzens zu heilen, um so seinen wertvollen und wichtigen Beitrag zu leisten. Niemand kommt umhin, den Weg des spirituellen Aufstiegs selbst zu gehen, und die für jeden einzigartige, emotionale Heilung anzugehen.

Wenn ihr intensive, schmerzhafte, emotionale Gefühle unterdrückt oder hinter Mauern zurückhaltet, kann der innere Druck so groß werden, dass ihr erkrankt oder überreagiert und eure Impulse und Reaktionen im Außen sich in einer bewussten oder unbewussten Opfer- oder Schikaneurrolle zeigen. Wehrt ihr euch dagegen, die Mauern, welche ihr selbst errichtet habt, abzutragen und euch der Wahrheit, die dahinterliegt, zu stellen und zu korrigieren, das heißt, die Blockaden aufzulösen, und wenn ihr vielleicht noch Schuldige im Außen sucht oder es dunkler Einmischung zuschiebt, werden sich der Schmerz in euch und möglicherweise bei anderen und eure Schwierigkeiten verstärken.

Es ist entscheidend, zu verstehen, in einer solchen Situation Dinge nicht persönlich zu nehmen, da das Vermögen der klaren Erkenntnis aufgrund des inneren Schmerzes nicht möglich ist. Und es ist wichtig, anzunehmen, dass die emotionalen Heilungsprozesse ihre Zeit brauchen. Es ist erforderlich, sich ihnen mit Hingabe, Geduld und Vertrauen zu widmen, bis die Mauern abgetragen sind.

Der Tag wird kommen, und ihr seid in Einklang mit eurem inneren Selbst. Ihr gebt euch dem Rhythmus des Lebens hin, betrachtet, erkennt und heilt. Werdet euch bewusst, dass die wichtigsten Beziehungen, welche ihr haben könnt, die mit euch selbst, mit eurer Seele und die mit Gott sind. Diese Priorität gilt es zu leben und jeden Tag weiterzuentwickeln – gerade jetzt intensiver denn je.

Zögert nicht, vertraut und folgt eurem inneren Geist. Nur so findet ihr die Akzeptanz und die ‚bedingungslose Liebe' für euch selbst. Bevor ihr dies nicht geschafft habt, könnt ihr auch anderen nicht zugestehen, so zu sein, wie sie sind, ohne Urteile, ohne Erwartungen. Jeder hat das Recht auf seine Erfahrungen, die alle dem Wachstum und der Bewusstwerdung dienen.

Beherzigt dies und lebt danach, dann kann die Energie um ein Vielfaches angehoben werden und sich der Wandel schlussendlich vollziehen. Eine Wiederherstellung der göttlichen Ordnung kann nicht mehr umgekehrt werden. Die Dunkelheit fährt in diesem Prozess alle ihr zur Verfügung stehenden Geschütze auf und schafft sich dadurch selbst ab.

Die Liebe ist wie der Wind, der das Feuer der Transformation am Lodern hält. Dadurch werdet ihr licht, wandelt euer und der Erde Angesicht.

Übergang

Das Ende der Alten Welt ist in Sicht,
die einen fühlen und sehen es, die anderen nicht.
Jeder von euch erlebt auf seine Weise den Moment des Überganges,
ungeachtet seines gesellschaftlichen Ranges.
Einzig die Liebesfähigkeit und der Fortschritt eurer Heilungs- und
Transformationsprozesse sind relevant,
dass ihr diese Notwendigkeit habt erkannt.
Die Vollendeten werden in voller Bewusstheit und Freude
hinübergleiten,
Glückseligkeit und immerwährende Liebe wird sie begleiten.
Sie sind die Säulen der Neuen Welt,
geben Halt, damit ihre Menschengeschwister sich aufrichten können
und niemand fällt.
Die Erwachten werden eine tiefe Glückserfahrung der Verbindung mit
der allliebenden Quelle in sich erleben,
was ihnen hilft, immer weiter nach Vollendung zu streben.
Sie setzten ihren Weg der Entwicklung fort,
und sind sich nicht bewusst, wie sehr sich verändert hat
ihr Aufenthaltsort.
Die noch Schlafenden bekommen andernorts neue Gelegenheiten,
sich zu erkennen und zu erfahren,
um sich weiterzuentwickeln mit den Jahren,
bis auch sie erwachen und den Wunsch haben, heimzukehren ins Licht.
Gott im Himmel verwehrt es ihnen nicht.
Wenn ihr die Liebe in euch erweckt,
wenn ihr die verborgene Schönheit und Macht in euch entdeckt,
wenn die Sehnsucht nach Gott in eurem Herzen thront,
und der Frieden in euch wohnt,
wenn ihr euch vollendet habt in eurem Sein,
wenn die Liebe aus euch strahlt in hellem Schein,
dann ist der Wandel in euch vollzogen, noch bevor sich die Welt erhebt,
deshalb ihr den Übergang bei vollem Bewusstsein erlebt.

Ein jeder entsprechend seiner Entwicklung seinen Auftrag erfüllt,
vieles sich noch vor euren Augen enthüllt.
Neue unglaubliche Errungenschaften werden bereichern euer Leben,
auch für bereits Vorhandenes wird es für jeden Zugang geben.
Denn viel mehr, als ihr glaubt, schon längst zur Verfügung steht,
immer schneller sich alles zum Besseren dreht.
Vorhandene, einschränkende Systeme werden aufgelöst oder von
Grund auf neu strukturiert,
damit sich niemand mehr in Angst und Schrecken verliert.
Lasst euch nicht entmutigen, wenn es hakt und zwickt,
im Innen wie im Außen muss gelöst werden so mancher Konflikt.
Ihr werdet sein am richtigen Ort, zur rechten Zeit,
denn eure Seele spricht aus der göttlichen Ewigkeit.
Vertraut auf ihre Weisheit, folgt ihr bedingungslos,
denn es gibt nichts, das ist aussichtslos.

Das Wichtigste ist die Liebe, die ihr seid,
mit ihrer gänzlich erblühten Kraft seid ihr vor allem gefeit.
Sie hilft euch auf dem Weg der Einweihungen mit all ihren Prüfungen,
die ihr erlebt,
die noch zu tun sind, bevor ihr euch erhebt.
Im Außen könnt ihr sehen, wo die Menschheit steht,
ihr als Schöpfer habt die Möglichkeit, dass ihr alles zum Guten dreht.
Ihr schöpft und kreiert in einem fort,
nichts ist festzementiert an einem Ort.
Alles ist jederzeit wandelbar,
nichts und niemand muss bleiben, wie es war.
Die bereits erreichten Veränderungen sind nicht mehr
rückgängig zu machen,
der Übergang ins Licht und die Verwirklichung sind eben Tatsachen.
Eliminiert Angst, Schikaneurrolle, Hass, Neid und Gier,
alle niederen Energien aus eurem System,
befreit euch, es kann schwierig sein, ist jedoch kein Problem.

Diese Verantwortung liegt bei euch,
niemand kann sie für euch nehmen,
ihr seid Schöpfer und es ist an euch, eure Macht anzunehmen,
sie zum höchsten Wohle von Allem-Was-Ist einzusetzen,
und euch in Liebe miteinander zu vernetzen.

Eine neue Menschheit ist am Entstehen,
immer deutlicher ist dies schon zu sehen.
Die Welt, die euch nach dem Wandel erwartet, ist wunderschön,
ein Paradies auf Erden,
seid es euch wert, ein Teil von ihr zu werden.
Die goldene Saat der Liebe geht nun auf,
alles nimmt einen neuen lichtvollen Verlauf.
Vertraut nicht blind, macht euch immer selbst ein Bild,
nur in euch ihr eurer Sehnen nach Wahrheit stillt.
Die Weisheit eurer Seele deckt jeden Schwindel auf,
deshalb durchlichtet euren inneren Tempel und beobachtet,
was ist im Umlauf.
Bei allem, was sich zeigt, gebt auch der Freude im Herzen einen Raum,
sie ist wie Dünger für euren Lebensbaum.
Fühlt das Glück und die Freude,
lebt die mit ihnen einhergehende Kraft,
in der Energie der Liebe und im Vertrauen auf Gott
ihr den Übergang sicher schafft.

Zeitlinien

Stetig schneller vergeht die Zeit, turbulent, hektisch, anstrengend. Viele sind wie gelähmt und in ihren Ängsten gefangen. Die Ereignisse überschlagen sich. Alles ist wie ineinander verwoben und findet gleichzeitig statt. Vergangenheit, Gegenwart und Zukunft zeigen sich, sind einsehbar, zumindest für diejenigen, welche soweit sind und ihre Herzen geöffnet haben. Die alte Zeit, alte Wahrnehmungen und Glaubensmuster sind im Begriff, sich aufzulösen, denn immer mehr Menschen erwachen und erinnern sich, wer sie wirklich sind. Sie fühlen ihre Großartigkeit, die Liebe, die sie sind. Einfach ausgedrückt erheben sie sich – erhebt ihr euch aus eurem alten Sein, der alten Zeitlinie und strebt einer neuen Zeitlinie entgegen. Dafür braucht es ein gewisses Maß an hoher, licht- und liebevoller Energie.

Es ist ein schon lange andauernder Prozess, den ein jeder durchlebt, der mannigfaltig beschrieben und unaufhaltsam ist und der begleitet von großen Veränderungen und Verwerfungen seiner Verwirklichung entgegensteuert. Der jetzt in einer Ausprägung mit Grausamkeiten und Hindernissen boykottiert, die unüberwindbar scheinen. Ganz offensichtlich zeigt sich, was lange im Verborgenen lag – die Wahrheit.

Der Blick nach innen, in eure Herzen, ermöglicht euch die wahre Sicht für euch selbst und das, was ist. Ein unumgänglicher Weg, der gegangen werden will, mit allen sich zeigenden Hindernissen und Konsequenzen. Auch ich verbringe mehr denn je viele, sehr intensive Momente in Verbindung mit meiner Seele, in dieser alles fordernden Zeit, um zu verwirklichen, was ich mir für dieses Leben vorgenommen habe.

Nach innen zu gehen und immer tiefer vorzudringen, bedeutet, sein Bewusstsein stets weiter zu erheben. Dazu braucht es einen festen Willen, Mut, Durchhaltevermögen und das unerschütterliche Vertrauen in Gott, egal, was ist. Erst durch eine innere oder äußere Krise, durch Krankheit oder äußerste Not bietet sich die Gelegenheit, sich mit der eigenen Natur auseinanderzusetzen.

Niemand kann sich dem entziehen oder nimmt an Intensität zu. Erst der Abstieg in die Tiefe des Unbewussten, bis auf den Grund des Meeres, bringt die Erkenntnis des wahren Seins. Das Potential, dieses als schreckliche Gefahr empfundenen Ortes der Angst und des Leids, der wie ein brodelnder Vulkan auszubrechen droht, enthält das ‚Juwel der Ganzheit'. Es ist der Ort, der Heilung, Erlösung und Freiheit bringt.

Ein jeder hat die Wahl, sich mit sich selbst auseinanderzusetzen und bestimmt den Zeitpunkt selbst. Nie war die Gelegenheit günstiger als jetzt. Das Herz ist der Fahrschein in die Tiefe, die Seele weist den Weg, und die Liebe und das Licht sind die steten Begleiter. So war, ist und wird es immer sein.

Die verwandelnde und erlösende Kraft des Durchlebens der selbstgewählten Dunkelheit führt zur Selbsterkenntnis und der Offenbarung der eigenen Göttlichkeit. Nur so ist es möglich, sich aufzurichten, sich zu erheben, sich zu verwandeln, aus der Tiefe aufzusteigen und vollendet im Licht der Liebe zu erstrahlen.

Segnung

Möge euch das Licht der Liebe Erkenntnis und Klarheit bringen,
mögen eure Seelen in den höchsten Tönen singen,
möget ihr tief in eure Herzen schauen
und ihr auf Gott, den Allliebenden vertrauen.
Gebt euch euren Prozessen hin und gebt vor allem nicht auf,
ihr werdet bereits erwartet in der Neuen Welt, folgt dem Sonnenlauf.
Euer entfaltetes Bewusstsein ist wie ein geschliffener Diamant,
herausgelöst aus Druck und Brand.
Ihr erhebt euch aus der Dunkelheit und funkelt im Licht der Sonne,
es wird sein solch eine Freude, solch eine Wonne.
Ihr seid eure Retter aus der Not,
und verwandelt und vermehrt Wein und Brot.
Kehrt heim in das Paradies auf Erden, das ihr kennt,
eure wahre Heimat, von der euch nur noch ein Wimpernschlag trennt.
Die Magie der Liebe beendet alles Leid,
bis ihr es tragt, euer göttliches Kleid.
Steht auf, erhebt euch, lasst alles los,
kehrt heim in Gottes liebenden Schoß.
Er liebt euch, schon immer, bis in alle Ewigkeit,
und heißt euch willkommen in der Neuen Zeit.

Begegnung mit der Unsterblichkeit

Der Weg der wahren Erkenntnis ist lang und erfordert Durchhaltevermögen. Jeder Schatten, der ins Licht entlassen, jeder Schritt, der gegangen wird, steigert die Ausdauer, bringt Klarheit und weitet die Sicht.

Jeder Erkenntnisprozess zieht Heilung nach sich. Das kosmische Strahlen aus der Zentralen Sonne holt unweigerlich alles aus der Dunkelheit hervor ans Licht. Viele schier unerträgliche Bösartigkeiten sind große Herausforderungen, die es zu bewältigen gilt.

Hinblicken und eigenverantwortliches Handeln sind jetzt unabdingbar. Denn wenn ihr emotional oder gedanklich in unschönen Ereignissen verhaftet seid und untätig bleibt, nichts für eure innere Heilung tut, ist eine Veränderung unmöglich.

Diejenigen, welche sich noch voll und ganz mit den irdischen Begebenheiten identifizieren und die Wirklichkeit Gottes nicht annehmen können, werden das Spiel in der Matrix weiterspielen, bis sie die überirdische Kraft der Liebe, des Göttlichen, in sich selbst wiederentdecken.

Wer sein altes Leben behalten möchte, wird es verlieren. Wer sich der göttlichen Wirklichkeit öffnet, wird seiner Unsterblichkeit begegnen. Diese gravierenden Unterschiede in der Wahrnehmung und der Ausrichtung auf das Leben werden jetzt deutlich.

Für unerfahrene Seelen ist es schwer, das Unfassbare zu begreifen. Sie bekommen eine erste Ahnung. Noch sind große Widerstände in ihnen vorhanden. Doch ein jeder hat mehr denn je einmalige Gelegenheiten, sich selbst erfahren zu lernen.

Es braucht viel Verständnis und das Wissen, dass nichts erzwungen werden kann und jeder zu seiner Zeit, durch seine Erfahrungen, seine Erkenntnisse gewinnt. Wachstum braucht Geduld und Hingabe.

Dies geschieht innerhalb von Partnerschaften, in Familien, unter Freunden, am Arbeitsplatz, überall, in ganzen Völkern. Trennungen bleiben hierbei nicht aus. Die Spaltung der Menschheit ist eine logische Konsequenz. Alte Beziehungen lösen sich auf, neue entstehen. Es wird sichtbar, wer bereit ist, sich welcher Ebene des Seins, sich dem Göttlichen, zuzuwenden.

Alte Seelen fungieren als Vorbild und geben so die Möglichkeit, sich auf neue Sichtweisen auszurichten, die weit über das Sichtbare hinausreichen.

Ein großes Sehnen erwacht in den Herzen der Menschen, Gott zu schauen. Jetzt ist die Zeit, in der sich alles erfüllt und sich der Wandel der Menschheit vollzieht, mit dem Sinn, IHM näherzukommen. Nur die Ausrichtung auf die Liebe und das Licht ermöglichen eine positive Veränderung, hin zu Frieden, Freiheit und Freude. Diejenigen, welche sich auf diesem Weg befinden, stehen unter seinem Schutz und werden sich mit Mutter Erde erheben.

Es braucht einen übergeordneten Blick, über viele Zeiten hinweg, um die Vorgänge erfassen zu können. Je lichter und leichter ihr seid, desto klarer ist euer Blick auf das, was ist, auch hinter dem Schleier.

Schwingungsfrequenzen

Durch die weiter ansteigenden Schwingungsfrequenzen aus dem Zentrum des Universums, der göttlichen Quelle, welche die Erde erreichen, werden deren zentrale Schlüsselposition und die besondere Stellung immer klarer. Zwei entgegengesetzt laufende Spiralen, die des Aufstiegs und die des Abstiegs, drehen sich unaufhörlich schneller. Eine Kraft, wie sie sich so noch nie entwickelt hat, baut sich auf.

Aus dem Strudel heraus entsteht eine permanent stärker werdende Sogwirkung in die jeweilige Spirale. Es ist, als würde alles in zwei unterschiedliche Richtungen gezogen und voneinander getrennt, was lange ineinander verschlungen war. Reinigungs- und Klärungsprozesse lösen die Schwere und die Ängste auf, die eine lähmende Starre verursachten. Alles ist in Bewegung. Die Intensität und die Auswirkungen nehmen stetig zu und machen wahrhaft alles sichtbar, was im Verborgenen lag.

Ist der Höhepunkt dieser Vorgänge erreicht, kehrt der Moment der Stille und innerer Frieden ein. Die Gotteserkenntnis erfüllt euer ganzes Sein. Ist der Zeitpunkt für die notwendige Schwingungserhöhung, die euer Zutun erfordert, erreicht, wird die Gnade der göttlichen Quelle in einem einmaligen, nie dagewesenen Vorgang, und dann, wenn ihr es nicht vermutet, an einem ganz gewöhnlichen Tag ihre Wirkung zeigen.

Ein jeder erwacht in seiner gewählten Welt. Die einen erleben das Paradies auf Erden, streben in Liebe weiter dem Licht entgegen und verrichten ihren Dienst. Die anderen erhalten an anderer Stelle erneut Gelegenheit, sich als das zu finden und zu erkennen, was auch sie sind – Liebe, göttliches Bewusstsein aus der ‚allliebenden Quelle allen Seins'. Aus der Quelle in die Quelle zurück, ein jeder zu seiner Zeit.

Verliebt euch!

Verliebt euch in euch selbst, in das, was ihr seid,
himmlische Wesen aus der göttlichen Ewigkeit.
Unendliches Bewusstsein, das man Seele nennt,
und niemals ist von Gott getrennt.
In Liebe verbunden schlummert in eurem Körper diese Macht,
die vertreibt die Finsternis der Nacht.
Die wahre Bedeutung hattet ihr vergessen,
und dem lange keine Beachtung beigemessen.
Ihr seid hier, eure Menschlichkeit zu leben,
euer Mitgefühl, die Güte und Liebe, aus der Tiefe eures Seins zu heben,
in euch erstrahlen zu lassen die Freude und das Glück,
dass ihr euch erinnert, wandelt und findet in euer wahres Sein zurück.
Dabei gilt es verschiedene Stufen der Einweihungen zu durchlaufen,
vom Öffnen eures Herzens und dem Lösen vieler festgezogener,
einschränkender Schlaufen,
bis hin zur alles durchdringenden Sehnsucht, Gott zu schauen,
und in vollendet gelebter Liebe auf ihn zu vertrauen.
Wenn ihr durch und durch beseelt seid von Liebe und Freude,
ihr dient im Hier, im Jetzt und heute,
ihr erkannt habt und annehmt eure Herrlichkeit,
dann endet durch Gottes Gnade eure Erdenzeit.
Doch bevor ihr mit den Engeln heimkehrt ins Licht,
erlebt ihr ganz bewusst euren Aufstieg, der ist in Sicht.
Ihr seid Beispiel und Wegbereiter,
eure hohe Energie ist für viele wie in Lichtraumgleiter.
Deshalb lebt mit Hingabe, was ihr seid,
unbegrenzte Liebe, welche bringt Freiheit und Glückseligkeit.

Egofacetten

Wir gehen Hand in Hand, in ein dir bekanntes Land,
wo Wissen und Wahrheit wohnen.
Sie zu treffen, wird sich lohnen.
Dort du zuhause bist,
es ein Ort des Erkennens ist.
Du strebst an, deine Göttlichkeit zu leben,
bist bereit, auch alles dafür zu geben?
Dazu ist es wichtig, dein Ego aufzulösen,
die Haken und Ösen.
In einige Zimmer gilt es zu blicken,
ob es gibt etwas wegzuschicken.
Woran hängt dein Ego noch fest?
Fühle und entdecke, wo steckt ein Rest.
Schwinge dich auf folgende Begriffe ein,
sie werden durchleuchtet mit hellem Schein.
Bist du bereit, begegnen dir bald die anstehenden Facetten,
und du kannst fallen lassen die Ketten.
Sieh dein Ego als Chance, die Möglichkeit der Erkenntnisse,
die es dir beschert,
sei aufmerksam und betrachte, was noch läuft verkehrt.

Kraft und Macht
Findest du in dir das Bedürfnis, dich über andere zu erheben,
manipulierend über ihnen zu schweben?
Liebst du es, bewundert zu werden,
hindert dich Selbstüberschätzung am Erden?

Geld und Wünsche
Empfindest du noch Angst, nicht genug zu haben,
hängst du fest, dich in deinen Wünschen zu laben?
Leidest du Mangel, sind Rechnungen offen,
beschränkt sich das alles nur aufs Hoffen?

Minderwertigkeitskomplexe und falscher Stolz
Meinst du, andere können alles besser als du,
fühlst du dich klein und gehörst nicht dazu?
Oder ist dein Stolz überzogen,
du bist vor Überheblichkeit vielleicht abgehoben?

Berühmtheit und Auserwähltensyndrom
Möchtest du unbedingt gesehen werden,
stellst dich gerne dar hier auf Erden?
Hast du dabei schon an die Heilung deines inneren Kindes gedacht,
dass es traurig ist und nicht lacht?

Abhängigkeiten und Sexualität
Bestehen Abhängigkeiten von Substanzen, Arbeit oder Personen,
die mit sich bringen unangenehme Situationen?
Dient deine Sexualität der Kontrolle oder der Liebe,
bist *du* der Meister oder bestimmen die Triebe?

Wut und Ängste
Empfindest du Wut und Ängste, weil du dich fühlst kontrolliert,
meinst, du bist hilflos und wirst attackiert?
Bist du frei, oder lässt du dich hetzen,
gibt es noch etwas durch Liebe zu ersetzen?

Gier und Neid
Kannst du dich auf deinen Teil vom göttlichen Plan besinnen,
was dein Eigen ist, außen oder innen?
Oder badest du in negativen Emotionen,
die sich ganz gewiss für niemanden lohnen?

Selbstaufgabe und Eigennutz
Strebst du unaufhaltsam dem Erfolg entgegen,
vergisst dabei das Leben?
Tust du alles, um Anerkennung zu finden,
dich für Bewunderung schinden?

Helfersyndrom
Unterliegst du dem Zwang, helfen zu wollen,
ohne dabei dem freien Willen Achtung zu zollen?
Eigene Bedürfnisse zu äußern fällt dir schwer,
läuft durch deinen Mangel an Selbstwert einiges quer?

Eifersucht und Eitelkeit
Freust du dich, wenn es jemanden gut geht,
er es verdient und mit beiden Beinen fest am Boden steht?
Willst du jemanden beeindrucken und warum?
Auch um diese Frage kommst du nicht herum.

Das Ego hat viele Facetten,
und liebt es, sich in Gewohntem zu betten.
Was du nicht loslassen willst, wird dir genommen,
gehört es zum göttlichen Plan, kommt es zurückgeschwommen.
Es geht nicht darum, was du kannst haben,
oder träumst vorzuhaben,
sondern wieviel Liebe du kannst leben und geben,
um dich zu erheben.

Es geht darum, Ängste und Wunden zu heilen,
um ständig in der Liebe zu verweilen.
Die Regieführer der Matrix versuchen alles,
dich in ihrem bereits verlorenen Spiel zu halten,
beginne dein Leben selbst zu gestalten.
Unter der Herrschaft des Egos
kannst du das Himmelreich nicht erreichen,
es ist wie eine Fessel oder dergleichen.

Je mehr das Ego sich verliert,
desto intensiver wird das Unterbewusstsein neu programmiert.
Dann haben alsbald das Außen und die Manipulatoren
ihre Macht über dich verloren,
dafür brauchst du keine Gurus oder Professoren.

Du befreist dich selbst in dein wahres Sein,
deine Göttlichkeit leuchtet in hellem Schein.
Aus Gott, durch Gott, in Gott zurückkehren,
dafür wird man dich im Himmel achten und ehren.
Widme dich diesem Prozess mit Hingabe und Vertrauen,
bald, sehr bald wirst du dein neues Antlitz schauen.
Lass ohne Angst los, was du glaubst festhalten zu müssen,
und das Gefühl der Freiheit wird dich küssen.
Sammle noch einmal deine ganze Kraft,
reinige und kläre, bis deine Vollendung ist geschafft.
Eine intensive Phase hat begonnen,
Licht und Liebe haben längst gewonnen.
Du für dich die Kraft der Liebe bist,
der Schutz des Himmels mit dir ist.
Egal, was auch immer kommen mag,
die Sonne kündigt an den neuen Tag.

Großartiges ihr Menschen vollbringt,
wenn euer Herz die Melodie der Liebe singt.
Gebt euch mir hin, lasst alles los,
kehrt zurück in meinen Schoß.
An Leib und Leben unversehrt,
lichtvoll, glücklich, unbeschwert.
Die, die ihr seid dazu bereit,
seid dann vom Einfluss der Energievampire
und dämonischen Wesen befreit.

Sie sind es, die über euren Verstand
und eure Verletzungen euer Ego besetzen,
damit ihr euch durch negatives Handeln und Unausgeglichenheit
werdet gegenseitig verletzten.
Auch vor unschuldigen Kindern machen sie nicht halt,
sie benutzen euch und stellen euch regelrecht kalt.
Eine wahre Wirklichkeit sich euch offenbart,
die lange war verwahrt.

Gebt ihr die nötige Aufmerksamkeit,
nicht mehr als nötig in dieser Zeit.

Sie dient dem Erinnern und Erkennen, hilft euch beim Benennen.
Geht den Weg der Heilung und Transformation,
ihr könnt überstehen jede schwierige Situation.
Verwandelt die ungesunden Energien eures Egos in Liebe,
lasst wachsen und gedeihen immer mehr Triebe.
Lichtvolle Helfer stehen euch zur Seite,
schickt Energievampire und Dämonen zurück in die unendliche Weite.
Schütz euch und nehmt euch von der lauernden Gefahr in Acht,
damit euch nicht umfängt die Nacht.
Manchmal kommt ihr nicht umhin, sie zu zerstören,
die wahrlich nicht zu euch gehören.
Ihr seid Liebe, ihr seid Seele, hell und klar,
ihr seid es jetzt und immerdar.
Liebt euch, lebt das, was ihr seid, Götter aus der Ewigkeit.
In diesem Bewusstsein fühlt euch bestärkt und begleitet,
schleicht nicht mehr, schreitet!
Die Verwandlungen gehen weiter voran,
es vollzieht sich der göttliche Plan.
Eine lichtvolle Erde und lichtvolle Menschen werden geboren,
ihr, die ihr das lest, seid dazu auserkoren,
gemeinsam in Freiheit einzutreten in meine Herrlichkeit,
für diese Gnade seid bereit.

Heer der Herzen

Viele Erfahrungen lassen euch reifen, machen euch robust,
und es ist euch somit bewusst:
Die Klärung eurer inneren Themen ist essentiell,
und allumfassend, nicht nur partiell.
Euer ganzer Mut und eure Entschlossenheit
sind mehr als gefordert in dieser Linie der Zeit.
Für Egothemen ist kein Platz mehr,

sie machen euch das Leben unnötig schwer
und halten euch gefangen im Kreislauf des Lebens.
Nur durch das Herauslösen eurer Schatten, diese ins Licht zu stellen,
wird sich unweigerlich euer ganzes Sein erhellen.
Ein Strahlen und Leuchten gehen dann von euch aus.
Es ist eine Freude, zu sehen, wie ihr wachst über euch hinaus,
wie eure Wahrnehmung der Wahrheit sich entfaltet,
wie ihr mehr und mehr in Eigenverantwortung euer Leben gestaltet,
wie ihr mutig, trotz allem, was ist, voranschreitet,
wie euer Bewusstsein sich über gesetzte Grenzen hinweghebt
und sich weitet.

Ihr erinnert euch eurer Herzensgravur
und lebt, was entspricht eurer wahren Natur.
Licht und Liebe, die ihr seid,
sind die herausragenden Waffen dieser Zeit.
Die Heilung eures Wesens schafft ihr nur durch sie,
es gibt nichts Besseres in der ganzen Galaxie.
Im gesamten Kosmos sind genau sie es,
die schöpferische Kraft möglich machen,
die allliebende Quelle wird immer darüber wachen.
Denn sie ermöglichen euch das bewusste Aussteigen
aus alten Strukturen, das Ablehnen jeglicher Signaturen,
das Durchbrechen der Quarantänegitter,
was hervorruft bedrohliche Beben und gewaltige Gewitter.
Durch euer Zutun kann die Schwingungsfrequenz
aus der Zentralen Sonne weiter steigen
und sich die Alte Welt dem Ende neigen.
Denn Freiheit und Frieden sollen wieder herrschen auf Erden,
und durch euer Handeln wird dies werden.
Ihr, das Heer der liebenden Herzen gewinnt an Kraft,
die Flutwelle des Bösen es nicht schafft,
euch zur Aufgabe zu bewegen, euch hinwegzufegen.

Lichtwellen

Ihr seid trainiert und vorbereitet für diese Zeit,
ihr habt himmlisches Geleit.
Die Weisheit eurer Seele ist mit nichts zu vergleichen,
sie stellt die entsprechenden Weichen.
Vergesst das nie und habt Vertrauen,
ihr dürft voller Freude auf das Kommende bauen.
Eine neue Welt ist am Entstehen,
parasitäre Belagerer werden gehen.

Die letzten Gefechte eines langen Kampfes
sind anstrengend und schwer,
haltet durch, auch wenn vieles läuft quer.
Leid und Schmerz, sie werden vergehen,
es kommt der Tag, und ihr werdet das große Ganze verstehen.
Die hohe Schwingung der Lichtwellen aus der Zentralen Sonne schaffen
euch alle Möglichkeiten,
wie zu keinen bisherigen Zeiten.
Erstrahlt hell in all eurer Pracht,
lebt und wendet an eure Liebesmacht.
Nutzt die Chance, bringt das Beste in euch zum Erblühen,
die Liebe, die ihr seid, darf aus euch sprühen.

Lasst los Kummer, Leid und Schmerzen,
kümmert euch um die Heilung eurer Herzen.
Emotionale Verletzungen sind wie Geißelungen sondergleichen,
ihr könnt jetzt die Befreiung erreichen.
Was ihr in euch nicht bereinigt, kann sich auch im Außen nicht zeigen,
habt keine Angst, ihr könnt nichts vergeigen.
Irrwege klären sich mit der Zeit, habt Geduld,
ihr tragt keine Schuld.
Bedenkt, Verzweiflung macht euch blind,
doch der Instinkt eurer Liebe findet den Weg durchs Labyrinth.

Es braucht euren Willen, euer Durchhaltevermögen,
um schwere Ketten zu lösen,
um euch zu befreien vom Dunklen und Bösen.

Erhebt in Dankbarkeit euren Blick,
denn es liegt in eurem Geschick,
zu erkennen und anzunehmen, wer ihr seid:
Schöpferwesen aus der göttlichen Ewigkeit.
Es ist an euch, euch dem Lichten und Guten zuzuwenden,
und keine Zeit mehr zu verschwenden.
Fokussiert euch hier und jetzt auf die Liebe und das Licht,
denn das hat größtes Gewicht.
Nichts ist stärker und kann dieser Kraft auf Dauer widerstehen,
schreitet mutig voran, bis wir uns wiedersehen.
Krieg, Missbrauch, Kontrolle, Korruption,
Zensur, Unterwerfung, Freiheitsentzug und Manipulation,
die sich an euch bedienen, all das wird ein Ende finden,
die dunklen Drahtzieher werden verschwinden.
Für viele noch Unvorstellbares tun sie euch an,
die Wahrheit scheint unfassbar,
doch durchbrochen wird jetzt dieser Bann.
Ihre Machenschaften werden vom Licht geflutet,
klar wird sichtbar, was man euch zumutet.

Ein erdumspannendes Quarantänenetz ist am Zerreißen,
mit eurer vereinten Liebeskraft werdet ihr die Drahtzieher
in die Schranken weisen.
Die hohe Lichtkraft und die Schwingungsfrequenz wahrer Liebe wird
euch die Freiheit bringen,
eure Lichtgeschwister aus den himmlischen Weiten
werden mit euch singen.

Göttliche Einheit

Ihr seid Liebe, folgt vertrauensvoll eurem Herzen in die Freiheit,
und kehrt zurück ins Bewusstsein der göttlichen Einheit.
Ein jeder von euch geht dabei seinen individuellen Weg,
nutzt eure Seelenbibliothek.
Sie ist ein Schatz sondergleichen,
mit dem Wissen und der Weisheit eurer Seele könnt ihr alles erreichen.

Ihr entdeckt und erkennt euer wahres Sein,
könnt ins Licht stellen den falschen Schein.
Eure Fähigkeiten sind weitreichend und allumfassend,
folgt ihr dem Licht der Liebe, wandelt sich alles passend.
Beginnend in euch wirkt es in euer Umfeld hinein und strahlt,
das macht sich für euch und alle bezahlt.
Der innerste Kern eures Wesens ist Liebe,
die wie eine weiße Rose ausbilden möchte ihre Triebe,
um zu erblühen im Licht und zeigen will ihr wahres Gesicht.

Die Grundpfeiler, die es braucht, euch euren Ängsten zu stellen,
sind der Wille, hinzublicken und kein voreiliges Urteil zu fällen,
selbst zu hinterfragen, in alle Richtungen zu recherchieren,
und euch an eurem Herzen zu orientieren.
Denn dort sind Wahrheit, Weisheit und Klarheit zuhause,
dass Bewusstsein, dass das Licht und die Kraft der Liebe
niemals machen Pause.

Wenn ihr, was euch blockiert und eure Ängste am Leben hält,
erkennt und entfernt,
habt ihr elementar Wichtiges erreicht und gelernt.
Ihr seht bewusst mit dem Herzen, wenn man euch führen
will hinters Licht,
fühlt dunkle Absichten, alles, was nicht der Liebe entspricht.
Euer Licht leuchtet hell, ihr könnt Gleichgesinnte erkennen,
nehmt wahr, wie die Feuer der Transformation brennen.

Schließt euch zusammen und bildet eine Einheit,
das hat Auswirkungen auf jede Gemeinheit.
Gemeinsam könnt ihr euch am Licht der Liebe orientieren,
und unvorstellbare Kraft und Stärke generieren.
Nichts kann dem auf Dauer standhalten,
es wird sich alles umgestalten.

Durch euren Willen und euer Wirken in Liebe zur allliebenden Quelle,
reitet ihr geschickt auf seiner Energiewelle,
die sich immer höher und mächtiger aufbaut,
bis ein jeder staunend auf sie schaut.

Die Einen werden fortgespült,
und ihr, die ihr mit dem Herzen seht, hört und fühlt,
werdet in einem göttlichen Gnadenakt in die Neue Welt gehoben,
jetzt zu dieser Zeit, es ist unaufhaltsam und wird nicht aufgeschoben.
Ihr habt die Wahl getroffen zwischen Unmenschlichkeit und eurer
mitfühlenden, von der Liebe durchströmten Menschlichkeit,
die, wenn wahrhaft gelebt, euch bringt in eure göttliche Wirklichkeit.
Niemand hat das Recht, in eure Vollkommenheit einzugreifen,
eure DNS zu manipulieren und vom Ursprung abzuschweifen.
Was ihr nicht wollt, dass euch geschieht, das fügt niemals jemand
oder etwas anderem zu,
denn ihr seid die Schöpfer eures Lebens immerzu.
Seid euch dessen bewusst und geht euren Weg ins Licht weiter,
erklimmt somit die Himmelsleiter.

Die äußeren schwierigen Geschehnisse bergen ein unglaubliches
Erkenntnis- und Transformationspotential,
innere Türen öffnen sich, ermöglichen Heilung und eine Erweiterung
des Bewusstseins, es ist genial.
Strebt mit Hingabe an Gott eurer Vollendung entgegen,
und empfangt Seinen, den göttlichen Segen.
Werdet eins mit IHM!

Revolution der Herzen

Im wahrsten Sinne des Wortes wird euer Tun und Handeln erstickt,
damit ihr euch nicht mehr an der vermeintlichen Freiheit erquickt.
Angst und Schrecken sollen eure stetigen Begleiter sein,
und euch kalkuliert zunehmend schüchtern ein.
Sie sollen euch lähmen und unfähig machen, klar zu denken,
denn so seid ihr leichter zu steuern und zu lenken.

Meint ihr wirklich, die sogenannten Eliten und die dahinter Wirkenden
meinen es gut mit euch und euren Lieben,
jene, die aufrufen zu gegenseitigen Hieben?
Jene, welche euch ALLES wollen nehmen,
die seit langem vorgehen gegen die für sie Unbequemen,
die gnadenlos denunzieren und zerstören, jeden, der gegen sie spricht,
die zwischenzeitlich offen propagieren ihre welt-beherrschende Sicht?
Wollt ihr wie die Ochsen unter dem Joch am Zügel gehen
oder wie ferngesteuert auf der Bühne stehen?
Wo ist das Vertrauen in euch selbst, in eure Fähigkeiten,
euch selbst ein Bild vom Geschehen zu machen,
in diesen so bedeutenden Zeiten?
Warum schluckt ihr vorgekautes Futter gespickt mit Gift,
warum glaubt ihr jeder euch vorgegebenen Aussage und Schrift?
Marionettenexperten aus vielen Bereichen haben die Aufgabe, euch zu
verunsichern und in die Irre zu führen,
es ist an der Zeit, dass ihr anfangt, das zu spüren.
Warum hinterfragt ihr nicht selbst und recherchiert,
warum seht ihr zu, wie ihr hintergangen werdet ganz ungeniert?
Die Agenda, die hinter dem Ganzen steckt, liegt offen vor euch,
blickt hin, wacht auf und erkennt den wahren Sinn.
Es braucht jetzt euren Wunsch nach Wahrheit und Erkenntnis,
den Willen, aus euch heraus zu entfalten Klarheit und Verständnis.
Wollt ihr euch unterwerfen und ein Sklavendasein fristen,
nur eine Nummer sein auf irgendwelchen Listen?

Wollt ihr gekennzeichnet und zwangsgeimpft werden, wie es bei den
Tieren schon lange geschieht,
ohne Selbstbestimmung, ausgeliefert, ohne zu wissen,
wie euch geschieht?

Öffnet eure Herzen, und blickt in eure innere Welt,
es ist an der Zeit, dass ihr aus euren Schatten tretet
und ihr euch ihnen stellt.
Verborgenes muss ans Licht, damit es heilen kann,
ihr könnt durchbrechen jeden Bann.
Was ihr in eurem Inneren bewirkt, wird sich auch im Außen zeigen,
wahrlich werdet ihr mit Mutter Erde aufsteigen.
Es ist schwer, große Hürden, auch Krankheit sind zu überwinden,
haltet durch, auch wenn es sich anfühlt wie unerträgliches Schinden.
Wenn ihr es durchschritten habt, wird das Leid weichen,
ihr setzt dadurch auch kraftvolle Zeichen.
Ihr seid keine armen, kleinen, schuldigen Sünder, wie man es euch
möchte glauben lassen,
die ihr Dasein fristen sollen in finsteren Gassen.

Ihr seid die Kinder Gottes, der allliebenden Quelle allen Seins,
mit der ihr seid eins.
Jetzt ist die Zeit des großen Erwachens, das gilt es zu erkennen,
dazu die Transformationsfeuer der Veränderung lichterloh brennen.
Schwere Lasten, Schmerzen, falsche Glaubensmuster und Programme
sind im Begriff, sich aufzulösen,
damit verschwinden können, Blockaden, platzierte Implantate,
Haken und Ösen,
die euch einschränken in eurem Sein.
Es ist wichtig, dass ihr wahrnehmen könnt die Verblendungen
vom falschen Schein.
Dazu braucht es euren Willen, euer Handeln,
damit sich alles kann wandeln.
Einige eurer Menschengeschwister sind euch Schritte voraus
und zeigen den Weg, sodass auch ihr finden könnt Brücke und Steg.

Es braucht Erfahrung und Mut, um Hindernisse zu überwinden
und Stürme zu überstehen,
aus der Angst heraus werdet ihr keine Schritte gehen.
Von großer Bedeutung ist es daher, euch euren Ängsten zu stellen,
und erst einmal die zu überwinden, die am lautesten bellen.
Sie werden geschürt, lähmen euch und halten euch in Gefangenschaft,
so lange befindet sich die Menschheit in dieser Haft.

Es gibt Menschen und Wesenheiten, nicht von dieser Welt,
die aufgebaut haben ein Minenfeld,
deren oberstes Ziel es ist, euch zu unterwerfen oder zu vernichten,
dafür werden sie auf keine Möglichkeit verzichten.
Sie sind wie Parasiten, die sich an niederen Energien laben
und vor nichts irgendwelche Skrupel haben.
Immer wieder inszenierte,
hochgepuschte und vernichtende Ereignisse für sich sprechen,
mit den weitreichenden Folgen wollen sie euch brechen.
Ein nunmehr weltumspannendes Szenario soll euch den Rest geben,
damit ihr in ihre Hände legt euer Leben.
Viele Grausamkeiten mit unvorstellbarem Leid sind am Laufen,
sie ergötzen sich auch an Kindern, die sie töten oder für ihre bösartigen
Spiele missbrauchen und wie Ware verkaufen.

Alles, was euch als Menschen ausmacht, wollen sie zerstören,
die Liebe, das Mitgefühl – davon wollen sie nichts hören.
Was euch Halt und Geborgenheit gibt, wird unterwandert
und immer weiter zersetzt,
unendlich viele Herzen werden schwer verletzt.
Kalt und herzlos verfolgen sie ihre unbarmherzigen Ziele,
und wollen am Leben halten ihre schon lange andauernden
hässlichen Spiele.

Doch es gibt einen Ausweg aus diesem Dilemma,
dieser ausweglos scheinenden Situation,

den, eure Herzen zu öffnen, zu erwachen
und euch zu bringen in Position.

Widmet euch mit Hingabe der Heilung eurer Herzen,
damit gehen können Leid, Kummer und Schmerzen.
Die positive Botschaft ist, die Liebe bahnt sich unaufhaltsam ihren Weg
und alles kommt ans Licht,
durch die stetige Schwingungserhöhung aus der göttlichen Quelle zeigt
ein jeder sein wahres Gesicht.
Große Reinigungsprozesse sind am Laufen, die viele nicht verstehen,
sie können es nicht begreifen und werden andere Wege gehen.
Die Menschheit steht am Scheideweg und es wird abgetrennt,
was nicht der Liebe entspricht, dies geschieht Schicht um Schicht.

Auf jeden Einzelnen kommt es an,
damit der Wandel schreitet weiter voran.
Es braucht euer Mitwirken, euer Durchhaltevermögen
und eure Hingabe an das Licht und die Liebe,
um zu vertreiben diese Energiediebe.

Denn durch die Schwingungserhöhung
es den Dunklen unmöglich wird, sich zu halten,
sie müssen gehen, denn euer ist es, die Neue Welt zu gestalten.

Wohlwollende Lichtgeschwister aus den Weiten des Kosmos
unterstützen euch bei diesen Veränderungsprozessen
und leben die göttlichen Interessen.
Doch wisset, ihr seid es selbst, die euch retten und befreien,
ihr bringt alles zum Wachsen und Gedeihen.

Euer sich weitendes Bewusstsein verleiht euch Flügel
in höhere Dimensionen,
dies zu verwirklichen, wird sich wahrlich für euch lohnen.
Denn ihr klärt und reinigt, durch eure Transformationskraft,
euer Energiekörpersystem,

mit Hilfe eurer Seele könnt ihr höhere Schwingungsfrequenzen
erreichen und lösen jedes Problem.

Ihr kommt nicht umhin, auf euch selbst zu vertrauen,
ein jeder ist richtig und wichtig, wie er ist und darf auf sich schauen.

So wie ihr seid, seid ihr vollkommen,
euch in eurer Göttlichkeit zu erfahren,
seid ihr hier auf Erden gekommen.
‚Sein oder Nichtsein' im Licht der Liebe Gottes ist jetzt
für alle die Frage,
geht es an, nicht irgendwann, sondern dieser Tage.

Ihr werdet euch selbst erkennen lernen als das, was ihr seid,
Seele mit unendlichem Bewusstsein aus der göttlichen Ewigkeit.
Ihr seid Dirigenten, Architekten, seid Schöpfer eures Lebens
und noch viel mehr, eure Liebeskraft kann teilen das Meer.
Es ist an euch, nicht mehr vor euch selbst zu fliehen,
lasst euch nicht in dunkle Abgründe ziehen.

Erhebt euch mit wachem Blick,
und holt euch die wahre Freiheit zurück.

Bittet die allliebende Quelle, Gott um Durchhaltevermögen und Kraft,
er ist allezeit bei euch, mit dem Vertrauen auf IHN ihr es schafft.
Durch die Revolution der Herzen steht eure Befreiung bevor,
Vater-Mutter-Gott wird öffnen das himmlische Tor.
Wie einst in Lemurien wird es wieder sein,
im friedvollen Land des Lächelns,
des immerwährenden Glücks mit hellem Schein.
Kehrt heim in sein Reich, denn ihr seid IHM gleich.

Schlussgedanken

Alles verändert sich durch euch, durch DICH, durch deinen Beitrag, durch dein Handeln, durch deine Heilung zum Guten. Du bist reines göttliches Bewusstsein, Schöpfergott und existierst jenseits der Angst. Jeder Einzelne ist bedeutend, jeder einzelne ist wertvoll, auch du.

Bringe jetzt deine guten Qualitäten, deine Liebe, dein Mitgefühl, deine Unterscheidungskraft und dein Unterscheidungsvermögen in diese Zeit des Wandels ein. Jetzt kannst, sollst und musst du aufstehen, für dich, für deine Heilung und deine Aufträge leben.

Dazu braucht es Mut, Hingabe, Durchhaltevermögen und Gottvertrauen. Vertraust du dir selbst, vertraust du auf Gott, denn ihr seid eins. Erkenne dich, wachse an den Herausforderungen des Lebens und verinnerliche es. Dies ist der Weg, der gegangen werden will, eine Abkürzung gibt es nicht. Er führt ins Paradies.

Alles Gute und Schöne, das deinem liebenden Herzen entspringt, wird Wirklichkeit. Lebe dieses Glücksgefühl, halte die Vision von der im Licht erstrahlten Neuen Erde in Freiheit, Frieden, Freude und nie endender, ewiger Liebe.

Mir wird warm ums Herz, wenn ich daran denke. Wir werden erwartet und sehen uns dort, im lichtvollen Paradies, in der von uns gemeinsam kreierten Neuen Welt. Sie existiert bereits und nichts kann das ändern. Gott ist die Lösung, bleibt in seiner Liebe verankert. Aus der Quelle, durch die Quelle, in die Quelle der Liebe zurück.

Von Herz zu Herz in Liebe und Dankbarkeit

Charlotte

Über Charlotte Deppisch

Charlotte Deppisch ist mit ganzer Liebe Autorin.
Sie lebt mit ihrer Familie in einem kleinen Dorf in Unterfranken. Durch die Geburt ihrer beiden Söhne bekam ihr Leben eine neue Richtung. Sie begann den Weg der inneren Einkehr, den Weg zu sich selbst, den Weg der Erinnerung, den Weg nach Hause, den Weg zu – Gott. Für die Erfüllung ihrer Aufgabe ist ihr klar vorgegeben: Der Öffnung und Heilung der Herzen Beispiel zu sein.
Dafür bringt sie unter anderem lichtvolle Bücher und Schriften zu den Menschen, Literatur, Lyrik, die von der Schwingung der Liebe durchdrungen ist, um sie den Menschen ins Herz zu legen. Jede Aktivität ist auf das Wohl der Menschen und somit auf Wachstum der Gesellschaft in Vertrauen, Achtung, Wahrhaftigkeit und Liebe ausgerichtet.

> *„Meine Bücher sind Wegweiser, sie helfen dabei, Irdisches und Himmlisches leichter verbinden zu können. Beim Lesen werden gewohnte Grenzen überschritten, das schafft die Möglichkeit, dem Himmel immer näher zu kommen. Meine Gedichte helfen beim Erkennen, Aufarbeiten und Loslassen von Themen. Prozesse kommen in Gang. Die Worte transportieren inneres Wissen, sind wertvolle Hilfe und Begleitung auf dem Weg der Erinnerung und Bewusstwerdung und intensiv die Schwingung der Liebe. Sie ist spürbar, wirkt ausgleichend, harmonisierend.*
> *Wenn du dich ihrer transformierenden Kraft öffnest, kannst du erfahren, wie der Zauber jedes einzelnen Gedichtes in dir wirkt und dich zu einer deutlichen Veränderung in deinem Bewusstsein leitet. Die Gedichte können dein Leben verändern, wenn du das möchtest.“*

Bücher: »Vollendung im Licht«
»Im Licht der Vollkommenheit«
»Wegweiser für die Seele«-Trilogie

www.charlotte-deppisch.com

Kapitel 6

Elizabeta Merkec

Liebe Leserin, lieber Leser,
mit meinem Beitrag in diesem wundervollen und hochschwingenden Buch möchte ich dich gemeinsam mit der Geistigen Welt einladen, all deine Zweifel und den Schwermut loszulassen und dich ausschließlich auf das Positive und Gute dieser Welt auszurichten, denn es gibt unendlich viel davon. Doch vor allem möchten wir dich inspirieren, dich auf all das Liebe- und Lichtvolle *in dir* zu fokussieren, und dich dadurch zu stärken und in dieser hohen Frequenz zu festigen. Diese positive Energie überträgt sich dann automatisch auf das Kollektiv-Feld und trägt dazu bei, dass noch mehr Menschen erwachen und dieser globale Prozess unserer Entwicklung beschleunigt wird.

Alles Liebe von Herzen – *Elizabeta Merkec*

Veredelung der Seelenfrequenz

Dass unsere Zukunft lichtvoll wird, das ist gewiss, denn das Licht ‚siegt' immer. Obwohl das Licht nicht kämpft und nicht kämpfen muss, denn es ist in sich vollkommen. In der Vollkommenheit gibt es weder Kampf noch Leid oder Abspaltung. Das Liebe-Licht-Prinzip steht über allem, denn die Göttliche Quelle selbst ist das Ur-Feuer, das Ur-Licht aller Lichter. Somit entspringt auch die Dunkelheit aus dem Licht und existiert nur in den niederfrequenten Erfahrungsebenen als sein abgespaltener Anteil. In der Dualität ist sie nur ein Aspekt des Lichtes und somit kann sie niemals auf die gleiche Ebene oder gar über das Licht gestellt werden. Die Wesen, die sich in der Dunkelheit erfahren, haben also lediglich vergessen, dass sie in ihrem Urgrund auch lichtvoll sind und haben somit eine Erfahrung in der scheinbaren Trennung gewählt. Das Gesetz des freien Willens erlaubt dies. Doch das größere Dilemma ist, dass auch die meisten Menschen vergessen haben, dass sie den Göttlichen Funken in sich tragen, den höchsten Lichtfunken des Urschöpfers selbst, der sie seiner Schöpferkraft bemächtigt. Aus dieser bewussten oder unbewussten Erinnerung heraus kann sich der Mensch über alles Niedere erheben, ohne Kampf und Leid, und die Dunkelheit würde weichen. Doch die Schattenkräfte haben ‚gute Arbeit' geleistet, damit der Mensch lange im Zustand der Vergessenheit, Verblendung und somit kontrollier- und manipulierbar bleibt.

Die gute Nachricht jedoch ist, dass bereits sehr, sehr viele Menschen erwacht sind und sich an das Licht und die Liebe *in sich* erinnern. Und es werden täglich mehr, das Licht ist ein Feuer, ein Lauffeuer, und niemand kann es aufhalten, wenn es mal entfacht ist, denn Licht ist *Bewusstsein*. Unsere Lichtvolle Zukunft wurde also von Anbeginn an besiegelt, jedoch *wie* die Menschheit zu diesem Ziel kommt und wann, kann niemand vorhersagen, denn alles entwickelt sich aus dem Augenblick nach den kosmischen Gesetzen von Ursache-Wirkung und unter dem Gesetz des freien Willens.

So sind wir mitten im Aufstiegsprozess, doch dieser scheint sich länger hinzuziehen, als uns lieb ist. Wie können die bereits erwachten Menschen den Aufstiegsprozess beschleunigen, wenn die Mehrheit der Menschheit aktuell einen Aufstieg bewusst oder unbewusst gar nicht anstrebt, nicht mal an ihn glaubt und ihn sogar aufhält?

Das Bestreben des ‚Großen Ganzen' ist, dass die gesamte Menschheit als Kollektiv gemeinsam aufsteigt, doch dies ist laut der aktuellen Entwicklung auf der Erde eher nicht möglich. Einen weiteren langen Entwicklungs-Zyklus in der Dichte der 3. Dimension wird es nicht geben. So haben sich sehr viele Seelen entschieden, zeitnah die Erde ganz zu verlassen und ihre Entwicklung auf anderen, ihrer Frequenz entsprechenden Ebenen zu vollziehen und somit den Aufstiegsprozess der Erwachten zu erleichtern. Denn wenn es kaum noch jemanden gibt, der dem Lügenkonstrukt der Scheinmächtigen glaubt und folgt, wird es ein Leichteres für die Erwachten sein, sie von ihrer Macht zu stürzen. Somit wären diese dunkelorientierten Seelen dann endlich ebenfalls von ihrem Auftrag erlöst und könnten diese Ebenen verlassen. So würde unser gemeinsamer, vor knapp 19.000 Jahren geschlossener Vertrag endlich erfüllt und aufgelöst werden. Somit würden wir auch einen erneuten großen Untergang der Menschheit, wie damals in Atlantis, verhindern.

Das Dunkle zu erkennen und zu besiegen, und es gleichzeitig als einen gleichwertigen Anteil unseres Ur-Schöpfers zu erkennen und ebenso zu lieben und nicht zu verurteilen, ist unsere größte Prüfung, auf deren Basis der gemeinsame Vertrag mit den dunkelorientieren Wesen zustande kam. Ihren Gegenpart in diesem Abkommen haben sie prima erfüllt, indem sie uns dabei mit all ihren dunklen Machenschaften in allen vergangenen Epochen gedient haben. Und wir? Auch wenn die meisten von uns als Menschheitsfamilie, mit den Tierseelen, Naturwesen und der Erde selbst gemeinsam aufsteigen, findet der eigentliche Aufstieg als erstes in einem *jeden selbst* statt. Dies sind unsere nächsten Schritte. Wir sind wirklich auf einem sehr guten Weg, bestätigt uns die Geistige Welt. Doch es braucht noch viel Selbstreflexion, Erkenntnis, Willen, Vertrauen, Mut und Umsetzung. Nur spirituelle Bücher lesen, meditieren, Seminare besuchen und über den Aufstieg zu reden oder ‚Querdenker' zu sein, reicht nicht aus. Es braucht mehr, viel mehr. ***Das höchste Ziel beziehungsweise die einzige ‚Freikarte' durch die Tore in die 5. Dimension ist die verinnerlichte und gelebte, allumfassende Liebe.***

Wie das Wort schon beschreibt, grenzt die Liebe nichts und niemanden aus. Sie umfasst einmal uns selbst, unseren Körper und alle Umstände im eigenen Leben, und *alle* verkörperten und nicht verkörperten Wesen und Bewohner unseres Planeten. Ebenso unsere geliebte Mutter Erde selbst. Natürlich auch alle Wesen darüber hinaus, denn wir alle sind auf der Seelenebene alle miteinander verbunden, wir sind All-Eins, egal in welchem ‚Eck' des Kontinuums sich eine Seele erfährt. Diese Erkenntnis will in allen Facetten gelebt werden. Doch wir bleiben erstmal auf der Erde, unserer mächtigen und doch so geduldigen Gefährtin, einem der größten Schulungsplaneten in unserer Galaxis.

„Liebe ist nicht nur eine Empfindung jemandem oder etwas gegenüber – sie ist das korrekte Handeln gegenüber allem, das man behauptet zu lieben.“

Was bedeutet nun ‚Veredelung der Seelenfrequenz‘ und warum sind wir aufgefordert, dieses hohe Ziel anzustreben? Weil eine Seele ohne die Transformation all ihrer niederen Anteile nicht heilen und in eine höhere Ebene aufsteigen kann. Wie erkennen wir denn nun all unsere niederen Anteile? Diese Erkenntnis zu erlangen ist natürlich ein Weg, den wir alle gehen. Und theoretisch hätten wir ‚alle Zeit der Welt‘, um in unserem Tempo zu lernen und die Prüfungen zu bestehen. Und diese Zeit wird in der Regel auch jeder Seele gewährt, doch nun nicht mehr im aktuellen Aufstiegsprozess auf der Erde. Vor allem, da die alte Zeitlinie der 3. Dimension dabei ist, sich aufzulösen und diese Realität nach und nach schwindet, bleibt also buchstäblich *keine Zeit mehr*. Doch auch die parallele Zeitlinie, die auf die 5. Dimension zusteuert, wird es nicht mehr lange geben, denn sie ist lediglich eine vorübergehende Brücke. So ‚drängt die Zeit‘ nach Transformation auch für die spirituell erwachten Menschen, doch das Ego von den meisten von uns redet uns ein, *wir seien schon so weit.* Wie können wir erkennen, wo wir stehen und dass wir noch nicht so weit sind?

Da ist an erster Stelle die Selbstreflexion und die Selbstschulung, ungetrübt und unbeeinflusst vom Ego zu erkennen, welche Gedanken entspringen der niederen Mentalebene oder einem Gedankenmuster, das wir selbst erschaffen haben, und welche Gedanken entspringen dem wahren Selbst eines Menschen, Schöpfungen aus der Geistigen Ebene des Seins, dem Gottselbst. Denn mit unserem Gedankenkonstrukt, gleichgültig niederer oder hoher Frequenz, erschaffen wir unsere Realität – die persönliche und die globale. Hierzu braucht es höchste Verantwortung. Das Ego braucht nicht bewertet zu werden, weder als gut oder als schlecht. Es ist einfach ein Wesen der 3. Dimension, erschaffen, als die Menschheit in die Vergessenheit fiel, um uns dabei dienlich zu sein zu überleben. Es wurde überwiegend geprägt durch Ängste und Ohnmacht, doch auch durch Wissen und Macht. Seine ‚Spezialitäten‘

sind, je nachdem, was es in all den Leben erlebt hat, Vorsicht, Misstrauen, Zweifel und viele sonstige destruktive Gedanken, jedoch auch Stolz, Hochmut und Trotz, um nur einige Beispiele zu nennen. Auch das sogenannte ‚spirituelle Ego' bleibt Ego, denn der erwachte Mensch, der seine Spiritualität verinnerlicht hat und lebt, hat die Fähigkeit, seine Gedankengänge zu durchschauen und sich über die niederen zu erheben. In die 5. Dimension können wir das Ego als solches nicht mitnehmen. Entweder wird es sterben und seine Restenergie wird ‚recycelt', oder es transformiert sich mit der Seele und wird als ihr neuer Aspekt mitintegriert. Und welche Rolle spielen hierbei unsere Emotionen? Eine sehr, sehr große. Denn die Emotionen, die unseren Gedanken folgen beziehungsweise an den jeweiligen Gedanken gebunden sind, sind die Magneten, die die Begebenheiten im Außen anziehen. Die Gedanken sind also das Feuer, der elektrische Aspekt, und die Emotionen dazu sind das Wasser, der magnetische Aspekt eines Resonanzfeldes, das wir sodann erschaffen – ein *elektromagnetisches Resonanzfeld*, aufgeladen mit unserer Lebensenergie, folgt uns ausnahmslos und strebt danach, sich zu erfüllen. Solche Resonanzfelder dienen uns dazu, unsere Realität zu erschaffen und durch das Erleben verschiedener Realitäten Erfahrungen zu sammeln und zu wachsen. Somit wird Glaube zur Überzeugung, die Überzeugung wird zur eigenen Wahrheit und diese Wahrheit wird dann Realität.

So ist es unabdingbar, allzeit die eigenen Gedanken und Emotionen zu überwachen und sich zu prüfen, ob man wirklich das Gedankenkonstrukt manifestieren will. Somit erinnern wir uns ebenfalls an unsere Fähigkeit, selbst zu bestimmen, wie wir uns fühlen, statt einer emotionalen Achterbahn ausgeliefert zu sein. Jeder von uns kann jeden Augenblick entscheiden und neu bestimmen, wie er sich fühlt. Wenn wir auch die Verantwortung für unsere Emotionen übernehmen, können wir aufhören, uns als Opfer zu fühlen. Wir akzeptieren dann die selbstkreierte Lebenssituation und wandeln sie liebevoll um in die bestmögliche, die wir uns wünschen. Und auch dies verlangt starke innere Aufmerksamkeit und Selbstschulung und diese Schulung ist unvermeidlich auf unserem Weg des Aufstiegs.

Zwar bekommen wir sehr viel Unterstützung auf unserem Weg durch die Geistige Welt, doch die Veredelung unseres Charakters und somit unseres Wesens dürfen wir selbst vollziehen. Wir dürfen auch verinnerlichen, dass wir bei unserem Aufstieg die Erde nicht verlassen werden. Nein, wir bleiben auf der Erde und erschaffen (wieder) das Paradies *auf ihr.* So wie wir einst *aus* dem Paradies, das bereits herrschte, abgestiegen sind in die Dunkelheit und Dichte. Wir bleiben in unseren Körpern und steigen mit ihnen auf. Diesmal vollzieht sich die Erhöhung in die nächsthöhere Dimension auf diesem Weg. Wundervoll, nicht wahr?

So geht es bei unserem Aufstieg um die *stete Erhöhung unserer Schwingungsfrequenz,* sowohl feinstofflich als auch grobstofflich, also zellulär. Diese Schwingungsfrequenz wird natürlich auch noch durch äußere Faktoren beeinflusst und zwar massiv. Höchst sensibel durch jegliche Art von Konsum, einmal auf der geistigen Ebene, also was wir uns anschauen, was wir lesen, welche Informationen und Bilder wir in unser Bewusstsein aufnehmen, und den Konsum auf der Getränke- und Nahrungsmittelebene, sowie auf der Ebene der pharmazeutischen Versorgung. Es ist ebenso unabdingbar, ganz genau zu prüfen und zu erspüren, ob das, was wir zu uns nehmen natürlich, rein, frei, fair, lichtvoll beziehungsweise nicht auf Leid jeglicher Art aufgebaut oder entstanden ist.

Alles, was wir zu uns nehmen, ist eine Information und diese hat eine Eigenschwingung. Und jede dieser Schwingungen wird sodann in unsere(n) Körper aufgenommen und *muss* ‚verstoffwechselt' werden. Diese Informationen und Frequenzen formen dann unsere Zellen, unsere Organe und unser Emotions- und Gedankengut. Wir können keine reinen, licht- und liebevollen Gedanken und Emotionen, und einen gesunden Körper und eine intakte Aura haben, wenn wir regelmäßig etwas Niederfrequentes und gar Leidvolles in uns aufnehmen. Das ist langfristig unmöglich und spiegelt weder unsere Selbstliebe noch die Nächstenliebe, weder nach innen noch nach außen. Hier sind wir ebenfalls stark aufgefordert, uns gründlich zu prüfen.

Die Bedeutung der Sonne für uns in dieser Zeit

In dieser ganz besonderen Zeit, zu Beginn unseres finalen Aufstiegsprozesses, spielt unsere Sonne und das Wesen, das sie beseelt, eine ebenso ganz besondere Rolle für die Menschheit und unsere spirituelle Entwicklung. Zu all den bereits lebensspendenden Energien, von denen alles Leben auf der Erde gespeist wird, übernimmt unsere Sonne eine zusätzliche Aufgabe, um uns bei unserer geistigen Entwicklung und Rückanbindung an unser wahres Göttliches Sein zu unterstützen. Die Göttliche Quelle selbst, die Ur-Zentralsonne, sendet der Menschheit auf der Erde in regelmäßigen Abständen ihre Liebe und ihr Licht. Diese höchste Frequenz allen Seins und in unseren Worten nicht beschreibbare Lichtfeuerkraft, ist jedoch für uns so nicht integrierbar. So wird diese Energie nach und nach, indem sie über mehrere Zwischenstationen umgewandelt und ‚moduliert' wird, der Menschheit ihrer Frequenz angepasst. Diese ‚Göttliche Frequenz' kommt in Form von Energie-Wellen auf die Erde, die in der Schwingung der 5. Dimension auf jeden einzelnen von uns einströmt. Der Weg der Modulation dieser Energie führt über andere, in ihrer Größe und Schwingung unbeschreiblich hohe Sonnenwesen, bis zur Zentralsonne unserer Galaxis, weiter von Sonne zur Sonne durch die verschiedenen Dimensionen schließlich zu unserer Sonne.

Damit wir diese hohe, reine, schöpferische, unendlich liebende und höchst heilsame Energie in uns aufnehmen können, *müssen* wir unsere eigene Frequenz nach ihr ausrichten, sie auf dieses höchste Gut einstimmen. Das bedeutet in erster Linie, alle Störfaktoren aus all unseren Körpern und unserem Leben zu beseitigen. Da wir durch gewisse Negativmächte in regelmäßigen Abständen, (mittlerweile nahezu täglich) ebenfalls ‚bestrahlt' werden, ist dies eine Herausforderung für uns. Gifte, Schwermetalle, Viren und schädliche Chemikalien aus den Flugzeugen (Chemtrails) und die künstliche Sonnenverdunkelung, HAARP-Wellen, Mobilfunk/5G, WLAN, Radiowellen, Mikrowellen, Wettermanipulation, um nur einige Beispiele zu nennen, sind massive Störfrequenzen für unser gesamtes feinstoffliches Feld, unsere Aura und natürlich für unseren physischen Körper. Die Geisteskraft wird gedrosselt und gestört und die Emotionen werden niedriggehalten. Unerklärliche Symptome und Unwohlsein sind die beginnenden Folgen. Je stärker das Göttliche Licht zu uns einfließt, desto stärker arbeiten die Dunkelkräfte dagegen. Für diese Störfelder können wir theoretisch nichts dafür. Wir haben zwar vor langer Zeit solchen Experimenten unbewusst zugestimmt, so tragen wir einen Teil der Verantwortung dafür mit. Doch in der aktuellen Ist-Situation sind wir diesen Angriffen scheinbar ausgeliefert – jedoch tatsächlich nur scheinbar, doch mehr dazu später.

Außerdem kommt unser eigener Konsum dazu und hierfür tragen *wir* die volle Verantwortung. Alkohol, Nikotin und andere Drogen, Fleisch und tierische Nahrungsmittel, Genussmittel wie Zucker, Kaffee, Weißmehl, Glutamat, Aspartam und alle sonstigen chemischen Zusatzstoffe, Parfüm, Haarspray, konventionelle Kosmetik, Medikamente, Narkose/Betäubungsmittel, Impfungen und leider noch vieles mehr – haben eine zutiefst niedrige Frequenz, die ihre Konsumenten wiederholt in diesen niederen Energien gefesselt halten. Die meist späten, erstmal unsichtbaren Auswirkungen und Folgen der Gifte in den meisten Substanzen kommen noch dazu. Sie vernebeln den Geist und verhindern die vollkommene Öffnung des Herzens.

Auch von vielen bereits spirituell erwachten Menschen werden noch viele der genannten Substanzen und Nahrungsmittel konsumiert und das dunkle System der Negativmächte wird somit unbewusst weiterhin unterstützt und unser Aufstieg gebremst. Alleine schon der nahezu dauerhafte Handy-Einsatz sorgt für ständige Störfrequenzen und Verzerrungen in unserem ursprünglich so schönen und intakten Energiefeld. Vor allem jedoch sind unsere Kinder die Leidtragenden, denn die meisten von ihnen inkarnieren jetzt mit einer intakten, hochschwingenden Eigenfrequenz und einer intakten 12-Strang-DNS. In so einer Reinheit werden sie von Anbeginn ihres Lebens oft massiven Störfrequenzen ausgesetzt, nicht nur von außen, sondern auch seitens der Eltern.

Doch mit Abstand die dunkelste Substanz, die aktuell an die Menschen verabreicht wurde und wird, ist die scheinbare C-19-Impfung.

Die daraus möglichen negativen, körperlichen und seelischen Folgen für die Menschheit kann man mit Worten nur schwer beschreiben. Doch selbst solches könnte noch umgewandelt werden, wenn wir unter anderem bereit sind, Illusion von der Wirklichkeit zu unterscheiden, das Lügenkonstrukt zu durchschauen und für die eigene Wahrheit einzustehen. Wenn wir uns wünschen, dass die Erde und die Menschheit heilen, dann können wir nicht gleichzeitig die dunkeln Machenschaften und ihre Produkte unterstützen. Jeder von uns, der das niedere System noch in irgendeiner Art und Weise nutzt, hängt dort mit drin und sorgt dafür, dass es bestehen bleibt.

Wenn wir offen für hohe und lichtvolle Erkenntnisse und bereit sind, all dieses Wissen umzusetzen, werden wir es alle schaffen, uns von schädlichen Einflüssen zu befreien und unsere Körper in eine lichtvolle und all-liebende, hohe Schwingung zu erheben. Wenn wir bereit sind, unser Leben wirklich zum Positiven zu verändern und wahre Heilung auf allen Ebenen zu erfahren, dann *müssen* wir bereit sein, unsere alten, gewohnten negativen Verhaltens- und Konsummuster aufzugeben, und zwar ganz.

Es gibt so viel Schönes und Gutes auf dieser Welt, das wir pflegen und leben können. Wenn wir unsere hohe geistige Frequenz, unsere alles-liebende Herzfrequenz, unsere mentale, emotionale und unsere zelluläre Frequenz auf das Höchste ausrichten und sie in die reine und lichtvolle Schwingung bringen, dann können wir die Göttlichen Heilfrequenzen zu 100 Prozent empfangen und integrieren. Wenn wir dann in dieser hohen Eigenfrequenz schwingen, sind wir für die Dunkelmächte unerreichbar und ihre Störfrequenzen können unserem intakten und geschützten Körper und unserer Aura nichts anhaben.

Wenn wir vollkommen heilen wollen, dürfen wir alles Unheilbringende aus unserem Leben entlassen. Somit kann unser vollkommen reines und all-liebendes Herz die Tore in die höhere Dimension dieser Welt ganz leicht öffnen und sie durchschreiten.

Der Sinn deines Daseins in dieser Zeit

Botschaft von Saint Germain:

„ICH BIN, der ICH BIN, und ich grüße euch, meine geliebten Menschen der Erde, des Lichtes und der Liebe. Welch eine wundervolle Zeit, findet ihr nicht auch!?

Wo steht ihr nun? Wo stehst du, geliebte Seele? Gehe einen Moment in dich, ganz tief... und fühle... wo auf deiner Wunschskala deiner spirituellen Entwicklung deines Aufstiegs stehst du? Analysiere ein wenig deine Entwicklung, ohne über dich zu urteilen oder zu werten. Sei ehrlich zu dir. Ich will dich ermutigen herauszufinden, wohin du, deine Seele, genau hinwillst. Dies ist eine sehr geeignete Zeit, um sich zu besinnen und um sich zu reflektieren, zu schauen, ‚wo stehe ich – will ich hier stehen (bleiben) – und wo will ich hin?'

Hättest du dir diese Auszeit auch so genommen? Oder hättest du davon geträumt und es dir für irgendwann vorgenommen. Es ist JETZT und aus dem JETZT hast du die große Chance, dir bewusst zu werden, was der Sinn deines Daseins genau jetzt und hier auf diesem Planeten ist. Warum bist du hier? Du hast eine Aufgabe und es ist keine kleine. Werde dir dessen bewusst und strebe danach, falls du sie noch nicht gefunden oder erkannt hast, sie zu erkennen, zu leben und diese einzigartige, wunderbare Lebensaufgabe zu erfüllen. Jetzt! Nicht später, nicht, wenn die Welt aufgestiegen ist, nicht im nächsten Leben, sondern JETZT!

Sage ‚Danke Corona, für diese wundervolle Chance, mich zu besinnen und in die richtige Richtung zu orientieren. Danke, dass du endlich diesen langersehnten globalen Wandel eingeleitet hast. Danke, dass durch dich die Scheinwerfer des Lichtes nun auf die Schatten und dunklen Machenschaften gerichtet sind und die Wahrheit endlich ans Licht kommen und transformiert werden kann. Danke, dass du die schlafende Menschheit erweckst und ihnen ermöglichst, hinzuschauen und zu handeln. Danke, dass du die Geschichte der Erde neu schreibst. Danke, dass ich dabei bin bei diesem Ereignis, das in die Geschichte des

Universums eingehen wird. Danke, dass ich hier und jetzt dazu beitrage, dass diese einst wunderbare und heile Welt wieder ein lichter Ort der allumfassenden Liebe wird.'

Ja, geliebtes Wesen, ohne dich wäre das nicht möglich, also werde dir dieser Verantwortung bewusst und handle entsprechend. Wenn du jetzt aber da sitzt und mir sagst, ‚aber ich weiß nicht, was ich tun soll, ich kenne meine Lebensaufgabe noch nicht', dann sage ich dir, gehe in die Stille... in die Stille deines Herzens. Dort ist alles verankert, was du mitgebracht hast. Dort liegt alles abholbereit, was entscheidend und wichtig für dich ist. Dort ist dein Wegweiser. Suche nicht im Außen, dort herrscht oft Verwirrung und egozentrisches Denken. Über dein Herz findest du den wahren Zugang zu allem, was du brauchst. Lerne, diesen Zugang richtig zu begehen und zu nutzen. Tue dies täglich. Suche dir, wenn, dann Menschen, die dich darin unterstützen. Suche Gleichgesinnte, potenziert eure positiven Kräfte und sendet sie in die Welt hinaus, sie braucht es jetzt mehr denn je.

Fange mit einem kleinen liebenden Gedanken an... gib diesen weiter an dein Bauchgefühl, deine emotionale Zentrale... und dann an dein Herzzentrum... und dehne dich mit diesem Liebesfunken ganz weit aus und strahle mit deinem liebenden Licht in die Welt. Dann sprich Worte der Liebe und des Mitgefühls, sei hier ganz achtsam mit dir. Stelle dir vor, Geld würde keine Rolle in deinem Leben spielen, du hättest unerschöpflich viel davon. Was würdest du tun? Welchen (Liebes-)Dienst würdest du mit deinem Tun der Welt erweisen? Welche Tätigkeit erfüllt dich zutiefst, so, dass dein Herz sich augenblicklich weitet, wenn du nur daran denkst?

Wenn du glaubst, du kannst es noch nicht erkennen, dann suche in dir. Und wenn du glaubst, du hast noch keinen Zugang zu dir und deinem Herzen, dann suche dir Menschen, die ihn haben und lass dir zeigen, wie du ihn erlangst.

Wenn du deine Lebensaufgabe bereits erkannt und gefunden hast, dann lebe sie augenblicklich, ohne Wenn und Aber. Folge dieser Wahrheit und alle Türen und Tore werden sich dir öffnen, denn das tun sie im-

mer, wenn es deine Bestimmung ist. Wenn nicht, dann liegt es höchstwahrscheinlich an deinem Zweifeln und dann bist du noch nicht bereit dafür. Dann suchst du nach Rechtfertigungen wie, ‚die Zeit ist noch nicht reif' oder ‚ich kann noch nicht davon leben', und, und, und...

Die Zeit ist reif – JETZT.
Vergiss nicht, wer DU BIST und erinnere DICH, du hast viele Helfer an deiner Seite, einmal unmittelbar durch deine Geistführung und deine Geistfamilie. Und erinnere dich an uns, die Lichtkräfte, deine Sterngeschwister, die in Heerscharen auf und um die Erde wirken und helfen. Wir sind nur einen Schleier hauchdünn von dir entfernt und fordern dich auf, durchbrich auch du diesen Schleier, du hast alle Werkzeuge dafür, werde dir ihrer bewusst und benutze sie.

Geliebtes Wesen, auch ich war einmal als Mensch verkörpert und weiß um die Hürden und scheinbaren Schwierigkeiten. Schau, ich habe sie bemeistert und den Schleier durchbrochen. Warum glaubst du, du kannst da nicht? Ich sage dir, du kannst es – und du wirst es. Ich stehe dir stets zur Seite. Rufe meinen Namen, denke an mich, und ICH BIN da.

Und nun mache dich bereit, für den Aufstieg.

Licht und Liebe und Gottes Segen sendet euch Saint Germain."

Alle Wesen sind Licht

Botschaft von Elohim Lumina:

„Seid gegrüßt, Menschen des Lichtes und der Liebe. Was für eine Freude zu euch sprechen zu dürfen, ich bin Lumina, die Lichtvolle.
Ja, ich habe mich für das Licht entschieden, obwohl ich seit jeher Licht bin. So wie wir alle. Dort, wo ihr euch noch erfahrt, haben sich viele Wesen scheinbar für die Dunkelheit entschieden. Stellt euch vor, ihr spielt ein Spiel, in dem ihr mal ein ‚böses' Wesen sein wollt und ihr merkt, es macht euch Spaß. Und so spielt ihr das Spiel so lange und intensiv, bis ihr längst vergessen habt, dass es ein Spiel ist – ihr identifi-

ziert euch mit eurer Rolle und glaubt irgendwann, ihr seid wirklich diese Person und was ihr tut, ist richtig und gut. Was müssten demnach eure Brüder und Schwestern, eure Freunde und Gleichgesinnte des Guten tun, um euch zu helfen, euch wieder an das Licht, das ihr seid, zurückzuerinnern? Euch beschimpfen, verurteilen, ablehnen und hassen? Oder euch Zuwendung, Mitgefühl und Liebe zukommen lassen?

Ihr wisst, dass alles, was existiert, ein Bewusstsein hat und somit eine bestimmte Frequenz. Ja, alles. Und jeder. Jede Wesenheit und auch jeder Gegenstand. Denn alles, was existiert, kommt aus dem Herzen der Ur-Quelle allen Seins. Jedes Atom, jedes Photon schwingt und hat ein Bewusstsein. Es gibt keinen ‚leeren' Raum, denn dieser ist mit dem Göttlichen Geist gefüllt – nein, er besteht aus dem göttlichen Geist, dem ewigen unendlichen Bewusstsein. Alles ist immer ein Teil(chen) des ‚Großen Ganzen'. Und das Große Ganze IST reines, ewiges, unendliches und vollkommenes Bewusstsein. Was seid ihr dann, wenn auch ihr ein Teil des Großen Ganzen, der Quelle seid?

Die Menschen sind (wieder) auf dem Weg der Erinnerung und der Rückverbindung. Was den meisten noch fehlt, ist einmal die Erinnerung an ihr wahres Selbst und daran, dass nichts und niemand voneinander getrennt ist. Trennung herrscht nur im Ego, die Seele ist ALL-Verbundenheit, denn sie weiß in ihrem Ur-Funken, wer sie ist und woher sie kommt. Nichts und niemand kann also verlorengehen, denn nichts existiert außerhalb von Allem-Was-Ist. Wir, die dies wissen und nach den Ur-Gesetzen leben, möchten euch immer wieder daran erinnern, denn in diesen Zeiten der globalen Veränderung, die auf eurem wundervollen Planeten im Gange ist, ist es nun von höchster Priorität, dass ihr dies verinnerlicht und lebt. Ein Großteil der Bevölkerung eures Planeten lebt immer noch in Vergessenheit dessen und deshalb herrschen noch Kriege und Gewalt, also Vergessenheit und Trennung. Sobald sich jeder daran erinnert, dass wir alle Brüder und Schwestern des Lichtes sind, wird es Einheit geben, denn sie ist ein Ur-Gesetz.

Ihr Lieben, es ist wichtig, dass ihr, die das bereits wisst und lebt, es allen anderen vorlebt. Urteilt nicht über die anderen, denn die ANDEREN sind ein Teil von Euch. Und achtet allzeit auf eure Gedanken, Emotionen und Worte, doch vor allem, wenn ihr eine negative Nachricht hört oder seht. Bedenkt in jeder Situation: Energie folgt der Aufmerksamkeit! Wenn ihr von Menschen hört, die anderen Menschen und Wesen Gewalt antun, sollt ihr genau diesen Menschen eure höchste Liebe und euer Mitgefühl senden – nur so kann es sich wandeln.

Geht in euer Herz und fühlt – diese Wesen sind vom Göttlichen Weg des Lichtes und der Liebe abgekommen und wenn ihr und viele andere diesen Menschen ihre Energien der Verurteilung, der Schuldzuweisung, der Wut, des Hasses, der Ablehnung und so weiter schicken, dann erniedrigt ihr einmal eure eigene Frequenz und ihr geht in Resonanz mit diesen niedrigen Ebenen. Zum anderen wird das Feld der Gewalt durch das, was ihr ihnen an Gedanken und Emotionen zukommen lasst, um Vielfaches verstärkt. Und zuletzt – es werden die Energien, die ihr aussendet, früher oder später vervielfacht wieder zu euch zurückkehren, denn dies ist ebenfalls ein Gesetz. Energie geht nie verloren, sie erreicht (im besten oder im schlimmsten Fall) ihr Ziel und kehrt potenziert wieder zu ihrem Ursprung zurück. Ihr seid dieser Ursprung.

Wundert ihr euch manchmal, wieso es euch plötzlich schlecht geht? Beobachtet und reflektiert in Zukunft stets eure Gedanken, Gefühle und Worte. Wenn ich euch also sage, sendet Mitgefühl und Liebe aus, dann wisst, dass diese ebenso starken Energien einmal das Gewaltfeld transformieren werden und zum anderen werden sie vervielfacht zu euch zurückkehren und euch höherschwingen lassen. Wählt auch eure Worte bedacht, jammert und klagt nicht und sprecht nicht über Gewalt und Leidvolles – ihr schwingt dann sehr niedrig und diese dunklen Energien potenzieren sich und schaden euch. Wenn ihr manchmal keine Worte oder Gedanken der Liebe finden solltet, dann bleibt neutral. Somit schadet ihr weder euren Mitmenschen noch euch selbst. Achtet vor allem bewusst auf eure Emotionen, denn sie sind der Verstärker von allem, was ihr denkt und sprecht und sie sind der Magnet für das energetische Bumerang-Prinzip.

Seid gewiss, das Negative wird sich wandeln, es ist unumgänglich. Jeder einzelne von euch trägt aktiv oder passiv dazu bei – positiv oder negativ – ihr entscheidet selbst jeden Augenblick. Habt Geduld und Gewissheit, die Erde erhöht ihre Frequenz und sie will ihre lieben Geschwister mitnehmen. Wer sich dagegen entscheidet, wählt den schmerzhafteren Weg, doch der Aufstieg ist für alle unumgänglich. Bitte gebt die Verantwortung nicht an die Geistige Welt und die ‚anderen' ab – seid euch bewusst, der Aufstieg geschieht als Allererstes in jedem einzelnen selbst. Werdet dem Licht gerecht, das ihr seid! Das Dunkle wird sich auch bald wieder erinnern, dass es Licht ist. ***Denn alle Wesen sind in ihrem Kern die höchste Frequenz des Lichtes und der Liebe.***

Licht und Liebe sendet euch Lumina."

Der stärkste Schutz

Botschaft vom ‚Hohen Rat':

„Geliebtes Kind des Lichts, wie oft bist du gekommen als Mensch und wie oft bist du gefallen und verfallen der Dunkelheit, hast vergessen wer du bist... Doch deine Seele ist alt und weise, sie hat sich stets erinnert an den Ursprung, an ihr wahres Sein, nie getrennt von der Quelle, nie allein.

Du hast dich oft erinnert, doch es war nicht immer leicht, die Wahrheit ans Licht zu bringen. Denn manche wollen nicht, dass die Wahrheit ans Licht kommt. Manche haben zutiefst vergessen, wer sie sind, woher sie stammen und wohin sie zurückkehren werden. Sie wollen sich nicht erinnern, sie wollen die Schleier der Verblendung aufrechterhalten. Sie verdrängen die Wahrheit, verdrängen das Licht, denn sie wissen, dass es jene gibt, die um das Licht wissen.
Das Spiel ist zu Ende, wenn sich alle ihrer selbst erinnern und ihr werdet euch erinnern. Bis dahin ist es noch ein Weg, doch diesmal ist es ein erleuchteter Weg, denn es ist die Zeit gekommen, in der wir, die es geschafft haben, aus den Fesseln der Illusion auszusteigen, euch vermehrt

unterstützen werden, denn auch wir wollen weiterkommen und unsere Brüder und Schwestern ins Licht holen. Jeder ist in seiner Welt der Schöpfer seines Lebens, die geistigen Urgesetze gelten überall im gesamten Universum. Doch es war nicht ‚geplant', dass euch Menschen so viel Dunkles widerfährt. Ihr seid fast am Ende eurer Kräfte, ihr seid erschöpft und ausgebrannt, doch es lohnt sich weiterzugehen, denn das Ende der Dunkelheit ist nahe. Eure Ebenen der Erfahrung, in der die Illusion der Zeit euer Vorwärtskommen und eure Entwicklung zu beherrschen scheint, machen es euch schwer durchzuhalten und zu vertrauen, dass es nicht mehr lange dauert, bis sich das Negative wandelt, ihr aufatmen könnt und Erfolge seht – nicht nur bei euch selbst, sondern auch im globalen Geschehen.

Die Welt ist im Wandel, das ist gewiss – alte Mauern, Überzeugungen und scheinbare irdische Gesetze werden fallen und die Ur-Wahrheit wird ans Licht kommen. Lebt die Liebe, denn Liebe ist **Alles-*Was*-Ist** *– alles und jeder entspringt aus derselben Quelle und wird früher oder später wieder mit ihr verschmelzen. Die Liebe erinnert sich stets ihres Selbstes, denn sie* **ist** *die Essenz allen Seins.*

Es gibt Wesen, die sich so weit von der Urquelle entfernt haben, dass sie glauben, sie haben die Liebe in sich ausgelöscht. Und sie wollen sie in anderen Wesen auslöschen und sie an die Vergessenheit binden. Es gab sie damals in Atlantis und es gibt sie auch heute, die Versuche, Wesen des Lichtes zu manipulieren, zu unterjochen und zu versklaven. Doch das Licht kann niemals ausgelöscht werden, denn das Licht IST. Ihr habt in den vergangenen Epochen viel Grauen erfahren, doch euer kristalliner Ur-Funke konnte und kann niemals erlöschen.
Denkt nicht zurück, fokussiert euch auf das Jetzt, auf alle positiven Eigenschaften und Fähigkeiten, die ihr besitzt. Bleibt allgegenwärtig in der Allumfassenden Liebe.

Die Liebe, gepaart mit der reinsten und lichtvollsten Geisteskraft, ist die stärkste Macht im gesamten ‚Alles' und somit auch euer stärkster Schutz.

Licht und Liebe, WIR SIND ALL-EINS."

Ein neues Licht wird geboren

Botschaft von Jesus:

„ICH BIN das Christuslicht und ich bringe den Segen und die Liebe des Vaters, des All-Einen. Gegrüßt seid mir, meine Freunde, ICH BIN Jesus, der Christus. Alle Jahre wieder wird nach mir verlangt, es wird ein Fest gefeiert zu Ehren meiner Geburt. Das ist wahrlich wundervoll, denn ihr alle seid euch in dieser Zeit gewahr, dass es eine Liebesmacht gibt, die mit nichts auf der Erde in eurer Dimension vergleichbar ist. Eine Macht, die alles heilt, eine Weisheit, die alles durchdringt und eine Liebe, die alle Herzen erfüllt, die alles höherschwingen lässt. Die einen von euch feiern bewusst und wissentlich, die anderen scheinbar unbewusst und suchend, jede Seele kennt die Wahrheit, doch ist manchem nur der Zugang noch nicht gewährt. Dies, meine Lieben, ist nicht mehr lange so, denn wie ihr fühlt und wisst, sind die Zeiten im Wandel und alles in und auf der Erde erfährt die totale Transformation. Habt keine Angst, es kann euch nichts geschehen, seht in allem, was geschieht, meine liebende Hand, die ich euch reiche und so dürft ihr eure liebenden Hände weiterreichen an die, die noch blind im Dunkeln tappen.

Weitet euer Herz, denn dort liegt der Schlüssel zur höchsten Wahrheit, zum höchsten Frieden und zur größten und stärksten Liebe. Nehmt meine Hand in Zeiten des Umbruchs, wenn Vieles zu zerbrechen vermag und das Neue noch nicht sichtbar ist. Seid mein verlängerter Arm und wirkt und verbreitet höchstes Licht der Wahrheit. Es wird euch niemals im Stich lassen, wenn ihr den Weg des Lichtes nicht verlasst. Ihr seid der Segen der Neuen Zeit, ihr seid genau zu diesem Zeitpunkt hier auf der Erde, weil ihr gebraucht werdet und euch freiwillig und bewusst dafür entschieden habt. Erinnert euch, schwere Zeiten gab es schon immer in den letzten Epochen, doch ich habe euch niemals verlassen. Ich bin der verlängerte Arm des Vaters und ihr alle seid das ebenfalls – nur in einer anderen Form und Dichte. Euer wahres Sein trägt das gleiche Licht wie meines – und somit das des Vaters. Dieses Licht ermächtigt euch zu großen Handlungen und großer Heilkraft. Dieses Licht ist unsterblich und vollkommen. Schöpft es aus euch und bringt es zu jedem, der euren Weg kreuzt. Bringt es in alles, was ihr tun wollt. Dann wird es immer eine gute und vollkommene Handlung sein und sie wird beitragen zur Heilung der Welt.

Geliebtes Kind Gottes, ich bin du und du bist ich – dies war nie anders. Feiere das Fest der Liebe jeden Tag und jeden Augenblick. Feiere meine Geburt in jedem deiner Gedanken, in jedem Gefühl und in jeder Handlung. Beschenke die anderen an jedem Tag und du wirst an jedem dieser Tage selbst beschenkt und erfüllt werden ins Unermessliche. Mein Licht trägt die Erde, meine Liebe lässt sie atmen. Gaia, unsere geliebte Mutter und Schwester Erde, ist eine Heldin. Aus Liebe zum All-Einen (er)trägt sie solche Last. Aus Liebe zu dir und deinen Geschwistern (er)trägt sie solchen Schmerz und dennoch liebt sie bedingungslos und weiß, es war und ist nicht umsonst, die Liebe siegt immer. Sei auch du eine Heldin und ein Held, strebe immer nach dem Höchsten und sei ein Diener des Guten, ein Diener der Liebe und ein Bote des Lichtes.
Habe Mitgefühl mit den anderen, die vergessen haben, dass es mich gibt. Die vergessen haben, dass ich in ihnen wohne. Hilf ihnen, sich daran zu erinnern, trag meine Liebe weit in die Welt hinaus und verteile sie großzügig und frei.
Ich werde jeden Tag neu geboren und doch sterbe ich niemals. Wenn du Schutz und Geborgenheit suchst, dann denke an mich. Ein einziger Gedanke an mich, verbunden mit deinem liebenden Herzen – ICH BIN da. Du denkst, ich komme dann augenblicklich zu dir, doch in Wahrheit war ich nie weg – du hast mich einfach manchmal vergessen, doch ICH BIN ewig in dir und fest in deinem Sein verankert, sowie die Liebe und der Funke des Vaters in allem wohnt.
Jede Zelle deines Körpers trägt meinen Namen, so sei vollkommen heil. Alles, was nicht heil zu sein scheint, hat sich von mir getrennt. Komme also wieder zurück zu dir und du kommst wieder nach Hause zu mir. Dort, wo alles vollkommen (heil) ist. Dort, wo vollkommene LIEBE IST. Es sei.
Ich liebe dich mit der ewigen und reinen Liebe des All-Einen Vaters.
Mein Licht beschützt und nährt dich alle Zeit.
ICH BIN, DER ICH BIN.“

Über Elizabeta Merkec

Elizabeta Merkec ist eine Lichtarbeiterin und Geistheilerin der Neuen Zeit. Sie wohnt in einem Naturschutzgebiet über dem Donautal nähe Tuttlingen, wo sie ihr spirituelles Zentrum führt, in dem sie regelmäßig einen Lichtkreis, Meditationen, Seminare und Einzelsitzungen anbietet. In ihrem liebevollen Kontakt mit ihrer Geistfamilie, unseren Sternengeschwistern, Aufgestiegenen Meistern und Engeln, channelt sie immer wieder ihre lichtvollen Botschaften. Zudem hat sie einen mittlerweile engen Kontakt zu Naturwesen entwickelt, mit denen sie gemeinsam Baumwesen-Essenzen, Kristallwesen-Essenzen und Blütenessenzen herstellt. Diese Schwingungsessenzen geben uns liebevolle Unterstützung bei der Bearbeitung verschiedenster Themenbereiche und ermöglichen uns einen tieferen Zugang zur Natur, zu unserer Seele und unseren (verborgenen) Fähigkeiten. Durch einen weiteren Aspekt ihrer Heilarbeit, die spirituelle Kunstmalerei, drückt Elizabeta hauptsächlich ihre tiefe Liebe zur Erde, zur Natur und zu unseren Sternengeschwistern aus. Ihr Zentrum heißt »Spirit Sun Zentrum« – Bewusstseinsschule zur Heilung von Erde und Mensch.

www.spirit-sun-zentrum.de

Kapitel 7

Günther Wiechmann

Liebe Leserin, lieber Leser,
seit vielen Jahren habe ich als Heilpraktiker Zugang und Führung durch die Geistige Welt und eine besondere Verbindung zu Erzengel Uriel, der sich mir stets als das ‚Licht Gottes' offenbart. In persönlichen Channelings, Beratungen, Heilmeditationen, Workshops und Seminaren wirke ich als Kanal für die Geistige Welt.
So ist dieser Beitrag nun auch wieder nicht ‚meiner', sondern ein Gruß der Geistigen Welt an euch.
Euer Günther

Der Wandel des Menschen

„Hier ist Uriel, das Licht Gottes.

Geliebtes Wesen, ich grüße dich in bedingungsloser Liebe, und komme nun mit Auskunft und Hilfe für die Zeiten des Übergangs in eine neue Bewusstseinsebene.
In jedem Menschen wohnt eine individuelle Seele, die je nach Grad ihrer Entwicklung mehr oder weniger von ihrer Vollständigkeit entfernt ist. Diese Vollständigkeit wiederzuerlangen, ist ihr erklärtes Ziel in der materiellen Welt. Jede vollständige, vollendete Seele hat den direkten Zugang zur fünften Schwingungsebene erreicht.
Doch auch bereits auf dem Weg dorthin ist der Seele dieser Zugang möglich, im Schlaf oder auch durch das Anheben des eigenen Bewusstseins auf höhere Schwingungen.

Diese Erfahrungen hat ein jeder von euch schon gemacht, wenn auch vielleicht ohne es zu verstehen.
Es gibt viele verschiedene Möglichkeiten der höheren Erfahrung, denn es bedarf dazu nicht einmal einer bewussten Absicht. Immer, wenn sich das Ego zurückzieht und der Seele den Raum überlässt, ist der Weg frei.

So kennen es einige von euch, wie es ist, in einer Energiewelle davongetragen zu werden, wenn sie in Gruppen auf einer gemeinsamen emotionalen Welle in andere Bereiche gleiten. Dies kann ebenso geschehen in der Meditation wie beim gemeinsamen Musizieren, beim Tanzen oder beim Sport. Ja, selbst als Zuschauer bei großen Veranstaltungen kann es geschehen, dass sich das Ego vollständig zurückzieht.
Entscheidend ist dabei jeweils das Gefühl, Teil einer größeren Einheit zu sein. So können auch banale Vergnügungen zu spirituellen Erfahrungen geraten.
Eine spirituelle Erfahrung führt jedoch nicht automatisch zur Erleuchtung, denn Erleuchtung bedeutet das Lichtwerden des Geistes, des Bewusstseins. **Nicht Licht zu empfangen, sondern selbst Licht zu sein.**
Wer ein spirituelles Hochgefühl in der Masse einer Veranstaltung erlebt, und sich dort kurzfristig von seinem Ego trennen konnte, wird oft schon beim Verlassen des Ortes von seinem Ego wieder eingeholt.

Menschen, mit denen man eben noch gemeinsam gefeiert hat, werden nun wieder zu Konkurrenten. Es wird gedrängelt, um schneller voranzukommen. Wenn es sich um eine Sportveranstaltung handelte, zeigen sich häufig Aggressionen, da nun das eigene Ego sich persönlich verletzt fühlt, wenn zum Beispiel die Lieblingsmannschaft verloren hat.

Der Grund, warum es in allen bisherigen Epochen des menschlichen Daseins immer solche oder ähnliche Veranstaltungen gab, liegt in den Tiefen der Seele. Es gibt ein inneres Streben, das die Menschen zu spirituellem Erleben antreibt. Das innere Streben ist vergleichbar mit den Trieben der Menschen und Tiere. Triebe sind jedoch erdgebunden, sie dienen dem Erhalt und Bestand der dualen Welten und sie sichern das Überleben und die Arterhaltung.

Das innere Streben hingegen ist nicht an die Erde oder den Körper gebunden, es wurzelt in der Seelenebene. Aus höherer Sicht ist das Streben der Seele der wichtigste Antrieb, den ein menschliches Wesen bewusst wahrnehmen kann, denn ihm liegt das Streben der geteilten, in die Trennung gegangenen Seele, nach Wiederherstellung der Einheit zugrunde.

In einer tief in den Materialismus gefallenen Gesellschaft jedoch verschwindet der spirituelle Aspekt immer weiter aus dem Bewusstsein, dafür treten das Vergnügen und der Rausch des gemeinsamen Hochgefühls in den Vordergrund.
‚*Gebt dem Volk Brot und Spiele*', ist seit Jahrhunderten das bekannte Rezept, um Massen von Individuen ruhigzuhalten, und vom Streben nach Wahrheit, Freiheit und Entfaltung abzuhalten; denn ein satter Mensch wird träge.

Ich betone hier ausdrücklich, dass nicht das Spiel und die Vergnügung problematisch ist, sondern die resultierende Trägheit, die den Geist umnebelt, und die individuelle Entwicklung hemmt.

Für die Seele kann ein Konzertbesuch, oder auch eine andere Veranstaltung einen ähnlichen Effekt haben wie eine Gruppenmeditation, wenn das Bewusstsein entsprechend ausgerichtet ist. Dieses ist besonders in der Phase des Wandels von Bedeutung, denn die Verbindung zwischen individuellem Sein und dem Kollektiv der Menschen zu schaffen, ist ein wichtiger Entwicklungsschritt, der zum Aufstieg in die fünfte Ebene gehört.

Alles Trennende zu überwinden, gehört zu den Lektionen, die euer Ego nun lernen muss.

Das Ego hat bisher mit seiner Aufgabe, das eigene Leben zu schützen und zu sichern, die Trennung von den anderen als Überlebensprinzip gelernt und fest in das Repertoire der unbewussten Reaktionsmuster eingebaut. Sich einen Vorteil gegenüber anderen zu verschaffen, sich abzusetzen von den anderen, galt als klug und sinnvoll. Egal, ob es um

einen Arbeitsplatz, Wohnraum, oder um sportliche Leistungen ging, der Erfolgreiche wurde stets belohnt.
In den früheren Durchsagen habe ich schon viel über euer Ego gesprochen, nun möchte ich dir zeigen, warum, und auf welche Weise dich dein Ego vom Aufstieg in höhere Ebenen abzuhalten versucht.

Schon diese Formulierung ‚*dich dein Ego*' löst bei jedem ‚normal funktionierendem Ego' ein Alarmsignal aus, denn ein Ego fühlt sich nur dann sicher, wenn du dich mit ihm identifizierst. Nur die Identifizierung mit dem Ego schafft die Illusion von Kontrolle über das Leben. Kontrolle und Sicherheit ist für den erdgebundenen, sterblichen Teil einer Person jedoch wie eine Überlebensversicherung.
Wenn sich die Seele vollständig vom Ego trennt, stirbt das Ego und der physische Körper löst sich auf. Die Seele weiß um ihre Unsterblichkeit, so wie sich das Ego der eigenen Sterblichkeit bewusst ist. Daher ist es für dein Ego eine potentielle Gefahr, wenn du dich zu sehr, oder gar nur mit deinem Seelenselbst identifizierst.
Dein Ego hat im Laufe deines Lebens vieles gelernt, was als Überlebensstrategie taugt.
Dein Ego hat dein Unbewusstes mit Reaktionsmustern programmiert, die auf bestimmte Reize ablaufen. Das können Worte, Gerüche, Situationen und vieles mehr sein, die zu irgendeinem Zeitpunkt in deinem Leben eine Gefahr darstellten.
Die Reaktion kann Flucht oder Angriff, Aufgabe, Tot-stellen oder Krank-werden sein. Manche Menschen verfallen in Aktionismus, weil sich plötzlich wieder ein „schlechtes Gewissen" mit Zwangsgedanken meldet, weil alte Freunde oder Verwandte besucht werden müssen, oder die Steuererklärung oder eine Renovierung unaufschiebbar erscheint.
Diese Liste kannst du gern mit deinen eigenen Erfahrungen vervollständigen, denn es gibt ungezählte Muster, die ein Ego zu kreieren vermag.

Jedes Muster zielt im Kern dabei immer auf das Gleiche: Die Auseinandersetzung mit der materiellen Welt soll dich wieder mehr in die Duali-

tät und in deinen Körper zwingen, denn nur wenn genügend Aufmerksamkeit vorhanden ist, glaubt das Ego, sicher zu sein.
All diese Strategien kann dein Ego aber auch nutzen, um deinen Bewusstseinsaufstieg zu verhindern, denn das Ego ist für die dritte Ebene geschaffen. Nur wenn Vertrauen herrscht zwischen Ego und Seele, wird dir ein verkörperter Aufstieg möglich sein!

Wahres *Selbst*-vertrauen ist für jedes Individuum die Voraussetzung, denn der Schritt in eine höhere Bewusstseinsebene entzieht dem Ego die Möglichkeit der Manipulation durch das Unbewusste.
Das Ego wird beim Übergang in die fünfte Ebene quasi entwaffnet, womit die Frage, wer die Verantwortung trägt, wer über das Leben bestimmt, der Kopf oder das Herz, endgültig entschieden wäre.

Diese Entscheidung, welcher Teil der menschlichen Person die Führung innehat, ist für viele von euch ein ständiger Konflikt, denn es gibt noch keine endgültige Entscheidung, solange du in der dualen Welt lebst.
Das Leben in der dritten Dimension ist geprägt von ständigen Konflikten, die eine Entscheidung fordern. Das Leben in der Trennung vom All-EINEN fordert dich geradezu auf, zu be-urteilen, und dich immer wieder zu ent-scheiden. Durch das Urteilen (Werten) und Scheiden (Trennen) wird die Dualität begründet, und so diese Bewusstseinsebene manifestiert.

Das sterbliche Ego ist in seiner Entwicklung und Erfahrung auf diese Ebene eingestellt. Es lernt durch die fünf physischen Sinne, und versteht durch das Vergleichen des Neuen mit ähnlichem Bekannten. Es analysiert und ordnet ein, um sich ein überschaubares Bild zu verschaffen, denn die Übersicht zu behalten bedeutet Kontrolle und Sicherheit.
Alle Handlungen des Egos dienen letztlich der einen Aufgabe, das Überleben und Bestehen des Menschen zu gewährleisten. Da diese Lebensaufgabe des Egos mit dem Tod endet, ist zu verstehen, warum es nicht immer so einfach für euch ist, *„dem Herzen zu folgen“*, wie es ja schon so oft und richtigerweise angeraten wurde.

Das Ego verhält sich für euch manchmal wie ein anderes Wesen, das sich nicht unterordnet, sondern seinem ‚Eigenen Kopf' folgt. Und je mehr du dich bemühst, dein Ego ‚in den Griff zu bekommen', desto widerspenstiger scheint es zu werden.
Wenn du es so erlebst, betrachte es doch einmal so: Dein Ego nimmt seine Aufgabe, dich zu schützen, sehr ernst. Du kannst dankbar dafür sein, dass deine Seele solch einen starken Schutz zur Seite gestellt bekam!

- In diesem Moment des sich Selbst-zu-verstehens endet der innere Kampf!
- Aus der Be- oder Abwertung wird Anerkennung, wird Wertschätzung.

So schaffst du die Basis für andere Erfahrungen, denn dein Ego wird nun nicht mehr glauben, dass deine inneren Wünsche, die sich durch Emotionen zeigen, ins Chaos oder in Gefahr führen. Durch die liebevolle Annahme bereitest du dich auf die Selbsterkenntnis vor.

Selbsterkenntnis bedeutet, sich seiner inneren Ziele, des eigenen Weges und der Multidimensionalität des eigenen Wesens bewusst zu werden. Du wirst nun zunehmend Frieden erleben, sowohl im Inneren als auch in deinem Umfeld. Wer diesen Prozess durchlaufen hat, ist wahrlich selbstbewusst!
Selbstbewusstsein bedeutet auch, im Einklang mit dem All-EINEN zu sein, denn wer mit seinem Seelen-Selbst in ständiger Verbindung steht, hat die Trennung überwunden.

Irgendwo auf dem Weg dahin geschieht etwas Besonderes, denn du wirst Selbstvertrauen erfahren. Selbstvertrauen ist das Vertrauen des Egos, das seinen Führungsanspruch aufgegeben hat, und sich nun den Zielen, Eingebungen und Wünschen des Herzens und der Seele als Helfer anschließt. Spätestens an diesem Punkt wirst du deine Schöpferkraft entdecken. Du wirst erleben, wie dir der Kosmos zuarbeitet. Du wirst bei deinen Vorhaben Unterstützung finden, und vieles in deinem Leben wird sich nun einfach fügen.

Während des gesamten Prozesses schaffst du beständig freien, inneren Raum, der dann von deinen einst abgetrennten Seelenanteilen gefüllt werden kann. So ist diese Bewusstwerdung mit einem starken Wachstum der Seele verbunden, und mit jedem weiteren Schritt näherst du dich der Vollständigkeit.

Sich selbst zu lieben, ist seit Jahrhunderten unterdrückt worden. Der Mangel an Liebe, der daraus entstand, ist für einen Großteil des Leides auf der Erde verantwortlich.
Ihr habt euch nicht mehr erlaubt, euch selbst zu lieben, da Selbstliebe mit Egoismus und Narzissmus verwechselt oder gleichgesetzt wurde. Und wenn die Liebe zum Selbst doch einmal den Weg ins Bewusstsein schaffte, war die Reaktion häufig ein Schuldgefühl.

Schuldgefühle entstehen durch eine negative Bewertung der eigenen Handlung, des eigenen Seins. Wenn Schuldgefühle eine Reaktion auf Liebe sind, stellen sie die höchstmögliche Form der Abwertung dar, denn Liebe ist die göttliche Schöpferkraft in dir, und somit die Quintessenz deiner selbst.
Die Liebe zu dir selbst ist mehr als der wichtigste Baustein einer vollständigen Seele, die Liebe ist das allesverbindende Element – durch sie fügt sich alles zusammen, bekommt Gestalt und Ausdruck. Ohne Liebe bleibt alles nur eine leere, starre Hülle, die Er-Füllung sucht.

Menschen, die sich von der Selbst-Liebe weit entfernt haben, suchen Liebe, Trost, Hilfe und Halt immer im Außen. So entstehen Partnerschaften, die auf Mangel beruhen, von Erwartungen und Illusionen geprägt sind und in der Folge dann von Trennungen. Dazu an anderer Stelle später mehr.
Verstehe, dass die Liebe zu dir selbst von solch übergeordneter Bedeutung ist, dass es ohne sie nicht möglich sein wird, den Schritt in eine höhere Bewusstseinsebene zu gehen.
„Liebe Deinen Nächsten wie Dich selbst“, ist mehr als eine Floskel, oder als ein Tipp zum besseren Umgang miteinander. In diesen sechs Worten schwingt die göttliche Wahrheit und es wird alles offenbart, was für eine Seele von Bedeutung ist!

Es sind nicht die ‚guten Taten', die den Wert eines Menschen, einer Seele oder eines Engels ausmachen, sondern es ist die Liebe, die innewohnende göttliche Energie. Und es ist diese Energie, die uns alle gleichmacht, denn Liebe entzieht sich jeder Wertung wie in gut, besser oder weniger gut. Wir sind im Kern EINS!
Einzig die ‚Ladung' (Energiemenge) und ‚individuelle Qualitäten' (besondere Gaben, Ausrichtungen, Vorlieben) unterscheiden sich.

Was sich hinter diesen Begriffen wirklich verbirgt, ist mit Worten aus der dritten Dimension, mit Worten der dualen Welt, kaum zu beschreiben, denn eure Worte treffen es nur unzureichend, und werden unterschiedlich interpretiert. Wenn du meine Worte mit dem Herzen liest, wirst du die Bedeutung jedoch fühlen können.
In der Phase des Bewusstseinsaufstiegs wirst du deine Wahrnehmung verändern. Du wirst sensibler werden, und ein Gespür dafür entwickeln, was hinter den Dingen steht. Die Wahrnehmung wird sich zum Teil verlagern, und die fünf physischen Sinne werden für dich nicht länger allein bestimmen, was Wirklichkeit und was Wahrheit ist.
Du wirst mit deiner Aura *spüren*, mit geschlossenen Augen *sehen*, mit der inneren Stimme *sprechen* und im Herzen *erkennen und wissen*.

So kann es sein, dass es eine Zeit gibt, in der dir vieles komplizierter und schwieriger als vorher erscheint, und Entscheidungen für oder gegen etwas kaum noch möglich sind. Auch können sich Phasen von völliger Klarheit mit solchen der Verwirrung, der Zweifel und Unsicherheit wiederholt abwechseln.

Du wirst solche Zustände vielleicht besser verstehen und annehmen können, wenn du dir vorstellst, wie es ist, wenn du an deinem Computer ein neues Betriebssystem aufspielst. Auch dabei kann es bei allem Fortschritt zu Problemen mit alten, bis dahin tadellos funktionierenden Programmen kommen. Die nötige Anpassung erfolgt dann möglicherweise erst beim nächsten Update, oder du stellst fest, dass die alten Programme nicht mehr gebraucht werden, da es nun andere Lösungen gibt.

Ähnlich geht es dem Selbst, wenn neue Seelenanteile integriert werden, doch vielleicht noch Anschlussstellen fehlen, oder diese von altem Ballast besetzt sind.
Du befindest dich in einer Wachstumsphase, die es in dieser Form für dich noch nicht gab. Dein Höheres Selbst ist sich dieser Entwicklung bewusst, und es wird dich bestmöglich führen und leiten. Immer, wenn dein Höheres Selbst zu dir durchdringen kann, wirst du im Herzen von Klarheit und Zuversicht erfüllt sein.

Für deinen sterblichen Teil hingegen bedeutet diese Zeit erheblichen Stress, denn jedes Ego möchte Sicherheit, die Übersicht behalten und verstehen. Ein sich ständig veränderndes Selbst, das sich auf neue, unsichere Pfade begibt, ist für das Ego ein schwieriger Partner und eine besondere Herausforderung.

Die Herausforderung besteht darin, Vertrauen zum Selbst, also Selbstvertrauen zu entwickeln.

Vertrauen lässt sich nicht erzwingen, nicht erkämpfen und auch nicht aushandeln. Vertrauen wächst auf der Basis der Liebe, und im Wissen um den eigenen geistigen Kern.
Wenn du nun auch dein Ego mit all seinen Eigenheiten in Liebe annimmst, wird dein Selbst-Vertrauen wachsen. Wenn Ego und Seele liebevoll miteinander verbunden sind, herrscht innerer Friede und es gibt keine inneren Konflikte oder gar Kämpfe.
Wenn im Innern Friede und Liebe herrschen, wird sich auch das äußere Leben entsprechend zeigen. Wenn nicht mehr die Angst um die Existenz vorherrscht, wird sich alles fügen. Der Kosmos sorgt soweit für dich, dass du immer haben wirst, was du wirklich brauchst.

Dieser innere Prozess geht Hand in Hand mit der gleichzeitig ablaufenden Veränderung im Außen. Die Welt, der gesamte Planet Erde, ist von einer Wachstumswelle erfasst, und so finden in der nächsten Zeit auf allen Ebenen massive Veränderungen statt, unabhängig von deiner Entwicklung.

Für dich wird es einen entscheidenden Unterschied machen, wie dabei dein Erleben sein wird. Wenn du zum Mitschöpfer wirst, die Gestaltung der ‚Neuen Welt' als Teil einer großen Gemeinschaft mitbestimmst, wirst du dein kreatives Potential erfahren und entfalten. Dich erwarten Fülle und Erfüllung. Wer jedoch nur versucht, den Status zu bewahren, Veränderungen aufzuhalten oder sich nur um seine Sicherheit sorgt, wird eine Zeit des Chaos, der Unsicherheit und Angst erleben.

Wenn du beginnst, dein Leben neu auszurichten, wird es für dich erforderlich sein, Raum für Neues zu schaffen. Im Inneren schaffst du Platz für Seelenanteile, die bisher noch keinen Raum in deinem Bewusstsein hatten. So wirst du vielleicht plötzlich neue Talente oder Vorlieben entdecken, oder deine Persönlichkeit bekommt klarere Konturen, und du bekommst eine ‚besondere Ausstrahlung'.
Im Äußeren wirst du dich von alten Gewohnheiten lösen. Wenn du deinem Herzen folgst, wirst du selbst-verständlich mehr auf deine Gesundheit und dein Wohlergehen achten. Vielleicht wirst du auch deine Ernährungsgewohnheiten verändern. Wenn du auf dich selbst achtest, wirst du merken, welche Kontakte dir nicht guttun.
Manche Verbindung hat die gute Zeit hinter sich, und ist nun zu leerer Gewohnheit geworden. So können auch Trennungen und das Loslassen von menschlichen Kontakten zur individuellen Entwicklung gehören.

Der freie Wille und die Schöpferkraft des Menschen

Vertrauen in dich selbst und in das Leben ist ein Zeichen dafür, dass sich dein Bewusstsein aus der materiellen Abhängigkeit erhoben hat. Abhängigkeit bedeutet Unfreiheit, und so auch immer eine Beeinträchtigung des freien Willens.
Solange du dich abhängig fühlst, egal ob von einem geliebten Menschen, einer Arbeit, einer Droge oder irgendeiner Lebensweise, ist dein freier Wille und somit auch deine Schöpferkraft eingeschränkt.
Es spielt keine Rolle, ob du dich in diese Abhängigkeit bewusst freiwillig selbst begeben hast, deine Erziehung dich dazu trieb oder ob du

innerlich ‚unfrei geboren' wurdest – immer gehört es zu deiner Lebensaufgabe, Freiheit zu erstreben und deine Schöpferkraft zu erlangen.

Der freie Wille ist ein Attribut jeder Seele und als Ausdruck und Zeichen des göttlichen Ursprungs gegeben. Er wird durch göttliche Gesetze geschützt und gilt in der Geistigen Welt als unantastbar. Der freie Wille kann nicht genommen werden, sondern wird aufgegeben. Es geschieht ‚frei-willig', wenn Menschen ihren freien Willen ‚verlieren', und meistens ist es eine Flucht vor Verantwortung, die dazu führt.
Jeder Mensch ist für sein Leben verantwortlich, denn vor jeder Inkarnation wird ein Plan erstellt, dem die Seele mit dem freien Willen zustimmt. In diesen Plan sind auch andere Seelen, zumeist aus der gleichen Seelenfamilie, eingebunden. Für jede Seele gelten die kosmischen Gesetze des Karmas, und so ergibt sich aus der Annahme eines Lebensplanes auch eine Verantwortung für andere, die mit dem eigenen Sein verbunden sind.

Der Mensch hat innerhalb des eigenen Plans viel Gestaltungsspielraum und der freie Wille bleibt stets erhalten. Doch Veränderungen sind jederzeit möglich, denn der Mensch ist kreativ und für Neuerungen offen. Der freie Wille ist eng verbunden mit der inneren Freiheit, und so auch mit dem inneren Frieden. Da die gewählten Lektionen des Lebens mit der begrenzten dualen Sicht der materiellen Welt jedoch oft schwer, schmerzhaft oder ungerecht erscheinen, hadern viele mit ihrem als Schicksal empfundenen Weg.
Der Mensch sucht dann nicht mehr die (Er-)Lösung oder den Weg, seine Aufgabe zu (er)tragen, sondern sucht einen Ausweg in ein anderes Sein. Die Orientierung wird dabei nach Außen verlagert und der einfachste Weg, die größte Sicherheit oder das meiste Prestige gesucht. Bis zu diesem Punkt entscheidet noch der freie Wille, doch nun ist es nur noch ein Schritt in die Abhängigkeit.

Es ist verlockend, nicht mehr selbst verantwortlich zu sein, sondern diese Last abzugeben und so auch die Möglichkeit zu bekommen, Schuld auf andere, auf die Situation, auf die Gesellschaft, auf den Chef, auf die Politik oder auf geheime Mächte zu schieben. Wenn die Gestal-

tung des Lebens abgegeben wird, an die Gesellschaft, die Regierung, die Kirche oder sonst irgendwen, schwindet die Schöpferkraft, und die Erfüllung im Leben rückt in weite Ferne.
Dabei gibt der Mensch mehr und mehr seinen freien Willen ab, lässt sich treiben oder kämpft ums Überleben. Dabei wird er zum Spielball, ist nicht länger aktiver Spieler, und wird gefangen in den Strukturen der Dualität.

Menschen, die in solche Fallen geraten sind, bekommen nun eine große Chance, sich selbst wiederzufinden und Selbstverantwortung zurückzugewinnen. Die alten Fassaden, die alten Strukturen geraten ins Schwanken und werden zerfallen, und mit ihnen die illusorische Sicherheit, die durch Anpassung und Selbstaufgabe geschaffen wurde.
Der freie Wille war niemals wirklich fort, denn er ist ein Attribut der Seele. Das heißt, der freie Wille ist ein prägendes Element und es gibt keine Seele ohne ihn! Und da die Seele unsterblich ist, ist der endgültige Verlust des freien Willens schlichtweg nicht möglich!

Schöpferkraft, Selbstverantwortung und der freie Wille sind eng miteinander verbunden. So wie du deinen freien Willen nicht verlieren kannst, wirst du auch die Verantwortung für dich und dein Leben nicht abgeben können. Du kannst lediglich Verantwortung teilen, oder für andere, wie zum Beispiel deine Kinder, *mit*-tragen. Selbst wenn ein Mensch im Koma liegt, bestimmt die eigene Seele mit ihrem freien Willen, ob es einen Weg zurück gibt oder nicht. Auch wenn zum Beispiel ein Arzt zeitgleich die Verantwortung für seine Entscheidungen der Behandlung übernimmt. Der Respekt vor dem freien Willen wird ein prägender Aspekt der Neuen Zeit sein und die Missachtung wird als schwerwiegender Eingriff in elementare Rechte erkannt werden. Mit dem freien Willen Hand in Hand geht auch die Schöpferkraft des Menschen.

Mein liebes Licht, lebst du schon in dem Bewusstsein, ein Schöpfer der Erde zu sein? Oder wenigstens Schöpfer deines eigenen Lebens, deines Körpers und deiner Lebensumstände? Dann hast du bereits wieder die Verantwortung für dich selbst angenommen, und bist weit fortgeschritten auf dem Weg zur Vollständigkeit. Die Übernahme der Verantwor-

tung für das eigene Sein und die eigenen Handlungen sind eine wichtige Grundlage dafür, die eigene Schöpferkraft zu entwickeln. Alle Menschen sind Mitschöpfer ihrer Welt, und es hat ein Prozess begonnen, dass sich die Menschen ihrer Verantwortung für die Erde wieder bewusst werden.
Der Einfluss und die Möglichkeiten der Gestaltung übersteigen eure Vorstellungskraft, da diese meistens durch das Angelernte und durch das Denken eures Egos begrenzt ist. Euer Denken und Verstehen beruhen auf den Erfahrungen in der dritten, der materiellen, dualen Ebene. Doch ihr seid multidimensionale Wesen und Eure Möglichkeiten der Gestaltung sind nur mit diesem multidimensionalen Bewusstsein zu erfassen.

Was in der Geistigen Welt existiert, kann, wenn die Umstände es erlauben, grundsätzlich auch fein-stoffliche oder materielle Formen annehmen. Alles, was existiert, ist im Kern *Bewusstsein*, egal, ob es sich um einen Gedanken, einen Stuhl, ein Lebewesen oder einen Planeten handelt. Und je komplexer etwas ist, desto mehr Bewusstsein ist erforderlich, um es durch Bewusstseinsfelder entstehen zu lassen.

Es gibt keine Materie ohne Bewusstsein, doch es gibt Bewusstsein ohne Materie!
Diese Wahrheit widerspricht noch eurer Wissenschaft, die mit dem Prinzip, These beziehungsweise Versuch und Irrtum gerade dabei ist, viele alte Vorstellungen abzuräumen. Die Existenz weiterer Dimensionen wird nun nicht mehr geleugnet, und so wird langsam das Verständnis dafür entwickelt.
Deine Schöpferkraft wächst mit deiner Selbsterkenntnis und Selbstannahme. Um sie bewusst zu nutzen, darf es keine inneren Widersprüche geben, denn Schöpferkraft ist Bewusstseinssteuerung.

Was ihr bisher kennt, die Kraft der positiven Gedanken, der Gebete und der Wünsche sind erste Anfänge auf dem Weg zum Schöpfersein. Ihr werdet in eurer Entwicklung lernen, das Bewusstsein aus den geistigen Bereichen zu verdichten, es zu transformieren, und über den energetischen in den stofflichen Zustand zu überführen. Diese Schöpfungen erfordern mehr als deine vollständige Konzentration und gelenkte Absicht, denn *allein* ist es dir nicht möglich: Du brauchst das *ALL-EINE*-Bewusstsein.

Deine erleuchtete Seele ist verbunden mit *allem Sein.* Jeder Impuls aus diesem Bewusstsein heraus trägt die göttliche Schöpferkraft in sich, findet Unterstützung durch Wesenheiten auf allen Ebenen des Seins und so potenziert sich deine Schöpferkraft. Der ursprüngliche Gedanke ist der Ausgangspunkt einer Kaskade von Prozessen, die je nach Ebene zeitgleich beziehungsweise außerhalb der Zeit, oder auch verzögert stattfinden.
Bis zur energetischen Ebene können Veränderungen sofort geschehen. Materie hingegen ist zäh und es bedarf einer hohen Verdichtung des Bewusstseins. Entsprechend vergeht einige Zeit, jedenfalls solange der Vorgang von der materiellen Ebene aus betrachtet wird.

Wenn du deine Multidimensionalität erkannt hast, wirst du auch ein völlig neues Verhältnis zurzeit entwickeln. Du kennst es ja schon, wie sehr sich Zeit dehnen kann, wenn du warten musst, oder dich gerade in einer unangenehmen Situation befindest. Auch wirst du es schon erfahren haben, wie die Zeit förmlich verfliegt, zum Beispiel wenn du glücklich bist.
Die Zeit ist abhängig von der Schwingungsebene des Bewusstseins, und wenn du es gelernt hast, die Ebenen willentlich zu wechseln, wirst du nie wieder zu wenig oder zu viel Zeit haben. Ja, es wird unter bestimmten Bedingungen auch möglich werden, außerhalb der Zeit Versäumtes nachzuholen. Ja, da ist er wieder, der freie Wille, er ist für jeden Fortschritt von elementarer Bedeutung. Ihn zu achten, zu nutzen und wertzuschätzen, steht in den universellen Gesetzen an hervorragender Stelle, denn ohne ihn gäbe es keinen weiteren Schöpfungsprozess!
Die Schöpfung ist nicht irgendwann geschehen, oder vom Himmel gefallen, sie findet permanent statt, und du bist aktiver Teil dieses Prozesses. Das Erkennen des eigenen Wirkens, der Wichtigkeit eines jeden Details wird für die Menschen in der kommenden Zeit erkannt werden.

Betrachte nur einmal die Natur um dich herum, wie sehr Eines vom Anderen lebt. Es ist nur eine Frage der Betrachtung, ob du es Abhängigkeit oder Symbiose nennst – die vielfach rückgekoppelten Systeme tragen soviel Kreativität, Weisheit und Liebe in sich. Die Menschen in der dritten Dimension können vieles davon noch nicht erkennen, da es weit über ihre Vorstellungskraft hinausgeht.

Erst jetzt, wo die Menschen sehen, dass alle Eingriffe in die Natur auch unvorhersehbare Folgen haben, beginnt ihr zu verstehen. Die Rückkehr in die Einheit, in das All-Eine-Bewusstsein, versöhnt die Menschen auch wieder mit Gaia, mit der Mutter Erde. Viele Menschen werden sich der Aufgabe verschreiben, die alten Schäden zu reparieren, Wunden zu glätten und mit Liebe und Hingabe ein neues Paradies zu schaffen.
Dieser Weg ist lang, denn es wurde vieles aus dem Gleichgewicht gebracht. Gaia geht einen Weg, den auch du gehst. Bevor etwas neu entstehen kann, bevor die Heilung sichtbar werden kann, erfolgt eine Reinigung.
Wo Heilung geschehen soll, ist es bei euch unabdingbar, sich von blockierenden Strukturen zu lösen, Gifte auszuscheiden, oder auch Fehlstellungen zu richten. Dieses gilt auch für Gaia, das lebendige Wesen ‚Planet Erde'. Vereinigt eure Schöpferkraft, um Gaia zu helfen. Du bist wichtig, im Verbund deinen Teil beizutragen.
Ich sprach schon davon, welchen Stellenwert das Bewusstsein hat, und so wirst du verstehen, dass es vor allem darauf ankommt, dein Bewusstsein auszurichten!

Es ist weniger wichtig, was du tust,
als das, was du denkst und fühlst.

Denken und Fühlen beziehungsweise die emotionale Ladung, sind die Katalysatoren für die Schöpferkraft. Das stärkste, mächtigste Gefühl ist Liebe und alles, was aus Liebe geschieht, hat eine besondere Kraft!

Die Liebe zu Mutter Erde wurde in der Vergangenheit auf dem Altar des Materialismus geopfert, in der irrigen Annahme, so mehr an Sicherheit, Gewinn, Besitz oder Macht zu erlangen. Ganze Völker sind so

dem Egoismus verfallen und haben den eigenen Lebensraum, durch Angst getrieben, ausgebeutet, vergiftet und zerstört.
Wo Liebe und Wertschätzung fehlt, fehlt Lebensenergie, und wo Lebensenergie fehlt, entwickeln sich Krankheiten und Störungen bis zur (Selbst)-Zerstörung. Euer Planet, eure Natur funktioniert auch in diesem Punkt genau wie ihr selbst, denn ihr seid ja ein Teil von ihr! Wer sich selbst nicht liebt, kann nicht wirklich zur Heilung des Planeten beitragen – egal, was ihr tut.

Darum, mein geliebtes Wesen, ist die Selbstliebe so ein wichtiger Schritt, für dich, für die Welt und für das ALL-EINE!
Doch die Zeit der Erneuerung ist gekommen, und die Masse der Menschheit erwacht. Für viele Menschen wäre ein offener Blick auf die reale, selbstgeschaffene Welt mit soviel Schmerz verbunden, dass sich das Ego noch sträubt, diesen zuzulassen. Es werden alle Formen der Verdrängung, Verleugnung oder Beschönigung genutzt, um sich dem schmerzhaften Selbst-erkennen zu entziehen.
Auch solche Menschen, oft sind es die jetzt gerade noch Mächtigen, Reichen oder Privilegierten, verdienen nicht Hass oder Verachtung, sondern Mitgefühl. Sie gehören zu denjenigen, die einst gemeint waren mit den Worten: *„Die Ersten werden die Letzten sein!"*

Es wird dir schwerfallen, immer Allem und Allen mit Liebe zu begegnen, darum sei dir stets bewusst: Du bist der wichtigste Mensch auf der Welt. Wenn es dir gelingt, dich zu lieben, hast du die wichtigste Lektion geschafft. Entziehe denen deine Beachtung, die der Liebe, dem Frieden und dem Fortschritt in diesem Sinne entgegenstehen.
Was ich an anderer Stelle schon sagte, Gedanken und Gefühle sind der Katalysator für Schöpferkraft, gilt auch hier. Wenn du also mit Wut, Zorn oder Entrüstung auch in guter Absicht gegen die ‚Verweigerer' angehst, fließt ihnen deine Energie, deine Schöpferkraft zu.
Da die Kraft der ‚Verweigerer der Liebe' aus dem Ego, also aus der Angst stammt, wirst du diese, auch wenn es nicht deine Absicht ist, stärken, sobald du sie herausforderst und den Kampf gegen sie aufnimmst.

Anders ist es jedoch, wenn du dein Bewusstsein auf Ziele wie Frieden, Liebe, Verständigung und Einheit richtest. Du wirst dabei aller Wahrscheinlichkeit nach keinen spektakulären Kampf bestreiten, doch wirst du im Verbund mit anderen viel bewegen und die Welt verändern. Für einen effektiven Gebrauch der Schöpferkraft ist es wichtig, *für* etwas einzustehen und nicht *dagegen*.
Ich sagte ja schon, dass der freie Wille nicht genommen werden kann, und so bleibt die innere Freiheit auch unangreifbar, wenn du dir ihrer bewusst bist. Unterdrückung und Abhängigkeit gibt es nur dort, wo daran geglaubt wird! So hat sich zum Beispiel auch euer System der lohnabhängigen Arbeit über Jahrhunderte etabliert und verfestigt. Wer sich gegen die Unterdrückung auflehnt und gegen sie kämpft, erkennt sie an.
Wer sich jedoch der eigenen inneren Freiheit bewusst ist, wer seinen freien Willen nicht verdrängt, bleibt frei, auch wenn er zum Beispiel eine Arbeit übernommen hat und dafür Lohn empfangen wird.

Arbeit ist für die Menschen eine Möglichkeit, sich auszudrücken und der eigenen Energie einen materiellen Ausdruck zu geben. Ihr seid Schöpferwesen, ausgestattet mit der Fähigkeit zur Transformation, die es euch ermöglicht, das, was im Geistigen geboren wurde, in einer materiellen Form Gestalt zu geben. Die Freiheit der Gestaltung eurer Welt wird nicht länger denen vorbehalten bleiben, die Macht und Geld haben, sobald ihr euch eurer wahren Natur bewusst seid.
Wer selbstbewusst ist, wer Bewusstsein über sich selbst erlangt hat, wird niemals ‚Lohnsklave' sein, sondern eher freier Mitarbeiter oder selbstständiger Unternehmer.
Selbständigkeit bedeutet immer auch Verantwortung zu übernehmen, für dich selbst, für deine Handlungen, dein Leben und die Umwelt (die dich umgebende Welt).

Mit sich selbst verbunden zu sein, geht auch immer einher mit dem Bewusstwerden einer Verbindung zur Natur, zu Mutter Erde oder zum göttlichen All-EINEN. So werden in der Neuen Zeit neben Liebe und

Freiheit auch Bewusstsein und die Übernahme von Verantwortung zu eurem Selbst-Verständnis gehören.
Eure Naturwissenschaften machen gerade große Fortschritte, denn nun endlich beginnt ihr zu verstehen, wie sehr alles Leben auf der Erde verbunden ist. Es gibt keine Schädlinge und es gibt kein Unkraut, sondern nur ein verlorenes Gleichgewicht. Dafür verantwortlich ist fast immer das Streben des Menschen, das Gegebene zu optimieren, für mehr Ertrag und mehr Profit, oder aus Unverständnis oder Ignoranz.
Es ist von einer höheren Ebene aus betrachtet nicht zu verstehen, dass im Glauben daran, auf diese Art das eigene Leben zu verbessern, Böden vergiftet und Leben zerstört werden. Solche Sichtweisen werden jetzt verändert, denn die Menschen erkennen mehr und mehr, was das Leben auf der Erde ausmacht.

Die Natur ist durch Selbstregulation in der Lage, jeden Schaden auszugleichen. Der Faktor Zeit spielt für das übergeordnete System ‚Bio' (Leben) dabei keine Rolle. Leben fließt von Form zu Form und passt sich den verändernden Umständen an und das Bewusstsein formt die Gestalt. Lebensformen gehen, wenn sich die Bedingungen verändern, und neue werden entstehen, so wie es der Raum ermöglicht. Dieses Kommen und Gehen wird weitergehen, auch wenn sich das Bewusstsein erhebt, doch wird es dann im Einklang mit dem Willen des göttlichen ALL-EINEN geschehen. Für die Willkür des menschlichen Egos werden jedoch die Tore verschlossen.
Ehrfurcht vor der Schöpfung, das Erkennen ihrer Schönheit und der allem zugrundeliegenden Weisheit werden das Bewusstsein lenken.

Wenn nun das Bewusstsein der Menschen auf eine neue Stufe gehoben wird, beginnt die Heilung der Erde, und der Mensch kehrt in die Einheit zurück.

Die neue Rolle der Menschen auf der Erde wird die der Bewahrer, der Hüter und der Heiler sein. In diesem Sinne wird sich die Schöpferkraft für alle entfalten.

Zusammen-Leben

Mein geliebtes Wesen, nun wirst du dich vielleicht fragen, wie dann die Menschen zusammenleben werden. Nun, das ist auch mit einem Blick in eure Zukunft nicht leicht zu sagen, denn diese entsteht durch Gedanken, durch Herzenswünsche und durch eure Schöpferkraft.

In der Phase des Übergangs, in der ihr euch noch befindet, gibt es vielerlei Unklarheiten, Unsicherheiten, Zweifel und auch Ängste, die das Bewusstsein trüben. Ihr lebt noch in einer Welt, in der sich das Ego gegen Verluste zu schützen sucht, und euch so ständig neue Gefahren präsentiert, damit ihr wachsam bleibt. Egal, ob Umwelt, Klima, Krankheit, Hunger, Verfolgung oder Krieg, es gibt ungezählte Themen, die dich in der dritten Dimension festhalten können.

Und ich sage dir, mein liebes Licht, so lange du nicht von deinem göttlichen Selbst überzeugt bist, es in dir erkannt hast und dich mit ihm identifizierst, wird dein Ego dir nicht genügend vertrauen können, um dich zu lösen, sondern weiter die Kontrolle aufrechterhalten.
Dabei sind die Themen durchaus wichtig, doch solange sie von Angst besetzt sind, gibt es noch etwas für dich zu lernen. Dein Ego hat seine schärfste Waffe, die Angst, noch nicht abgegeben.
Bevor ich nun vom Zusammenleben und den Beziehungen auf einer höheren Ebene spreche, versuche dir einmal vorzustellen, wie es wäre, wenn es keine Angst unter den Menschen gäbe. Keine Angst vor Verlust, Krankheit, Hunger oder Tod, von den kleinen Ängsten wie Angst vor Zurückweisung, Betrug, Einsamkeit oder Phobien, wie vor Dunkelheit oder Spinnen ganz zu schweigen.

Frei von Angst zu sein bedeutet, in der Liebe zu sein!

Kannst du dir vorstellen, welch ein Lebensgefühl sich einstellt, wenn es keine Angst mehr gibt? Würdest du an einem krankmachenden Job festhalten, wenn du keine Angst vor der Zukunft, Armut oder Sanktionen hättest? Würdest du in einer leidvollen, frustrierenden Beziehung bleiben, wenn du keine Angst vor Verlust oder Einsamkeit hättest? Sicher sähe dein Leben anders aus, und weil es den anderen auch so ergeht, werden die Strukturen der Gesellschaft zerfallen, soweit sie auf Angst gegründet sind.
Gemeinschaften, die auf Angst aufgebaut sind, sind oft durch eine sich ergebende Abhängigkeit gekennzeichnet, weil Verantwortung an die Gruppe oder die Führung abgegeben wurde. Beispiele dafür sind unter anderem in Religionen ebenso wie in Banken, Versicherungen, Konzernen und dem Militär zu finden. Allen ist ein Streben nach Wachstum, Ausdehnung und mehr Sicherheit zueigen.

All diesen Verbindungen wird nun mehr und mehr die Basis entzogen, weil die Angst derer schwindet, die erwachen.

Natürlich wird es Erschütterungen geben, und alle, die fest im alten Denken verankert sind, werden nun verstärkt mit Angst konfrontiert. Dabei handelt es sich um die freiwerdende Energie, die *gelöste* Angst, aus der die alte Struktur einst gebaut wurde, die nun bricht.

Doch es werden die Lichtarbeiter da sein, die mit Rat und Aufklärung den Weg weisen. Geführt von ihren Herzen, werden sie den massenhaften Aufstieg anführen.

- Die Menschen werden wieder zusammenfinden und solidarisch zusammenstehen. Das Miteinander-Teilen wird selbstverständlich und persönliches Bereichern wird nicht mehr erstrebenswert erscheinen.
- Mit der Angst wird auch das Mangelbewusstsein gehen und so werden sich die Kontakte der Menschen untereinander stark wandeln.

- Wer keinerlei Mangel fühlt, wird auch nicht neidisch oder eifersüchtig sein auf andere, denn diese Gefühle sind durch ein Mangelbewusstsein geprägt.
- Wer in Liebe mit seinen Mitmenschen verbunden ist, freut sich über deren Erfolg und fühlt ihn mit. So wird der Erfolg des Anderen zur eigenen Lust, zum eigenen Gewinn.
- Das Leben wird nicht mehr vom Gegeneinander, sondern vom Miteinander bestimmt werden, und das, mein geliebtes Wesen, ist der Kern des Wandels!

Es beginnt im Inneren des Einzelnen, dort werden Kopf (Ego) und Herz (Seelen-Selbst) in Harmonie zur Einheit, wenn durch Selbstannahme und Selbstliebe die Zweifel und Ängste gewichen sind.
Verbindungen werden im Herzen geschlossen und aus einer inneren Selbstverpflichtung gehalten. Ihr werdet keine ‚rechtlichen Verträge' oder ‚Vereinssatzungen' mehr brauchen, um gemeinsame Ziele zu vereinbaren, denn was Herz und Herz verbindet, gründet auf Vertrauen.
Ihr werdet euren inneren Impulsen und Eingebungen nachgehen können, und eine offene Gesellschaft gründen. Es wird leicht sein, sich aus freien Willen einer Gruppe anzuschließen, und diese wieder zu verlassen, wenn sich die eigenen Ziele verändern. So, wie für jeden Einzelnen das Leben wieder ins Fließen kommt, wird sich auch die Gesellschaft verändern.

Die Zukunft liegt in kleineren, freien kommunalen Gruppen, die sich untereinander vernetzen. Alte Hierarchien werden sich nicht halten, wenn die einzelnen Menschen innerlich freigeworden sind. Natürlich wachsende, vernetzte Verbindungen hingegen werden von dem freien Willen, von der verbundenen Schöpferkraft aller Beteiligten getragen, und werden so eine für euch bisher unbekannte Kraft entfalten. Alle für die Gesellschaft wichtigen Weichen werden aus ihr herausgestellt, und nicht weiter von oben herab entschieden werden. Die Grundlage dafür liegt sowohl in der individuellen Freiheit, als auch in Verbundenheit mit dem ALL-EINEN und der Liebe zu Mutter Erde.

Dann finden eure Partnerschaften eine neue Basis, die jedem die individuelle Freiheit lässt, ohne Eifersucht und Besitzanspruch. Ihr werdet euch weniger *brauchen*, sondern ehrlich lieben.
In der materiellen Welt war es bisher vorrangig so, dass Partner gesucht wurden, die durch ihr Sein deine eigenen Defizite ausgleichen konnten. So bot der Partner oder die Partnerin für dich eine Möglichkeit, durch Ergänzung das Gefühl der eigenen Vollständigkeit zu erfahren.
Paare verschmolzen teilweise zu symbiotischen Einheiten, die solange harmonisch funktionieren, wie es keine Veränderungen gab. Um solchen Einschnitten vorzusorgen, wurden Versprechungen gemacht, wurden Eide geschworen, getrieben von Verlustangst wurden persönliche Wünsche unterdrückt und begrenzende Beziehungsregeln aufgestellt. Doch sobald sich ein Partner (Part = Teil) verändert, zum Beispiel durch das Wachstum der Seele, und neue Interessen entwickelt, verändert sich alles und der Friede wird gestört. Oftmals genügt schon das Aufkeimen des Wunsches nach Veränderung, um eine heftige Krise hervorzurufen, die alles in Frage stellt.
Seelenwachstum lässt sich nicht aufhalten, und es gehorcht keinen fremden Regeln. Jeder entwickelt sich nach dem eigenen Plan, lediglich begrenzt von dem eigenen freien Willen.

Dies ist ein Grund, warum in den letzten Jahrzehnten, und verstärkt in den letzten Jahren, so viele Trennungen geschehen. Immer, wenn sich eine Seele schneller in eine neue Ebene hebt als der Partner, ist es eine Herausforderung für die Beziehung. Es ist Toleranz, Verständnis, Liebe und Vertrauen gefordert, damit die Partnerschaft sich im gleichen Maße weiterentwickelt.
Ihr verlasst die Ebene des Mangels, und erreicht die der Fülle. Der Partner füllt keine Lücken mehr in dir aus, wenn du vollständig bist, und doch ist er eine Bereicherung für dich und gemeinsam erschafft ihr etwas Neues. Beziehungen, die diesen Umbauprozess überdauern und von alten begrenzenden Mustern gelöst sind, werden für etliche die Leitsterne der Neuen Zeit sein.
Wenn sich liebende, freie Seelen vereinen, gehen sie keine Verpflichtung ein. Sie verzichten auf nichts, und schon gar nicht auf die persönli-

che Freiheit! Die Verbindung wird zu einer Erweiterung des eigenen Raumes und jeder neue Raum bedeutet ein Mehr an Möglichkeiten des Ausdrucks kreativer Kräfte.

Ihr werdet nun neue Formen des Zusammenlebens entwickeln. Ihr werdet ausprobieren, wie groß eine Gemeinschaft sein kann, damit sie noch ohne einschränkende Regeln funktioniert.
Es werden viele neue Wohnformen geschaffen, die die bestehenden Trennungen zwischen den Generationen aufheben, und den individuellen Möglichkeiten gerecht werden.

Eure Kinder, eure Zukunft

Natürlich kann ich nicht über eure Zukunft reden, ohne auch über Kinder zu sprechen. Es ist euch schon länger aufgefallen und in euer Bewusstsein gedrungen, dass Kinder nicht mehr so ‚funktionieren' wie zu früheren Zeiten. Alle Erziehungskonzepte, egal, auf welcher Grundlage sie angelegt sind, scheitern zunehmend.
Einige Kinder rebellieren offen, manche ‚versagen', einige können sich nicht auf die Inhalte einlassen beziehungsweise konzentrieren, andere sind von Unruhe getrieben, sind ‚hyperaktiv' oder von ständiger Energielosigkeit geplagt. Es gibt so vielfältige Probleme, dass jeder erkennen kann, die Kinder sind einfach nicht für diese Gesellschaft geschaffen!
Wenn die Kinder, wie ihr ja selbst auch immer wieder betont, die Zukunft sind, frage ich: „*Warum überzieht ihr die Zukunft mit Modellen der Vergangenheit?*" Ihr habt es schon gemerkt, dass Schule so nicht funktioniert – wie lange haltet ihr noch an Zwang und Druck fest, statt Kreativität und Inspiration und Freiheit in den Gedanken zu fördern?
Ich habe ja schon von der Bedeutung des freien Willens gesprochen, und ich möchte, dass diese im Bewusstsein bleibt.

Die jetzigen Kinder entstammen verschiedener geistiger Ebenen, was keine Wertung bedeutet, jedoch die Unterschiedlichkeit erklärt. Es gibt zum einen die Gruppe der sogenannten **Indigokinder**, über die schon viel geschrieben wurde. Etliche von ihnen haben längst das Erwachse-

nenalter erreicht. Es handelt sich um mutige, alte oder reife Seelen, die schon viele Erfahrungen auf dualen Ebenen gesammelt haben. Ihre Aufgabe besteht zum großen Teil darin, Schwächen des alten Systems aufzudecken. Sie rütteln an den überholten Strukturen des Systems. Sie sind meist hochbegabt und sensibel. Um sich selbst vor Angriffen zu schützen, ziehen sie sich häufig in sich selbst zurück oder gehen aggressiv gegen äußere Einflussnahme vor. Sie sind die Wachmacher der Gesellschaft, sie fallen auf, sind laut und manchmal ungestüm. Hinter der oft rauen Schale schlägt ein Herz, das die ‚bedingungslose Liebe' kennt, und unter der Kälte der Gesellschaft leidet.
Eine weitere Gruppe ist die der sogenannten **Kristallkinder**. Über sie ist weniger bekannt, denn sie sind nicht so auffällig wie die Indigos. Es handelt sich bei ihnen um lichtvolle Wesen aus hohen geistigen Ebenen. Viele von ihnen haben ihren Inkarnationszyklus beendet und die ‚Meisterschaft' bereits erreicht. Ihre Aufgabe besteht darin, auf den von den Indigos zerstörten alten Strukturen eine neue Form entstehen zu lassen. Sie sind die Konstrukteure des Goldenen Zeitalters. Alle strahlen Liebe aus, sind sehr umgänglich und klar im Denken und Handeln. Einige sind technisch hochbegabt, und werden an den wichtigen Entdeckungen und Erfindungen in der nächsten Zeit mitwirken. Andere bewahren sich auch als inkarnierte Wesen die direkte Kommunikation mit der Geistigen Welt, sie sind hellsichtig und wissend. Die Heilung von Mutter Erde und das Bewahren von Leben hat für sie hohe Priorität. Ihr Wirken als Medium, Heiler oder Berater wird für die menschliche Entwicklung von großer Bedeutung sein.
Es ist klar, dass auch sie, wie die Indigos, durch ihre Sensibilität viel mehr Umwelteinflüsse aufnehmen und verarbeiten als andere Menschen. Das macht sie im Kindesalter besonders schutzbedürftig, auch wenn sie älter und erwachsener scheinen als sie sind. Sie brauchen einen geschützten Rahmen, um sich vollständig entfalten zu können.

Nun gibt es noch eine Gruppe von Kindern, die erst seit wenigen Jahren inkarnieren. Ich möchte ihnen jetzt keinem weiteren Namen zuordnen, denn dieser wäre eine Einschränkung. Ein einfacher Begriff beschreibt diese Wesen vielleicht am besten: **Reine Liebe**. Es sind Seelen, die noch nicht in der Materie inkarniert waren, und auf Grund der jetzt angehobenen Schwingung des Planeten mit ihrer vollständigen Seele inkarnieren! Für sie gibt es weder Karma noch innere Zweifel. Sie strahlen vor Liebe, die jeden erfasst, der mit ihnen in Kontakt kommt. Sie sind die wahren Heiler der Welt, nicht durch ihr Tun, sondern einfach durch ihr Sein! Jede Frau und jeder Mann, der einmal ein solches Kind auf dem Arm gehalten hat, wird es nie vergessen. Die Seelen kommen ohne Aufgabe, aus reiner Liebe auf diesen Planeten. Sie werden aus selbst-verständlicher Liebe handeln, so wie sie es im Herzen wahrnehmen. Sie werden die neue Erde ausgestalten.

Mein geliebtes Wesen, verstehst du, was für eine Gnade dies bedeutet? Doch es bedeutet auch eine große Aufgabe für euch alle, denn es kommt nun darauf an, wie ihr mit den Kindern eurer Zukunft umgeht! Eure Liebe, eure Fürsorge, eure Geduld und euer Verständnis sind gefordert. Gebt den Kindern die Chance zur Entfaltung, und seid offen dafür, wenn sie völlig andere Werte als eure entwickeln. Seid bereit, von ihnen zu lernen – sie sind das A&O, der Anfang und das Ende.

Geht ihnen entgegen, indem ihr die Liebe *in euch* entwickelt. Liebe deinen Nächsten wie dich selbst. Liebe das göttliche Wesen in dir, und lasse es nach Außen treten, denn dein wahres Selbst ist Liebe!

So, mein geliebtes Licht, wirst du auch in herausfordernden Zeiten stets Kraft, Trost und einen hoffnungsvollen Weg vor dir sehen.

Ich segne dich mit der ‚bedingungslosen Liebe der Quelle allen Seins'.

Ich bin Uriel."

Über Günther Wiechmann

Mein Name ist Günther Wiechmann, mein Seelenname El Arctan. Ich lebe seit 40 Jahren mit meiner Frau zusammen, bin Vater und dreifacher Opa. Schon seit meiner Geburt war ich immer auf der Suche nach meiner wahren Aufgabe gewesen, auch wenn mir dies erst sehr viel später bewusst wurde. So war mein Leben, besonders im beruflichen Umfeld, durch viele Wechsel und Umbrüche geprägt, denn nichts schien auf längere Sicht für mich wirklich zu passen. Wirkliche Erfüllung bei der Arbeit fand ich erstmals als examinierte Pflegefachkraft in der Tätigkeit mit schwerstkranken und sterbenden Menschen in einem Hospiz.
In meiner selbständigen Arbeit als Heilpraktiker lag mein Arbeitsschwerpunkt immer im energetischen Bereich, wobei ich die Ansätze der chinesischen Medizin gern mit der westlichen Medizin, der Psychologie und sogenannten Grenzwissenschaften wie Astrologie und Quantenheilung verband. Meine spirituelle Suche führte mich auch über den Weg einer schweren Erkrankung endlich zu dem Punkt, an dem sich für mich die Geistige Welt öffnete, und mir eine direkte Kommunikation möglich wurde.
Mein erstes Channeling von Erzengel Uriel erlebte ich als eine gewaltige, reinigende und transformierende Kraft, die meine Suche nach Sinn und Aufgabe im Leben beendete. Seit dieser Zeit habe ich Zugang und Führung durch die Geistige Welt und eine besondere Verbindung zu Erzengel Uriel, der sich mir stets als das „Licht Gottes" offenbart. Durch ihn bin ich aufgerufen, in den „Zeiten des Wandels" Kanal und Hilfe für andere zu sein. Während eines Channelings bin ich nicht in Trance, ich kommuniziere mit den Wesen der Geistigen Welt. Wie in den Beratungen und Channelings führt mich Erzengel Uriel auch in den verschiedenen Workshops, um so auch anderen Menschen die Verbindung zur Geistigen Welt zu eröffnen.

Mein Buch heißt »Anleitung zum Dimensions-Wechsel«

www.guentherwiechmann.de

DelphinTV Günther Wiechmann

Kapitel 8

Heike Antons und Andreas Hösl

Liebe Leserin, lieber Leser!
Wir, als Geomanten, Buchautoren und Wanderer zwischen den Welten, sind in vielen Welten zuhause. Gemeinsam haben wir uns der wichtigen Aufgabe verschrieben, Mensch und Erde wieder zu Partnern werden zu lassen.

Lass dich ein, auf einige ungewöhnliche Einblicke in das Wesen der Erde, ihren Kraftorten und der Realität einer ‚Neuen Erde'.

Viel Freude beim Lesen wünschen dir *Heike* und *Andreas*

Schöne ‚Neue Erde'

Der Körper unseres Planeten Erde ist ein lebender Organismus, der unserem menschlichen Körper gar nicht so unähnlich ist. So ist er zum Beispiel durchzogen von Kraftlinien (Ley-Lines), die unseren Meridianen ähneln. Auch finden sich hier zahlreiche Chakras, sogenannte Landschafts-Chakras.

Je einfacher ein Geschöpf aufgebaut ist, desto einfacher sind auch seine energetischen Strukturen. Es gibt durchaus Geschöpfe, die lediglich über ein Basis-Chakra und ein Solarplexus-Chakra verfügen – im Gegensatz zu komplexeren Geschöpfen wie zum Beispiel der Erde. Orte, an denen die vielfältigen Energien von Kosmos und Erde besonders deutlich spürbar sind, werden als ‚Orte der Kraft', als ‚Kraftorte' oder ‚Kraftplätze' bezeichnet – und das Wissen um diese Orte ist uralt. Es gibt Zeiten, da wurden sie für zahlreiche Zwecke eingesetzt. Steinkreise, Menhire und Steinwälle wurden dort ebenso erbaut wie später zahlreiche Kirchen. Prozessionswege folgten dem Verlauf von Energielinien und Kultplätze unterstützten die Menschen in zahlreichen Dingen des täglichen oder spirituellen Lebens. Manchmal wurden diese Orte weise eingesetzt und manchmal nicht.

Über einige Energiesysteme und Kontaktpunkte steht die Erde sogar in ständiger Verbindung mit anderen kosmischen Kräften. Auf ihrer Oberfläche finden sich deshalb nicht nur Landschafts-Chakras und Energielinien, sondern auch Fokusse oder Brennpunkte von Elementarwesen und sämtlichen Planeten. Von diesen Brennpunkten ergießen sich Energielinien in die Landschaft – die sogenannten Planetenlinien. Und seit einigen Jahren entstehen auf der Oberfläche der Erde sogar völlig neue Kraftortqualitäten.

Jeder weiß, dass Leben Wandlung ist. Logisch, dass diese Wandlung nicht nur Menschen, Tiere und Pflanzen betrifft, sondern den Kosmos als Ganzes – also auch unsere Erde. Schließlich besteht die Erde nicht nur aus Lehm, Steinen und Wasser, sondern ist ein bewusstes Wesen, mit dem wir sogar kommunizieren können. ‚Neue Erde' ist der Begriff, den wir schon seit Jahren für diese sich wandelnde Erde einsetzen. Eine Art Arbeitstitel für eine Epoche, die noch keinen Namen hat – ein Epochenwechsel, den wir live miterleben und mitgestalten.

Dieser Erdwandel betrifft natürlich auch alles Leben auf und innerhalb der Erde – kein Wunder also, dass unsere menschlichen Realitäten aktuell ins Wanken geraten. Verändert sich das Bewusstsein eines Wesens, so verändert sich natürlich sein ganzes Wesen – ein ähnlicher Bewusstseinssprung ist deshalb auch für uns Menschen erforderlich. Das ist kein ‚Fehler' im System, sondern natürlich, gesund und lebensnotwendig.

Die Erde hat in den letzten zwanzig Jahren einen sehr tiefgehenden Wandel durchlaufen und Ende 2012 den Sprung in ein neues Bewusstsein gewagt. Im Grunde haben wir es heute also gar nicht mehr mit derselben Erde zu tun, mit der wir aufgewachsen sind. Kraftorte, Leylines, Planeteneinstrahlungspunkte und Landschaftsorgane verändern sich, lösen sich auf oder entstehen gar neu.

(Die zweiteilige Buchreihe »Neuer Mensch und Neue Erde« haben wir ganz dieser spannenden Thematik gewidmet. Wenn du dich für umfassende Informationen über Bewusstseinswandel von Menschheit und Erde, für Kraftorte der neuen Zeit und zahlreiche praktische Hinweise und Informationen interessierst, seien diese Bücher dir wärmstens ans Herz gelegt.)

Für uns Menschen hat dies eine Art Spaltung zur Folge. Um den Zugang zu den vitalen Kräften der Erde nicht zu verlieren, die Körper und Geist gesund und leistungsfähig machen, ist es nötig geworden, bewusst Kontakt mit Natur und Erde zu halten, da die Erinnerung an die ‚Alte Erde' uns nicht mehr nähren kann. **Die Vitalität der Erde ist nur noch im Neue-Erde-Bewusstsein zu finden.**

Echte und ehrliche Verbindung mit der Erde setzt natürlich voraus, dass wir uns als ihre Partner betrachten – die parasitäre Einstellung, die die Menschheit ihr gegenüber lange Zeit eingenommen hat, hat hier nichts mehr zu suchen. Unsere physischen Körper sind dafür glücklicherweise perfekte Verbindungsstellen, da sie sich aus Bestandteilen der Erde zusammensetzen und deshalb gewissermaßen Teil der Erde sind. Sich vor Augen zu halten, dass wir, durch unseren Körper im Grunde ständig *innerhalb* der Erde leben, ist eine sehr wirksame Übung, um sich die Verbindung zur Erde bewusst zu machen und sogar hautnah zu spüren.

Um mit der Lebensenergie der Erde verbunden bleiben zu können, braucht es Zuwendung von uns. Wir sind es, die den Kontakt zur Erde suchen und halten müssen – wir sind es, die ihr unsere Hände entgegenstrecken müssen, damit sie diese ergreifen kann.

Eine Botschaft der Erde lautet:

„Im Zentrum eines jeden von euch könnt ihr mich spüren, sobald ihr eure Aufmerksamkeit darauf ausrichtet, genauso, wie ich einen jeden von euch spüren kann. Vieles in eurer Welt verändert sich jetzt rasant und unaufhaltsam, doch der Kontakt zwischen uns kann als Konstante erhalten bleiben und euch Kraft schenken, wenn ihr bereit dazu seid.

Viele von euch sind jetzt herausgefordert, daran mitzuwirken, auch das Menschheitsbewusstsein auszuweiten und auf eine neue Bewusstseinsstufe zu erheben. Dafür braucht es nicht alle Menschen, doch möglichst viele. Verbunden mit mir, werdet ihr die Kraft erlangen, die unaufhaltsam die ganze Menschheit verändern wird.

Und, während ihr – gestärkt durch mich – den Menschen verwandelt, stärkt ihr wiederum mich, da ich diese neuen Menschen an meiner Seite brauche. Was kann beglückender sein, als dieses Wissen um gegenseitige Bereicherung und Stärke?

Reicht ihr in einem Moment mir die Hand, um mir weiterzuhelfen, so reiche ich euch im nächsten die meine. Ohne mich könnt ihr nicht gedeihen, doch ohne euch könnte ich mich nicht weiterentwickeln. Wir brauchen einander, um den Pakt erfüllen zu können, den Mensch und Erde miteinander geschlossen haben.

Zutiefst dankbar und beglückt spüre ich, dass diejenigen unter euch, welche mich ins Herz geschlossen haben, immer mehr werden. Diejenigen, die erkennen, dass es nur noch miteinander weitergehen kann und nicht gegeneinander. Doch vergesst nie, dass es immer noch viele geben wird, die selbst diesen Wandel dazu nutzen werden, um Profit daraus zu schlagen und Ängste zu schüren.

Nicht alles, was angeblich zu meinem Besten geschieht, soll mir oder euch dienen, sondern weitere Zwietracht säen, die euch letztlich von mir trennen soll. Seid achtsam und überprüft jede Behauptung, jede Studie und jede Stimmung auf Wahrheit. An ihren Früchten werdet ihr sie erkennen – sobald Profit und Macht die Früchte sind, geht es sicher nicht mehr um das Wohlergehen von euch oder mir.

Haltet Kontakt zu mir und lebt eure innersten Überzeugungen und ihr werdet mehr erreichen, als ihr euch jetzt vorzustellen vermögt.

Ihr seid diejenigen, die alles verändern können. Euch vertraue ich mich an.“

Die Erde spricht – ein Gedicht

„Die Erde spricht auf eigene Weise,
mal laut und mal leise.
In Bildern und Zeichen
kann sie uns erreichen,
mit Farben und Klängen
uns fast schon bedrängen.

Die Erde spricht zu all ihren Kindern,
nichts kann sie hindern,
umfängt, trägt und nährt sie uns doch.
Sie spricht zu uns noch und noch,
in Bildern und Zeichen,
um uns zu erreichen.

Die Erde spricht, will uns stören, will uns wecken,
damit wir entdecken,
wer wir in Wahrheit sind.
Sendet uns Boten, Helfer und Zeichen,
will Dich erreichen,
den Schöpfer, den Hüter, das Kind.“

Ja, die Erde spricht auch zu dir, und seit jeher sind ihre ‚Orte der Kraft‘ Berührungspunkte, an denen wir besonders leicht Kontakt zu ihr aufnehmen können.

Plätze mit der Energie der Neuen Erde

Seit einigen Jahren entstehen überall auf der Erde Plätze mit der Energie der Neuen Erde, die von vielen wie Lichtinseln wahrgenommen werden. Es handelt sich dabei um Orte, die nicht nur immer häufiger werden, sondern sich auch ständig ausdehnen und ausweiten. Das ist ungewöhnlich für Kraftorte und hat eine besondere Bewandtnis, die etwas erklärungsbedürftig ist.

Wenn du dir die ‚Alte Erde' als eine Art Schlangenhaut vorstellst – veraltetes Bewusstsein der Erde, das sie abgestreift hat – dann sind Plätze mit der Energie der Neuen Erde die Stellen, an denen ihr neues Bewusstsein an die Oberfläche drängt.

Plätze mit der Energie der Neuen Erde können unsere Träume von einer neuen Welt nähren und unterstützen, da wir dort nicht nur in der neuen Bewusstseinsqualität der Erde baden, sondern auch deshalb, weil das Kollektivbewusstsein der Menschheit hier nicht so viel Macht über uns ausübt wie anderswo. Diese besonderen Kraftorte entstehen jetzt an zahlreichen Stellen und können uns bei vielen aktuellen Prozessen unterstützen. (Um das praktisch zu belegen, erlauben wir uns den Hinweis: Karten und Ortsbeschreibungen von zahlreichen Kraftorten der neuen Zeit findest du in der zweiteiligen Buchserie »Neuer Mensch und Neue Erde«)

Mögen diese Orte bisher noch Inseln innerhalb des Alte-Erde-Bewusstseins darstellen, so werden sie irgendwann so zahlreich sein, dass sie keine Inseln mehr sind. Stattdessen wird das alte Bewusstsein zu kleinen Inseln werden, die langsam verschwinden.

Botschaft der Erde:
„*Die Neue Erde – das bin ich, wie ich jetzt schwinge. Die Neue Erde nährt alles, was auf ihr und aus ihr entsteht. Die Neue Erde ist eure Gegenwart und Zukunft. Die Alte Erde hingegen ist lediglich eine Art Erinnerung an mich, wie ich einst war. Sie nährt nichts mehr, lebt nicht mehr, ist nur ein Bild, eine Erinnerung. Sie ist eure Vergangenheit und auch noch eure Gegenwart – parallel zur Neuen Erde, die euch erwartet.*
Kraftorte sind Hände, die ich euch reiche – Plätze mit der Energie der Neuen Erde sind Tore, durch die ihr mich betreten könnt. Mag die alte Welt sich auch immer wieder mit Macht in euer Bewusstsein drängen, so breiten die Plätze mit der Energie der Neuen Erde sich dennoch unaufhaltsam aus."

Stellst du dir das Alte-Erde-Bewusstsein wie einen zu eng gewordenen Blumentopf vor, in dem du nicht mehr gedeihen kannst, dann ist das Neue-Erde-Bewusstsein quasi der größere Blumentopf, in den du nun hineingepflanzt wirst. Um dich herum ist jetzt sehr viel mehr Raum, doch der Schock des Umtopfens lässt dich regelrecht erstarren und deine Wurzeln eng zu dir heranziehen. Obwohl du mehr Raum hast, empfindest du Enge und leidest darunter. Die Enge besteht aus dem Alte-Erde-Bewusstsein, das du natürlich immer noch in dir trägst.

Stell dir nun bildlich vor, dass du dich an einem Platz mit der Energie der Neuen Erde befindest – jede Menge Raum und vitale nahrhafte Erde. Du entspannst dich, streckst deine Wurzeln aus und spürst, wie sehr du dich schon dein Leben lang nach dieser Form der Entfaltung gesehnt hast.

Da das Bewusstsein der Erde voll und ganz ins Neue-Erde-Bewusstsein gerichtet ist, hat der Aufenthalt an Neue-Erde-Plätzen außerdem direkte Auswirkungen auf unsere körperliche und geistige Vitalität und unterstützt jeden kreativen Schaffensprozess.

Diese Auswirkungen von Plätzen mit der Energie der Neuen Erde sind weder Spinnerei noch Einbildung. Wann immer wir mit Gruppen solche Orte aufsuchten, hat es nur äußerst selten jemanden gegeben, dessen Vitalität dort nicht sprunghaft angestiegen ist. Und doch ist es für viele eine Herausforderung, die dort gemachten Erfahrungen auch als Realität zu begreifen. Allzu leicht entsteht der Eindruck, einem Traumgebilde zu erliegen, weil das Neue-Erde-Bewusstsein noch so fremd für uns ist.

Botschaft der Erde:
„Ich bin es, die ihr spürt, wenn ihr euch auf Orte mit der Energie der Neuen Erde einlasst. Mögt ihr auch glauben, dass diese Wahrnehmung keine Realität ist, so ist es dennoch so, dass ihr in diesen Momenten wahrhaftig mit mir verbunden seid – ganz real. Übt euch darin, der Wahrnehmung des Neue-Erde-Bewusstseins genauso viel Realität beizumessen, wie der euch vertrauten Realität – schon bald wird es euch möglich sein, die Neue Erde als eine Realität zu erleben, in der ihr lebt.

Die Kräfte der Neuen Erde entfalten sich und einige von euch haben sich schon gut darin verwurzelt – häufig ohne selbst darum zu wissen. Aufenthalt in der Natur bleibt für euch die einfachste Art der Anbindung an mich, da Natur nie getrennt von mir ist."

Lange schon hat die Menschheit ihren Fokus hauptsächlich auf die Vertikale ausgerichtet. Gebete werden zum Himmel geschickt und alles Heil soll von oben kommen – ob durch Götter, Engel oder von anderen Planeten. Darüber haben viele die Macht der Horizontalen aus den Augen verloren – unseren persönlichen Einfluss in der Welt, unsere eigene Macht und Stärke und unsere Verbundenheit mit den zahlreichen Wesenheiten der Natur.

Die Erde ist unsere Heimat. Sie ist uns Mutter, Schwester und Tochter. Um in dieser Welt stark sein zu können, brauchen wir jene Vitalität, die nur sie uns schenken kann. Jeder wird eigene Wege finden, um sich mit Natur und Erde verbunden fühlen zu können. Im Grunde ist es ganz leicht. Hier ein paar Beispiele:

- Vögeln das Leben erleichtern, indem wir ihnen geschützte Bereiche im Garten anbieten und sie gegebenenfalls auch füttern.
- Bienenweiden anlegen, Insektenhotels aufstellen, Kräuter anbauen, blühende Wiesen statt totem Rasen oder gar Schotter.
- Vor größeren Eingriffen die anwesenden Naturwesen über bevorstehende Handlungen informieren und ihnen Zeit lassen, um zu reagieren. Zum Beispiel vor notwendigen Baumfällungen. Dazu ist es nicht unbedingt erforderlich, Naturwesen sehen oder hören zu können. Es reicht, einfach mit ihnen zu sprechen, sie hören uns.
- Während der Arbeit im Garten immer mal wieder ein Dankeschön aussprechen, ein Liedchen singen oder einfach mal herzlich lachen. Viele Naturwesen lieben Gelächter und Gesang.
- Klang- und Wasserspiele sind ebenfalls sehr beliebt bei vielen Naturwesen und heben nebenbei auch menschliche Stimmungen.

Wenn du Lust auf größere ‚Projekte' hast, dann nimm doch mal Kontakt mit den Urgewalten der Elemente auf, um diese besser kennenzulernen. Es wird ohnehin eine Zeit auf uns zukommen, in der es zu einer Zusammenarbeit mit den Elementen und ihren zahllosen großen und kleinen Naturwesen kommen wird – es ist also nur sinnvoll, diese Fähigkeiten schon jetzt zu entwickeln.

Lass deiner Fantasie und Kreativität freien Lauf und denke daran, dass auch viele kleine Schritte Großes bewirken können. Die ‚Neue Menschheit' wird durch Menschen gestaltet und geboren – dieses Abenteuer ist unseres, deshalb sind wir hier.

Botschaft der Erde:
„Die Menschheit braucht lange, um sich auf unseren gemeinsamen Bewusstseinswandel einzulassen, doch – ähnlich einem Erdrutsch – wird euch schließlich nichts mehr aufzuhalten vermögen, da wir gemeinsam alles verändern werden."

Die Neue Erde befindet sich in jedem Einzelnen von uns – genau an dem Punkt, an dem wir mit der Erde verbunden sind. Kultivieren wir diese ‚Punkte' in unserem Inneren, werden wir schließlich selbst zu wandelnden Plätzen mit der Energie der Neuen Erde – Grenzgänger, Wegbereiter, Lichtinseln für andere.

Na, wie klingt das für dich, selbst zu einem wandelnden Platz mit der Energie der Neuen Erde zu werden? Bekommst du da nicht eine Gänsehaut?

Weitere Kraftorte der ‚Neuen Zeit'

Doch nicht nur neuentstehende Kraftorte haben jetzt eine besondere Bedeutung für uns, auch solche, die im Bereich der Geomantie schon länger bekannt sind. Kraftorte der neuen Zeit repräsentieren das jetzt schon spürbare Neue-Erde-Bewusstsein von Gegenwart und Zukunft, während viele alte Kraftorte immer mehr an Bedeutung verlieren, weil sie *nur* noch Erinnerungen des Alte-Erde-Bewusstseins sind.

Da es unmöglich ist, den umfassenden Wissensschatz über Kraftorte, Kraftortqualitäten und deren Einsatzmöglichkeiten in wenigen Sätzen zusammenzufassen, belassen wir es bei dem Hinweis, dass die Zusammenarbeit mit Kraftorten der neuen Zeit für die Manifestation neuer Realitäten ein ideales Einsatzgebiet ist. Natürlich ganz besonders Plätze mit der Energie der Neuen Erde, jedoch auch Christus- und Sofia-Fokusse (Plätze mit der Energie des Neuen Menschen), Plätze mit der Mitte der Mitte, Lichtstädte, Kontaktpunkte zum Versunkenen Volk und einige Planeteneinstrahlungspunkte. Auf einige möchten wir etwas näher eingehen.

Christusfokusse – Kontakt zum Selbst

Christusfokusse kann man nicht beschreiben, nur erfahren – sie sind etwas ganz Besonderes und berühren unser Innerstes. Diese Orte sind besonders gut dazu geeignet, die eigenen Schöpferkräfte wiederzuentdecken und uns mit unserem göttlichen Kern zu verbinden. Letztlich lassen sie uns spüren, dass wir in Wahrheit viel mehr sind als die augenblicklich inkarnierte Person.

Hier finden wir Kontakt zum (Höheren) Selbst – also zu dem Teil von uns, der ewig und unzerstörbar ist. Um die Wirkung dieser Orte besser zu begreifen, ist es deshalb hilfreich, alle Vorstellungen und Prägungen loszulassen, die mit dem Begriff ‚Christus' verbunden sind, um sich unvoreingenommen für die dortigen Energien öffnen zu können.

Christusenergie hat mit dem Christentum im Grunde nicht wirklich etwas zu tun – so, wie Jeschua mit dem Christentum und der Institution Kirche nichts zu tun hatte. Mag Christus für uns auch eng mit der Person Jeschua verwoben sein, so ist der Christus in Wahrheit sehr viel älter. Trotzdem ist Jeschua ein lebender Beweis dafür, dass es möglich ist, Person und Selbst so eng miteinander zu verbinden, dass sie als Einheit handeln und somit den Tod überwinden können – Einheitsbewusstsein in einem physischen Körper, der auf Erden wandelt.

Christusenergie steht für den Weg des Herzens und dem Vertrauen in die innere Führung. Sie steht jedoch auch für die Kraft der Unterscheidung und des unbeirrbaren Glaubens an die ‚Weisheit des Herzens', damit wir nicht in die Irre gehen. Nicht alle Stimmen, die zu und durch uns sprechen, verdienen unser Vertrauen. Im Zweifel ist es wohl immer das Herz, das uns den rechten Weg weisen kann.

Christusplätze führen jedoch auch in den Raum des Nichts, der sich zwischen dem *Nicht-mehr* und dem *Noch-nicht* befindet und uns vor die Herausforderung stellt, dem Ruf unseres Herzens bedingungslos zu vertrauen. Jede Übung, die deine Selbst-Verbindung stabilisiert, wird hier besonders unterstützt.

Sofia-Fokusse – Neubeginn und Vertrauen

Sofia-Fokusse stehen für den Neubeginn nach dem Sterben oder auch dem Zusammenbruch einer Epoche oder eines Glaubenssystems. Während Christus uns in den Raum des Nichts hineinführt, so begleitet Sofia uns durch dieses Nichts hindurch zu neuen Ufern. Voraussetzung dafür ist, dieses Nichts zu akzeptieren und anzunehmen, damit integriert und verarbeitet werden kann, was vorüber ist.

Neubeginn setzt Vertrauen voraus – Vertrauen, das im Nichts besonders gefordert und auf die Probe gestellt wird. Dieses Vertrauen ist es, das die Sofia-Fokusse stärkt. Ein wundervoller Kraftort für Initiationsrituale und Visionssuchen.

Plätze mit der Energie des Neuen Menschen

Ein bislang noch sehr seltenes Phänomen, über das wir bisher nur wenig berichtet haben, ist die Beobachtung, dass einige Christus- und Sofia-Fokusse sich aufeinander zubewegen, um zu einer neuen Kraftortqualität zu verschmelzen. Als wir darauf zum ersten Mal aufmerksam wurden, wollten wir das schlichtweg nicht glauben – nie hatten wir davon gehört, dass Kraftorte durch die Gegend *wandern*, doch offensichtlich verändert sich auch hier so einiges.

Zunächst wussten wir natürlich nicht, was für eine Kraftortqualität sich hier gebildet hat – diese Qualität war uns noch gänzlich unbekannt.

Auf den ersten Blick hatte sie Ähnlichkeiten mit Neue-Erde-Plätzen, dennoch war sie auch ganz anders. Letztlich kamen wir zu dem Ergebnis, dass hier Plätze mit der Energie des ‚Neuen Menschen' entstanden waren – Orte, die das Potenzial des ‚Neuen Menschen' bereits erleb- und spürbar machen.

Diese Kraftorte sind noch sehr selten, und wir haben bisher kein Kartenmaterial darüber veröffentlicht. Wichtig scheint uns jedoch der Hinweis, dass der Mensch selbst es ist, der diese Kraftortqualität in die Welt bringt – durch seinen Einsatz als ‚Neuer Mensch'. Alleine die Tatsache, dass diese Ortsqualität sich bereits manifestiert hat, macht deutlich, dass der ‚Neue Mensch' kein Hirngespinst mehr ist.

Das Wunder der Lichtstädte

Auch Lichtstädte sind relativ selten und haben eine sehr spezielle Aufgabe, da ihnen eine Art ‚Magnetismus' zueigen ist, der als Sog für Zukunftsvisionen fungiert. Eine Lichtstadt ist also gewissermaßen ein gigantischer ‚Visions-Staubsauger'.

Am leichtesten ist es wahrscheinlich, sich eine Lichtstadt als eine Art Superhirn vorzustellen. Ein multidimensionales Neue-Erde-Archiv, das selbständig zukunftsweisende Visionen, Ideen und Pläne sammelt und diese miteinander vernetzt. Wenn du dir zum Beispiel vorstellst, dass es überall auf der Welt Menschen gibt, die sich Gedanken über ein besseres Miteinander zwischen Mensch und Natur machen, dann hat die Lichtstadt die Aufgabe, diese Visionen, Pläne und Ideen in sich *hineinzusaugen*, zu sammeln und themenbezogen zu ordnen.

Eine Lichtstadt besteht somit aus zahllosen ‚Räumen' zu allen erdenklichen Themen – Gesundheit, Technik, Zusammenleben mit Tieren, Zwischenmenschliches, Ernährung – was auch immer es an Lebensbereichen gibt. Diese ‚Räume' sind jedoch keine Regale, in denen Informationen gelagert werden, sondern vernetzen die jeweiligen Informationen aktiv miteinander und entwickeln die dabei entstehenden Konzepte unentwegt weiter.

Wir haben es hier mit einem Bewusstsein zu tun, das nicht nur selbständig handelt, wir können sogar mit ihm kommunizieren und interagieren. Eine Lichtstadt sammelt und vernetzt eigenständig, sie gibt jedoch auch – je nach Bedarf und Anforderung – gewünschte und erforderliche Informationen wieder heraus. Es handelt sich also nicht um eine ‚Einbahnstraße'.

Fantastisch daran ist, dass es kein Problem mehr ist, wenn du eine Vision nicht zu Ende denken kannst. Du musst nicht alle Fäden zusammenhalten, um etwas so Komplexes wie Neue-Erde-Realität zu erschaffen. Du kannst darauf vertrauen, dass deine Impulse und Ideen genau dorthin finden, wo sie sich mit ähnlichen Impulsen vernetzen können – idealerweise, indem du deine Impulse bewusst und absichtlich in eine Lichtstadt einspeist. Wie das geht? Durch Absicht und Entscheidung.

Auch unvollständige Gedanken können so, als noch fehlendes Detail, eine entscheidende Rolle spielen. Je mehr Informationen zu einem Themenbereich zusammenkommen, umso dichter können Konzepte sich vernetzen – wie ein neuronales Netzwerk. Je dichter das Netzwerk, desto stabiler und funktionaler wird das Konzept, und je funktionaler und in sich schlüssiger ein Konzept wird, desto leichter kann es sich manifestieren.

Mental kannst du solche ‚Räume' sogar betreten und dort unterschiedliche Realitäten besuchen, die – je nach Dichte des Netzwerkes – schon sehr lebendig und real sein können. Landschaften, in denen sich menschliche Siedlungen befinden, Menschen, mit denen du sprechen kannst, Tiere und Pflanzen – magische Sphären also, die bereits lebendige Schöpfung enthalten.

Unseren ersten Kontakt mit einer Lichtstadt hatten wir am Odilienberg im Elsass (Buchtipp: »Lebensquelle Odilienberg«). Damals wussten wir noch nicht, dass Lichtstädte sich aus unzähligen Sphären zusammensetzen. Wir wollten einfach einen Blick in die Neue-Erde-Realität werfen. Doch schon diese simple Ausrichtung reichte aus, um mit der passenden Sphäre in Resonanz zu treten.

Obwohl wir uns, unabhängig voneinander, auf diese mentale Reise begeben hatten, waren die Ähnlichkeiten der gemachten Erfahrungen frappierend. Beide ‚begegneten' wir dort Menschen, die uns freudig begrüßten und genau zu wissen schienen, dass diese Sphäre auch unser ‚Zuhause' ist, weil wir an ihrer Erschaffung mit beteiligt sind. Hätten wir uns damals auf eine andere ‚Visionsparzelle' ausgerichtet, wäre das Ergebnis sicher anders ausgefallen.

Lichtstädte dehnen sich nicht aus, doch sie wachsen informativ – sie sind eine Art multidimensionaler Neue-Erde-Raum und enthalten zahllose ‚unmögliche' Möglichkeiten. Geborgen in der jeweiligen Sphäre, reifen diese heran, um das Licht der Welt zu erblicken, sobald die Zeit reif dafür ist.

Sirius-Einstrahlungen – Blick über den Tellerrand

Während unserer Recherchen über Kraftorte der Neuen Zeit gelangten wir zu der Erkenntnis, dass sich in der Nähe von Plätzen mit der Energie der Neuen Erde immer auch kosmische Einstrahlungspunkte befanden – und zwar nicht irgendwelche, sondern Sirius-Einstrahlungspunkte.

Sirius werden Qualitäten zugeordnet, die erstaunlich gut zu Orten mit der Energie der Neuen Erde passen. Sirius enthält die Keime aller Dinge und steht für das Wirken der schöpferischen Kräfte im Weltraum. Diese Energie wirkt, ohne gesehen zu werden und lenkt Gedanken in neue, spektakuläre Bahnen. Sie hilft dabei, über den eigenen Tellerrand schauen zu können und unterstützt Denken und Visionen bis an den Rand des Undenkbaren und weiter – als ‚bodenständige Himmelsflüge'.

Und über den eigenen Tellerrand schauen zu können, ist wohl eine der hervorstechendsten Voraussetzungen, die es für den Sprung in ein Neue-Erde-Bewusstsein braucht. Um in den Genuss von Siriusenergie zu kommen, brauchst du lediglich Plätze mit der Energie der Neuen Erde aufzusuchen, da diese Energie immer auch dort zu finden ist.

Neptun-Einstrahlungspunkte – Wahrnehmungen verfeinern

Neptun werden Qualitäten zugeordnet, die Träume und Visionen verstärken und insgesamt die Wahrnehmungsfähigkeiten erweitern und entwickeln. Man könnte auch sagen, dass Neptun ‚Löcher' in die Realität macht – was bedeutet, dass er dabei hilft, hinter oder durch die Alltagsrealität zu blicken und Neues wahrzunehmen. Hellsehen, -fühlen und -hören, Inspiration, Träume, Visionen, Fantasie, sensibles Chaos, Ahnungen und Sensibilität sind Beispiele dafür, wie Neptun wirkt. Diese Qualitäten kannst du ganz allgemein dazu nutzen, um deine Wahrnehmungsfähigkeiten zu verfeinern.

Jupiter-Einstrahlungspunkte – Glauben an das Leben

Die Qualitäten, die Jupiter zugeordnet werden, können deinen Glauben an die Zukunft, an dich selbst und an das Leben stärken – was besonders in Zeiten großer Umbrüche eine wertvolle Unterstützung ist. Jupiter steht für das Handeln aus dem Herzen, auf licht- und liebevoller Augenhöhe mit dem Leben und einer intuitiven Verbindung mit dem wahren (Höheren) Selbst heraus. Großzügigkeit, Optimismus, Zuversicht, Weisheit, Weitsicht, Philosophie, Erfolg, Glück, Fülle, Toleranz, Mut, Bewusstseinserweiterung und Spiritualität sind weitere Qualitäten, die Jupiter zugeordnet werden.

Für Sinnsuche, Wahrheitsfindung und Wachstumsbedürfnis findest du hier geeignete Unterstützung – eine Visionssuche würde gut an diesen Ort passen.

Uranus-Einstrahlungspunkte – der große Reformator

Die Qualitäten von Uranus verleihen Experimentierfreude, die nötig ist, um alte Strukturen zu lösen und Konventionen, wie Denkverbote zu überwinden. Schöpferische Intelligenz, Ideenreichtum, Reform, Neuerung, plötzliche Eingebungen und Erfindungen, eigene Wege gehen, dem Durchschnitt vorauseilend, schlaglichtartige Gesamtüberblicke und das Prinzip des Umschwunges wären Beispiele für Uranus.

Die ihm zugeordneten Ereignisse zeichnen sich meist durch die Elemente Spontanität und Überraschung aus. Zugleich gilt er als großer Reformator, der alle Verhältnisse umdreht. Als Garant geistiger Fruchtbarkeit und schöpferischer Impulse verkörpert er nicht nur das Streben nach Unabhängigkeit, sondern auch das kreative Potenzial des Menschen.

Eine neue Bühne entsteht

Nicht nur die Menschheit, auch der Planet Erde entwickelt sich durch Erfahrungen weiter. In der nun zu Ende gehenden Epoche des Alte-Erde-Bewusstseins waren es ausgeprägt mütterliche Aspekte, die das Wesen der Erde prägten. Eine Mütterlichkeit, die dem Menschen nahezu alles erlaubte und Raubbau und Plünderung an der Erde überhaupt erst möglich machten.
Das ‚antiautoritäre', sich mütterlich aufopfernde ‚Rollenspiel' der Erde hat den Menschen letztlich jedoch nicht gut getan, verloren sie doch jeglichen Respekt vor einer ‚Mutter'', die sich alles gefallen lässt. Einem Haufen ungezogener Kinder gleich vereinnahmten sie alles und achteten nicht mehr darauf, welchen Schaden sie der ‚Mutter' zufügten. So kam der Zeitpunkt, an dem die Erde genug von diesem ‚Experiment' hatte. Sie hatte am eigenen Leibe erfahren, was zu einseitig gelebte Mütterlichkeit für Folgen hat und erkannte, dass sie Respekt einfordern muss, um neue Erfahrungen machen zu können.

Wie eingangs bereits geschrieben, geschah dieser Bewusstseinssprung im Jahr 2012 – doch mit einem Bewusstseinssprung alleine war es noch nicht getan. Neues Bewusstsein will auch integriert, gelebt und ausgedrückt werden, und genau hiermit hatte die Erde zunächst Probleme. Ihre mütterliche Seite war so sehr überentwickelt, dass sie sich schwer damit tat, ihre Gewohnheiten zu ändern und den ‚ungezogenen' Kinder ihre bedingungslose Unterstützung zu verweigern. Vier Jahre später – im Jahre 2016 – handelte sie schließlich, indem sie ihre Lebensenergie aus dem Alte-Erde-Bewusstsein zurückzog und sich ganz dem Neue-Erde-Bewusstsein widmete. Hinwendung, Liebe und Respekt der

Natur und Erde gegenüber, waren von nun an Voraussetzung, um mit ihrer Lebensenergie in Verbindung bleiben zu können.

Im Klartext bedeutete dies, dass sie die Menschen nicht mehr automatisch mit Lebensenergie versorgte, sondern erwartete, dass diese sich ihr wieder zuwenden. Der Energiemangel, unter dem plötzlich jene litten, die sich nicht mit der Erde verbunden fühlten, führte zu massivem zwischenmenschlichem Energieraub, der sich heute überall beobachten lässt.

Immer noch waren die mütterlichen Aspekte der Erde sehr stark ausgeprägt – immer noch zögerte sie, härter durchzugreifen – doch sie wusste, dass sie sich wandeln und handeln muss. So geschah es, dass die ‚wilde Frau', die lange in ihrer Tiefe verborgen geblieben war, endlich wieder an die Oberfläche drängte.

Der ‚Neue Mensch' darf jetzt nicht mehr Kind bleiben, sondern muss erwachsen werden und den Wandel der Erde akzeptieren und begrüßen – mitsamt aller damit verbundenen Konsequenzen. Wer sich dieser Entwicklung verweigert, wird es nicht leicht haben – ein Haufen verwöhnter Kinder, die plötzlich alleine dastehen. Es wird Zeit, uns von unserer ‚Kinder-Rolle' zu verabschieden und eine neue ‚Rolle' zu wählen. Die Neue Erde ist eine magische, freie und wilde Erde – doch auch eine gefährlichere, die nicht mehr duldet, wenn ihr übel mitgespielt wird. Eine neue ‚Bühne' entsteht!

Magischer ‚Neuer Mensch'

Das sich wandelnde Bewusstsein der Erde hat selbstverständlich auch Einfluss auf uns Menschen. Auch wir werden zu einem Bewusstseinssprung ermuntert und angeregt. Auf die Menschheit warten große Veränderungen.

In unserer bisherigen Erdenrealität geht bewusstes Manifestieren eher langsam und mühsam. Die starke Fixierung auf materielle Dinge, die den ‚normalen' Menschen kennzeichnet, verstärkt diese Manifestationsträgheit zusätzlich. Wird dies im Neue-Erde-Bewusstsein anders sein?

Botschaft der Erde:
„Die Neue Erde wird die Schwerfälligkeit der dichten Materie hinter sich lassen und in vielerlei Weise schlichtweg leichter und wendiger werden. Für euch wird es leichter werden, zu lernen und Ideen zu verwirklichen. Kommunikativ werden euch neue Möglichkeiten offenstehen und vieles, was jetzt noch nicht möglich scheint, wird plötzlich ganz leicht gehen.
Auch eure Wahrnehmung der Natur wird sich verändern. Die Feinstofflichkeit wird natürlich nicht neu erfunden – sie war ja immer schon da – doch für euch wird sie zu erfahr- und fühlbarer Realität, während die Schwerfälligkeit der dichten Materie in den Hintergrund rücken und an Bedeutung verlieren wird.
Ihr werdet euch nicht mit dichter und schwerfälliger Materie herumplagen wollen, weil ihr leichtere und effektivere Möglichkeiten entdecken werdet. Das Meistern der Materie bedeutet für euch, wahrhaftig zu erkennen und zu begreifen, dass Materie nicht fest, dicht und träge sein muss, wenn ihr euren Fokus auf andere Facetten der Materie lenkt.
Gedankenübertragung wird zu einem normalen Bestandteil des Lebens für alle werden, die sich dafür öffnen mögen. Keine starren Grenzen und ein sehr viel größerer Überblick. Höhenflüge ohne Bruchlandung – und denkt nicht, dass all dies nur in den Himmel führt. Das innere Wesen der Erde ist euch noch völlig unbekannt und wird euch zu Höhenflügen inspirieren, die euch jetzt noch nicht vorstellbar sind."

Neue Gesetze einer Neue-Erde-Realität verändern zwangsläufig auch den Menschen – ab wann wir vom ‚Neuen Menschen' sprechen können, ist zeitlich natürlich nicht festgelegt. Eine ‚Neue Menschheit' fällt nicht plötzlich vom Himmel. Sie entwickelt sich durch zahllose Individuen, die bereit dazu sind, sich auf dieses Abenteuer einzulassen. Die Evolution des Menschen hat im Grunde nie aufgehört.

Neue Sinne

Lange schon ist erwiesen, dass jeder von uns sehr viel mehr wahrnimmt, als ihm bewusst ist. Um uns vor Reizüberflutungen zu schützen, sind im Gehirn ‚Filter' eingebaut, die vor Überflutung schützen – Filter, die nicht bei jedem gleich arbeiten, die innerhalb einer Gemeinschaft jedoch eine große Übereinstimmung haben. Wir bestätigen uns im Grunde ständig gegenseitig die allgemein akzeptierte Realität und blenden aus, was unwichtig oder zu viel ist, aber auch, was nicht sein kann oder sein darf.

Diese Filter können durch zahlreiche Faktoren beeinflusst werden, sogar durch eigene Entscheidung. Jedoch auch dadurch, dass Organe, wie Thymus- oder Zirbeldrüse sich weiterentwickeln und neue Funktionen übernehmen, indem sie sich zu Wahrnehmungsorganen entwickeln, mit denen die heutige Menschheit noch keinerlei Erfahrungen hat.

Jeder weiß, dass die Welt mit geschlossenen Augen um ein Vielfaches größer ist als mit offenen Augen. Die Welt in unserem Inneren ist gigantisch – wir können das ganze Universum ‚sehen'. Auch Gott-Schöpfer lässt sich im Inneren sehr viel leichter wahrnehmen als außen.

Hören, Sehen, Tasten, Riechen, Schmecken

Evolution bedeutet Weiterentwicklung auf allen Ebenen und selbstverständlich sind davon auch unsere Sinne betroffen. Bereits bekannte Sinne wollen erweitert und neue Sinne entwickelt werden. Hören erweitert sich zu Hellhören, Sehen zu Hellsehen, Fühlen zu Hellfühlen – doch es gibt noch sehr viel mehr, was den meisten noch fremd ist.

Es gibt Berichte über südamerikanische Indios, die die Schiffe der ersten ankommenden Spanier nicht sehen konnten, weil sie zuvor noch nie ein Schiff gesehen hatten. Nur der Schamane, der daran gewöhnt war, Ungewohntes und Fremdes wahrzunehmen, konnte die Schiffe sehen und den anderen davon berichten. Weil die Indios dem Schamanen vertrauten, konnten sie schließlich auch selbst die Schiffe erkennen.

Raumblick

Raumblick zum Beispiel ist eine Erweiterung des Sehens. Wir sind es gewohnt, von A nach B zu gucken – also auf ein Objekt zu schauen – doch der Raum zwischen A und B ist schließlich nicht leer. Auch dann nicht, wenn wir vermeintlich *nur* durch Luft gucken.

Bei entsprechendem Lichteinfall sehen wir Staubflocken im Raum schweben und auch Hitzeflimmern lässt sich mit bloßem Auge erkennen, doch da ist noch sehr viel mehr. Schaue ich etwa unter Wasser von A nach B, ist mir in der Regel bewusst, dass der Raum dazwischen mit Wasser gefüllt ist – mit zahllosen Schwebeteilchen und mikroskopisch kleinen Lebewesen.

Doch auch Luft ist nicht einfach nur Luft. Der Raum ist angefüllt mit Licht, lebendigem, bewusstem Licht. Dieses Licht bewegt sich und kann viele Formen annehmen und häufig sind sie geometrisch angeordnet, verändern sich aber ständig. Hierbei kann es sich um feinstoffliche Wesen handeln, oder eben einfach um Lichtbewusstsein.

Raumblick zu entwickeln, ist nicht einfach nur eine Technik, sondern hat auch etwas mit Erwartung zu tun. Wer etwas zu sehen erwartet, wird auch eher etwas sehen können. Dies betrifft natürlich auch alle anderen Sinne!

Sinn für Wahrheit

Neben den klassischen fünf Körpersinnen gibt es noch zahlreiche andere, die uns in diesem Zusammenhang meistens nicht in den Sinn kommen, und doch sprechen wir beispielsweise vom Sinn für Schönheit, vom Sinn für Wahrheit oder vom Sinn für Harmonie, weil es sich dabei tatsächlich um Sinne handelt, die nur auf Entwicklung warten.

Nehmen wir den Sinn für Wahrheit. Ob jemand die Wahrheit spricht oder ob wir angelogen werden, lässt sich spüren. Es mag sein, dass der Andere nicht in allen Teilen die Unwahrheit sagt – und meistens wissen wir auch nicht, was genau unwahr ist – doch wir verfügen über einen Sinn, der uns spüren lässt, ob wir es mit Wahrheit zu tun haben.

Es gibt viele solcher Sinne, mit denen wir schon unser Leben lang unbewusst unterwegs sind. Wir wissen, wenn etwas nicht stimmt, doch statt diese inneren Informationen ernst zu nehmen, drängen sich Glaubenssätze dazwischen. ‚*Ach, gib dem doch eine Chance, schenke ihm/ihr Vertrauen, mach, mach, mach...*‘, und schon schenken wir dem eigenen Sinn weniger Glauben, als einem angelernten Glaubenssatz.

Sinn für Schönheit und vieles mehr

Wie ist es möglich, dass wir uns groteske Modestile und abstoßende Kunst für ‚schön‘ verkaufen lassen, obwohl unser Sinn für Schönheit dem ganz klar widerspricht? Als ‚Neuer Mensch‘ weißt du, dass du verantwortlich für dein Handeln bist und wirst es dir schlichtweg nicht leisten, deine Sinne zu ignorieren. Als bewusster Mensch weißt du, dass Kunst magisch wirksam ist – dass Hässliches im Hyperraum Realitäten erschafft, die krankmachen können.

Es gibt eine Vielzahl an Sinnen, die jetzt trainiert und entwickelt werden wollen, um zum ‚Neuen Menschen‘ werden zu können. Sinn für Funktionalität, Sinn für Realisierbarkeit, Sinn für Gefahr, Sinn für Lüge, Sinn für Gemeinschaft und Sinn für Ethos mögen hier als Anregungen dienen.

Der unperfekte ‚Neue Mensch‘

Gleichgültig, wie sehr wir uns nach einer Neuen Erde sehnen mögen, die meisten werden weiterhin einer Tätigkeit nachgehen, Lebenshaltungskosten bestreiten und sich mit den Herausforderungen des Alltags auseinandersetzen müssen. Schnell stellt sich die Frage, ob wir überhaupt schon als ‚Neue Menschen‘ leben können, wenn das Drumherum doch noch so wenig mit Neue-Erde-Bewusstsein zu tun zu haben scheint?

Hinzu kommen noch die vielen persönlichen Unvollkommenheiten – Ungeduld, Intoleranz, Trägheit und was immer es sonst noch an menschlichen Schwächen gibt. Braucht es nicht zuerst die Bedingungen einer *Neuen Erde*, um zum *Neuen Menschen* werden zu können?

Doch es hat keinen Sinn, auf irgendetwas zu warten, weil deine Lebenszeit eben jetzt stattfindet und die Realität durch dich mitgestaltet werden muss. Berühre und inspiriere andere Menschen, indem du dich deinen jeweiligen Gaben, Talenten und Herzenswünschen widmest. Aus diesem Grund bist du hier.

Du fühlst dich der Bezeichnung ‚Neuer Mensch' aber noch unwürdig? Dann bedenke, dass gerade deine Unvollkommenheit dazu geeignet ist, andere Menschen zu berühren. Der Glaube an Unwürdigkeit ist ein ernsthaftes Hindernis, das in viel zu vielen Menschen wohnt. Du musst nicht erst gut genug sein, um irgendetwas tun oder sein zu dürfen.

Singe ohne Gesangsausbildung, schreibe ohne Schreibwerkstatt, sprich ohne Rednerausbildung, filme ohne Filmkenntnisse. Was auch immer du einfach machst – gerade dann, wenn es unvollkommen und fehlerhaft ist – verleiht es anderen Menschen Mut, ebenfalls dem Ruf des eigenen Herzens Folge zu leisten und neue Wege einzuschlagen.

‚Neue Menschen' sind nicht fehlerfrei und ‚gut' – sie sind ehrlich und authentisch und reinen Herzens – das ist es, worauf es ankommt. Das ist es, was den ‚Neuen Menschen' ausmacht. Du bist ein ‚Neuer Mensch', sobald du dich dafür entschieden hast.

Das Lachen der Erde – eine Geschichte

„Hatschie" und nochmal und nochmal *„Hatschie, Hatschpüh"* – ein ums andere Mal musste sie niesen, das wollte gar nicht wieder aufhören. Ihre Augen tränten, die Nase tropfte und sie spürte deutlich die körperliche Anstrengung und auch Erleichterung, die der Niesattacke folgte. Was war nur los?

Schon seit Wochen hatte sie sich erschöpft und müde gefühlt. In einer Welt, in der so viele Menschen durchzudrehen schienen und Menschheit, Natur und Erde in einen Abgrund zu reißen drohten, hatte sie nach Lösung, nach Heilung, nach Anbindung gesucht und dabei ihre Leichtigkeit verloren. Müde und ausgelaugt hatte sie schließlich die Nähe zur Erdenseele gesucht, um sich ein Weilchen auszuruhen.

Um sich mit der Lebensfreude der Erde verbinden zu können, hatte sie sich vorgestellt, diese einfach einzuatmen – wie winzige Wassertropfen, die in der Luft schweben, Wasserdampf oder Nebel gleich. Fröhliche kleine Wassertropfen – jedes einzelne lachendes Erdbewusstsein. Sprudelnd und belebend empfand sie es, die Lebensfreude der Erde einzuatmen, tiefe Dankbarkeit erfüllte sie dabei, doch dann erschütterte die Niesattacke ihren Körper und trieb ihr das Wasser aus Augen und Nase.

Jetzt, da der Anfall vorüber war, lauschte sie in ihr Inneres, lenkte ihre Aufmerksamkeit in die Tiefen ihrer Nase und weit in die Tiefen ihres Kopfes hinein. *„Hallo! Ist da wer? Was war das gerade?"* Zartes Gelächter war die Antwort – einer Ahnung ähnlicher als einem hörbaren Laut. *„Hallo, wer bist du?"*

Sie konzentrierte sich, wollte herausfinden, was in ihr geschah, und wieder spürte sie die Ahnung eines Gelächters. Und plötzlich wusste sie einfach, dass es das ‚Bewusstsein der Erde' selbst war, das da in ihr lachte – dass die Erde selbst es gewesen war, die sie in der Nase gekitzelt und gefoppt hatte.

Sprudelnde, lebendige Heiterkeit erfüllt ihr Inneres und sie wunderte sich darüber, denn sie hatte sich die Erde doch als ehrwürdiges und respekteinflößendes Wesen vorgestellt, das allen Grund dazu hatte, Menschen gegenüber argwöhnisch zu sein.

Vorsichtig, um das Erdbewusstsein nicht zu erschrecken, näherte sie sich diesem mit ihren Gedanken und, vertrauensvoll, wie ein schmusiges Kätzchen, warf die Erde sich ihr entgegen – begierig auf Begegnung, begierig auf Kontakt.

Wunderschön fühlte sich das an – vertraut, uralte Erinnerung, die lange vergessen war. Und sie begriff, dass sie einander schon ewig kannten und nur im Laufe der Zeit und zahlreicher Wendungen sich aus den Augen verloren hatten. Sie ließ sich sinken, tauchte in die Erde, wie in einen See und wusste, dass ein uraltes Band tiefer Freundschaft sie miteinander verband.

Wieder atmete sie Lebensfreude wie perlendes Wasser ein. Die Erde lachte und blubberte in ihr – wie hatte sie sich jemals getrennt von ihr fühlen können? War auch alles im Wandel – die Welt der Menschen beängstigendes Chaos – so war sie niemals verlassen, niemals verloren. Das Herz der Erde schlug in ihrem Inneren, zeitloser Geist der Schöpfung durchwehte ihre Gedanken – und sie, sie lachte einfach mit.

Über Heike Antons und Andreas Hösl

Heike

Schon seit frühester Kindheit verfügt Heike über mediale Fähigkeiten und spricht mit der unsichtbaren Welt. Ihre feinen Antennen für Stimmungen und verborgene Dinge verschaffen ihr außerdem ungewöhnliche Einblicke in unterschiedliche Bereiche des Lebens, die zu tiefen Erkenntnissen führen können.

Selbst-Gespräche – also Gespräche mit dem Teil ihrer Selbst, der ewig und unzerstörbar ist – sind ein natürlicher Teil ihres Lebens. Eine Fähigkeit, die sie im Laufe ihres Lebens immer mehr verfeinert hat. Weibliche Intuition, innere Bilder und eine ausgeprägte Beobachtungsgabe sind für sie weitere ergiebige Erkenntnisquellen. Ihr Talent, Zeichen, Träume und Symbole intuitiv zu verstehen und zu deuten, ergänzt ihren Erfahrungsschatz aus über 30 Jahren Tarot-Praxis.

Glücklicherweise fühlte sie sich bereits als Jugendliche im Schreiben so sehr zuhause, dass sie sich angewöhnte, ihre Erkenntnisse und empfangenen Botschaften gleich mitzuschreiben, damit diese nicht verlorengehen. Kein Wunder, dass die gelernte Buchhändlerin die Leidenschaft für das Schreiben später zu ihrem Beruf machte und inzwischen Autorin (bzw. Mitautorin) von mehreren Büchern zu unterschiedlichen Themen ist.

Andreas

ist nicht nur ein versierter und langjährig erfahrener Geomant, er verfügt obendrein über ungewöhnlich feine Wahrnehmungsfähigkeiten, die es ihm ermöglichen, Ortsqualitäten und Energien wie eine Antenne zu empfangen und zu erspüren – auch dann, wenn er sich nicht direkt vor Ort befindet und Landkarten mit der Hand ‚abscannt'.

Diese speziellen Fähigkeiten sind ihm natürlich auch bei der Arbeit mit Menschen dienlich, befähigen sie ihn doch dazu, auch hier Störungen und Energiephänomene zu erspüren und innere Bilder zu empfangen, was für die Qualität seiner Beratungsgespräche eine wertvolle Bereicherung und Ergänzung darstellt und ihm außerdem ein gutes Gespür für die Ursache von Problemen verleiht.

Sein besonderes Talent, Menschen in Krisensituationen aufzufangen, zu unterstützen und zu begleiten, konnte er sein Leben lang weiterentwickeln und unter Beweis stellen – nicht zuletzt auch während seiner früheren beruflichen Tätigkeiten als Polizist, selbständiger Finanzdienstleister und freiberuflicher Tätigkeit in einer Klinik für Heilfasten und integrativer Medizin. Dieser wertvolle Erfahrungsschatz steht ihm heute für seine Arbeit mit Menschen zur Verfügung.
Männliche Abenteuerlust und ausgeprägtes Organisationstalent runden sein Spektrum nicht nur auf seltsam passende Weise ab, sie sind obendrein ausgesprochen inspirierend und ansteckend in Beratungsgesprächen und hilfreich dabei, innere Hürden zu überwinden. Gemeinsam mit Heike ist Andreas außerdem als Buchautor mehrerer Bücher erfolgreich.

Das AHHA-Team

Gemeinhin sind Heike und Andreas auch als AHHA-Team bekannt und aktiv, was nicht nur ein Wortspiel aus den Initialen der Namen **A**ndreas **H**ösl und **H**eike **A**ntons ist, sondern auch für eine Art magischen Raum steht, in dem die Erde und zahlreiche ihrer Geschöpfe Hand in Hand mit ihnen zusammenarbeiten.
Doch das AHHA-Team ist größer, da auch die Zusammenarbeit mit ausgewählten Kraftplatzqualitäten und mit Kräften und Wesen von Natur und Erde eine wichtige Rolle innerhalb des Teams spielen. Durch dieses Zusammenwirken unterschiedlichster ‚Ebenen' werden größere Zusammenhänge sichtbar, was den Blickwinkel aller Beteiligten unweigerlich erweitert. Die Angebote des AHHA-Teams sind vielfältig und beinhalten neben der ‚Intuitiven Lebensberatung' auch Kraftortrecherchen, Wohnortuntersuchungen, Seminare, Exkursionen, Vorträge und Bücher. Sämtliche Bücher von Heike und Andreas sind im Verlag Tredition erhältlich.

www.zentrum-neue-erde.de

Kapitel 9

Ingrid Maria Hülsmann

Liebe Leserin, lieber Leser ❤
Mir ist es eine Herzens-Angelegenheit, dich teilhaben zu lassen an meinen Sichtweisen, Gedanken und Visionen einer lichtvollen Zukunft. Ich teile auch gerne meine eigenen Erfahrungen mit dir.
In jedem Menschen schlummert noch so viel Schöpferkraft, die darauf wartet, geweckt, manifestiert und gelebt zu werden. Ich lade dich ein in meine Vision von einer LICHT-vollen Welt, in der alle Wesen in Frieden, Achtsamkeit und im friedvollen Miteinander ihr SEIN bewusst leben.
Es ist JETZT an der Zeit, dass wir uns an das Göttliche Licht erinnern, das in JEDEM von uns ist. Lassen wir unser Licht endlich sichtbar werden, und nach außen leuchten. Zunächst brennt jedes Licht für sich, doch zusammen sind die Flammen wie ein Lichter-Meer. Der Schatten braucht das Licht, doch das Licht existiert OHNE den Schatten.

Herzlich(t) – *Ingrid Maria*

Unser Körper – unser Tempel – unser SEIN

Auf der geistigen Ebene haben wir uns entschieden, genau zu dieser Zeit in diesem Körper zu inkarnieren. Unser physischer Körper ist der ‚Tempel' unserer Seele und ein Geschenk Gottes. Mit und durch ihn können wir alle unsere Erfahrungen machen und die Liebe, die wir sind, zum Ausdruck bringen. Wir können uns bei allem, was geschieht, immer wieder auf die Liebe und das Licht ausrichten.

Sind wir uns allerdings bewusst, dass dieser unser Tempel ein Geschenk ist, und wie gehen wir damit um? Nehmen wir ihn genauso so an, wie er ist, oder lehnen wir ihn ganz oder teilweise ab, weil er nicht makellos und perfekt zu sein scheint? Ist da eine Selbst-Ablehnung und wenn es so wäre, was könnte die Ursache sein?

Wir sind in unserer Einzigartigkeit und Perfektion geboren, und sind richtig, genauso wie wir sind. Unsere Seele möchte bestimmte Erfahrungen machen und dazu können physische Einschränkungen gehören, die angeboren sind oder sich im Laufe des Lebens durch verschiedene Umstände zeigen. Für uns selbst und auch für unser Umfeld kann manches sehr herausfordernd sein, doch wir können unsere Erfahrungen machen, daran wachsen und unser *BewusstSEIN* erweitern.

Fehlt uns der liebevolle Bezug zu uns selbst und unserem physischen Tempel, kann das verschiedene Gründe haben. Es spielt eine große Rolle, wo, mit wem und wie wir aufgewachsen sind. Wurden wir gelobt, gestärkt oder kritisiert und abgelehnt? Das alles spielt eine große Rolle, da sich daraus das Selbstbild entwickelt hat.

Wir versuchen im Leben oft, uns Liebe, Anerkennung und Wertschätzung im Außen zu holen, indem wir alles für andere tun, uns verbiegen und ausnutzen lassen, in der stillen Hoffnung, von anderen das zu erhalten, was wir uns selbst nicht geben können. Mit jeder *Ent*täuschung (dem Ende der *Selbst*täuschung) verlieren wir uns selbst immer ein Stück mehr. Wir geben den anderen die Schuld oder beschuldigen und verurteilen uns selbst, da der erhoffte Erfolg ausblieb. Das führt dazu, dass im Inneren des Tempels die Wärme stetig schwindet, da die Verbindung zu unserem Herzen blockiert ist, ohne dass es uns bewusst ist. Mit der Zeit existieren wir nur noch, die Freude am Leben ist gespielt und aufgesetzt, und innere Masken verdecken die Wahrheit.

Viele von uns haben als Kind erlebt, dass von außen mit Gewalt in unseren Tempel eingedrungen wurde. Er wurde benutzt, verletzt und beschmutzt. Manchmal waren da auch mehrere Eindringlinge, die unsere Grenzen überschritten und zerstört haben. Damit fühlten wir uns hilflos, alleingelassen, uns wurde nicht geglaubt, wir mussten schweigen oder bekamen Medikamente, die das Geschehene verdrängen sollten.

So begannen wir, unseren beschmutzten Tempel abzulehnen, und uns immer *un*-wohler in ihm zu fühlen. Wir fingen an, das Verlorene und Vertraute im Außen zu suchen, und entwickelten verschiedene Süchte. Manche holten sich Unterstützung beim Schönheitschirurgen, in der Hoffnung, dass durch äußere Korrekturen an unserem Tempel der Innenbereichen irgendwie wieder angenommen werden kann. Mit jeder Korrektur wuchs die Sucht nach der nächsten Korrektur, und auch die Unzufriedenheit wuchs stetig mit. Das innere Chaos wurde verdrängt, doch der erhoffte Effekt blieb aus. Es war nie genug, und mit der Zeit wurde uns der eigene Tempel immer fremder, denn er hatte zwar eine veränderte Fassade, doch im Inneren war es immer noch unaufgeräumt und verschmutzt. Im Inneren fehlte die Freude, Sanftheit, Leichtigkeit und das Licht. Der Tempel fühlte sich unbewohnt und kalt an, und der Herzraum war verdunkelt. Alles das lag lange, viel zu lange im Verborgenen, wirkte sich dennoch auf das ganze Leben aus.

Auch in Partnerschaften hinterlässt der unerlaubte Eintritt in unseren Tempel und die Überschreitung unserer Grenzen deutliche Spuren. Eine schöne und liebevolle Sexualität ist oft nicht möglich, da immer ein gewisser, oft sogar unbewusster Kontrollzwang vorhanden ist, und ein vertrauensvolles Sich-fallen-lassen dadurch unmöglich ist. Es entsteht eine Unlust und Widerwillen gegenüber der Sexualität und Angst vor wirklicher, tiefer Nähe, was dann oftmals beim Partner alte Wunden aufreißen kann, wenn er in seiner Kindheit Ablehnung erfahren hat, und sich nun dadurch erneut abgelehnt und ungeliebt fühlt. So werden alte Wunden immer wieder aufgerissen, ohne dass meistens beiden Seiten die Zusammenhänge bewusst sind. Es kommt so immer wieder zu Streitereien, Beschimpfungen, gegenseitigen Schuldzuweisungen und seelischem Schmerz, bis hin zu physischen Verletzungen, da die Verletzungen unserer inneren Kinder nie angeschaut und transformiert worden sind.

Die alten Verletzungen und Grenzüberschreitungen unserer inneren Kinder spielen überall rein, auch in Freundschaften und im Beruf. Immer wieder begegnen sich verletzte innere Kinder, die sich dann gegenseitig verletzen.

Dann sind da noch die unzähligen Glaubenssätze, die sich aus Situationen und Wahrgenommenem unserer Kindheit unbemerkt geformt und eingebrannt haben. Sie beeinflussen uns bis zum heutigen Tag, da sie bisher unentdeckt im Verborgenen wirken konnten.

Es ist JETZT die Zeit des Wandels,

alles Geschehene aus dem Unterbewusstsein und dem Versteck kommt ans Licht, und auch die Glaubenssätze wollen auf ihren Wahrheitsgehalt überprüft werden.

Mutig und bewusst betreten wir Schritt für Schritt den Innenbereich unseres Tempels, und beginnen im Keller mit den Aufräumungsarbeiten. Wir beseitigen unsere eigenen ‚Leichen', die dort schon lange versteckt sind. Wir können erkennen, wie lieblos wir mit uns selbst umgegangen sind. Wir haben die Wünsche und Bedürfnisse anderer erfüllt, um Anerkennung, Liebe und Wertschätzung zu bekommen, doch uns selbst haben wir unbeachtet in die Ecke gestellt und vergessen. Wir erhofften uns unbewusst von anderen das, was wir uns selbst nicht geben konnten. Uns wird bei genauem Hinschauen bewusst, wie sehr wir uns selbst belogen und betrogen haben, und in eine Traumwelt geflüchtet sind, weil wir uns mit dem Schmerz und den Verletzungen durch andere, und die eigene Anlehnung noch nicht auseinandersetzen konnten. Der Schmerz und die Verletzungen unseres inneren Kindes waren zu groß. Manche von uns haben einen Beruf gewählt, in dem sie sich den Kindern anderer zugewandt haben, und dabei ihr eigenes Kind vergaßen. Es war gar nicht existent.

Doch ab JETZT übernehmen wir die Verantwortung für unser inneres Kind und all unser Tun, verzeihen uns selbst, und kommen mit uns in Frieden. Wir bitten auch unser inneres Kind um Verzeihung dafür, dass wir es verlassen, verkannt, in den Keller gesperrt und seine Bedürfnisse so lange ignoriert haben. Wir geben ihm das Versprechen, dass ihm nie mehr Leid geschieht – weder durch uns noch durch andere, und dass wir es immer beschützen. Wir können JETZT erkennen, dass wir eine Erfahrung gemacht, und daraus gelernt haben.

Wir sammeln uns nach dem Aufräumen innerlich, atmen ein paar Mal tief ein und aus, gehen bewusst Stufe für Stufe die Treppe hinauf, und betreten das ‚Obergeschoss und den Dachboden'. Hier haben es sich die Glaubenssätze schon vor sehr lange Zeit gemütlich gemacht. Manche hocken in der hintersten Ecke und versuchen, sich vor uns zu verstecken. Nach und nach entdecken wir sie, und schauen sie uns ganz genau und interessiert an. Als sie bemerken, dass ihre Macht vorbei und alles im Wandel ist, geben sie sich nach und nach zu erkennen…

Ich bin nichts wert. Ich bin nicht so gut wie die anderen. Ich bin zu dumm. Ich kann das nicht. Ich bin schuld an allem. Ich bin es nicht wert, geliebt zu werden. Ich bin nicht richtig. Ich schaffe das nicht. Ich mache alles falsch. Ich genüge nicht…

Wir haben JETZT die Möglichkeit, jeden einzelnen Glaubenssatz auf den Wahrheitsgehalt zu überprüfen. Mag sein, dass der eine oder andere von uns durch diese Aufräumungsarbeiten und Reinigungsphase traurig wird und weint, da uns bewusst wird, wieviel Lebensfreude wir verloren und verschenkt haben. Alles darf endlich da sein. Und so kehren auch die richtigen Überzeugungen ein:

Ich bin wertvoll. Ich bin genauso gut wie die anderen. Ich bin klar. Ich kann das. Ich bin frei. Ich bin es wert, geliebt zu werden. Ich bin richtig. Ich schaffe das. Ich mache alles richtig. Ich bin genug…

Viel zu lange sind auch Tränen, ob aus Trauer oder Freude, unterdrückt und verdrängt worden. JETZT nimmt alles seinen Raum ein, kommt ins Fließen, will gefühlt, angenommen und geheilt werden und schafft so Platz für eine lichtvolle Zukunft.

Im Inneren des Tempels wird es so langsam hell, warm und gemütlich. Und es ist wichtig, unserer Seele eine Ruhephase zu schenken, damit sie in unserem Tempel wirklich ankommen und sich wohlfühlen kann.

Die seelische Reinigung

JETZT geht es noch um die Reinigung des ‚Erdgeschosses'. Unsere Grenzen in der Kindheit wurden durch unterschiedlichste Situationen verletzt und überschritten. Wir haben uns deshalb unbewusst einen Schutz in Form einer energetischen Mauer um unser Herz gebaut. Es war damals wichtig, um in dieser Welt weiterleben zu können. Diese Mauer hat uns geschützt, doch sie hat auch verhindert, dass die schönen Gefühle wie Freude, Mitgefühl und andere zu uns durchdringen konnten. Wir können das Geschehene nicht ungeschehen machen, doch wir können lernen, uns SELBST und allen anderen zu verzeihen. Es ist jetzt an der Zeit, die Mauer um unser Herz Stein für Stein und im eigenen Tempo abzubauen. Es kann sein, dass die Entfernung des ersten Steines einiges an Mut und Kraft kostet, und alte Ängste noch einmal hoch holt, doch es wird mit jedem Stein, der aus der Mauer entfernt wird, immer leichter. Manchmal brauchen wir eine Pause, weil alte Themen noch einmal gefühlt, angeschaut und akzeptiert werden wollen, bevor wir sie endgültig loslassen können. Wir haben nun die Möglichkeit, unseren Blickwinkel zu verändern, und uns bewusstzumachen, dass die Narben vergangener Wunden Zeichen unserer Erfahrungen sind.

Wenn wir uns nun die Zeit nehmen und uns in unserem Tempel umschauen, so erkennen wir, dass so allmählich alles ziemlich aufgeräumt und sauber ist. Es fühlt sich warm und friedlich an, und auch unser inneres Kind hat seinen Platz endlich gefunden, sitzt eingehüllt in einer kuscheligen Decke auf der Couch und spielt. Es hat die Gewissheit, gesehen, beschützt und geliebt zu werden. Wir haben uns von den alten und niedrig schwingenden Energien gelöst und befreit. Gemeinsam sind wir nun in unserem aufgeräumten Inneren des Tempels, und fühlen uns in ihm wohl und angekommen. Es ist möglich, dass sich hier und da nochmals kleine Schmutzpartikel zeigen, doch wir haben jetzt die Kraft und den Mut, alles in Liebe anzuschauen und zu bereinigen. Alles darf so sein, wie es ist, und auch die äußere Fassade wird wohlwollend angenommen, wie sie ist. Wir sind dankbar, in diesem Tempel bewusst zu SEIN.

Zuversichtlich und voller Freude

Schauen wir nach vorne, freuen uns gemeinsam auf ‚unsere lichtvolle Zukunft' und geben unseren Visionen reichlich Raum, um sie gestalten zu können.

Jeder geht den eigenen Weg, der manchmal gerade und eben, dann wiederum steinig und holperige ist. Es kann auch sein, dass wir vom Weg abkommen, und einen Umweg gehen, auf dem wir wundervolle Dinge entdecken oder liebevollen Menschen begegnen, mit denen wir ein Stück des Weges gehen. Alles hat einen Sinn, auch wenn wir den erst später erkennen. Jeder von uns hat Gaben und Talente, die lange durch das, was wir jetzt endlich bereinigt haben, unterdrückt wurden. Sie warten darauf, endlich gelebt zu werden – zu unserem Wohle und zum Wohle des ‚Großen Ganzen'.

Wir werden zu jeder Zeit vom Schöpfer allen Seins und den Engeln begleitet, geführt und beschützt. Bleiben wir also gemeinsam in der Zuversicht und in dem festen Glauben, dass wir in eine lichtvolle Zukunft gehen. Das Beste liegt noch vor uns.

Der große Wandel hat eingesetzt und so kann sich das erfüllen, wofür wir hier inkarniert sind. Lassen wir gemeinsam und ganz bewusst unser Licht leuchten. Erinnern wir uns daran, wer wir wirklich sind. ❤
So ist es!

Es werde Licht

Wir sind jetzt in einer sehr spannenden Zeit und alles, was noch im Schatten liegt, bahnt sich den Weg ans Licht. Du spürst eine Veränderung in dir, ohne sie genau benennen zu können. Da ist jedoch eine leise Ahnung, dass sich etwas den Weg ans Licht bahnt, was sehr lange schon tief in dir vergraben ist.

Eine unerwartete Einladung zur Teilnahme an einem Projekt, ein plötzliches Zusammentreffen mit einem Menschen, mit dem noch etwas zu klären ist, ein Brief mit herausforderndem Inhalt, familiäre oder berufliche Themen bringen das lange Verdrängte an die Oberfläche. Es wirft dich ruckartig aus deiner Mitte, und wühlt dich innerlich so sehr auf. Du kannst keinen klaren Gedanken mehr fassen und du hast das Gefühl, die Verbindung zu dir geht gerade verloren. Hilflos wie ein kleines Kind suchst du nach Halt, ohne ihn zu finden. Du hast in dir den Impuls, etwas tun zu wollen, um die für dich unerträgliche Leere und den Schmerz des Alleinseins zu verdrängen, wie du es schon so oft in deinem Leben – bewusst oder un-bewusst – getan hast.

Der Gang in die Natur oder in den Garten war und ist immer deine Tankstelle gewesen. Die vielen Insekten, Schmetterlinge, Vögel und die Anwesenheit der kleinen Naturwesen bringen dich aus dem Hamsterrad der Gedanken. Die Blumen- und Pflanzenpracht, das selbstgezogene Gemüse, das dich mit reicher Ernte erfreut, alles das unterstützt dich gerade in diesem Moment, deine Mitte wiederzufinden.

Wie aus dem Nichts hörst du plötzlich eine Stimme in dir... zuerst ganz leise und zart, doch dann vernimmst du sie kräftiger und deutlicher. Es ist die Stimme deines ‚inneren Kindes', das ängstlich nach dir ruft. Es fühlt sich alleine, verlassen, wertlos, und es vermisst dich sehr.

Gedanklich stellst du dir jetzt vor, dass du zu ihm gehst, und es in deine Arme nimmst. Du hörst ihm aufmerksam zu, als es zu reden beginnt. Es spricht darüber, dass es sich unverstanden und ausgegrenzt gefühlt hat, da es vieles schon immer ganz anders gesehen und gefühlt hat als andere. Dadurch hat es auch seine Gaben und Talente unterdrückt und verdrängt, denn es dachte, nicht gut genug und sogar dumm und weniger wert zu sein als andere.

Dich berührt das alles sehr tief, was dein inneres Kind dir erzählt und anvertraut. Es weint, du hältst es dabei still und liebevoll in deinen Armen, sein Köpfchen ruht an deiner Brust, und das Schlagen deines Herzens lässt es zur Ruhe kommen. Ihr fühlt beide die tiefe Liebe, die euch verbindet und trägt.

Ganz behutsam fängst jetzt du an zu reden, und nun hört es dir auch zu. Du sagst deinem inneren Kind, dass ihr beide EINS seid, und dass dir das sehr lange nicht bewusst war. Du sprichst darüber, dass du immer das Beste von dem gegeben hast, was gerade möglich war, und dass da gleichzeitig das Gefühl war, es ist noch nicht gut genug. Dadurch war ständig Druck und Stress in dir, doch du hast es nicht bemerkt. Du sprichst darüber, dass du es allen recht machen und ihnen beweisen wolltest, dass du doch auch gut warst. Dabei hast du den Kontakt zu deinem inneren Kind verloren. Du warst so sehr mit dem Außen beschäftigt, dass der Raum für den Blick ins Innere fehlte. Während du das alles erzählst, ruht dein inneres Kind ganz entspannt und ruhig in deinen Armen, du spürst eure innige Beziehung und die tiefe Liebe, die euch Zwei verbindet.

Du spürst nach und erkennst, dass ein unwahrer, mächtiger Glaubenssatz die gedankliche Blockade ausgelöst hat. Ein Rückblick auf euer gemeinsames Leben lässt Freude aufsteigen, denn du erkennst, dass du deine Talente und Gaben schon immer aus dem Herzen heraus gelebt hast, ohne dass es dir bewusst war. Dein kreatives Kind war nie wirklich weg. Vielen Menschen konntest du damit eine Unterstützung sein, doch wenn sie dich darauf aufmerksam machten, und sich dafür bedankten, hast du dich schwergetan, den Dank anzunehmen. Du hast viel Anerkennung bekommen, doch dein innerer Saboteur war sehr stark.

Du schaust dein inneres Kind an, das sich voller Vertrauen an dich gekuschelt hat. Es weiß, dass es sich voll und ganz auf dich verlassen kann. Auf diesen Augenblick hat es so lange gewartet. Eine riesige Last fällt zu Boden und zerschellt. Hand in Hand mit deinem inneren Kind schaust du mutig und zuversichtlich nach vorne. Eine kindliche Freude breitet sich in jeder Zelle aus, und du spürst eine unbändige Kraft.

Ihr seid bereit für den größten und intensivsten Wandel aller Zeiten. Du erkennst, dass dein inneres Kind wie du ‚göttlich' ist und alle Prüfungen und Herausforderungen des Lebens den Sinn hatten, genau dieses *BewusstSEIN* zu erweitern. Alles war und ist eine Vorbereitung für das JETZT und die Transformation in eine ‚lichtvolle Zukunft'.

Die intuitive weibliche Seite

Spiritualität zu leben heißt, das Bedürfnis nach einem erfüllten Leben zu stillen. Wichtig ist dabei, es auch mit geistiger Nahrung zu füllen, da wir sonst innerlich verhungern. Die Rückkehr zur Wahrheit ist die höchste Sehnsucht der Seele, mit der Verankerung im Herzen und dem tiefen Wissen in mir.

„Ich bin gut", *„Ich bin wertvoll"*, *„Ich bin liebenswert"* – so kommt vieles in Fluss, und die richtigen Entscheidungen können leichter getroffen werden.

Das weibliche Element mit seiner emotionalen Intelligenz ist dabei unverzichtbar. Hingabe, Urvertrauen, Loslassen und Geschehenlassen gehören zur weiblichen Seite. In unserer dramatischen, aggressiven Ellenbogengesellschaft, in der letztlich die Männer ihre weibliche Seite unterdrücken, auch in der Politik, ist das weibliche Element von großer Wichtigkeit. Männern, die ihre Frauen unterdrücken, fehlt der Zugang zur eigenen intuitiven Seite, und lässt sie total verkopft sein. Das gleiche gilt für erfolgreiche Frauen, die mit den Männern in Konkurrenz gehen, und noch männlicher als männlich sein wollen.

Gerade in letzter Zeit ist es spürbar, dass sich etwas verändert, und die weibliche Seite sich allmählich durchsetzt. Meinungsverschiedenheiten, stressige Situationen oder Probleme werden durch Klarheit, Beharrlichkeit und Kreativität geklärt, indem geschaut wird, wo steht der andere gerade, und wie kann ich ihn mit ins Boot nehmen. Das Wohl des Ganzen steht immer mehr im Mittelpunkt.

Der Ruf Gottes in unserem Herzen ist immer da, doch durch Erlebnisse oder Prägungen haben wir ihn verdrängt und verlernt, ihn zu hören. Je mehr und deutlicher wir den Ruf Gottes hören, desto größer wird der Wunsch in uns, diesen spirituellen Pfad zu gehen, der nicht immer einfach und leicht ist. Wir haben eine innere Führung, die uns leitet. Manchmal finden wir ein Buch, ohne danach gesucht zu haben, oder jemand spricht von einem Seminar, zu dem es uns hinzieht, und wir kommen darüber wieder mit der inneren Stimme in Kontakt.

Es ist wichtig, den eigenen Weg zu finden, in seine eigene Kraft zu kommen, und in vollem Umfang die Verantwortung für sich zu übernehmen. Wir alleine sind für uns und alles, was wir tun oder unterlassen, verantwortlich. Viel zu viele geben immer noch ihre Verantwortung ab, an die Eltern, Partner, Lehrer, Ärzte, Chefs, Gurus, Seminarleiter, Ernährungsberater, Gesundheitsexperten und viele mehr. Wer beginnt, jemandem zu folgen, hört auf, der Wahrheit zu folgen. Genau das geschieht, wenn wir uns zu sehr von uns entfernt, und den inneren Kontakt zu uns selbst verloren haben. Ein wirklich großer spiritueller Lehrer unterstützt uns darin, uns selbst zu finden, statt uns von sich abhängig zu machen.

Die Wahrheit ist ein farbloses Land. Auf der Suche danach machen wir uns auf den Weg, der sich bildet, wenn wir ihn gehen – denn der Weg ist das Ziel. Wir treffen andere Wahrheitssuchende, die sich auch auf den Weg, und auf die Suche nach sich selbst begeben haben, und können mit ihnen Erfahrungen austauschen.

Wir sind in der Kindheit so erzogen, dass wir überangepasst wurden, und kennen sicherlich alle solche Sätze wie:

„Wenn du so bist... dann bist du gut."
„Ich mag dich... wenn du das... so machst."

So entstanden viel Leid und Schmerz, und wir wurden geprägt in dem Glauben an den strafenden Gott, wie schon unsere Eltern und Großeltern. Wir erlebten so alle einen emotionalen Missbrauch, und gaben diesen unbewusst weiter....

Schmerz, Leid und auch Krankheit können den spirituellen Weg einleiten und auslösen. Schon so mancher, der durch äußere Umstände in die waagerechte Position gelangte, und nun nicht mehr vor sich weglaufen konnte, hat sich im Schmerz gefragt, wie es dazu kommen konnte. Da war ein Impuls, nach innen zu schauen, und so mancher ist dabei zu der Erkenntnis gekommen, dass er sich sehr weit von sich selbst entfernt hatte, oder noch nie wirklich mit sich in liebevollem Kontakt war. So begann in kleinen Schritten die Wandlung und Heilung. Wir verstehen das Leben rückwärts, leben es jedoch vorwärts.

Durch die Übernahme der Verantwortung für uns selbst, sind wir in der Lage, die alten Prägungen und die daraus entstandenen Glaubenssätze auf Wahrheitsgehalt überprüfen, korrigieren und endlich loslassen zu können. Das Leben ist nicht schwarz oder weiß, sondern so *und* so. Es gibt nicht *die* richtige oder falsche Entscheidung, sondern die, die gerade in diesem Augenblick stimmig und richtig ist. Morgen kann es sein, dass wir davon abweichen, unsere Meinung ändern, und alles ist gut.

Spüre in dich hinein, ob du das hier mit mir teilen magst, es ist aus der Lehre der Kabbala:

Durch alle Zeiten werden wir immer von unserem Schutzengel begleitet. Vor der Inkarnation besprechen wir mit ihm gemeinsam unseren Seelenplan mit allem, was wir lernen und erfahren wollen. Auch die schmerzhaften Situationen bauen wir selbst in unser Leben ein, da wir auf der anderen Seite des Vorhanges wissen, dass diese Geschehnisse uns weiterbringen und unser Bewusstsein erweitern. Das Gesicht unseres Schutzengels ist das letzte, das wir sehen, bevor sich unsere himmlischen Augen schließen, und wir ins irdische Leben geboren werden. In dem Augenblick sehen wir unseren Schutzengel nicht mehr, doch wir spüren, dass er uns begleitet, und immer bei uns ist. Wenn wir dann unseren Seelenplan vollendet haben, schließen sich unsere irdischen Augen, und wir gehen zurück in die geistige Heimat. Das Gesicht unseres Schutzengels, mit dem wir alles besprochen und geplant hatten, ist das erste, was wir sehen, wenn wir unsere himmlischen Augen wieder öffnen.

Ich bewahre dieses Bild in meinem Herzen, da es sich genau dort stimmig anfühlt. Es hat für mich eine tiefe und sinnhafte Wahrheit, von der ich überzeugt bin.

Mögen wir gemeinsam voll Vertrauen auf unserem Weg bleiben, und stets unserem Herzen, unserer Liebe, und unserem lichtvolles Seelenplan folgen.

Alle Eins

Ist das wirklich so, sind wir alle Eins? Es kommt darauf an, aus welcher Perspektive wir das sehen. Auf der Seelen- und Herzebene sind wir alle Eins, und in Liebe verbunden. Auf der menschlichen Ebene ist es jedoch anders, denn wir sind sehr verschieden, mit unterschiedlicher Bewusstseinsentwicklung und Statur. Jeder hat die Pflicht, sich selbst gegenüber verantwortlich, klare Entscheidungen für Körper, Seele und Geist zu treffen. Jeder kann so für sich herausfinden, was für ihn wichtig und richtig ist, oder auch nicht. Wo die eigene Grenze ist, wie wichtig es ist, sie zu kennen, und wozu sie dient, haben wir oft verlernt. Es ist an der Zeit, wieder die eigenen Grenzen zu spüren, sich abzugrenzen, und sich aus der inneren Kraft zu trauen, „*Stopp*" oder „*Nein*" zu sagen. Genauso wichtig ist es, wieder mutiger zu werden, sich selbst mehr zuzutrauen, die eigenen Grenzen im Kopf und im Herzen zu überschreiten, und sich vertrauensvoll auf das Neue einzulassen. Wir haben das Recht und die Pflicht, uns selbst gegenüber „*Nein*" zu sagen, wenn unsere Würde, Integrität und körperliche Autonomie verletzt oder bedroht wird. Das gehört zu unserem Mensch*SEIN* und zu unserer Menschlichkeit.

Was für den Einen gut ist, ist nicht unbedingt auch für den Anderen gut. Was dem eigenen Leben aus Liebe und Würde sich selbst gegenüber dient, das dient nicht unbedingt der Liebe und Selbstwürde des anderen. Daher kann es sich ergeben, dass sich die Wege zwischen unterschiedlichen Menschen trennen, obwohl sie aus der höheren Sicht der Seele, oder nennen wir es göttliche spirituelle Ebene, noch immer Eins und in Liebe unzertrennlich verbunden sind.

Gerade in der jetzigen chaotischen Übergangszeit ist es wichtig, in Liebe und Klarheit bei uns zu bleiben, wenn es zu Trennungen kommt. Genau in diesem Moment sind wir in jeder Hinsicht in der Phase der allumfassenden großen Offenbarungen. Alles strebt ans Licht, und das, was bisher im Dunkeln und Unsichtbaren wirken und ablaufen konnte, manifestiert sich jetzt im Sichtbaren. Niemand kann sich mehr verbergen und die Außenwelt täuschen. Das gilt für jeden einzelnen Menschen, wie auch für das Kollektiv der Menschheit.

Die inneren und äußeren Schatten werden offenbart, was extrem herausfordernd und zugleich sehr heilsam sein kann. Alles, was gegen die göttliche Ordnung, und somit gegen den natürlichen Fluss des Lebens und die Liebe gestellt wurde und noch wird, zeigt sich immer mehr, und wird zur Verantwortung gezogen. Auch jeder Einzelne von uns darf sich jetzt ehrlich anschauen, wo er in und mit sich selbst aus der göttlichen Ordnung gefallen, und lieblos mit sich umgegangen ist, weil er es zu der Zeit nicht besser wusste und konnte. Wir dürfen aus den gemachten Erfahrungen erkennen, ob und wo sie uns gedient haben, statt nach Schuld zu suchen, und diese sich selbst oder anderen zuzuweisen.

Die Zeit ist reif, klar Stellung zu beziehen, und jede Agenda von Lügen, Manipulation, Korruption und Betrug aus unserem Leben zu entfernen, von denen wir im Herzen wissen, dass wir sie nicht länger unterstützen wollen, auch wenn von außen versucht wird, uns weiterhin einzuschüchtern und zu manipulieren.

Die Möglichkeiten, etwas zu ignorieren oder unter den Teppich zu kehren, sind vorüber. Wir als Menschheit haben mit unserer Hingabe an das Gute und Wahre in unserem Herzen die Macht und Fähigkeit, aufzulösen, was ausgedient hat. Dieser Prozess beginnt immer zuerst im Inneren, im Zentrum eines jeden Menschen selbst.

Es ist in den meisten Köpfen und Herzen der Menschheit noch nicht angekommen, wer und was wir wirklich sind. Doch mit zunehmendem Bewusstsein erkennen wir, dass wir Schöpferwesen in einem menschlichen Körper sind, die über die Gedanken in jedem Moment das Neue manifestieren. Dieses Wissen nutzen über einen sehr langen Zeitraum die, von denen wir uns haben manipulieren und klein halten lassen. Die Pressemedien und diverse Techniken waren und sind noch immer ihre Manipulationsmittel, doch es wird uns jetzt immer bewusster. Die Masken fallen für eine lichtvolle Zukunft.

Durch gegenseitige Unterstützung, respektvollen Umgang im Miteinander, und neue Höhen des BewusstSeins werden neue Systeme, Projekte und Gemeinschaften entstehen, die von Achtsamkeit und Wertschätzung getragen, und so zum natürlichen Verlauf der Erde werden – im Einklang mit allen Wesen und der Natur. Die Menschheit braucht jedoch ihre Zeit für die Wandlung und Transformation. Alles wird weitaus lichtvoller und größer werden, sobald wir uns als Menschheit unserer göttlichen Schöpferkraft bewusst, und in der Kraft sind, die Erde, uns selbst, alle Wesen und die Natur zu hüten und zu reinigen.

Wir alle werden unser Leben lieben und leben.
Alles ist in Harmonie mit dem göttlichen Plan unserer Seele.
Alles ist im Einklang mit unserem Herzen.
Alles entwickelt sich zum Wohle des Großen Ganzen.
Alles wird heilen in der lichtvollen Zukunft.

Sinnhaftigkeit

In dieser gerade sehr spannenden und turbulenten Zeit ist es wichtig, die innere Anbindung in uns selbst zu haben, tief verwurzelt zu sein in dem festen Glauben des Gehalten-, Behütet- und Getragenseins, und die Erkenntnis der Sinnhaftigkeit in unserem Leben.

In uns selbst beginnt die Suche nach dem Frieden und dem Guten. In uns selbst ist das Licht der Hoffnung, das wir durch unser Wirken, Sprechen und Denken in die Welt tragen. Durch die tiefe Verwurzelung in uns selbst, und unsere intuitive Herzens-Anbindung reicht es, ein Buch nur in die Hand zu nehmen, und wir können spüren, ob der Inhalt wahr ist oder nicht. Wir haben in unserem Herzen eine starke Unterscheidungskraft, die sich jetzt immer mehr verstärkt.

Es kommt immer wieder, auch unter den Aufgewachten, zum Konkurrenzdenken und zur Eifersucht durch ein ständiges Vergleichen mit anderen, durch die Fragen, wer auf seinem Weg weiter ist, mehr weiß oder mehr als der andere.

Ein mystischer Mönch sagte vor einigen hundert Jahren einen Satz aus der östlichen Tradition:

„Ein Mensch kann dem unendlichen Gott nicht näherkommen, auch kann niemals festgestellt werden, wie nahe der Mensch Gott überhaupt schon gekommen ist.“

Wenn wir darüber nachdenken, kann es darüber weder zur Eifersucht noch zu Neid kommen, denn jeder ist auf seinem Weg und macht eigene Erfahrungen. Im offenen lebendigen Austausch können wir mit- und voneinander lernen, und erkennen, dass alles gleichwichtig ist. Wir können daran wachsen, und uns in der Entwicklung fördern. Der Austausch auf Augenhöhe führt so zum Denken, Nachdenken und neuen Erkenntnissen. Die wahre Herzenswärme zeigt sich im Alltag, im Umgang mit den Menschen, Tieren und der Natur. Möge das Licht der Liebe in unseren Herzen spürbar sein und erstrahlen. Möge unser Seelenbewusstsein stets stärker werden, auf dass alles Heilung finden kann.

Das Leben hält für uns immer wieder große Herausforderung bereit. Mancher wünscht sich in seinem Leben einen geraden Weg, der frei ist von Schmerzen, wo alles gut und leicht ist, doch wie sieht es dann mit der Entwicklung aus? Gerade die Herausforderungen lassen uns reifen, und das Bewusstsein wächst.

Betrachten wir das Leben als das Sinnbild eines Labyrinths, so erkennen wir die Lebendigkeit und Möglichkeiten des Lebens. Alles ist offen, möglich und im Fluss. Wir treffen Entscheidungen, in welche Richtung wir gehen. Wir können stehenbleiben, weitergehen oder umkehren, machen viele Erfahrungen, und kommen in Kontakt mit unserem Vertrauen, Glauben, Mut und mit unseren Ängsten.

Mit jeder Entscheidung ist der Weg wandelbar. Es mag sein, dass wir durch einige Äußerlichkeiten vom Pfad unseres Herzens abkommen, doch wir kehren immer wieder durch unsere spirituellen Bedürfnisse auf den Weg zurück. Wir können erkennen, dass ein scheinbarer Umweg kein Irrtum war, sondern eine wichtige Erfahrung auf unserem Seelenweg, die wir brauchten, um heute der zu sein, der wir sind.

Manchmal ist auch eine Umkehr heilsam, und ist eine besonders wichtige Erfahrung. Wir gehen dahin zurück, wo wir in die Irre gegangen sind, betrachten alles neu, und gehen dann mit den Erkenntnissen und Erfahrungen gestärkt vorwärts.

Wir schreiten auf unseren Weg weiter voran, doch erst im Rückblick erkennen wir, dass gerade die schmerzhaftesten Erfahrungen uns am weitesten gebracht haben. Uns wird bewusst, welche unbändige Kraft in uns ist, auch wenn wir uns in herausfordernden Situationen, in denen es schon mal heftig ruckelt und an uns zerrt, schwach und hilflos fühlen. Alles ist ein Teil des Menschseins, und darf da sein. Alles will bejahend gefühlt, und als zu uns gehörend angenommen werden.

Wir suchen nach Gotteserfahrung. ‚Gott finden' heißt, den Weg finden, der ohne Grenzen ist. Gotteserfahrung ist gelebte Menschenliebe, die sich in vielerlei Möglichkeiten, und in einem harmonischen Miteinander zum Ausdruck bringen kann. Wir sind hier auf der Erde inkarniert, um diese Kraft wahrzunehmen, zu erleben und zu leben. Es geht um die ‚Botschaft der Liebe', und die liebevolle Kraft in uns. Der wahre Ort der Verwirklichung ist die Gemeinschaft, und wahre Gemeinschaft ist die, in der sich das Göttliche zwischen den Menschen verwirklicht.

Lasst uns gemeinsam nach vorne schauen, im festen Glauben daran, dass sich alles zum Wohle des ‚Großen Ganzen' und einer lichtvollen Zukunft entwickelt. Es geht um die liebevolle und göttliche Kraft, die in jedem von uns angelegt ist. Das Soziale ist das Heilige für ein harmonisches und achtsames Miteinander. Wir können uns an der Unterschiedlichkeit erfreuen, und durch unsere Klugheit bereichert fühlen. Gelebte Menschenliebe ist voller Liebe und Freiheit im Denken und frei von Dogmen und Verurteilungen. Wir können uns gegenseitig inspirieren, und uns an der Vielfältigkeit erfreuen.

Ich hoffe so sehr, und das ist mein Herzenswunsch, dass wir uns in dieser gemeinsamen Zeit im freien Denken und liebevollen Empfinden inspirieren können.

Liebt euren Nächsten, umarmt eure Familie und Freunde, und gebt euch gegenseitig Halt, indem ihr allen mit Verständnis und Mitgefühl begegnet.

Unsere Tiere

Es ist mir eine Herzensangelegenheit, auch die Tiere in den Fokus zu stellen, da genau das viel zu lange vernachlässigt wurde. Sie werden als Sache betrachtet, die für verschiedene Zwecke gehalten, benutzt und verarbeitet werden.

Uns wurde vermittelt, dass Fleisch zu unserer Nahrungskette gehöre und wichtig für uns sei, doch das ist unwahr. Wir kommen sehr gut ohne aus. Das gesamte System des Menschen reagiert auf die Aufnahme toter Zellen von anderen göttlichen Wesen. Der menschliche Körper zeigt die unterschiedlichsten Symptome, denn er versucht, die fremden Zellen auf dem schnellsten Weg wieder aus sich hinauszubringen, und benötigt dafür sehr viel Energie. Das erklärt, warum die Menschen nach dem Essen von Fleisch müde und träge werden, und der eigene Körper durch die entzogene Energie schneller altert.

Die Tiere erfahren unsägliches Leid in ihrem oft sehr kurzen Leben, werden mit vielen Präparaten vollgepumpt, und unter oft unbeschreiblichen Umständen gehalten. Ihr Leid, ihre Ängste und Schmerzen schwingen von der Energie her niedrig, und erzeugen somit auch in den Menschen eine niedrige Schwingung. Auch die Auswirkungen der verabreichten Präparate, die den Tieren reichlich gespritzt werden, zeigen sich im Menschen durch den Konsum von Fleisch und anderen tierischen Produkten. Es entsteht dadurch ein Nährboden für viele Krankheiten mit teilweise fatalen Folgen. Das Leid aller Lebewesen setzt Stoffe frei, die im Fleisch enthalten sind und süchtig machen. So wird am Leid und Schmerz der Menschen und Tiere viel Geld verdient.

Wir können es sehr gut bei der Organtransplantation erkennen. Der Empfänger ist gezwungen, ab der Zeit der Übertragung für den Rest seines Lebens Medikamente gegen die Abstoßung des übertragenen Organs einzunehmen. Sein eigener Körper erkennt, dass in ihm nun ein fremdes Organ ist, und versucht, dieses abzustoßen. So ähnlich ist es auch bei der Aufnahme von tierischen Zellen.

Die Tiere werden immer mehr wie eine lieblose Sache und Material behandelt, das leistungsstark und effektiv sein muss, um optimal verarbeitet zu werden. Das führt zu großem Leid und Schmerz, und spiegelt sich in den Menschen durch die Aufnahme tierischer Produkte wider. Es ist erschreckend, dass der größte Teil der Menschheit immer noch weggeschaut, und die Zusammenhänge negiert, um nichts verändern zu müssen, bis ihr eigener Schmerz zu groß ist, und sie dazu zwingt.

JETZT ist es an der Zeit, das Schweigen zu brechen, hinzuschauen, die Stimme zu erheben und aufzuklären. Durch die ansteigenden Energien findet ein großes Erwachen statt. Die Erkenntnisse und die Zusammenhänge nehmen zu, und die Menschheit erkennt, dass Schmerz und Leid für alle Wesen gleich, und somit untrennbar miteinander verbunden ist.

Jede Mutter empfindet den gleichen Schmerz, wenn ihr das Kind gewaltsam weggenommen wird, und unterscheidet nicht zwischen Mensch und Tier. Alle Wesen haben ein Recht darauf, zu leben. Sie vergießen Tränen, wenn sie weinen, spüren die gleiche Angst, lieben es gestreichelt und gekuschelt zu werden, und genießen Frieden. Es gibt da keine Trennung. Endet das Leid der Tiere, endet das Leid der Menschen, denn Hunger in der Welt hängt zum großen Teil auch mit dem Leid der Tiere und der Massentierhaltung zusammen.

Ich war eine Konsumentin von tierischen Produkten, und hab eine Zeit hinter mir, in der ich mir über alles das keine Gedanken gemacht habe. Der Weg zur Vegetarierin hatte Höhen und Tiefen, und brauchte seine Zeit. Die Veränderung begann auf der körperlichen Ebene mit verschiedenen Symptomen, und ging dann über die geistige Ebene zum

Herzen. Dort angekommen, geschah etwas, das kaum zu erklären ist. Über Nacht war jegliches Bedürfnis nach Fleisch und den daraus gefertigten Produkten komplett weg, und weder dessen Geschmack noch Geruch konnten noch von mir abgerufen werden. Es entstand dann vor meinen geistigen Augen ein Bild, das mir meine Zellen zeigte, die hell und leuchtend waren, und alles, was mit dem Fleischkonsum mal in Verbindung stand, war von meiner ‚Festplatte' gelöscht. Ich bin dankbar.

Vegetarisch oder vegan zu leben ist kein Trend, sondern ein Bewusst-Seins-Prozess.

Lasst uns gemeinsam die Vision von ‚unserer lichtvollen Zukunft' erweitern, in der Menschen und Tiere in Liebe und Achtsamkeit friedlich miteinander leben, in Wertschätzung mit der Natur. Es ist ein Prozess, der seine Zeit, und unseren festen Willen benötigt. Alles ist möglich.

Lasst uns füreinander da sein, uns gegenseitig unterstützen und stärken, besonders in den Momenten, in denen wir mal aus der Mitte fallen. Lasst uns gemeinsam den Fokus auf das legen, wer wir wirklich sind.

Eure Ingrid Maria

Über Ingrid Maria Hülsmann

Mein Name ist Ingrid Maria Hülsmann. Ich wurde vor 75 Jahren als zweites von sechs Kindern in einem kleinen Dorf am Niederrhein geboren. Ich war ‚das ganz andere Kind', was nicht immer einfach war. Mich zog es stets hin zu Kindern und in die Natur, denn dort durfte ich einfach sein. Tiere suchten meine Nähe und waren meine Freunde, die ich gesund pflegte, wenn sie verletzt und krank waren.

Aus erster Ehe habe ich zwei Kinder, und bin zweifache Oma. Mit meinem zweiten Mann bin ich seit 31 Jahren verheiratet, und lebe mit ihm in einem kleinen Ort mit viel Natur. In meiner Kindheit hatte ich einige Erlebnisse, die mein ganzes Leben prägten, und mich zur Rebellin werden ließ, wenn auch zunächst nur innerlich...

Nach dem Tod eines Freundes vor vielen Jahren öffnete sich für mich der Zugang zur Geistigen Welt, was mich zuerst sehr verwirrte. Er übermittelte mir Botschaften, die für seine Frau von großer Bedeutung waren. Seitdem erhalte ich immer wieder Botschaften aus der Geistigen Welt, die ich übermitteln darf. Alles war eine Vorbereitung, und hat mich gestärkt für das JETZT.

Gerne teile ich meine Erfahrungen, und stelle mein Wirken zum Wohle des Großen Ganzen zur Verfügung. Möge Heilung geschehen.

Kapitel 10

Johanna Zimmermann

Liebe Leserin, lieber Leser!
Als ich von dem Projekt eines gemeinsamen Buches erfuhr, war mein Interesse sofort geweckt. Schon lange hegte ich den Wunsch, meine Engelbotschaften einem breiten Publikum zuteilwerden zu lassen. So oft ich meine himmlischen Helfer auch fragte, es kam immer ein nein, ich solle kein Buch schreiben. Jetzt weiß ich auch warum. Es gab einen größeren Plan – nun ist es soweit!
Christus, die Erzengel Gabriel und Metatron übermittelten mir ihre Botschaften. Darin werden Hilfestellungen zur Selbstheilung und Selbstfindung, dem derzeit herrschenden Chaos auf Erden und seinem Hintergrund, der Übergang in eine lichtvolle Zukunft und Neugestaltung der Erde erläutert.
Ich freue mich, es euch mit lichtvollen Grüßen weiterzugeben.

Herzlichst Johanna

Einzigartigkeit von Mutter Erde

Erzengel Gabriel sagt:

„Geliebte Menschenkinder, ihr Seelen, die ihr da schon Jahrtausende hier auf Erden weilt und euch immer neuen Herausforderungen stellt, wir Geistigen Kräfte bewundern euch hierfür!
Jetzt ist die Zeit gekommen, wieder zurück zum Ursprung zu gehen, und die Entwicklung des Planeten mit all seinen Bewohnern aus einer anderen Perspektive zu betrachten.
Vieles, was ihr nicht mehr wahrnehmt, ist einzigartig, verlangt nach mehr Aufmerksamkeit, Bewunderung und Ehrerbietung. Dadurch gebt

ihr dem Planeten geraubte Energie, Licht und Liebe, Verbundenheit, Treue und noch viel mehr zurück.
Stellt euch vor, wie es wäre, wenn diese Natur von euch Menschen gesteuert würde, und kein Göttlicher Plan dahintersteckte. Was wäre los, wenn jeder seinen Willen, seine Vorstellungen, wie etwas zu sein hat, durchsetzen könnte? Ein heilloses Durcheinander, das wäre das Ergebnis.

So lasst Licht und Liebe in die Einzigartigkeit von eurem Planeten fließen, stellt euch vor, wie ‚Mutter Erde' in hellem Lichte erstrahlt. Dankt für die Gaben, die sie bereithält, dass sie euch nährt und ihr in einem wundervollen Umfeld eure Erfahrungen machen könnt. Nichts ist selbstverständlich, alles ist nur geborgt. So solltet ihr ab sofort mit eurer Umwelt verfahren, dankbar sein, dass es so sein darf.
Geliebte Seelen, ich möchte euch keinerlei Vorwürfe machen. Seht meine Durchsagen an als Erinnerung, weshalb ihr hier inkarniert seid. Euer Seelenauftrag lautet ‚Licht und Liebe zu allem, was ist!'
Das ist wahrhaftig keine leichte Aufgabe. Vieles, was ihr derzeit noch für wichtig haltet, wird in nächster Zukunft keine Daseinsberechtigung mehr haben.
Habgier, Machtgehabe, Unterdrückung, Aggressionen, eben alle Energien der Dunkelheit organisieren sich, und versuchen nun verstärkt, von euren Seelen Besitz zu ergreifen. Ihr könnt es wahrlich erkennen, diese Energien ziehen derzeit verstärkt um den Erdball. Jeder Einzelne kann nun dazu beitragen, sie zurückzudrängen, ihnen keinen Raum mehr zu lassen, und ihr Dasein aufzulösen.
Egal, was ihr erlebt, was ihr denkt, versucht als Erstes immer eure Emotionen hintanzuhalten, und Licht in die Angelegenheit zu bringen. Lasst euer Licht aus euren Herzen strahlen, stellt euch vor, wie es alles Dunkle in strahlendes Leuchten umwandelt. Mit der Zeit wird es euch immer leichter fallen, diese Methode der Liebe anzuwenden.

Ihr tragt große Verantwortung für euren Planeten und habt eure Seelenverträge so abgeschlossen, ein Teil sein zu wollen, Neues auf die Erde zu bringen und Altes, nicht mehr Gültiges, zu transformieren.

Wenn ihr traurig seid, zweifeln solltet, nicht mehr ein noch aus wisst, sei euch gesagt: Es ist ein Leichtes für euch, Hilfe von uns zu erbitten. Ruft um himmlischen Beistand und er wird euch gewährt. Lasst es zu, dass wir euch unterstützen, indem ihr darauf vertraut, dass ihr immer die richtigen Entscheidungen treffen werdet, wenn ihr im Einklang mit Allem-was-ist seid. Vertrauen zu euch selbst, wie auch in das Leben, sind es, die alles gelingen lassen, was ihr euch erträumt.
Die Geistige Welt freut sich über jeden, der bereit ist, Unterstützung von ihnen zu erbitten. Allzu oft würden wir gerne einschreiten, euch zurufen und so weiter, doch ist es uns ohne eure Erlaubnis nicht gestattet. Vieles wird für euch leichter, wenn ihr wieder verbunden seid mit dem Licht der Liebe in eurem Herzen und eurer Seele. Verbindet euch, ihr werdet staunen, wie einfach und wirkungsvoll das für euch ist.
Dazu stellt euch vor, wie aus eurem Herzen ein Lichtstrahl weit hinauf ins Universum zieht. Bittet nun im Geiste um Verbindung mit eurer Seele, eurer wahren Energie, altem Wissen, eurer wahren Macht und Kraft und dem Urvertrauen. Lasst das Licht nun zwischen Universum und Herzen fließen, atmet es ein und aus. Führt es vom Herzen durch euren Körper, verfolgt es und spürt nach, wie es sich anfühlt, diese wunderbare Energie anzunehmen, zuzulassen, und mit ihr gemeinsam voranzugehen.

Geliebte Seelen, das ist es, wonach ihr schon so lange gesucht habt, zurück zu eurem Ursprung, zu eurer wahren Macht und Kraft zu kommen. Jetzt seid ihr bereit, die Herausforderung anzunehmen, ausgestattet mit allem, was ihr dazu braucht. Alles ist einfacher, als ihr es je vernommen habt. So seid bereit, euer Herz zu öffnen und Neues zu erproben!
Ihr werdet vielleicht fragen, wie kann es sein, dass es so einfach ist und wir es bisher nicht wahrgenommen haben?
Es war euch bisher nicht möglich aufgrund der niedrigen Energien, die auf eurem Planeten erschaffen wurden. Ihr wart gefangen in Angst und Schrecken, in Abhängigkeiten, Mangel, Macht, Gier, Habsucht, um nur einige zu nennen. Eure Eigenständigkeit wurde euch nach und nach ge-

nommen und durch die Dunkelheit kam nur mehr sehr wenig hohe, reine, positive Energie zu euch durch.

Je mehr Menschen sich nun dem Neuen zuwenden, umso rascher wird es vorangehen. Doch derzeit sieht es leider nicht so aus, alles scheint im Chaos zu versinken. Vieles wird nicht mehr so sein, wie es je war und das ist gut so. Aus diesem vermeintlichen Chaos entsteht etwas ganz Neues, was es bisher noch nicht gegeben hat. Dazu braucht es natürlich Zeit – Zeit, die auf Erden alles bestimmt. Es ist leider nicht vorhersagbar, wie lange es dauern wird, bis diese neue Struktur für alle erkennbar ist. Jeder geht so voran, in seinem Tempo, wie es für ihn gut ist.
Deshalb beurteilt und verurteilt eure Mitmenschen nicht, wenn sie vermeintlich auf dem ‚falschen Weg' sind. Ihr könnt das Gesamte nicht erkennen, ihr seid ebenfalls nur ein Puzzlestück im Großen Ganzen! So lasst jedem seine Freiheit, nach seinem Ermessen, Wissen und Gewissen seinen Teil beizutragen – ihr alle profitiert davon. Auch aus Fehlern kann und darf man lernen, daher tragen auch sie zu eurer Reife bei.
Lernt ein neues Miteinander, geht aufeinander zu, freut euch des Lebens, und seht in jeder Situation eine Möglichkeit des Wachsens, des Lernens, der Veränderung!
Allen, die dies lesen, sei gesagt: Wir himmlischen Kräfte danken euch mit lichtvollen Grüßen für eure Bereitschaft, eine lichtvolle Zukunft zu erschaffen! Es grüßt euch Erzengel Gabriel, der, der das Licht in euch entfacht!"

Freude über die neue ‚Gesellschaft der Verbundenheit'

Erzengel Gabriel sagt:

„Geliebte Seelen, die ihr hier lest, seid bereit, euren Beitrag zu leisten, eine neue ‚Gesellschaft des Miteinanders' zu gründen. Dafür braucht es gar nicht viel. Jeder Einzelne hat es in der Hand, wie er mit seinem Gegenüber umgeht. Versteht das ‚Gesetz der Resonanz': ‚was ihr ausstrahlt, kommt zu euch zurück'. Deshalb ist es ein Leichtes, Liebe und Mitgefühl zu leben, als Beurteilung, Bewertung, Ausgrenzungusw.

Natürlich ist es nicht einfach, alle Menschen zu ‚lieben'. Zuviel ist passiert in diesem ‚Spiel der Verstrickungen': Vergleiche untereinander, besser sein zu wollen, mehr besitzen zu wollen als die Anderen und so weiter.
Dazu sei gesagt, dass eure Gegenüber euch oft ein Spiegel der eigenen Meinungen, Gedanken und Gefühle sind. Deshalb sollte euer Ziel sein, euch selbst von euren niedrigen Überzeugungen zu befreien. Dann seid ihr frei, diesen neuen Weg zu beschreiten.
Seid offen für Neues und probiert es ganz einfach aus. Ihr werdet staunen, wie sich eure Mitmenschen, eure innere Einstellung, euer Gefühl zu eurem Umfeld verändern, wenn ihr alles aus der höheren Perspektive betrachtet. Alle sind eins – alle sind miteinander verbunden – wie im Innen so im Außen.

Gerne leite ich euch an, ein kleines Experiment damit zu machen. Stell dir dazu vor, wie du eine Person, der du nicht besonders zugetan bist, mal aus dieser neuen Sicht betrachtest. Sieh sie dir von ‚oben' an und fühle, was regt sich da in dir, welche Gedanken kommen dir da in den Sinn? Nun fühle bei dir nach, wie wirst du von deinen Mitmenschen wahrgenommen? Betrachte dich als Fremder, was strahlst du für andere aus? Spürst du ähnliche Gedanken und Gefühle, wie bei der ersten Person? Wo ist eure Verbindung, was spiegelt sie dir beziehungsweise du ihr?
Genau das ist es, was ihr bisher noch nicht erkennen konntet. Ihr seid alle eins, jeder ist mit dem anderen verbunden, und jeder bedarf der Liebe des anderen.

Übergib mir all die Beurteilungen und Bewertungen, die du gegen dein Gegenüber gerichtet hast, geliebte Seele. Alles, was du denkst und fühlst, richtest du so auch gegen dich selbst. Befreie dich, indem du diese Gedanken und Gefühle nun mit meiner Hilfe transformierst.
So gib nun dieser Person Liebe und Respekt, wie auch du dir das von deinen Mitmenschen erwartest. Lass Licht in jede Richtung deiner Umgebung fließen, gehe offenen Herzens auf die Menschen zu.

Du wirst durch diese neuen Energien, die du verbreitest, viel Positives in dein Leben ziehen. Langsam löst sich die Dunkelheit rund um dich. Freue dich, geliebte Seele, dein Innerstes wird jubeln.

Seid gegrüßt, ihr lichtvollen Wesen, die ihr da auf Erden diese große Aufgabe übernommen habt. Wir himmlischen Helfer danken euch, dass ihr weiterhin diesen Seelenauftrag ausführt, und dass ihr voranschreitet in dem Bewusstsein, Einigkeit und Einheit zu demonstrieren."

Leben im Einklang mit der Natur

Erzengel Metatron sagt:

„Geliebte Seelen, die ihr hier auf Erden weilt. Es gibt vieles, was ihr tun könnt, ohne große Anstrengungen zu machen. Seid offen für alles, was euch umgibt. Geht mit wachsamen Augen durch die Natur, es gibt so vieles, was ihr nicht mehr wirklich wahrnehmen könnt. Jede Pflanze, jedes Lebewesen und sei es auch noch so klein, fügt sich in den Kreislauf des Lebens ein. Richtet eure Aufmerksamkeit auf dieses Zusammenspiel, seid dankbar, dass ihr ein Teil dieses wundersamen Gefüges seid. Lasst das Licht eures Herzens in jede Aktivität, die ihr erkennen könnt, einfließen. Euer Licht bringt alles voran, Wachstum und reiche ‚Ernte' sei euch sicher. Seht euer Glück aus einer neuen Perspektive – ihr seid Teil dieses wunderbaren Kreislaufes! Geht hinaus ins freie Feld, in einen Park oder wohin ihr eben rasch gelangen könnt. Überall könnt ihr die Wunder der Natur erkennen. Seid euch bewusst, dass eines das andere braucht.

Viele Seelen werden nun auch an ihren Auftrag erinnert, Mutter Natur wieder zu dem zu machen, was sie einmal war – im Einklang von ‚Geben und Nehmen' von Pflanzen, Tieren und Menschen zu leben. Einer/eines hilft dem Anderen, der Kreislauf des ‚Kommens und Gehens' soll wieder aktiviert werden.
Viele Pflanzen und Tiere haben eine Vereinbarung, ein Miteinander, das nun wieder angekurbelt wird. Chemie und Raubbau an der Natur werden sich nach und nach zurückziehen. Dazu braucht es euch Seelen,

die mit ihren Ideen und neuem Wissen diesen natürlichen Kreislauf wieder zurückholen.
Es wird viel probiert werden müssen, um dann den richtigen Weg zu erkennen. Doch glaubt fest daran, es wird stattfinden. Eure Gaben wurden euch dahingehend mitgegeben, ihr braucht sie nur noch abzurufen. Alle, die sich nun angesprochen fühlen, sind es, die daran teilhaben. Im Kleinen wie im Großen wird diese Erneuerung stattfinden. Jeder Einzelne ist wichtig, gibt dem Gefüge Struktur.

Auch wenn es derzeit für euch nicht vorstellbar ist, wie das sein kann, vertraut! Alles wird sich finden, alles passt genau so in eure Abmachungen. Ihr werdet den Zeitpunkt erkennen, der eure Seelen berührt!
‚Leben und leben lassen' ist ein Motto von euch Menschen und genau so soll es sein. Keine Ausbeutung, kein Machtmissbrauch, keine Unterdrückung oder Grenzüberschreitung wird es dann geben. Einer hilft dem anderen, alle sind EINS. Das ist der große Plan!
Geht aufrechten Herzens durch die Welt, dankt Allem-was-ist, dass ihr daran teilhaben dürft und selbst ein Teil des Großen Ganzen zu sein. Macht euch wieder bewusst, wie wichtig es ist, zu danken."

Glück und Frieden im Inneren suchen und finden

Zu diesem Thema möchte **Christus** persönlich uns seine Unterstützung gewähren, er sagt:

„Geliebte Seelen, die ihr da allesamt bereit seid, den neuen Weg des Lichtes und der Liebe zu gehen. Ich begrüße euch mit meinem heilenden Licht, das euch nun durchflutet. Seid euch sicher, dass ihr immerzu beschützt und geschützt voranschreitet. Hier nun möchte ich euch einige Anleitungen geben, um im Gleichgewicht zu bleiben. Die Herausforderungen des täglichen Lebens kosten euch eine Unmenge an Energie. So ist es wichtig zu wissen, wie man sich schützen kann, Energieräuber abwehrt, sich selbst und anderen Hilfestellung gibt.

Nun, meine geliebten Erdenbürger, es ist nicht alles so, wie es scheint. Vieles habt ihr schon erkannt, aufgespürt, wurde aufgedeckt, doch vieles ist noch nicht sichtbar. Seid bereit, eure Augen dem Göttlichen in allem was geschieht, zu öffnen.
Nehmt euch ein wenig Zeit, atmet tief durch, dann stellt euch vor, wie mein Lichtstrahl euch einhüllt. Lasst mein Licht nun durch euer Kronenchakra (über eurem Kopf) einfließen, es langsam hinabziehen bis tief in Mutter Erde. Dabei lasst ihr in Gedanken alles Negative, das euch gerade in den Sinn kommt, los. Seht, wie eure Gedanken nun mit dem Lichte in die Erde wandern. Dort wird alles transformiert und umgewandelt in positive Energie, die von unten wieder zu euch zurückkommt.
Solltet ihr von Schmerzen geplagt sein, dann lasst in diesen Stellen das Licht länger verweilen, bittet um Auflösung eurer Blockaden, um diese ebenso in die Erde abfließen zu lassen. Eure Seele lechzt nach Vollendung und so braucht sie die vollständige Verbindung mit eurem Körper. Auch hier braucht ihr nur wenige Minuten eurer Zeit zu investieren, probiert es aus!

Verbindung zu deiner Seele:
Gehe in Gedanken in dein Herz und öffne es mit einem Schlüssel oder was dir eben gezeigt wird beziehungsweise dir dazu einfällt. Dann lass einen Lichtstrahl nach oben ins Universum wachsen und bitte mich um Verbindung mit deiner vollen Seelenenergie. Tausche nun diese Energie immer wieder aus, indem du das Licht von oben in dein Herz fluten lässt und es dann wieder zurückstrahlst. Dies kannst du so lange durchführen, bis du dich wohl und gestärkt fühlst.
Sobald es dir mal nicht so gut geht, wiederhole diese Anbindung, deine Energie wird dadurch sofort angehoben.

Reise zu dir selbst:
Ist dir mal schwer ums Herz, dann gehe in deinen persönlichen Garten. Dazu kannst du dir in deiner Phantasie eine Umgebung kreieren, die du dir möglicherweise schon lange wünschst. Tritt nun ein in diesen Garten, sieh dich um. Zieht es dich in einen bestimmten Bereich, dann

gehe näher heran. Solltest du unschlüssig sein, dann bitte mich um Führung. Suche dir nun das Plätzchen, das dich anzieht, setzte dich hin und lass diese wundervolle Energie der Natur auf dich einwirken. Viele Naturwesen werden dir begegnen, und dir auf liebevolle Weise deine Schwere abnehmen. Egal, ob du es bewusst wahrnimmst oder nur spürst, es geschieht. Vertraue deiner inneren Führung, nimm alles an, was dir geboten wird. Es kann sein, dass du ‚Geschenke' bekommst, die dein Herz zum Schwingen bringen, dir Seelenanteile, die dir verloren gegangen waren, wieder integriert werden. Alles darf sein, alles ist gut, so wie es dir geschieht.
Nun sieh dich weiter um, bitte dein ‚inneres Kind' sich dir zu zeigen. Dieses Kind, ein Teil von dir, braucht möglicherweise deine Hilfe. Sobald du es erkennst, nähere dich ihm langsam. Rufe es mit seinem Namen, erkennt es dich? Lass dir erzählen, wie es ihm ergangen ist, was es sich von dir wünscht, und was es braucht, um glücklich zu sein.
Erfülle ihm jetzt alle Wünsche, gib ihm alles, was es sich erbittet. Lass aus deinem Herzen heilendes Licht in das Herz des Kindes fließen, auf dass ihr wieder vereint seid. Genieße nun diese neue Zusammengehörigkeit, diese Verschmelzung – nun seid ihr wieder eine Einheit. Zusammen werdet ihr stärker und glücklicher sein. Eure Sehnsucht, wieder ganz zu sein, hat nun ein Ende. Nimm nun dein Kind in deine Arme und lass es in deinem Herzen Einzug halten!
Bitte nun alle Lichtwesen, die dir jetzt Unterstützung bieten können, an deine Seite. Nimm ihre Energien wahr, lass sie durch dich hindurchströmen. Du wirst nun aufgetankt mit Licht und Liebe, Glück und Geborgenheit. Wenn du bereit bist, deinen Garten zu verlassen, danke allen Wesenheiten für ihre Hilfe. Dann schreite durch deine Pforte wieder zurück ins Hier und Jetzt.
Je mehr ihr euch mit euch selbst beschäftigt, umso schneller kommt ihr voran. Sobald ihr euren Energielevel halten könnt, kann euch nichts mehr vom vorgefassten Weg, den ihr Seelen vereinbart habt, abbringen.

Geliebte Seelen, auch wenn vieles für euch nicht vorstellbar ist, heißt es nicht, dass es nicht möglich ist. Lasst euch ein auf Neues und lasst euch ein auf Dinge, Vorstellungen, die ihr nicht einmal im Traum erlebtet.

Vieles, was in eurer Kleinkinderzeit für euch normal war, ist euch abhandengekommen. Nun ist es Zeit, dieses Wissen wieder zu euch zurückzubringen. Um euch leichter darauf einlassen zu können, ist es wichtig, eure Chakren zu reinigen und zu öffnen.

Chakrenreinigung:
Beginnt mit dem Wurzelchakra zwischen euren Beinen. Lasst wundervolles rotes Licht hier hinfließen. Spürt, wie eure Ängste und Sorgen euch nun verlassen, wie dieses Licht den Körperteil durchflutet und heilt. Alle Emotionen, die da in euch hochkommen, dürfen euch nun verlassen. Solltest du an einem Thema festsitzen, dann rufe mich an deine Seite. Gemeinsam werden wir deine Blockade auflösen. Sei offen, dass es geschehen darf und so wird es sein.

Nun geht mit eurer Aufmerksamkeit zum nächsten Chakra, dem Sakralchakra, das im Nabelbereich liegt. Hier liegen Lebenskraft, Schwäche, Ängste, die nun ins Gleichgewicht gebracht werden möchten. Lasst orangefarbenes Licht einfließen und bittet um Auflösung aller Blockaden, die die wahre Macht und Kraft anzunehmen verhindern.

Richtet nun den Blick auf den Solarplexus, der über dem Nabel liegt und sendet gelbes Licht in dieses Zentrum. Hier ist es wichtig zu wissen, dass viel Altes, aus anderen Inkarnationen Erlebtes, gespeichert ist. Deshalb bittet mich an eure Seite, um karmische Verbindungen zu durchtrennen und sich von ihnen zu befreien. Dazu ist es nicht wichtig zu wissen, was damals geschah. Seid offen dafür, dass es nun gelöst wurde.

In eurem Brustbereich sitzt das Herzchakra. Hier lasten Erfahrungen aus allen Inkarnationen, wo ihr auf der Gefühlsebene verletzt wurdet. So öffnet euch nun für die Vergebung auf allen Ebenen eures SEINS. Grün/rosafarbenes Licht flutet in dieses Zentrum ein, löst alle Gefühle von Schuld wie auch alle Erfahrungen der Zurückweisung durch Andere. Seid geduldig, meine geliebten Seelen, hier braucht es einige Zeit, um loszulassen, um zu verzeihen, wie auch alle Beteiligten um Verzeihung

zu bitten. Alles, was ihr je erlebtet, sei es positiv wie auch negativ, ist/war hier festgehalten.
Sagt euch in Gedanken, dass ihr euch alle Taten verzeiht, die nicht dem Wohle eurer Mitmenschen gedient hatten. Bittet alle Seelen, euch dieses Verhalten zu verzeihen, verzeiht auch allen, die euch jemals verletzt haben. Dieses Verzeihritual könnt ihr jederzeit wiederholen, wenn ihr das Gefühl habt, einen Fehler begangen zu haben. Auf energetischer Ebene wird dies dann sofort transformiert und zeigt sich nach und nach dann ebenso im Außen.

Nun ist das Chakra im Kehlkopf an der Reihe. Hier sitzen Emotionen, unterdrückte Worte und niemals ausgesprochene Meinungen fest. Bittet mich nun um Auflösung all dieser im Halse festsitzenden Worte, um Aktivierung eures Ausdruckes, immer offen und ehrlich alles an- und aussprechen zu können. Sendet so lange hellblaues Licht an diese Stelle, bis ihr ein angenehmes offenes Gefühl verspürt.

Jetzt ist dein ‚drittes Auge' an der Reihe. An dieser Stelle der Stirn sind vermutlich einige Blockaden errichtet worden, eure wahre Spiritualität nicht annehmen zu dürfen. So bittet um Auflösung aller Verträge, die da festsitzen und sendet dunkelblaues Licht auf die Stirn. Verzeiht auch hier in Gedanken allen, die euch diese Blockaden auferlegten. Sendet Licht und Liebe an alle Beteiligten. Nun bittet um Aktivierung eures ‚dritten Auges', um Rückholung allen alten Wissens, und um Auflösung aller Ängste, die dies bisher verhinderten. Geliebte Seelen, eine neue Welt wird sich euch erschließen!

Das Kronenchakra sitzt über deinem Kopf und ist mit der universellen Energie im Universum verbunden. Auch hier kann es sein, dass Blockaden wirksam sind, die den vollen Energiefluss verhindern. So stellt euch vor, wie weißviolettes Licht aus dem Universum in das Kronenchakra einfließt und nun alles Dunkle sofort auflöst. Lasst euch auch hier genug Zeit, um wirklich alle belastenden und beeinflussenden Energien zu transformieren.

Nun, geliebte Seelen habt ihr es geschafft. Ihr habt euch selbst die Hilfe gegeben, nach der ihr schon so lange gesucht hattet. Ihr seid wundervolle Lichtwesen, ihr könnt alles schaffen. Das solltet ihr euch immer vor Augen halten.

Schutz vor ‚Energieräubern':
Eure Seelen sind untereinander verbunden. Durch eure Aura vermischen sich Gedanken, Gefühle wie auch Energien. Daher ist es sehr wichtig für euch, Abgrenzungen zu eurem Energiefeld zu erschaffen.
Bitte um eine schützende Lichthülle, die alle negativen Energien von außen an euch abprallen lassen. Durchtrennt in Gedanken alle Verbindungen zu Menschen, die sich an euch angedockt haben. Stellt euch dazu vor, wie ihr mit einem Lichtschwert Verschnürungen, die von euch weggehen, durchschneidet. Nun sagt: ‚Ich bitte um Rückholung aller Verantwortungen, die ich an andere abgegeben habe und gebe alle Verantwortungen, die ich anderen entzogen habe, an diese Seelen zurück'.
Sendet an alle Beteiligten das Licht der Liebe aus euren Herzen.

Meine geliebten Lichtwesen, die ihr da diesen beschwerlichen Weg angenommen habt, ich danke euch im Namen aller himmlischen Kräfte für eure Bereitschaft, Veränderungen herbeizuführen, die Erde zu heilen und Licht und Liebe zu leben!
Es grüßt euch mit heilendem Licht Christus, euer Unterstützer!"

Allumfassende Liebe – wie kann ich sie spüren und leben

Erzengel Metatron sagt:

„Geliebte Seelen, ‚allumfassende Liebe', was ist das, was könnt ihr euch darunter vorstellen? Wie ist es möglich, alles und jeden zu lieben?
Dazu ist es wichtig zu wissen, dass nur Liebe es vermag, Frieden mit allen auf Erden zu erreichen. Liebe ist euer höchstes Gut, setzt es ein und es werden ‚Wunder' geschehen. Ihr werdet euch fragen, wie dies möglich

sein kann, doch vertraut eurer inneren Stimme, alles ist möglich, ihr müsst es nur probieren.
So öffnet euer Herz, lasst alle Begrenzungen und Verletzungen los. Lasst Licht in das Herzzentrum einfließen, verbindet euch mit eurer Seelenenergie im Universum, seid im Frieden mit euch selbst.

Um dies zu erreichen, ist es notwendig, sich von allen alten Verhaltensmustern und Glaubenssätzen zu lösen. Bittet um Abtrennung, Transformation und Heilung. Lasst mein Licht durch euren Körper fließen, bittet um Umwandlung aller Beurteilungen und Bewertungen in Harmonie und Gleichheit. Euer Herz wird jubeln und eine neue Leichtigkeit wird sich einstellen.
Je mehr ihr mit euch selbst im Reinen seid, umso mehr wird sich dies auch in eurem Umfeld zeigen. Alle Vorwürfe, die ihr gegen euch selbst richtet, seid bereit nun loszulassen, sie sind euch nicht mehr dienlich. Vieles, was ihr erlernt habt, war dazu da, euch schwach und verletzlich zu machen. So habt ihr Überzeugungen erschaffen, nichts wert zu sein, bekamt Verlustängste und wurdet eurer wahren Macht und Kraft beraubt.

- *Sendet euch nun selbst das Licht der Liebe aus eurem Herzen, lasst dieses Licht durch euren Körper fließen und bittet um Auflösung all dieser alten Muster der Schwere.*
- *Je mehr Licht ihr euch selbst gebt, umso lichtvoller wird eure Umgebung. So profitieren alle von jedem Einzelnen.*
- *Nehmt euch nun als wundervolles, einzigartiges Wesen an, dessen Aufgabe es ist, ‚bedingungslose Liebe' zu leben.*
- *Segnet euch und eure Mitmenschen, lasst euer Licht über dem Planeten schweben.*
- *Richtet eure Aufmerksamkeit auf eure Umwelt, lasst auch sie von eurem Lichte profitieren.*
- *Je mehr Licht und Liebe den Planeten umflutet, umso mehr Seelen werden sich an ihren Auftrag erinnern, werden sich besinnen, umkehren, sich neu ausrichten.*
- *Seid nicht ungeduldig, alles ist im Plan, alles ist bereit.*

Sobald euch Ängste, Sorgen und Zweifel wieder einholen, löst sie mit eurem Herzenslicht auf. Lasst euch nicht beirren, bleibt in eurer Ruhe und Kraft in Verbindung mit der ‚bedingungslosen Liebe'. Sagt euch jeden Tag aufs Neue: ‚Ich bin Liebe, meine Liebe ist in mir und außer mir, meine Liebe umflutet jeden Tag Mutter Erde'!

Ihr geliebten Seelen, eure Macht und Kraft ist grenzenlos. Bleibt geeint in der Energie der ‚bedingungslosen Liebe', diese besiegt die Dunkelheit!"

Der Beginn einer neuen Zeitrechnung

Erzengel Metatron sagt:

„Geliebte Erdenbürger, ich bin gekommen, um euch auf eine Zeitenwende vorzubereiten, die ihr niemals für möglich gehalten hättet. Seid bereit, die Früchte eurer Arbeit einzufahren, ihr habt es wahrlich verdient.
Wie ihr schon feststellen konntet, gibt es auf eurem Planeten Chaos wohin man schaut. Angst und Schrecken breiten sich aus und werden über die Medien noch verstärkt. Egal, welchem Thema man sich zuwendet, die Angst ist allgegenwärtig. Doch das alles ist nur Schein, ein Schleier, der von euch erschaffen wurde. Es gibt nichts, was ihr tun könnt, alles läuft im göttlichen Plan, der auch eurer ist.
Die Erde bebt, die Erde bewegt sich im Innen wie im Außen. Das ist nun überall sichtbar. Vieles, was für euch selbstverständlich war, wird sich nun für immer verabschieden. Es gibt verschiedene Tierarten, die nun nicht mehr das Auslangen finden werden. Wie schon in früheren Zeiten, verlassen diese dann den Ort, um in anderen Dimensionen ihr Dasein aufzubauen.
Pflanzen, wie auch ganze Ökosysteme, werden euren Planeten nun erreichen, die ihr bis dahin noch nie gesehen habt. Sie werden den Ausgleich bringen, den die Erde dringend braucht. Dazu ist es wichtig zu wissen, dass ihr nicht in Angst und Schrecken verfallen sollt, wenn ihr

dies wahrnehmt. ***Genau das ist es, wonach ihr gesucht habt, die Rettung von Mutter Erde wie auch allen Bewohnern.***

Das Zeitalter der Ausbeutung von Menschen und Ressourcen, des Machtmissbrauches, sind nun Vergangenheit. Ganze Landstriche werden für längere Zeiten nun zur Wüste werden, um sich zu regenerieren, und um die Verletzungen der letzten Jahrhunderte zu bewältigen. Andere Zonen, die bisher eher ungeachtet waren, werden nun zur grünen Oase erblühen. So rettet sich der Planet durch Gottes Hilfe und seiner unermüdlichen Unterstützung, uns unseren freien Willen weiterhin angedeihen zu lassen. Seid bereit, das große Ganze nun zu erkennen! Alles was ihr erlebt, ist richtig und wichtig für euch.
Je mehr die Erde brennt, umso mehr Landstriche werden einer Erholungsphase zugeführt. Lasst euch nicht beirren vom ‚Ruin' eurer Vegetation. Natürlich ist damit auch nicht gemeint, diese Brände vorsätzlich herbeizuführen. Alles, was in Gottes Plan geschieht, dient eurer weiteren Veränderung zum Wohle des Planeten wie auch seiner Bewohner.

Seid dankbar, ein Teil dieser Neuerung sein zu dürfen. Sendet Licht und Liebe in die Natur wie auch an alle Bewohner.
Viele Seelen sind noch immer der Dunkelheit verhaftet. Auch hier wird sich in naher Zukunft einiges verändern. Seid zuversichtlich, euer Plan der Veränderung, des Aufstieges in eine neue Dimension ist auf dem Weg der Vollendung. Nicht alle von den derzeitigen Bewohnern werden diesen Weg mittragen, doch auch dies ist genauso vereinbart. Jeder hat die Möglichkeit, für sich selbst zu entscheiden, wo er in Zukunft leben möchte. Alle Menschen, die in der derzeitigen Energie bleiben möchten, werden dies auch tun.
Für all jene, die nun bereit sind für die neue Dimension, wird sich eine neue Realität erschließen, abseits von Machtmissbrauch und Streben nach Reichtum. Ein neues Miteinander wird geboren, wo alle ihren Platz finden werden, wo sie ihre Bestimmungen beziehungsweise ihre Vorstellungen, was für sie wichtig ist, ausleben können und dürfen. So ergeben sich sogenannte ‚Verbände', wo einer dem anderen hilft, jeder sein Wissen der Gemeinschaft zur Verfügung stellt – im gerechten Aus-

gleich für alle. Diese ‚Neue Welt' ist es, nach der ihr euch schon so lange sehntet.

Nach Auflösung des derzeitigen Chaos und der Erneuerung von Mutter Erde geht es rasch voran. Viele Seelen werden von den sichtbaren Veränderungen berührt und erwachen, erinnern sich an ihren Plan teilzuhaben, Unterstützer zu sein und ein neues Weltbild zu erschaffen.
Die derzeitigen Kriege dienen dazu, auch hier alte Strukturen zu zerbrechen, sie loszulassen. Segnet alle, die bereit waren, diesen Weg anzunehmen, denn ohne sie wäre es nicht möglich! So trägt jeder seinen Beitrag zum Gesamten bei, jeder Einzelne ist wichtig, auch wenn man es nicht erkennen kann.
Vieles, was bisher für euch wichtig war, wird sich ebenfalls auflösen. Neue Regeln werden erschaffen, die auf das Gemeinwohl abzielen, denn keiner soll ausgeschlossen werden. Auch hier gibt es bereits Vorreiter, die schon auf dem Weg sind, zum Großteil jedoch noch im Verborgenen.

Lasst alle Beurteilungen und Bewertungen los, wenn ihr diese Neuerungen vorgestellt bekommt. Es ist ein einzigartiges Konzept, das auf ‚Liebe zum Nächsten' beruht. Ihr müsst nun langsam heranwachsen, eure alte Denkweise hintanstellen, und bereit sein, Neues geschehen zu lassen. Das wird natürlich nicht von heute auf morgen möglich sein. Seid zuversichtlich, dass alles zu eurem höchsten Wohle geschieht. Vertraut euren ‚Mentoren', sie arbeiten im Licht der ‚bedingungslosen Liebe' zu allem, was ist.

Meine geliebten Brüder und Schwestern, ich sage euch, Großes steht euch bevor, dass es so noch nicht gegeben hat. Seid bereit, diesen ‚lichtvollen Weg' anzunehmen und voranzuschreiten – es wird euer Schaden nicht sein.
Es grüßt euch euer ständiger Begleiter, Erzengel Metatron, der Überbringer des Lichtes!"

Die Wende

Erzengel Metatron sagt:

„Geliebte Lichtwesen, die ihr da seid, ich danke euch, dass ihr schon so weit vorangekommen seid. Wir himmlischen Helfer sind immer an eurer Seite, wir unterstützen und begleiten euch, ruft uns, wann immer ihr uns braucht.
So habe ich mich heute dazu entschlossen, euch weitere Unterstützung zu bieten. Es ist nicht leicht einzuschätzen, wann das alles erreicht sein wird, wovon ihr schon so lange ‚träumt'. Doch seid gewiss, es wird eintreten.
Derzeit sind viele inkarniert, um teilzuhaben, ihren Beitrag zu leisten und diese Änderung herbeizuführen. Daher ‚wimmelt' es hier auf eurem Planeten nur so von Menschen. Auch das ist einzigartig und gehört zu eurem großen Plan. So dankt in Gedanken auch hier allen Seelen, dass sie bereit sind, ein neues Zeitalter einzuleiten. Viele von ihnen werden die Erde wieder verlassen, sobald ihr Auftrag erfüllt sein wird. Der Planet Erde ist nicht dafür ausgerichtet, diese große Bevölkerungsanzahl auf Dauer zu versorgen.
So unvorstellbar es für euch auch ist, alle Seelen haben sich bereiterklärt, ihren Part in dieser Inkarnation auszuführen. Egal, ob ihr sie als Licht- oder Schattenwesen wahrnehmt, alle führen ihre Aufgaben aus, so wie von allen gewollt. Für euch sieht derzeit alles danach aus, in heillosem Durcheinander zu versinken, doch auch hier geschieht alles nach eurem Plan.

Dieser Plan wurde schon vor vielen hunderten von Jahren eurer Zeitrechnung gefasst. Lange war nicht sicher, dass er auch durchführbar sein wird, und ob alle gemeinsam daran festhalten. Nun könnt ihr gewiss sein, es klappt, es geschieht!
Niemand kann jedoch vorhersagen, wie lange es noch dauern wird, bis dieser Prozess abgeschlossen ist. Vertraut weiterhin eurer inneren Führung und seid versichert, dass jeder von euch wichtig ist. Ihr werdet von

‚oben' geführt, eure Seele weiß, wohin ihr geht. Öffnet euer Herz dem Licht und lasst Freude euch voranbringen.
Ich danke euch mit meinen lichtvollen Energien, die euch nun durchströmen!"

Kinder der ‚Neuen Zeit'

Christus sagt:

„Meine lieben Erdenbürger, die Zeit ist auch angebrochen, schon im Kindesalter neue Wege zu gehen. Viele neuinkarnierte Seelen kommen bereits mit neuen Formen von Entwicklung, Neugierde, Selbstbestimmung, Entfaltung zur Erde. Seid geduldig mit ihnen, ihr lieben Eltern, denn sie zeigen euch wahre Schätze und Möglichkeiten, die ihr niemals leben und spüren konntet. Seid stolz auf eure Kinder, dankt ihnen immer wieder, dass sie zu euch gekommen sind, dass sie euch mitanleiten, offen für Neues zu sein.
Es wird euch natürlich nicht immer leichtfallen, wenn euer Kind nicht den Regeln und Normen des Gewohnten entspricht. Doch genau darin liegt ja das Potential!
Seid behutsam im Umgang mit Behörden, lasst euch nicht in eine ‚Ecke' drängen. Nach und nach werden immer mehr Seelen inkarnieren, die sich das Ziel der Erneuerung aller Strukturen im Zusammenleben zur Aufgabe gemacht haben. Es ist nur mehr eine Frage der Zeit, bis es dann in der Öffentlichkeit ein Umdenken geben wird.
Endlich werden die starren Vorgaben des Lernens, Entwickelns, die Lehrpläne und Ziele für Schulen überarbeitet und angepasst. Jetzt endlich ist es möglich, die Kreativität jedes Einzelnen in den Vordergrund zu stellen, die Bedürfnisse der Kinder wahrzunehmen und sie dann nach ihren ‚Vorlieben' zu unterrichten. So kann eine ganz neue Gesellschaft entstehen, die durch diese Förderung ihr volles Potential auslebt und an die Gemeinschaft weitergibt. Dadurch entstehen glückliche, zufriedene Menschen, die auch andere an ihrem Wissen teilhaben lassen und sie unterstützen.

Natürlich geht dies alles nicht von heute auf morgen, doch ist es wichtig für euch zu wissen, dass es bereits entsteht. So könnt ihr selbst schon besser auf eure Kinder eingehen und sie fördern. Neid, Zorn, Machtmissbrauch und so weiter werden so nach und nach losgelassen – eine neue ‚Menschheit' entsteht!

Ihr Seelen, die ihr da auf Erden weilt, ich möchte euch nochmals für eure Bereitschaft danken, dass ihr diesen oft beschwerlichen Weg auf euch genommen habt. Seid versichert, wir sind immer an eurer Seite, wir lieben und schützen euch! Während ihr diese Zeilen lest, werde ich meine unterstützende Heilenergie in euer System einfließen lassen. Spürt die Ruhe, die euch nun in der Hektik eures Alltags umgibt. Ihr werdet getragen vom Licht!

Es grüßt euch euer Bewunderer Christus!"

Über Johanna Zimmermann

Johanna, geboren und wohnhaft in Österreich, fand aufgrund einschneidender familiärer Erlebnisse ihr Interesse an alternativen Heilmethoden. Ihr Weg führte unter anderem von Bachblüten zu Reiki, innerwise-Heilmeditationen und einer Ausbildung für geistiges Heilen. Nach und nach entwickelte sich der Kontakt zu den Erzengeln, später auch zu anderen hohen, himmlischen Kräften. Durch die ‚geistige' Führung entwickelte sie eine Methode des Geistheilens, Übermitteln von Botschaften, eine neue Sicht auf Mutter Erde und ihre Bewohner.

Viele Jahre teilte sie ihr Wissen mit hilfesuchenden Menschen und unterstützte sie auf ihrem Weg der Problemlösung und Selbstfindung. Derzeit hat sie sich von der Öffentlichkeit zurückgezogen, um für sich selbst neue Erkenntnisse, eine neue Bewusstheit zu gewinnen, um diese dann wieder an Hilfesuchende weitergeben zu können.

Kapitel 11

Medium Johannes

Liebe Leserin, lieber Leser,
möge dies ein Beitrag unserer Liebe zum segensreichen Weltenwandel und einer lichtvollen Zukunft im ‚Jetzt' sein. Die Botschaft der bedingungslosen Liebe möchte dich auf deiner Erkenntnis-Reise begleiten. Jesus Christus sagte einst: *„ICH BIN das Licht der Welt."* Wir alle sind das Licht der Welt.
Als Geleit zum Übergang in das nächste Kapitel möchten wir dir folgende Worte ans Herz legen. 1. Johannes 4, 16: *„Und wir haben erkannt und geglaubt die Liebe, die Gott zu uns hat. Gott ist die Liebe; und wer in der Liebe bleibt, der bleibt in Gott und Gott in ihm."*

Liebe Grüße und den Segen der Liebe – *Johannes*

Im Lichte Christi oder der Segen der Liebe

Wir sind Zeugen und gleichsam Hauptdarsteller in einem außergewöhnlichen Spiel Gottes. Einem Spiel, dessen Happy End bereits im ersten Akt dieser grandiosen Aufführung im ‚Goldenen Drehbuch Gottes' seinen Anfang nahm.

Einst waren wir im Wissen, wer wir und wessen Kind wir sind, doch im Laufe unserer Reise stieg der Nebel der Vergessenheit in unserem Bewusstsein empor. Wir, die wir im Lichte Gottes, der Essenz der Liebe, ins Leben gerufen wurden, begannen in einen für sehr lange Zeit vorgesehenen Schlaf zu fallen. Unsere Reise durch die Frequenzebenen bis hinunter zur Ebene der Materie nahm seinen Anfang. Unser aller Mut, uns für diese erhabene Reise freiwillig zu melden, obwohl wir das Goldene Drehbuch nicht kannten, wird uns eines Tages zum Segen sein.

Wir bekamen die Möglichkeit, eine Rolle in diesem Göttlichen Schauspiel zu übernehmen. Im Laufe unserer Reise vergaßen wir jedoch unsere Göttliche Herkunft und unsere grenzenlose Schöpferintelligenz. Es war das Wort, das am Anfang, der kein Anfang war, das Licht offenbarte und das uns bis zum heutigen Tage auf unserer Reise begleitet. Das Licht Christi oder die Essenz der Liehe hat uns alle Epochen hindurchgeführt, erfüllt und durchströmt. WIR tragen es in unseren Herzen, atmen es in jedem Augenblick ein und segnen mit dem Ausatmen unser gesamtes Umfeld. Jedes Elektron, jedes Atom und jede Zelle unseres Seins vibrieren in dieser Melodie. Gleich liebevollen Eltern hat diese Liebe uns immer wieder mit Erkenntnis und Führung gesegnet. Christus ist das Licht in der Wunderlampe, die Leben genannt wird, und die das Leben ist.

Das Licht Christi führt uns durch die dunkle Nacht der Seele und ES ist der Menschheit ‚Lichtvolle Zukunft'. Es ist die Anerkennung dessen, was wir wirklich sind und das Zeitfenster dieser wirklichen Freiheit ist in der Vorsehung verankert. Das ‚Licht Christi' wird uns dieses WIR bewusst fühlbar offenbaren. So werden wir erkennen, was die Worte ‚Herr' und ‚Gott' (Herrgott) für eine segensreiche Bedeutung haben. Ob weiblich oder männlich, nichts von beiden Energien entspricht der Wirklichkeit dieses Wortes. Es ist die schöpferische Tätigkeit und das universale Gesetz Gottes.

Gottes erhabener Plan offenbart sich in diesem strahlenden Licht, das sich durch das Menschsein ausdrückt. Dies ist der ‚Göttliche Mensch', den das ‚Göttliche GottVaterMutter-Prinzip' erschaffen hat. Einst nannten wir einen solchen Menschen einen Christus und Christus sagt „ICH BIN GEGENWART“. Im Grunde unseres Seins sind wir Geist, sind wir diese Liebe und wir sind hier auf dieser Ebene, um durch diesen Heiligen Geist in uns und um uns herum ein gesegneter Gott-Mensch, Gottfrau, Gottmann zu werden – zu sein. ES ins Leben zu rufen und ES in der Wirklichkeit auch zu sein. Diese Lebenskraft, diese ‚bedingungslose Liebe' hat alle Macht über Himmel und Erde. ES wird immer in der Weisheit der Göttlichen Quelle – Gott genannt – zum Wohle und zum Segen das Leben fördern. Christus kommt mit den

Heerscharen der Himmel daher, die uns immer begleiten, helfen und dem erhabenen Weltenwerk dienen. Alle Aufgestiegenen Meisterinnen und Meister sind liebevolle Paten der Menschheit.

Die Zukunft, die im ‚Jetzt' erschaffen wird, findet bereits in vielen Gedankenmustern der Menschen statt. Wir kommunizieren miteinander und aktiveren durch unsere Bewusstwerdung einen Lichtpunkt nach dem anderen im ultraviolettblauen Netzwerk, das den gesamten Planeten wie einen Mantel umhüllt – der Mantel Gottes, der alles was IST, umhüllt. Unsere aller Ganzheit vibriert in der Melodie der Liebe. In allen Zellen unserer Körper jubiliert diese Glorie Gottes. Alle Körper zusammen sind wiederum ein Körper, das Gewand Christi, der Liebe. Dieses Göttliche Prinzip, das in allen Menschen die Schöpferkraft darstellt, ist der Goldene Schlüssel für diese Zukunft. Aus einem Samen entstand ein Lebensbaum und dieser Lebensbaum hatte viele Samen, also viele Kinder und so vermehrte sich die Menschenrasse nach seinem Bilde – der Liebe.

All die Evolutionszyklen und genetischen Veränderungen waren nur die Folge eines genialen Drehbuches. Ein Akt folgte einem anderen, bis es zum ultimativen Aufstiegs-Akt kommen wird. Als Schöpferinnen und Schöpfer haben wir besondere Verantwortung für diesen Planeten und dessen Natur.

Die Liebe und Göttliche Intelligenz in unseren Herzen verbinden sich jetzt fortlaufend in der Frequenz einer Quantengeschwindigkeit mit allen anderen Menschen, mit allen Lebewesen und wird das ‚Globale Erwachen' mit dem Licht der Wirklichkeit synchronisieren. Das gesamte Sonnensystem, unsere Galaxis und das Universum sind an diesem Prozess beteiligt. Die Wirklichkeit ist jedoch, dass WIR bereits die Einheit sind und nicht ein Teil davon. Worte können nicht wiedergeben, was Gottes Reich wirklich IST.

Wir können also alle etwas für diese Welt tun, indem wir ‚bedingungslose Liebe' in dieses Netzwerk von Schöpferinnen und Schöpfern senden, das WIR als Einheit sind.

Unsere Visionen einer lichtvollen Welt, die im Lichte einer Globalen Gemeinschaft im Codex der Göttlichen Quelle erstrahlen, werden sich offenbaren, wenn der richtige Zeitpunkt von der Göttlichen Quelle aktiviert wird. Das WIR ist der Zündfunke und die Liebe das Leuchtfeuer Gottes. Menschen werden überall auf dieser Welt beginnen, mehr und mehr aus sich heraus zu leuchten. Die Meisterdrüsen im menschlichen Körper werden strahlender, heller und ihre Frequenzen gleichen sich der Gottesmelodie an.

Es ist wie mit dem goldenen Volk der Bienen, die ein gemeinsames Lied der Freude und Liebe summen. Die Ernte, die sie einbringen, ist der Goldene Nektar der Blüten, der dann wiederum von diesen außergewöhnlichen Wesen in Honig transformiert wird. Im Grunde ein alchemistischer Prozess, dessen Grundessenz die Liebe ist.

WIR Menschen sind auch All-Chemisten und dürfen unsere Zutaten für den Schmelztiegel des Lebens selbst wählen.

Was wäre, wenn WIR für die Offenbarung einer Lichtvollen Zukunft, die Essenz von Liebe, Lebensfreude, Demut, Freude, Achtsamkeit, Einssein, Frieden, Begeisterung, Dankbarkeit und Harmonie in unseren Alltag einbringen? Die Einheit dessen, was diese Energien sind, ist das Licht Christi. WIR sind der Heilige Gral und brauchen nur das ins Leben zu lieben, was WIR bereits sind – liebende Schöpferwesen von erhabener, außergewöhnlicher Schönheit – ein ‚Göttliches Bildnis'. Selbstbewusst und strahlend wie eine kindliche Sonne, die das Lied der Freude durch das Sonnensystem sendet.

Unsere lichtvolle Zukunft ist eine Goldene Ära, in der das Einssein der Menschen sich mit ihrem Göttlichen Erbe vollkommen synchronisiert.

Lichtvolle Gemeinschaften

Wie offenbaren sich diese ‚Lichtvollen Gemeinschaften', von denen wir hier in diesem segensreichen Buch künden?

Viele Menschen berichten uns, dass sie in ihren Träumen und Visionen Gemeinschaften von Menschen sehen, die inmitten einer blühenden Natur in Gebäuden mit runden Formen wohnen. Sie leben im Einklang mit ihrer schöpferischen Gottesintelligenz und sie schöpfen grandiose Gärten durch die gemeinsame Energie der Einheit. Das Wort Schönheit ist hier nicht annähernd die Klangform, die diese Gartenanlagen, Naturlandschaften und Gemeinschaften beschreiben könnte. Da gibt es keine Grenzen, also keine Zäune und Mauern, die das Leben voneinander trennt. Alles offenbart sich uns in einer Melodie der Liebe. WIR sind in Harmonie mit den Tieren und es wird auch keine wilden Tiere mehr geben.

Raubtiere werden keine sanften Lebewesen mehr töten, sondern sie werden selbst in die Frömmigkeit der Liebe eintauchen. Das ‚Lamm Gottes' wird wirklich diese Anerkennung bekommen, die einst dafür vorgesehen war. Ein Symbol der Liebe Gottes und zur Ehre der Kindlichkeit, die Christus ist. Der Heilige Geist zeigte sich uns hier auf Erden bereits vor Äonen von Jahren und kündete von diesen glorreichen Tagen. Seid im Wissen, dass es Tiere in Gefangenschaft und zur Ausbeutung nicht mehr geben wird. Die intelligente Natur reguliert sich selbst, ist ein globaler Geist und so ist es einst auch in der Vorsehung hinterlegt worden. Gottes Plan ist ein unendlich liebevoller Prozess, der nicht einsehbar ist. Eine Sinfonie der Liebe.

WIR bekommen immer im rechten Moment aus der Göttlichen Quelle liebevolle Sendungen, die uns den Weg zeigen. Sie dienen uns auf unserem Weg und so wird es auch in unserer lichtvollen Zukunft sein, in der WIR im Grunde bereits leben. Wir haben es nur noch nicht vollkommen aufgedeckt, weil wir uns in einer segensreichen Matrix des Erwachens befinden, die uns dient und deren Auflösung jedoch bereits in der Vorsehung hinterlegt wurde. An unserer Seite haben wir liebevolle Geistwesen, die wir gerne als Schutzengel oder Geistführer bezeichnen. Warum sagte Jesus als Christus: *„Mein Reich ist nicht von dieser Welt."*? Was wollte Jesus seinen Mitmenschen mit dieser Botschaft mitteilen? Gibt es da bereits ein Reich, das im Lichte erstrahlt und wir können es nur nicht wahrnehmen, weil wir *unsere Welt* in unserem

Kopf-Kino immer sehen. Fühlen wir dieses Reich vielleicht in unserem Herzen und sehnen uns nach wirklicher Freiheit?

Wir werden in diesen lichtvollen Gemeinschaften Feste der Freude feiern und es wird zum Lobpreis der Lebenskraft sein.

Natürlich können wir in dieser Goldenen Zukunft wählen, was wir im Alltag tun möchten, ob musizieren, singen, tanzen, das Bearbeiten und Anlegen von Gärten, Feldern, oder das Planen von Gebäuden und vielem mehr. Es wird eine Vielzahl von Betätigungsfeldern geben. Zum Beispiel: Telepathie, Telekinese, Teleportation, Bilokation, Levitation und weitere jenseits dieser Fähigkeiten. Wir werden eine segensreiche Nahrung schöpfen, die immer uns allen zum Wohle sein wird. Erfüllt mit Lebenskraft und mit Sonnenlicht wird sie unserem Körper wirklich ein Segen sein. All diese Tätigkeiten, von denen wir hier künden, sind Aspekte unserer gemeinsamen Schöpferkraft, die immer auf der Grundlage der Weisheit und Liebe Gottes basieren.

Das sind ja auch nur einige von unzähligen Möglichkeiten im Feld aller Möglichkeiten. Im grenzenlosen Nichts offenbaren sich alle Gelegenheiten *(Potenziale)* unseres Schöpfertums.

Wenn wir in einer erhabenen, klaren Nacht mit unseren physischen Augen in den Himmel schauen und die vielen strahlenden Sterne bewundern, dann sollten wir in die Tiefe dieses grandiosen Nachthimmels eintauchen, um das Licht aller Sterne wahrnehmen zu können. Doch sehen wir mit dem Herzen, werden wir erkennen, dass alles miteinander verbunden ist. All die Sterne, Sonnensysteme, Galaxien und Universen sind im Grunde ein Einssein und nicht voneinander getrennt. Der gesamte Nachthimmel ist ein leuchtendes Feld strahlender Lichtpunkte, die von einem einzigen Licht, einer Zentralsonne, einer Quelle, der Liebe Gottes, der Lebenskraft bestrahlt wird. All das *ist* in Gott. Wir sehen unsere eigenen Atome, Elektronen und Zellen. Gott ist in uns und wir in Gott.

„Wer mich gesehen hat – hat den Vater (Vater-Mutter-Prinzip) durch mich gesehen, weil ICH im Vater (Vater-Mutter-Prinzip) BIN und

ihr in mir, dem Christus, seinem Sohn und seiner Tochter. ICH BIN die Auferstehung und das Leben."

Diese Energie wird in den licht- und liebevollen Gemeinschaften gelebt werden und das Licht Christi ist das leitende Prinzip. Die Energien von Neid, Zweifel, Zwietracht, Eifersucht, Süchte jeglicher Art, von Geiz, Gier und Triebhaftigkeit, Gewalt, Habsucht, vom Töten, vom Stehlen, Reichtum- und Armut, Krank- und Gesundsein, Egoismus, Unaufrichtigkeit und vieles mehr werden in diesen Gemeinschaften nicht mehr gelebt werden. ‚Bedingungslose Liebe' ist eine reine Essenz.

In den Gemeinschaften gibt es einen zentralen Punkt, er wird der DOM GOTTES genannt. An diesem grenzenlosen Ort wird diese ‚bedingungslose Liebe' in jedem Alltag gepriesen. Es ist kein Dogma und es ist vollkommen freiwillig. WIR tun es aus Dankbarkeit und Freude am Leben. Auch wird weiterhin gelehrt werden und es werden liebende, weise Wesen sein, die dies tun werden. Der freie Wille eines jeden Individuums ist unantastbar. Alles, was gelehrt wird, hat mit der eigenen Souveränität und den Naturgesetzen zu tun – immer zum Wohle aller Lebewesen.

Religionen, Parteien, Organisationen, Vereine und eine Wirtschaft, die auf Gewinn, Verlust und Zinsen basiert und so weiter – all diese Energiemuster wird es nicht mehr geben. Sie entstammen einer destruktiven Welt, in der Hierarchien erschaffen wurden, um die Götter und Göttinnen in Menschengestalt zu kontrollieren und ihnen Grenzen zu setzen. Doch dann haben die Menschen Erfolgsdenken, Gewinn, Niederlagen und Verlust aus ihrem Bewusstsein gelöscht.

Frauen, Männer und Kinder leben eine andere Art der Liebe. Eine Liebe, die sich durch unser Herzzentrum offenbart. Viele Menschen können sich heute noch nicht vorstellen, dass es auch ohne körperliche Liebe ein Leben geben kann. Es wird definitiv so sein, da diese Energie der Liebe alles ins Leben liebt und die Seelen, die hereinkommen möchten, werden einen anderen Geburtsprozess (Offenbarungsprozess) erfahren. Was wir hier offenbaren, mag vielleicht für die Leserschaft unglaublich erscheinen, und man könnte es auch mit Phantastereien abtun.

Denkt an die Botschaft von Michael Ende und seiner unendlichen Geschichte oder auch Momo, die mit ihrer Herzensliebe und Einfachheit alle Menschen in ihrem Umfeld ansteckte. So, dass auch die Grauen in ihr eine Bedrohung sahen, doch letztlich war es doch ihre Erlösung. Sie wurden von ihrem Rollenspiel des anscheinend Bösen befreit. Michael Ende war im Herzen ein Kind und seine Botschaft war die kindliche Liebe und Phantasie, die Liebe als Ur-Essenz, die er in seinen Geschichten als Offenbarung und Goldenen Schlüssel für die Menschen hinterlegte.

Unsere Zukunft wurde und wird mit dieser kindlichen Phantasie erschaffen. Überall auf der Erde sehen wir diese Lichtgemeinschaften, die alle miteinander vernetzt sind. Einerseits über das persönliche Austauschen von Gütern, kreativen Dienstleistungen und andererseits über die Herz- und Mentalebene. Das Lichtnetz, das wir im Moment um die Erde erkennen können, ist dabei, sich mehr und mehr zu verbinden – ein Netzwerk von Schöpferinnen und Schöpfern. Die Technik, wie wir sie heute kennen, wird sich auflösen, sie hat uns für eine zeitlang gedient. Selbst die Technik, die mit Freier Energie einhergeht, wird die Menschheit nur für eine vorgesehene Zeit begleiten, denn wirkliches Schöpfertum braucht keine Materie. Wir Schöpferwesen werden diese Energie im Geiste nutzen und wo immer wir mit unserem feinstofflichen oder Bewusstseinskörper sein möchten, werden wir augenblicklich sein.

Gott ist grenzenlos und fährt nicht mit einem Oldtimer spazieren, jedenfalls nicht immer – vielleicht ab und zu. (lächle).

Die Kraft der Phantasie

Alles ist ein Entwicklungsprozess und so können wir auch nicht absolut behaupten, wie dieser Prozess sich exakt offenbaren wird. Das weiß nur die Göttliche Quelle. Es ist auch nicht von Bedeutung, wir sollten uns einfach wie Kinder auf diese lichtvolle Zukunft freuen. Kinder leben ihre Phantasie, wenn sie nicht durch das ‚Gesellschaftliche Bewusstsein' oder ihrem direkten Umfeld beeinflusst werden. Kannst du dir vorstellen, dass es Planeten gibt, auf denen nur Kinder leben? Sogenannte Erwachsene verneinen oft diese Frage, doch sehr viele Kinder würden diese Frage mit einem *„Ja"* beantworten. Einfach alles steht bereits im Goldenen Buch Gottes. Eine solche ‚geniale Geschichte' ist jedoch beweglich und nicht starr und in dieser Weise offenbart sich der Schöpfungsprozess mit all den Essenzen und Energien. Wir als Geist- und Lichtwesen sind wie Elektronen und berühren uns fortwährend miteinander – so erschaffen wir Möglichkeiten.

Die Polarität wird sich durch diesen Evolutionsprozess nach und nach auflösen. Dies hat zur Folge, dass unzählige, grenzenlose Möglichkeiten ins Leben kommen werden. In dieser Welt ist es an der Tagesordnung, dass Menschen durch Herausforderungen eine Wende in ihrem Leben erfahren. Es waren eben Erfahrungen, die zu einer Notwendigkeit führten – einer segensreichen Wende in einer scheinbaren Not.

Du fragst dich jetzt vielleicht, was hat das mit einer lichtvollen Zukunft zu tun? Eine ganze Menge, denn all diese Erfahrungen offenbaren die Erkenntnis von Wissen und Weisheit. Wie oft wird durch solcher Art Erfahrungen die Liebe Gottes ins Leben gerufen? Wie oft beginnen wir dadurch, uns eine liebe- und lichtvollere Zukunft in unserer Phantasie zu erschaffen? Wir wünschen es uns in solchen Momenten in ganz besonderer Weise und unsere Energie ist sehr kraftvoll. So vernetzen sich Menschen in der Not miteinander und wünschen sich von ganzem Herzen eine solche lichtvolle, mit Liebe gesegnete Zukunft.

Dieser Tage können wir erleben, dass dieser Wunsch sich wie ein Göttliches Virus verbreitet, das absolut ansteckend ist. Es berührt mit seiner Energie sehr viele Menschen in ihrem Herzzentrum. Wie ein Samen, den wir in einem bereiteten Erdboden einbringen, so beginnen diese Samen im Bewusstsein der Menschen zu gedeihen. Unaufhaltsam streben sie der Sonne entgegen, der Energie der Liebe. Sie werden sich mit der goldenen und Lichtvollen Zukunft synchronisieren.

All die kleinen und noch nicht programmierten Kinder *(weise Riesen)* dieser Welt sind ein Segen. Mit ihrer Freude, ihrer Energie und aufrichtigen Liebe helfen sie bereits unbewusst der Erde und deren Lebewesen. Sie brauchen keinen Plan, keine Seminare, Schulungen, Religionen, Rituale oder sonst was – sie sind in ihrer Einfachheit authentisch mit der Energie reinster Liebe. In allen Ländern dieser Welt leben diese außergewöhnlichen Träumer/innen und Visionäre/innen. Wir können ihnen dankbar sein, weil sie natürliche Verstärker der Lebensfreude sind. In unser aller lichtvollen Zukunft werden Kinder in ganzheitlicher Weise heranwachsen. Es wird ganz natürlich sein, dass sie mit Geist-, Natur- und Elementarwesen kommunizieren werden. Viele tun dies bereits auch in der heutigen Welt in ihrer Kindheit, bis eines Tages das gesellschaftliche Bewusstsein einen Schleier des Vergessens erzeugt hat. Natürlich gibt es in dieser Welt bereits eine Vielzahl an erwachsenen Menschen, die wieder mit den Augen eines Kindes die Wirklichkeit sehen.

Erwachsene werden in dieser Goldenen Zukunft, die im Grunde bereits existiert, auch wieder vollumfänglich mit den genannten Wesenheiten kommunizieren. Diese lichtvolle Zukunft ist im Moment jedoch noch in einem Prozess der Synchronisation mit den verschiedensten Seelen in dieser Welt, die diese Erfahrung oder auch diesen nächsten Evolutionssprung freiwillig gewählt haben. Freiwillig heißt nicht, gleich eine Eintrittskarte dafür zu bekommen, denn um dahin zu kommen, dürfen wir uns in der Tat für das Göttliche Selbst beziehungsweise das GottVaterMutter-Prinzip, der ‚bedingungslose Liebe' entscheiden. Letztlich werden alle Seelen eine lichtvolle Zukunft erfahren, da Gott alle Kinder seiner Liebe liebt.

Die allermeisten Menschen haben bereits in dieser Welt über viele Inkarnationen alle möglichen Erfahrungen erleben dürfen. Im Spiel des Lebens hatten wir die unterschiedlichsten Rollen angenommen. Ob arm oder reich, erfolgreich oder das Gegenteil davon – ob Königin oder Magd, ob König oder Knecht, ob Zauberer oder ein Zweifler, Zauderer oder Nichtsnutz, ob Täter oder Opfer. Es gibt in dieser Welt der Materie nichts ‚Neues'! Wir durchlaufen einen Inkarnationszyklus nach dem anderen, um einfach im Rollenspiel Gottes und im Namen der Quelle Erfahrungen zu machen. Wir reifen zu einem ‚Buch des Lebens' heran, um letztlich ins strahlende Licht der Liebe zurückzukehren.

Heilung, Liebe, Vergebung, Dankbarkeit

Das Lebenselixier der Liebe ist die ‚Göttliche Ordnung' im Leben. In den lichtvollen Gemeinschaften wird dieses Wissen im Alltag gelebt werden. Das Licht der globalen Familie wird mit all unseren Sternengeschwistern über die Energie der Liebe kommunizieren. Das menschliche System wird sich bewusst sein, was eine Heilung in Wirklichkeit bedeutet. Es ist eine Heiligung, die wir schon immer in uns tragen. Wenn wir Gott nur annähernd veranschaulichen möchten, so sollten wir alles was IST als den Körper Gottes erfassen. Diese Sichtweise ist jedoch auch in sich begrenzend, da es unmöglich ist, Gottes Wesen mit Worten zu erfassen. Dies ist auch nicht erforderlich, doch wir sollten einfach anerkennen, dass die gesamte Menschheit, wie auch alles Leben auf und in diesem Planeten, einschließlich der Erde, ein Organismus Gottes oder der Lebensenergie ist.

Gemeinsam sind wir die Heilung und die Heiligung unserer Welt. Im Einklang mit diesem intelligenten Lebensstrom gibt es für uns kein Unmöglich. Es ist wie mit der einen Seite einer Medaille, auf der eine Störung in unserem Körpersystem sichtbar ist – drehen wir sie um, erscheint die Rückseite und die offenbart sich uns ohne Störung.

Im Leben zeigt sich dies an unserer Oberfläche, der Außenwelt. Gehen wir nun in unser Innerstes, unserem Herzen, sehen wir das Christuslicht und das ist absolut störungsfrei. Was wir damit aufzeigen möchten, ist mit einfachen Worten gesagt: Wir sind uns dieser Tatsache in der lichtvollen Zukunft vollkommen bewusst. Wir leben es und es wird keine Störungen mehr in dieser Form der 3D-Ebene geben.

Wir werden keine Trennung mehr leben, noch werden wir hochmütig sein. Obwohl wir immer noch verschiedene Individuen sind, wird Gleichheit unseren Alltag bestimmen.

Kannst du dir vorstellen, in einem Haus zu wohnen, das keine Ecken mehr aufweist? Wie heißt es so weise: *„Jetzt läuft alles wieder rund"*. Jedes Gebäude wird auch einen eigenen Garten haben und es wird eine bunte Farbenwelt sein, die wir gemeinsam als geniale Schöpferinnen und Schöpfer erschaffen haben. Eine Zukunft, die bereits im Hier und Jetzt existiert und in der es keinen physischen Tod mehr geben wird.

An dieser Stelle möchten wir nochmals betonen, dass Angst eine Illusion ist und wir sollten dieser Energie nicht folgen. Unsere lichtvolle Zukunft ist bereits anwesend und sie wartet nur darauf, dass wir sie willkommenheißen. Die Matrix dieser Welt ist sich am Verabschieden und wir sollten sie einfach freigeben, sodass sie gleich einem Heißluftballon zur Erlösung in die Unendlichkeit des Himmels aufsteigen kann. Allen Menschen sollte bewusst sein, dass es nur eine gemeinsame Zukunft als EINHEIT geben wird, weil es unser Wesen ist. Wir entscheiden jetzt, inwieweit wir bereit sind, mit unserem jetzigen Körper an dieser lichtvollen Zukunft teilzunehmen, oder ob wir noch weitere Inkarnationen oder Rollenspiele im Spiel des Lebens erfahren werden. Wie wir uns auch entscheiden, GottVaterMutter wird uns immer lieben, weil wir aus dem Geiststoff der Liebe geschöpft worden sind.

In Gottes grenzenlosem Spiel gibt es unzählige Universen, Galaxien, Sonnensysteme, Planeten, Dimensionen und Sphären.

Im Zentrum unseres Herzens wissen wir, dass unsere lichtvolle Zukunft frei von Dogmen sein wird. Jesus, der Christus, sagte oft den Satz: *„Ein ES für alle und alle für ein ES“*. Der Menschheit hat man jedoch veränderte Worte weitergegeben, denn so heißt es heute: *„Ein er für alle und alle für Einen“*. Dadurch wurde der männliche Aspekt in den Vordergrund gehoben. Wir durften eine patriarchalische Welt erfahren, die mehr und mehr zerbröckelt, um die weiblichen und männlichen Energien in Göttlicher Harmonie zu vereinen. In der Universalen Gemeinschaft der scheinbaren Zukunft wird es nur noch die Offenbarung der reinsten Liebe geben.

Jeder wird jedem und sich selbst vergeben haben. Vergebung ist eine Energie der Matrix. In Gottes Liebe gibt es keine Schatten. Die Energie von Dankbarkeit wird unser aller Wesen des Einsseins erfüllen.

Die DNS des Menschen ist vernetzt mit der Universellen DNS, das heißt mit allem Sein und alles Sein ist Liebe. Die Schatten waren nur ein Spiel, eine Erfahrung Gottes. WIR sind in Gott und reinste Liebe. WIR hatten in diesem Spiel den Schlaf des Vergessens gewählt, doch unsere Seele und unser Geist waren bereits mit dem Goldenen Schlüssel des Aufstiegs programmiert. In unserer DNS offenbart sich das WIR. Eine Super-Zelle ist gleich einer Zentral-Sonne und diese Zelle ist in jedem Menschen. Die Schatten lösen sich jetzt auf und die Melodie der Liebe bringt alles wieder auf den Punkt: Einssein im Sein – im Leben.

Freuen WIR uns auf alles, was sich noch offenbaren wird. Es sind erforderliche Energien, die uns allen die lichtvolle Zukunft im Jetzt offenbart. Es ist ein Fest unvorstellbarer Freude in einem Lichtermeer strahlender Farben. Die Glorie der Liebe wird Menschen, Naturgeister, Elementarwesen, Geistwesen (z.B. Engel) und Sternengeschwister in Harmonie einen. Wenn Kinder oder erwachsene Kinder von Feen, Elfen, Nymphen. Sylphen, Zwergen, Kobolde, Einhörner und dem Volk der Wichtel erzählen, so wird es in dieser lichtvollen Zukunft keine Trennung mehr geben.

Ihr Lieben, an dieser Stelle möchten wir euch allen danken, die an diesem lichtvollen Werk mitwirken durften und im Grunde sind WIR es alle gemeinsam, da Liebe die Essenz ist, die immer mit uns war und die WIR sind.

Das erhabene Licht, das ICH BIN, grüßt das erhabene Licht, das du bist und die Einheit, die WIR sind, ist das Licht der Welt.

Christus begleitet dieses liebevolle Projekt von Beginn an und der Zeitpunkt der Offenbarung offenbart sich in der Vorsehung.

Das Licht, das ICH BIN, grüßt das Licht, das du bist – ein WIR, das ICH BIN.

Gottes Segen und den Segen der Liebe – *Johannes*

Über Medium Johannes

Johannes ist verheiratet und lebt in der segensreichen Pfalz. Seit seiner frühesten Kindheit ist er hellsichtig, ein Diener der Liebe und ein Visionär. Er sagt: „*Das sind im Grunde alle Menschen*“. Sein Ankommen in dieser Welt wurde für seine liebe Mutter eine außergewöhnliche Herausforderung, doch wohl auch zum größten Geschenk ihres Lebens. Sie sah durch die Geburt (Landung) von Johannes das Goldene Licht, sodass diese Erfahrung sie ihr Leben lang begleiten sollte. Seine besondere Liebe zur Natur – zu den Tieren, den Natur- und Geistwesen und zur Botschaft Christi war Teil seiner Kindheit. Raumschiffe, viele außergewöhnliche Erlebnisse und große Herausforderungen prägten sein bisheriges Leben.

Seit Jahrzehnten ist er eine Anlaufstelle für Menschen mit Kummer, Sorgen und Ängsten. In seinen Telefonaten, Emails, Vorträgen und Seminaren motiviert er Menschen und zeigt ihnen, wie sie die in ihnen lebende Schöpferkraft bewusst aktivieren können. Seine Frau, die auch seit ihrer Kindheit medial veranlagt ist, hilft ihm dabei. Johannes möchte klarstellen, dass er nur ein bescheidenes Werkzeug Gottes, der Liebe und der Lebenskraft ist.

Es gibt von ihm das Buch »Handbuch für Götter«, eine Meditations-CD und demnächst eine weitere Audio-CD, die man auf der unten aufgeführten Webadresse finden kann. Des Weiteren findet man dort Informationen zu Vorträgen, Seminaren und geplanten Projekten.

Johannes ist überzeugt davon, dass sich seine Kindheits-Vision einer bedingungslos liebenden Menschheit und einem Himmel, der erfüllt ist von leuchtenden Raumschiffen, offenbaren wird. Es wird die wirkliche Freiheit der ‚Götter auf Erden' sein. Überall auf der Erde werden sich Gemeinschaften durch die Essenz der ‚bedingungslosen Liebe' offenbaren.

Wir alle dienen nur einem Prinzip: „*Gottvater Mutter – der Liebe*“.
Einer für ‚Alle' und ‚Alle' für Einen.

www.medium-johannes.de

Kapitel 12

Margarete Frank

Liebe Leserin, lieber Leser!
Wenn dieses Buch den Weg zu dir gefunden hat, gehörst du wahrscheinlich zu jenen Menschen, die schon lange auf ihre einzigartige Weise als Schöpfer unserer ‚lichtvollen Zukunft' mitwirken. Vielleicht ist dir dies selbst gar nicht bewusst. Wir befinden uns im Leben nicht immer an dem Ort oder in der Position, in der zu sein wir es uns wünschen würden. Wir meinen, wir hätten nicht die Macht, etwas zu verändern.
Mein Anliegen ist es, dich daran zu erinnern, dass du genau hier an der Stelle, an die dich dein Lebensweg gebracht hat, Veränderung bewirken kannst. Die Dunkelheit lässt sich nicht von außen erhellen, nur von innen. Wir gehen hinein, an alle Orte und in alle Bereiche. Wir entzünden ein Licht nach dem anderen und durchfluten nach und nach die ganze Welt.

Herzlichst – *Margarete*

Die Undercover-Agenten des Lichts

Dein Dasein verändert die Welt

Die Prophezeiungen unterschiedlichster spiritueller Traditionen haben sie vorausgesehen, hochsensible Menschen spüren ihre Auswirkungen jeden Tag und in jeder Begegnung: Durch die gegenwärtig stattfindende Anhebung der Schwingung auf feinstofflicher Ebene wird die Geschwindigkeit und Intensität jeglicher Entwicklung beschleunigt. Der Weg steht jetzt offen in eine lichtvolle Zukunft in der Herzensqualität und geistige sowie seelische Aspekte unserer Existenz endlich die Führung übernehmen dürfen. Diese Entwicklung braucht dich, sie braucht jede und jeden von uns. Es bedarf eines unbedingten Bekenntnisses zum Licht und der Bereitschaft, sich mit den Möglichkeiten, die das jeweilige Leben hier und jetzt bietet, mit der eigenen besonderen Essenz einzubringen und dem Licht zu dienen. Das ist eine innere Mission, die die meisten von uns sozusagen *undercover*, im Rahmen unserer alltäglichen Tätigkeiten, vollbringen.

Jetzt, während du diese Zeilen liest, berührt meine Welt deine und deine Welt meine. Zeit existiert auf höheren Ebenen nicht und vielleicht war es ein Funke deines Geistes, der mich dazu inspiriert hat, einen bestimmten Gedanken hier festzuhalten. Feinstofflich gesehen sind wir mit allem und jedem verbunden. Auch wenn es uns nicht immer so erscheinen mag, wir beeinflussen das Feld durch jede ausgeführte Handlung, unsere Gedanken und Worte sowie durch unsere bloße Existenz. Du hast Macht in der Position, in der du dich gegenwärtig befindest, auch wenn es auf äußerer Ebene betrachtet möglicherweise nicht so aussieht. Zum gegenwärtigen Zeitpunkt erleben wir in der äußeren materiellen Welt nach wie vor ein Machtgefüge, das die Verbundenheit allen Lebens und aller Dinge nicht nur ignoriert, sondern ausschließt. Das hat zur Trennung geführt, zu einer Spaltung, die in vielen Bereichen unseres Lebens Wirkung zeigt.

Die Abspaltung der Spirituellen Ebene

Die folgenreichste Trennung, die wir erfahren haben, ist die Abspaltung von unserer eigenen geistigen Existenz und Spiritualität. Institutionalisierte Kirchen beziehungsweise Religionen haben sich das Vorrecht herausgenommen, die einzigen Vermittler zwischen dem Menschen und seiner seelischen Heimat zu sein. Andere Zugänge wurden und werden nach wie vor als heidnisch, sektiererisch oder esoterisch bezeichnet, prinzipiell wertfreie Begriffe, die in unserem Sprachgebrauch jedoch fast ausschließlich abwertend verwendet werden. Wenn wir uns nun die Tatsache der geistigen Verbundenheit von allem mit jedem vergegenwärtigen, wird offensichtlich, dass beispielsweise der Zugang indigener

Stammeskulturen, die den ‚Großen Geist' in jedem Tier, in jeder Pflanze, den Elementen und allem, was existiert, gesehen haben, der spirituellen Wahrheit sehr viel näher war als jener der institutionalisierten Hochreligionen. Dennoch ist es sehr wichtig zu sehen, dass auch diese heutigen Hochreligionen ursprünglich als kleine Religionsgemeinschaften begonnen haben, die den Menschen die Botschaft von der Existenz Gottes und der Unsterblichkeit der Seele überbringen wollten. Die Unterwanderung mit Kräften, die ganz offensichtlich nicht dem Licht dienen, geschah wie bei allen Projekten, Unternehmungen und Institutionen nach und nach. Wenn man nun gewisse Institutionen als solches in seiner Gesamtheit verurteilen würde, wäre man jedoch ebenso der Ideologie von Spaltung und Trennung aufgesessen. Im diesem Fall schmälern und missachten wir möglicherweise den Beitrag und die ehrlichen Bemühungen, die ein Teil der Menschen, die in und für solche Institutionen arbeiten, leisten. Wir schwächen damit ihre Kraft.

Diese vermeintliche Spaltung in unserer äußeren Welt, die voraussetzt, sich immer für eine Seite zu entscheiden und Stellung zu beziehen unter der Prämisse, dass es ein absolut richtig oder falsch in Gestalt von menschlich erschaffenen Institutionen, religiösen Gemeinschaften, Parteien und anderen Bewegungen gäbe, ist eine der größten Manipulationen unseres Geistes. Sie ist die Ursache der meisten Konflikte und Kriege. In jedem Fall schneidet sie den einzelnen Menschen, der seine Macht und Verantwortung oder die Verbindung zur Geistigen Quelle einer äußeren Institution anvertraut, möglicherweise von seiner inneren Verbindung zur Quelle, seinem eigenen Gottesbewusstsein, ab.

Die Überwindung der Trennung

Die aktuelle Zeitqualität und Schwingungserhöhung des feinstofflichen Feldes sind eine einmalige Chance, diese Trennung, die sich auf menschlicher Ebene manifestiert hat, geistig zu überwinden. Wie eingangs festgestellt, existiert diese Trennung nicht auf den höherschwingenden Ebenen, im Feld, das uns alle mit allem und jedem verbindet. Deshalb sprechen wir nicht von auflösen, sondern von überwinden.

Diesen Schritt kann nur jede Einzelne und jeder Einzelne von uns selbst bewerkstelligen. Auch wenn es dafür wiederum bestimmte Techniken, Anleitungen, Gurus und Institute gibt, die versprechen, ein Patentrezept für dieses ‚Höherschwingen' zu vermitteln, bleibt es dennoch ein innerer Prozess, den jeder Mensch auf ihre oder seine einzigartige Weise vollführen wird.

Manchmal tut es uns gut, Unterstützung anzunehmen und uns unter Gleichgesinnten aufzuhalten. Achte darauf, ob du in diesem Verbund auch wirklich dabei unterstützt wirst, dein eigenes Potenzial zu erwecken und Zugang zu *deiner* spirituellen Kraft zu finden. So wie in allen Bereichen unseres Daseins gibt es auch hier sehr charismatische Menschen, die zu Lichtgestalten für Suchende werden, jedoch genau in dieser Eigenschaft sehr viel Energie in Form von Vertrauen und Bewunderung von jenen, die ihnen folgen, absorbieren. Das Erwachen der eigenen spirituellen Kompetenz und klaren Verbindung zur Quelle kann dadurch gestört werden. Es geht darum, unsere inneren Antennen auszurichten. Welches Programm möchtest du empfangen? Das der höchsten Quelle oder die Nacherzählung des Programms, das jemand anderer empfangen hat? Du bist einzigartig, deine Lebensaufgabe ist einzigartig und so werden auch die Impulse, die dir die Göttliche Quelle gibt, einzigartig sein.

Verantwortung übernehmen

Bei vielen Menschen passiert dieser Prozess schon ihr ganzes Leben lang, bei den meisten ist in den letzten Jahren eine Steigerung der Intensität fühlbar. Wir werden uns der Verbindung mit der gesamten Schöpfung immer mehr bewusst und wir erkennen die Verantwortung, die wir damit tragen. Was wir der Natur oder anderen Menschen antun, tun wir uns selbst an. Die Konsequenzen von Vergiftung und Raubbau an der Natur werden für die Menschheit immer offensichtlicher.

Unvermeidlich folgen die Schuldzuweisungen und die Rufe nach Maßnahmen. Wer ist schuld? Die Wirtschaft, die Politik, die Alten! Wer soll es ändern? Die Wirtschaft, die Politik, die Jungen! Natürlich wird es Richtlinien und Maßnahmen brauchen, um unser aller Gut ‚Mutter Erde' und ihre Wesen zu retten. Die wichtigste und unverzichtbarste Maßnahme ist jedoch die Liebe und Fürsorge, die jeder einzelne Mensch hier und jetzt in unser kollektives Feld fließen lässt. Wir können uns nicht mehr zurücklehnen und die Arbeit anderen überlassen. Wir wollen und dürfen die Verantwortung nicht mehr anderen übergeben.

Doch was kann ein einzelner Mensch bewirken angesichts der großen Herausforderungen, vor denen die Welt steht? Zu allererst sollte jedem Menschen klarwerden, dass wir alle Hauptakteure und keine Nebenrollen im eigenen Leben sind. Jeder von uns hat sich entschlossen, zu dieser Zeit in genau dieses Leben zu inkarnieren, und hat damit eine Aufgabe übernommen. Was ist deine Lebensaufgabe? Auch angesichts dieses Themas fühlen viele Menschen eine Trennung, sie fühlen sich von ihrer wahren Mission getrennt und in der Betätigung, die sie stattdessen ausführen, nicht bestätigt und nicht gesehen. Vielleicht konntest du aus irgendeinem Grund nicht den Beruf ergreifen, den du dir gewünscht hättest. Möglicherweise bist du in deinem Tun auch gescheitert, in deiner Berufung als Künstler, als spiritueller Berater oder etwas anderem, das dir am Herzen liegt. Es erscheint uns immer wieder unverständlich, warum wir in bestimmten Bereichen scheitern, warum uns der Weg, den wir zu gehen uns berufen fühlen, nicht offensteht. Die Antwort ist einfach: Wir werden woanders gebraucht. Du wirst woanders gebraucht.

Deine persönliche Mission

So sehr wir es uns wünschen, unser Licht in einer angemessenen Position für alle sichtbar erstrahlen zu lassen, hat unsere Seele, die kompromisslos dem Licht dient, manchmal andere Pläne. Mit anderen Worten: Die besten Agenten werden in die dunkelsten Kreise eingeschleust, um ihre Arbeit zu leisten. Das bedeutet, die hellsten Seelen begeben sich oft unerkannt in Bereiche, wo sie niemand vermuten würde. Das passiert nicht bewusst, wir erfahren Führung in unserem Leben. Wir nennen es Zufall, Schicksal oder Karma. Es ist belanglos, wie wir es nennen, es führt uns jedenfalls dorthin, wo wir gebraucht werden. Manchmal können wir in dieser Position auch im Außen Gutes bewirken, eine Verbesserung des Lebens anderer Menschen, indem wir ihnen im Rahmen unserer Tätigkeit ganz konkret Hilfestellungen geben. Viel öfter finden wir uns jedoch in einem Umfeld wieder, das offenbar nichts mit einer Verbesserung von Lebensumständen zu tun hat, höchstens mit einer Verbesserung der Lebensumstände jener, die den Profit dieser Unternehmung auf ihr Konto gutschreiben. Wir sprechen dabei von den unscheinbaren Berufen und Betätigungsfeldern, die unsere Gesellschaft hervorgebracht hat, die unserer Versorgung dienen, unser Zusammenleben regeln und vieles mehr. Es sind ‚Jobs', die nach außen ebenfalls einfach nur unser Auskommen sichern, und in unserer bewussten Wahrnehmung entsprechen sie keineswegs einer höheren Berufung oder dienen dem Licht. Das ist jedoch auch nur ein weiterer Aspekt der Trennung und Spaltung, die wir, wie weiter oben ausgeführt, in vielen Bereichen vornehmen. Aus einer höheren Perspektive betrachtet, kommt es nicht darauf an, wo wir im Leben stehen und welche Aufgabe wir gerade haben. Es kommt darauf an, wie wir sie ausführen, mit welcher Intention und Absicht. Jeder von uns kann in jeder Situation und Position, in die das Leben sie oder ihn gebracht hat, sein Licht verbreiten.

Sein Licht zu verbreiten bedeutet, Liebe und Sorgfalt sowie Verständnis und Wertschätzung in eine Handlung einfließen zu lassen. Vergessen wir nie, dass unsere Welten sich auf allen Ebenen berühren. Die Sachbearbeiterin, die deinen Akt bearbeitet, berührt deine Welt ebenso wie der Landwirt, der dein Gemüse anbaut. Wir verbinden uns auf feinstofflicher Weise auch mit Dingen, mit Produkten und ihrer Energie, in die der Geist des Erfinders ebenso eingeflossen ist wie die Energie jener, die das Produkt hergestellt haben. Ist es die Müdigkeit unterbezahlter Arbeiterinnen oder die Dynamik eines zufriedenen kreativen Teams? Das ist nicht gleichgültig.

Wir können in jeder Tätigkeit, in jeden Arbeitsschritt und jeder Position unser Licht einfließen lassen. Natürlich gibt es Tätigkeitsfelder, die wir lieber machen, die einem spirituell ausgerichteten Menschen besser entsprechen würden. Jedoch – in welchem Zustand wäre die Welt, würden alle spirituell ausgerichteten und dem Licht verpflichteten Geister sich der Schönheit des Geistes widmen und all die andere Arbeit, alle anderen Lebensbereiche, in denen es einfach nur um die Abwicklung alltäglicher Belange und Bedürfnisse geht, ausschließlich jenen überlassen, die sich der Konsequenzen ihres Handelns auf seelisch-geistiger Ebene noch nicht bewusst sind? Dies ist keine Bewertung, denn es handelt sich lediglich um unterschiedliche Ebenen der Entwicklung einer Seele in der stofflichen Inkarnation. Natürlich ist es für niemanden realistisch, zu jedem Zeitpunkt und in jeder Situation immerzu liebe- und lichtvoll zu agieren. Jeder von uns hat auch schlechte Tage. Dennoch können wir entscheiden, uns dem Licht zu verpflichten und immer unser Bestes zu geben. Auch mit dieser Entscheidung richten wir eine weitere Antenne aus, die uns mit der lichten Geistigen Welt verbindet und dadurch sehr viel innere Kraft empfangen lässt.

Licht an!

Wir brauchen die sogenannten Lichtarbeiter in allen Bereichen, in allen Berufen, in allen Sparten. Wir brauchen dich, wo auch immer du deine Energie einfließen lässt. Vielleicht ist dein Licht, dein Spirit, den du in deine Tätigkeiten und Unternehmungen einfließen lässt, im Außen (noch) nicht sichtbar. Du bist undercover. Das hat auch Vorteile, denn damit bietest du gewissen Kräften in dieser Welt, die sich dem Licht noch in den Weg stellen, weniger Angriffsfläche. Auf höherer Ebene hast du das Feld jedoch bereits mit Licht geflutet, indem du durch deine Anwesenheit und dein Tun ein Licht nach dem anderen entzündet hast. Möglicherweise wirst du die Früchte deiner Arbeit auf materieller Ebene nie sehen und auch nicht ernten können. Auf feinstofflichen Ebenen hast du jedoch dazu beigetragen, unsere ‚Lichtvolle Zukunft' zu erbauen. Lichtbrücken, die den Weg für andere erst möglich machen. Deine

Seele weiß um diesen Beitrag, sie strahlt und sie wird dieses Licht und diese Freude wiederum in andere Bereiche deines Lebens erstrahlen lassen und dein persönliches Leben auf allen Ebenen bereichern.

Während du diese Zeilen gelesen hast, hat deine Welt meine berührt und meine Welt deine. Und vielleicht ist ein Funke übergesprungen und wir haben eine Lichtbrücke gebaut. Möge sie uns und allen anderen den Weg zurück zur Göttlichen Quelle erleuchten.

Hochsensibilität? Empathie? Hellfühligkeit?

Eine neue Qualität der Hochsensibilität

Wer sich den spirituellen Dimensionen öffnet und sich seiner seelisch-geistigen Existenz immer bewusster wird, entwickelt auf diesem Wege auch empathische Fähigkeiten – eine Hochsensibilität auf unterschiedlichste Einflüsse. Auf der Reise von der dichten zur lichten Dimension durchlaufen wir eine Transformation, die gesteigerte Sensibilität bedingt und die wiederum Voraussetzung ist für die nächste Stufe der Transformation. Die Spielart dieser besonderen Hochsensibilität passt teilweise nicht in das Schema der Symptome und Ausprägungen, wie sie in der allgemeinen Literatur zum Thema beschrieben werden. Es ist weniger eine Empfindlichkeit auf äußere Einflüsse, sondern ein inneres Wissen um die Qualität einer Sache im Sinne der dahinterstehenden Intention und Integrität.

Wenn du bereits alle auf dem Markt angebotenen Bücher zu den Themen Hochsensibilität und Empathie gelesen hast, doch dich und deine hochsensible Konstitution dennoch in den Beschreibungen nur teilweise wiedererkannt hast, bist du möglicherweise Träger dieser besonderen Spielart. Wie könnte man sie benennen? Manche nennen sie Medialität oder Hellfühligkeit. Diese Begriffe wurden jedoch in der einschlägigen Literatur von so vielen Autoren und Autorinnen unterschiedlichster Ambition mit diversen Ausprägungen und Fähigkeiten in Zusammenhang gebracht, sodass es für Menschen dieser Konstitution schwierig ist, sich damit zu identifizieren. Besonders der Begriff *Media-*

lität, mit dem unter anderem divinatorische Fähigkeiten, also das intuitive Wissen über zukünftige äußere Ereignisse bezeichnet werden, beinhaltet durchaus ambivalente Energien durch Menschen, die sich in Ausübung dieser Fähigkeiten nicht dem Licht verpflichtet fühlen. Das ist keine Bewertung des Zugangs, den verschiedene Menschen zur medialen Arbeit haben, jedoch sehr wohl eine Abgrenzung. Und in der Betrachtung dieser Abgrenzung beziehungsweise Unterscheidung kommen wir auf den Punkt: Diese besondere Spielart der Hochsensibilität, über die wir hier sprechen, ist zu hundert Prozent dem Licht verpflichtet.

Der Weckruf

Sich dem Licht zu verpflichten, ist nicht nur eine bewusste Entscheidung, es ist eine Erkenntnis, ein inneres Erwachen der eigenen göttlichen Essenz. Damit ist der Glaube an eine spirituelle, lichtvolle Macht nicht mehr Glaube, sondern Wissen. Die gegenwärtige Schwingungserhöhung wirkt wie ein Weckruf für viele Seelen und sie beginnen sich mit ihrem persönlichen Gottesbegriff sowie mit Fragen nach dem Sinn ihrer Existenz auseinanderzusetzen. Je weiter jemand in dieser Entwicklung fortgeschritten ist und je mehr sie oder er sich der feinstofflichen Welten und Ebenen des Daseins bewusst wird, desto feiner wird die innere Wahrnehmung. Es ist, als würden wir unsere Empfänger, unsere inneren Antennen, immer präziser auf die Göttliche Quelle ausrichten. Die Verbindung mit dieser hochschwingenden Energie, mit unserer Lichtheimat, hat Auswirkungen auf alle Ebenen unseres Lebens und unserer Existenz. Es kommt zu einer tiefgreifenden Transformation, die nicht ausschließlich auf das eigene Dasein beschränkt ist, sondern ebenso der Transformation von allem und jedem, das mit uns verbunden ist, dient. Diese Transformation können wir nur bewerkstelligen, wenn unsere innere Wahrnehmung immer subtiler und feiner wird und die Qualität von Energien immer besser unterschieden werden kann.

Wie fühlt es sich an?

Wir existieren nicht nur auf einer spirituellen Ebene, sondern natürlich ebenso auf einer materiellen, in einem Körper, mit einer mehr oder weniger beschädigten Psyche, Emotionen und unzähligen alltäglichen Ereignissen und Begegnungen. Das kann für spirituell ausgerichtete hochsensible Menschen zur Herausforderung werden. In Büchern über Hochsensibilität kann man sehr viel über Schutzmaßnahmen und Grenzensetzen lesen. Natürlich erfordern manche Situationen und Begegnungen dies auch auf verschiedenen Ebenen. Es ist hilfreich zu wissen, wie man sich psychisch abgrenzt, sich emotional nicht absorbieren lässt und welche Schutzmaßnahmen es gegen energetische Angriffe gibt. Für den sich immer mehr dem Licht öffnenden hochsensiblen Menschen verlieren diese Schutzmaßnahmen jedoch irgendwann an Wirkung. Vielleicht hast du die Erfahrung gemacht, dass du manche Energien, vor denen du dich abgrenzen möchtest, scheinbar durch die Schutzmaßnahmen noch mehr anziehst. Du positionierst dich beispielsweise am Bahnhof im Wartebereich, abseits von allen anderen Wartenden, um den unterschiedlichen, auf dich einströmenden Energien aus dem Weg zu gehen. In kürzester Zeit bist du jedoch wieder von Menschen umgeben, die sich körperlich in deiner Nähe und damit feinstofflich ungeniert in deiner Aura platzieren. Die ganzen feinstofflichen Schutzmauern wieder einmal umsonst visualisieren ist dein erster Gedanke.

Transformation

Ab einer bestimmten Stufe der spirituellen Entwicklung können wir uns vor den Energien des uns umgebenden Feldes nicht immer schützen, wir sind dazu aufgerufen, sie zu transformieren. Das geht natürlich nicht wie von Zauberhand, schnell und vollständig. Es ist ein langsamer Prozess, der das Licht nach und nach in alle Situationen und in alle Ebenen sickern lässt. Durch spirituelle Arbeit beginnen wir feinstofflich zu strahlen. Andere Menschen, und das betrifft natürlich besonders jene, denen es selbst an Licht mangelt, werden davon magisch angezogen. Wenn man sich von bestimmten Energien überwältigt fühlt, ist es der beste Schutz, sich selbst sofort auf die ‚Göttliche Gegenwart' und die ‚höchste Quelle' auszurichten. Damit wird die einströmende Energie transformiert, nicht nur für uns selbst, sondern auch für jenen Menschen, von dem wir die Energie aufgenommen haben. Das ist eine der Fähigkeiten und Aufgaben der dem Licht verpflichteten Hochsensiblen. Sie nehmen Energien wahr, sie nehmen Energien auf und transformieren sie, indem sie sich permanent nach dem Licht ausrichten. Sie klären und erhellen damit das kollektive Feld ebenso wie das individuelle jener Menschen, deren Leben sie berührt haben.

Die Energieübertragung von Menschen, Orten, Ereignissen und Dingen registrieren wir jedoch nicht immer so unmittelbar, wie in dem Beispiel oben ausgeführt. Das Wahrnehmungsfeld eines hochsensiblen Menschen ist riesig und verfügt über feinste Kanäle und Antennen, deren unmittelbare bewusste Wahrnehmung einen Menschen vollkommen überwältigen würde. Das Scannen dieser Eindrücke läuft deshalb großteils unterhalb des Aufmerksamkeits-Radars, sie werden unbewusst registriert und bearbeitet. Die Aufarbeitung der vielen subtilen Eindrücke kann viel Kraft kosten, die der oder die Betroffene oft erst Tage nach einer Begegnung spürt, indem sie Müdigkeit oder auch andere, manchmal etwas diffuse psychische oder physische Beschwerden verursachen kann. Auf diesen Aspekt werden wir weiter unten im Artikel noch einmal zurückkommen.

Die Energie hinter dem Offensichtlichen

Doch was genau nehmen Menschen, die diese transformative Spielart der Hochsensibilität in sich tragen, auf? Hochsensibilität wird im Allgemeinen mit einer überdurchschnittlichen Empfindlichkeit des Nervensystems erklärt. Das hat Auswirkungen auf den Körper ebenso wie auf die Psyche. Das bedeutet, dass hochsensible Menschen sich in vielen Situationen zu starken Reizen ausgesetzt und davon beeinträchtigt fühlen. Es erfordert von Betroffenen herauszufinden, was ihre individuelle

Schwachstelle ist, und die Belastungsgrenze nicht mehr zu überschreiten. Doch das funktioniert für diese besondere Hochsensibilität, über die wir hier sprechen, nicht. Es geht nicht um eine Kompensierung bestimmter Reize, sondern um Transformation und eine Ausrichtung nach dem Licht. Die inneren Antennen reagieren in diesem Fall nicht auf die Sache an sich, sondern auf die dahinterstehende Energie. Hochsensible scannen das Energiefeld eines Menschen, einer Angelegenheit oder eines Ortes und ihre innere Wahrnehmung registriert die Schatten. Sie erkennen intuitiv das wahre Wesen und die Absicht, die hinter einer Sache steht. Das ist keine moralische Instanz, sondern eine seelisch-geistige Qualität, die bestrebt ist, alles und jeden mit der ‚Göttlichen Quelle' zu verbinden und seine oder ihre wahre Seelenessenz zu erwecken.

Das bedeutet, du reagierst vielleicht nicht generell empfindlich auf laute Geräusche. Möglicherweise liebst du sogar laute Musik. Jedoch zerfetzt das Geräusch einer Motorsäge, die einen Baum fällt, dein Nervenkostüm. Du fühlst dich nicht unbedingt schlecht in einer größeren Gesellschaft. Jedoch umringt zu sein von Menschen, die vorgeben, etwas zu sein, was sie nicht sind, kostet dich extrem viel Energie. Man fühlt sich mit dieser Konstitution wohl in Gegenwart eines Menschen, der authentisch ist. Das bedeutet, dass keine Dissonanz herrscht zwischen ihren oder seinen nach außen kommunizierten Bestrebungen und der dahinterstehenden Intention. Ob dieser Mensch laut und extravertiert oder leise und introvertiert ist, spielt dann keine Rolle. Diese innere Suche nach dem Licht und das fast seismographische Aufspüren von Schatten lässt uns intuitiv wahrnehmen, ob und wie sehr ein anderer Mensch mit seiner Berufung und geistig-seelischen Essenz verbunden ist. Ein Mensch, der stark in seiner oder ihrer individuellen Kraft und Berufung strahlt, ist wunderschön zu erleben und tief bewegend.

Diese besondere Spielart der Hochsensibilität geht mit einer starken Intensität und inneren Kraft einher. Diese hat wenig gemeinsam mit dem allgemeinen Bild der Hochsensiblen, das eine gewisse Schwäche im Sinne einer Verletzlichkeit der Betroffenen, die lernen müssen, sich zu schützen und ihre Nische im Leben zu finden, zeichnet. Trotzdem hat auch diese besondere Konstitution nicht nur Gaben, sondern auch Herausforderungen.

Herausforderungen

Das hypersensible, permanent geöffnete Energiesystem bringt natürlich auch Herausforderungen mit sich. Eine typische Nebenwirkung dieser besonderen Konstellation ist weiter oben schon einmal zu Sprache gekommen. Das feinstoffliche System des hochsensiblen Menschen verarbeitet unzählige subtile Informationen aus dem ihn umgebenden Feld und kann davon überlastet werden. Jedoch ist es auch das eigene Energiefeld, das zu schaffen machen kann. Für Hochsensible fühlt es sich manchmal so an, als würde sich jetzt, in dieser aktuellen Zeitqualität, ihr gesamtes System neu aufsetzen. In diesem Prozess werden unbrauchbare Programme gelöscht und neue geladen. Das ist Teil der eigenen Transformation. Im Prozess der seelisch-geistigen Entwicklung und der Verbindung mit der göttlichen Quelle fällt viel Licht in unsere eigenen dunklen Bereiche der Psyche. Die Seele möchte die unverarbeiteten Ereignisse und Schatten befreien und ein für alle Mal hinter sich lassen. Es ist, als würde man Licht in eine dunkle, vergessene Kammer strahlen und allem, das vergessen und verdrängt tief in der Psyche vergraben wurde, plötzlich gewahr werden. Das muss uns keine Angst machen.

Wir werden auch in diesem Prozess von der höchsten Quelle geführt und sind in der Lage, frühere Ereignisse und Verletzungen aus einer höheren Perspektive zu betrachten. Wir dürfen diese Schatten vertrauensvoll dem Licht übergeben und um ihre Erlösung bitten. Wir wissen, sie waren Stationen auf unserem Weg, Teil einer einzigartigen Mission, die uns letztendlich genau zu dem Punkt gebracht haben, an dem wir uns jetzt befinden. Wir sind zur richtigen Zeit am richtigen Ort.

Was stärkt

Die größte Kraft erfahren wir durch die bewusste Verbindung mit der ‚Göttlichen Quelle' – Meditation, das Gebet, spirituelle Übungen und Praktiken, die wir selbst als lichtvoll und stärkend empfinden. Es gibt bei dieser Entscheidung keine äußere Instanz, nur die eigene innere Empfindung. Verbindung mit der Quelle erfahren wir intensiv mit jenen Teilen der Schöpfung, die ihre eigene Quellverbindung erhalten, indem sie nicht versucht haben, sich in einer vom Glauben an den reinen Materialismus determinierten Welt selbst zu verwirklichen. Das ist die Natur und ihre Wesen, die Bäume, die Pflanzen und die Tiere gehören ebenso dazu wie die Elemente in ihren verschiedenen Erscheinungsformen. Das Meer, die Sonne, der Wind und die Wälder, die Steine und Mineralien und so vieles mehr. Wir verbinden uns mit den Wesen der Natur nicht ausschließlich im direkten Kontakt, bei einem Spaziergang am Meer oder im Wald, sondern auch indem wir uns auf sie einstimmen und auf Herzensebene verbinden. Die liebevolle Vergegenwärtigung eines Baumes, einer bestimmten Pflanze oder eines Tieres verbindet uns mit der jeweiligen wesenhaften Kraft. Diese Verbindung ist keine Einbahnstraße, wir strahlen unsere Herzensqualität und Essenz ebenso zurück und treten auf feinstofflicher Ebene in Kontakt. Es ist eine Umarmung, in der Kraft, Liebe und Dankbarkeit in beide Richtungen fließen. Auch energetische Heilmittel wie Essenzen können eine große Hilfe sein, sich mit der Energie bestimmter Wesen zu verbinden. Blütenessenzen, die Essenzen von Aura-Soma, Edelsteinessenzen und Ähnliches sind für hochsensible Menschen mächtige Verbündete, um ihre Kraft zu stärken und ihr Energiefeld auszurichten. Von den vielen anderen Möglichkeiten, das eigene feinstoffliche Feld zu stärken, sei auch noch die Kunst genannt. Kunst, ganz gleichgültig, ob wir selbst aktiv Kunst erschaffen oder ob wir Liebhaber und Betrachter sind, kann unser Energiesystem harmonisieren, aufladen und positiv bewegen.

Das unbedingte Vertrauen in die eigene Wahrnehmung

Der wohl wichtigste Grundsatz für Menschen mit hochsensibler Konstitution, ist der eigenen inneren Wahrnehmung bedingungslos zu vertrauen. Die überaus feine Wahrnehmung unseres inneren Lichtkompasses schlägt manchmal völlig anders aus, als die äußeren Kategorisierungen und Bewertungen es erwarten lassen. Wer den Geist des Erfinders, den Spirit des kreativ Schaffenden oder die Intention des Heilpraktikers sowie das gesamte Energiefeld hinter einer Sache wahrnimmt, hat völlig andere Maßstäbe als Experten, Kritiker oder Menschen, die ihre Meinungen in diversen Kanälen kundtun. Die innere Wahrnehmung lässt sich von großen Namen, Marken oder Expertisen nicht täuschen. Auch nicht von Bewertungen, die beispielsweise bestimmte Genres einer Kunstrichtung als hochschwingend und andere als minderwertig ansehen. Das mag nach formalen Kriterien seine Berechtigung haben, doch in der inneren Wahrnehmung eines hochsensiblen Menschen, die Intention, Begeisterung und Authentizität eines Künstlers gleichermaßen registriert, zeigt sich möglicherweise eine ganz andere Resonanz.

Vertraue auf deine innere Resonanz und suche dir deine Kraftquellen danach aus. Deine inneren präzise ausgerichteten Antennen werden dich immer auf den richtigen Weg führen. Du bist zu jeder Zeit geführt und beschützt durch deine Verbindung zur ‚Göttlichen Quelle'.

Eure Margarete

Über Margarete Frank

Margarete Frank (Jhg. 1966), geboren in Wien, ist eine österreichische Redakteurin, Autorin und Co-Herausgeberin der Zeitschrift »Bewusst Sein« sowie mehrerer Bücher im Verlag *Edition Pelagos*. Unter ihrem Autorenpseudonym *Marlen Frey* erschien das Buch »SternenSymphonie« sowie ein Kalender, der seit 2020 als Jahresbegleiter durch die archetypischen Prinzipien des astrologischen Jahres erhältlich ist.

Margarete arbeitete 12 Jahre bei einem österreichischen Verlag und konnte in dieser Zeit das Handwerk des verlegerischen Schaffens in all seinen Facetten von Grund auf erlernen. Sie absolvierte mehrere Ausbildungen in energetischen Techniken bzw. Heilmethoden, sieht diese jedoch lediglich als Grundlage für inneres Wissen und Einsichten, die im Zuge jahrelanger intensiver Auseinandersetzung mit diversen ganzheitlichen sowie spirituellen Konzepten entstanden sind. Was diese unterschiedlichen Arbeitsbereiche und Tätigkeiten verbindet, ist ihr Anliegen, universelle Kräfte, Energieprinzipien und feinstoffliche Vorgänge, die im Außen als solches nicht sichtbar sind, sich aber dennoch auf unterschiedlichste Weise manifestieren, aufzuzeigen. Ein weiterer Schwerpunkt ihrer Arbeit sind sanfte Heilmethoden wie Aura-Soma und Blütenessenzen, mit deren Hilfe ungünstige energetische Muster – im Einklang mit dem jeweiligen persönlichen Rhythmus und der individuellen Lebensaufgabe – aufgelöst werden können. Durch ihre Texte möchte sie Menschen dazu motivieren, ihren einzigartigen Weg zu Glück und Gesundheit auf allen Ebenen zu finden, unabhängig von allgegenwärtigen Konzepten, Institutionen, Hypes oder Gurus.

Die Zeitschrift »Bewusst Sein« ist über www.bewusst-sein.net aufzurufen. Das Buch und der Kalender »SternenSymphonie« werden auf www.pelagos.at vorgestellt.

Kapitel 13

Peter Götz

Liebe Leserin, lieber Leser,
'Mensch und Tier', zweimal in kürzeren Kapiteln, ist mein Thema. Also die Mensch-Tier-Beziehung, aus der Sicht des Jahres 2050. Zwischen 2021/2022 und 2050 hat sich ein geistiger Umbruch ereignet. Eine Wende, auf die Einsichtige seit Jahrhunderten warteten. Nicht allein von den Menschen wurde sie eingeleitet, doch von der Geistigen Welt. Beigetragen haben die Katastrophen des 20. Jahrhunderts. Die beiden Weltkriege vermochten diese Wende noch nicht herbeiführen. Auch nicht die Unruhen und Verwirrungen der Jahre nach 2021. Doch die Geistige Welt hatte längst vorbereitet: Geistvolle Menschen haben mit ihrem Wirken, ihren Werken dazu beigetragen: Das Lorberwerk entdeckte man wieder, ebenso die Göttlichen Offenbarungen aus Mexiko. Rudolf Steiner verstand man endlich auch außerhalb der Anthroposophenschaft, übernahm vieles aus seinem riesigen Lebenswerk, ebenso von Martinus, dem Dänen mit seinem Kosmischen Weltbild. Das Riesenwerk eines Karl Otto Schmidt (K.O.Schmidt) las man wie Offenbarungen. Die geistvollen Frauen fanden endlich Verständnis: Judith von Halle, Iris Paxino, Anna Cecilia Grünn, Christina von Dreien, um jene aus dem deutschsprachigen Raum zu nennen. »Gedanken sind wirkende Kräfte«, so hieß ein Buch von K.O.Schmidt, schon in den 1970er-Jahren veröffentlicht (damals allerdings ohne 'wirkende'). Endlich begriff man, übernahm man es wie andere Lehren von ihm in Schule und Hochschullehre. Die Schleier zwischen jener und dieser Welt hatten sich gelichtet, man lernte von den sog. Verstorbenen wie besonders aus der 'Welt der Engel'. Die Erde verwandelte sich, wurde zusehends 'der Stern des Christus'.

Euer Peter

Mensch und Tier – Christian

Wir leben jetzt im Jahr 2050 christlicher Zeitrechnung. Die Jahre um 2022 – meine Güte, was waren das für verwirrende Zeiten.

Der Unterschied wird offenbar, wenn man den Gesprächen unserer Beiden zuhört. Altersmäßig sind sie gerade mal zwanzig Jahre auseinander. Doch was sie erlebt haben und erleben – es könnte nicht unterschiedlicher sein. Die Beiden – das sind Melita, geboren 2021, wir nennen sie später einfach **M.** Dann Reiner, Jahrgang 2001, unser **R.** Beide nennen sich Tierfreunde, doch bei Reiner ist sich Melita nicht so sicher, weil er sich noch als ‚Tierschützer' bezeichnet. ‚Tierschutz', was soll das sein? In der Gegenwart des Jahres 2050 leben doch Mensch und Tier längst friedlich miteinander. Auf jeden Fall in Mittel- und Nordeuropa. Man achtet die Grenzen zwischen den Gattungen und doch ist es ein glückliches Miteinander, täglich erlebbar.

Nicht nur Singvögel

M: *Reiner, schau mal rüber nach Gehenbühl. Was sich da überm Laubwäldchen alles tummelt. Eine regelrechte Vogelversammlung. Schad, dass ich mein Fernglas nicht mithabe. Sind da nicht jede Menge Singvögel drunter? Ich kann die Arten nicht alle unterscheiden, zu weit weg. Jetzt landet eine Schar im Hain mit den Ahornbäumen. Dieses Gezwitscher! Ein Vogelkonzert. Hörst du's? Andere kreisen umeinander, übereinander. Ich glaub, da sind Schwarzspechte drunter und Buntspechte, wahrscheinlich auch Grünspechte, doch die erkenn' ich nicht. Wahrscheinlich auch jede Menge Amseln. Dann größere braune Vögel, vielleicht Wendehälse. Und die vielen kleineren Vögel – ein kreisender Tanz überm Wäldchen. Freu mich jedes Mal, wenn ich so was seh'.*

R: *Wendehälse, die verschiedenen Spechte? Sind das nicht ausgestorbene Vögel? Doch was die da oben alle zusammentreibt.*

M: *Ausgestorben? Das war mal. Reiner, wir leben doch in anderen Zeiten. Die Vielfalt der Vögel lebt. Wenn ich nur mein Fernglas hätte. Kann die* *kleineren Vögel nicht erkennen, die noch mitschwärmen. Vielleicht sind Bienenfresser drunter, Ziegenmelker, Stare, Pirole.*

R: *Was Du alles kennst. Nicht zu glauben, diese unfassbare Farbigkeit der Schöpfung. Meine alten Vogelbücher enthalten eine Menge Namen, die ich nie in natura sah. Dann haben jedenfalls diese Vogelarten bis heute überlebt.*

M: *Oder der Schöpferwille hat sie neu in ihr Vogelleben gerufen. Komm, lass uns an Gehenbühl vorbei den Weg über die Breitwiesen geh'n. Da sehen wir noch mehr an Tieren.*

Die Breitwiesen sind ein ausgedehnter Grünbereich zwischen Gehenbühl, zu Gerlingen gehörend, und der Stadt selbst. Ein großstadtnahes Idyll und Tierparadies. In den Nachkriegsjahren zwackte man ständig Wiesengrund ab. Für Wohnhäuser, Gewerbegebiete, für Kleingärten. Doch 2050 sieht es anders aus: Die Gartenanlagen erweiterte man, dafür verschwanden dort Gewerbegebiete, die Flächen renaturiert. Ebenso einige Hektar Flächen, wo bodenverschwendende Wohnanlagen mit Niedrighäusern sich breitmachten. Haselbüsche, ja sogar Ahorn, Eiche sind gepflanzt. Grünnatur, die Tierwelt kann sich stadtrandnah ausbreiten. Eichhörnchen wimmeln um einen, lassen sich kraulen. Gärten fügen sich am Nordrand der Breitwiesen idyllisch ein.

Gartenvögel

Melita und Reiner suchen die Gärten auf. Dort gibt's immer was zu erleben. Gleich vorne der großräumige Garten der Stadlers von der nahen Rappachstrasse. Das Gartentor steht offen, doch die Stadlers sind nicht da. Schmucke Gartenhäuschen, daneben stallartige Holzhäuschen.

Da kommen sie schon gelaufen, alte Bekannte – die Hennen. Namen haben sie, doch die beiden konnten sie sich nicht alle merken. Äußerlich sehen die sechs, sieben Hennen alle gleich aus, und doch sind's eigenständige Tierpersönlichkeiten. Melita bückt sich und hat Körner im Rucksack mitgebracht, Reiner vergaß wieder mal seine. Die erste Henne, es ist wohl Anna, pickt vorsichtig aus Melitas Hand. Doch gleich flattert sie auf und stellt sich auf Melitas linke Schulter. Reibt ihr Köpfchen zärtlich an ihrer Wange. Die anderen Hennen warten leise glucksend ab – ob sie Melita auch begrüßen wollen, den Reiner?

R: *Stets als erste die Anna. Wie oft sah ich das schon bei dir. Jedes Mal wundert's mich doch. Sag, sind das noch dieselben vom letzten Jahr?*

M: *Sicher. Du weißt doch, auch die hier waren mal Legehennen in einem Geflügelhof. Tausende in Reih und Glied. Nur als Eierlieferanten gehalten, bis sie dann – na ja, du weißt schon. Endlich ist Schluss damit. Die barbarischen Zeiten sind vorüber.*

Anna fliegt wieder runter von Melita. Schon flattert die nächste an Melita hoch. Sobald das Gleichgewicht gefunden ist, die gleiche zärtliche Begrüßung. Reiner kniet sich nun auch nieder, vorsichtig, bedacht auf seine Sporthose. Und schon bekommt auch er Besuch, jetzt zur Abwechslung auf seine rechte Schulter. Er krault das weich-fedrige Hennenkörperchen, wie wohlig das ist – für beide.

R: *Du nanntest grad die früheren Zeiten. Doch zumindest 2021 gab es mal so was schon wie jetzt mit den Hennen. Die ‚Stuttgarter Zeitung' brachte damals einen Bericht über eine Frau, pensionierte Juristin glaub' ich, die sich in ihrem Garten Hennen hielt. Sozusagen ausgediente, aus einer Legebatterie, von einem Tierschutzverein gerettet. Allerdings stand nichts drin vom Fliegen auf die Schulter.*

M: *Kenn' den Bericht von dir. Mit einem Bild, wie die Hennen abwartend vor der Juristin stehn. Sie aufmerksam beäugend. Die Frau liebte ihre Gartenhennen.*

R: *Was wir hier erleben, das hat Christian schon vor 150 Jahren oder mehr erlebt. Genauso: Eine Henne klopfte mit dem Schnabel ans Fenster. Man öffnet es. Die Henne flog in der Stube auf seine Schulter. Und das vor einem Zeugen, einem Besucher.*

M: *Christian? Wer war das?*

R: *Der Besucher war ein Schriftsteller aus der Stadt. Ein Tierschützer, wie das damals hieß, wie ich auch. Hat das staunend überliefert. So ist's halt mit den vertrauten Haustieren. Wenn man liebevoll mit ihnen umgeht.*

M: *Vor ungefähr 150 Jahren? Das war dann ja um die damalige Jahrhundertwende, vorm ersten großen Krieg. Das ist aber lang her. Sozusagen im barbarischen Mittelalter. Nicht zu glauben, was die damals alles trieben mit der Tierwelt.*

M: *Na ja, Mittelalter. Um 1900, das war doch Neuzeit. Das hochgelobte Zeitalter der Technik, der Erfindungen, der Wissenschaft. Kurz nach der Reichsgründung.*

R: *Doch was für einer ‚Wissenschaft'. Einer Un-Wissenschaft. Gefühllos, egoistisch, geistig blind, daher begrenzt. Außer Christian halt. Doch der war auch kein Wissenschaftler oder Erfinder. Und kein Materialist.*

M: *Wieder dieser Christian. Wer war das denn nun? Du, da fällt mir ein Zitat ein, das ich mir gemerkt habe: ‚Eine Ursache für die Entfremdung von unseren Mitgeschöpfen ist in der Art zu finden, wie wir Menschen über die Schöpfung ‚herrschen'. Durch sie ist die Beziehung zwischen Menschen und Tieren zu einer unendlichen Unglücksgeschichte geworden, die vor allem zu Lasten der Tiere und Pflanzen geht'. Schreibt der Prof. Klaus-Peter Jörns. Von dir letztes Jahr ausgeliehen.*

R: *Später zu Christian. Bewundere dein Gedächtnis. Ja, der Jörns, das Zitat stammt aus seinen ‚Notwendigen Abschieden'. Altes Buch von 2010, damals hochaktuell. Heute haben die Theologen, die Kirchen endlich dazugelernt. Doch lass uns aufbrechen, wir haben die lieben Glucken besucht, und die uns. Die Breitwiesen warten auf uns.*

Und nochmals zur Vogelwelt

Die ausgedehnte Wiesenfläche durchzogen an einigen Stellen schmale Wege. Auf blanker Erde, doch sparsam angelegt. Den Planern ging es zuletzt darum, zusammenhängende Flächen in den Breitwiesen zu schaffen. Ganz anders als Jahre, Jahrzehnte vorher: Da konnte es nicht genug Wege, Straßen, Autobahnen, asphaltierte Flächen geben, ein riesiges Verkehrs-Spinnennetz der allzu eifrigen Zweibeiner überzog gnadenlos das Land. Doch nun schrieb man ja das Jahr 2050. Auf den Breitwiesen war der Zweibeiner Nebensache, hatte sich an schmale, naturbelassene Wege zu halten. Denn die Wiese war wuchernde Grünnatur. Belebt mit nicht gleich Sichtbarem und erst recht mit Unsichtbarem. Viele Mitmenschen nahmen auch das sonst Unsichtbare wahr.

M: *Schau, dort drüben rechts gibt es grasfreie Flächen. Ideal für Bodenbrüter. Auch hier Platz für die Vogelwelt. Der Nabu hat sie mal beobachtet: Was sich alles einfand an Vögeln: Heckenbraunelle, Grauer Fliegenschnäpper, Trauerfliegenschnäpper, Zilpzalp. Schau, wie viele über uns kreisen. Mir fällt da eine Strophe vom Bernhard ein, deinem Dichter und Brieffreund: ‚Und in milder Helligkeit / über Nebeldämmerungen / Vögel, auf den Flügeln weit / in die Höhe aufgeschwungen - / Vögel, die in Licht und Wind flüchtig sind'. Wunderschön gesagt, gell? Und dann hier, wer weiß, welche Arten sich hier noch tummeln.*

R: *Die alle keine Vegetarier sind. Dieses ständige Fressen. Sind auch Lebewesen.*

M: *Ja, das sind die Insekten. Doch die Breitwiesen sind voller Gräser, Blumen, Blüten. Ideales Gebiet für den Insektennachwuchs. Überhaupt für eine unglaubliche Vielfalt. Das hier ist trotz der vielen Vogelwohnungen ein Insektenparadies. Für Schmetterlinge. Und die Naturgeister werden es wissen, was sie schützen, was sie loslassen sollen. Wär' gern mehr hellsichtig – des Nachts dann das Schweben und Weben der Elfen zu sehen, der zahllosen Gnome, und was da sonst noch lebt. Ob das dein Christian auch war, hellsichtig. Wenn den schon seine Henne besuchte.*

R: *Möglich. Der war ein ganz besonderer Mensch. Eigentlich aus unserer Zeit stammend. Komm, lass uns durch Gehenbühl zur Haltestelle geh'n. Wir fahren zum Bergheimer Hof. Schauen uns die Rinder an. Da werden bestimmt noch einige weiden.*

Rinderfreunde

Gesagt, getan. Der Bergheimer Hof war ein übriggebliebener Bauernhof am nordwestlichen Stadtrand von Stuttgart, Weilimdorf-Bergheim. Jahrzehnte gab es dort Rinderzucht – Milchvieh, wie es damals hieß. Dann der Laden, das ‚Milchlädle'. 2050 gibt es den weitläufigen Kuhstall nicht mehr, abgerissen, mühsam renaturiert die Fläche. Im ‚Milchlädle' gibt's sogar noch Milch – in kleinen Mengen, überteuert. Man begriff längst, dass die Kuhmilch eine hochwertige, vitamin- und eiweißreiche Kraftnahrung ist – für den Tiernachwuchs, für das Kalb eben. Schließlich wird irgendwann auch das Kleinkind der Mutterbrust entwöhnt, ist dann kein Säugling mehr.

R: *Schau Melita, dort drüben am Ortsrand weiden einige Tiere.*

M: *Schon witzig: Auf dem Hof verkaufen sie noch Kuhmilch für Menschen, Nahrung vom Altertum und Mittelalter her.*

R: *Weiß noch aus meiner Jugend, wie verbreitet Milch und Milchprodukte waren. In den Einkaufsmärkten allgegenwärtig, spottbillig. Die vielen Käsesorten aus halb Europa. Kaum ein Käufer dachte nach, was das eigentlich ist, Milch und Käse. Aß ja selber gern Käse.*

M: *Wie kamst Du davon weg?*

R: *Du kennst doch die Margo. Mit ihrem Vorbild.*

M: *Aus Ludwigsburg?*

R: *Genau. Wir lernten uns nach einem literarischen Vortrag vor X-Jahren kennen. Sie war damals schon Veganerin. Das hat mich beeindruckt, war es selber noch nicht, nur theoretisch. Dann stieß ich noch irgendwann auf das Buch eines amerikanischen Profs. Schon 2018 in deutscher Übersetzung erschienen: »Raus aus der Käsefalle. Warum der Verzicht auf Käse uns schlanker, gesünder und vitaler macht«. Neal D. Barnard heißt der mutige Verfasser von einer US-Universität. Nach erster Lektüre im Buch begriff ich's endlich. Seither weitgehend milchfrei.*

M: *Wie die Margo also. Doch warum nur weitgehend?*

R: *Na ja, unterwegs mal zu einem Becher Kaffee. Wenn ich meinen Haferdrink nicht mithabe. Doch der ist spottbillig im Vergleich zu den überteuerten Milchdöschen…*

M: *Muss auch so sein. Na ja, Kaffee, ginge auch ohne. – Da sind sie ja, die treuen Vierbeiner. Sonst spricht man von Hunden so. Doch die Rinder ertrugen diese unsre Menschheit seit Jahrtausenden. Und hier, wie's sich gehört: Vater, Mutter, Kind. Nicht mehr. Das Kalb wird auch ein normales Rinderleben haben.*

R: *Wie schön das rotbräunliche Fell. Diese kraftvollen Gestalten, das wiegende Schreiten, fast wie die Pferde. Und beide sind Vegetarier. Friedlich. Nicht zu glauben, dass Gras solche massigen Tiere ernähren kann.*

M: *Im Gras wachsen ja allerlei Kräuter, dann das besondere Verdauungssystem dieser Tiere. Dann auch hier: Was wissen wir, wie die Naturgeister um diese Tiere sind, sie auf ihre Weise betreuen und fördern? Für die meisten von uns unsichtbare Helfer aus der Zwischenwelt des Elementaren. Ein altes Thema und halt ‚ein weites Feld'.*

R: *Wir sind keine Kinder mehr. Da fällt mir eine Stelle aus einem Buch von 2015 ein.*

M: *Da warst du gerade mal 14. Wieder was Historisches an Buch?*

R: *Doch zeitlos gültig. Was mir einfällt: Der Autor schreibt eingangs eines Kapitels, dass Kleinkinder schon im Alter von ein oder zwei Jahren gefesselt wären beim Anblick von Tieren. Sie wenden sich mit Hingabe den Tieren zu, als wären sie magisch von ihnen angezogen. Ein Forscher namens Edward Wilson hatte doch damals den Begriff der ‚Biophilie' eingeführt. Kinder lebten sie früher schon und heute noch aus.*

M: *Ist doch klar. Die kamen erst vor kurzem aus der Geistigen Welt. Bringen ihre Schau von drüben noch mit, wo auch Tiere mit all den Menschengeistern zusammenleben. Noch unverbildet vom Verstand, genährt von der Milch der Mutter. Oh Reiner, Du mit deinen Büchern. Wie heißt denn dein Autor, das alte Buch?*

R: *Michael Rosenberger. Professor Dr. theol. Moraltheologe einst an der Katholischen Universität Linz. Jahrgang 1962. Der alte Herr lebt wohl noch auf Erden, im wohlverdienten Ruhestand.*

M: *Und der Buchtitel?*

R: *»Der Traum vom Frieden zwischen Mensch und Tier«. Eine christliche Tierethik. Als ich damals d'rauf kam, empfand ich das Buch wie für mich geschrieben und gedruckt. Denn das frühere Christentum und die Tiere empfand ich bald als eine Fehlstelle, ausgerechnet in der Religion des Christus mit seiner absoluten Liebeslehre.*

M: *Die er selber vorbildlich vorlebte und durchlitt. Bezeichnete sich als ‚guter Hirte'.*

Mittlerweile trat der Stier ans Gatter, die beiden Besucher beäugend, beschnuppernd. Unwillkürlich streckten Melita wie Reiner ihre Hände nach dem massigen Stierkopf aus, ihn zu streicheln. Wie er sich's gefallen ließ! Dann trat die Kuh hinzu. Auch sie bekam ihre Streicheleinheiten, die sie jeweils mit zartem Zungenkuss bedankte. Das Kalb äugte vorsichtig hinter seinen Eltern auf die Szene. Buch hin oder her – da war er doch wieder, der genannte Frieden zwischen Mensch und Tier. Erfahrbar, spürbar ohne kirchliche Lehre und Moraltheologie. In Berufszeiten leitete Rosenberger eine ‚Interdisziplinäre Arbeitsgruppe zur Erforschung der Mensch-Tier-Beziehung'.

Melita und Reiner empfanden den Gelehrten als vorbildlich. Doch wie er sonst lebte?

Löwen in Bergheim? Durfte man sie jagen?

Wir begleiten Melita und Reiner auf ihrem Weg durch Grünnatur und Tierwelt nordwestlich von Stuttgart. Die friedliche Kraftfülle der drei Rinder beim Bergheimer Hof beschäftigte unsere Tierfreude eine ganze Weile. Schweigend begeben sie sich zurück zur Haltestelle der Stadtbahn.

M: *Bei den Rindern haben wir wieder den Frieden unter Tieren und zum Menschen erlebt. Heute endlich selbstverständlich. Dabei trafen wir nicht mal den Hofhund, der sonst im Hof frei herumläuft. Und den Taubenschlag ließen wir aus. Ach, Körnervorrat hätten wir im ‚Milchlädle' auch kaufen können.*

R: *Das ‚hätte' – bei dies und das, das Wenn und Aber. Wenn ich den Solitudewald oben sehe: Den sollten wir wieder bald aufsuchen, den nachgewachsenen Buchen- und Eichenwald bewundern. Wald und Jagd einst. Auch so ein Thema.*

M: *Nach den Zungenküsschen der lieben Kuh kommst du auf die abgeschaffte Jagd. Einst ein Horrorthema für alle Tierfreunde. Das Verstandesdenken der Männer....*

R: *Na ja, du hast schon recht. Beim Anblick des verlockenden Solitudewaldes dort oben ist mir etwas zu Afrika eingefallen.*

M: *Ist das dein Ernst? Hier in Weilimdorf denkst du an Afrika. Wie kommst du da wieder drauf?*

R: *Ich erinnere mich an einen Netzausdruck von anno dazumal. Vom WWF kam der, das war 2021. Ein Erfolgsbericht zu einem Projekt im Süden Afrikas. »Erfolg im KAZA. Mehr Löwen, weniger Konflikte« hieß der Bericht.*

M: *Mehr Löwen? Die gibt es doch heute wie andere so genannte Raubtiere kaum noch. Die nahm die Geistige Welt schon vor Jahren nach und nach von der Erde weg.*

R: *Ja klar. Was mich damals beeindruckte, mir deshalb merkte, als ich Zwanzig war: In jener Gegend waren die Löwen durch Bejagung fast ausgestorben. Die wachsende Bevölkerung brauchte Platz, ihre Rinder wurden ständig gerissen. Löwen sind nun mal das Gegenteil von unseren Rindern vorhin. Zuletzt blieb nur eine Löwin übrig.*

M: *Und jene Afrikaner waren freilich auch keine Vegetarier. Daher ihre Rinderherden.*

R: *Waren sie auch nicht. Diese frühere Fleischfresserei – verzeih den rüden Ausdruck. Also, eine Löwin blieb übrig. Dem WWF gelang es durch seine Naturschutzarbeit, aus der entfernten Sambesi-Region männliche Löwen anzusiedeln. Und siehe da, der Löwenbestand erholte sich. Stell dir vor, es entstanden im Nationalpark nach und nach sieben Löwenrudel. Die aus 60 bis 70 Tieren bestanden. Und stolz wurde mitgeteilt, dass 13 Löwenjunge gezählt wurden.*

M: *Dass du dir diese Zahlen merken kannst, gelesen vor 30 Jahren. Und gerade zu den Löwen. Na ja, du bist ja selber einer.*

R: *Aber nur nach dem Tierkreiszeichen und das knapp vor dem Zeichen Jungfrau. – Also, der WWF beschreibt den Erfolg seiner guten Naturschutzarbeit. Doch Probleme gab es damals immer noch. Löwen erwischten immer wieder Rinder. Elefantenherden zertrampelten die Ernte. Aus heutiger Sicht ein merkwürdiges Unterfangen, Raubtiere wie Löwen zu fördern. Und heute dürften sie längst ausgestorben sein – doch nicht vom Menschentreiben. Als Eingriff aus der Engelwelt, denn Raubtiere haben auf einer friedlich gewordenen Erde schlicht keinen Platz mehr. Das siehst du ja auch an unserer heimischen Tierwelt. Damals gab es wieder ab und zu Wölfe im Osten Deutschlands.*

M: *Die aus Polen kamen. Jetzt hast du mir beinahe einen Vortrag gehalten. Das kommt von deinem vielen Lesen. Kein Lob deinen Büchern.*

R: *Verzeihung. Bei manchen Themen komm' ich einfach ins Reden.*

M: *Wie du mir bekannt hast, mit wechselndem Erfolg…*

R: *Das Schreiben liegt mir halt mehr. Verleiht auch das trügerische Gefühl der Dauer. ‚Der Druck adelt' sagte mir mal vor X-Jahren mein Freund Alfred-Richard Walther.*

M: *Längst in der jenseitigen Welt. Und kein Vegetarier gewesen.*

R: *Mit mancher Widersprüchlichkeit einst doch ein hilfreicher ‚Freund in der Not'. Dazu ein geistvoller Tierfreund.*

Jagd, was war das doch wieder?

Der Tag war zu angenehm, sich schon zu trennen. Im nahen Ortsteil Wolfbusch gab es am Hubertusplatz ein sympathisches kleines Café. Da konnte man auch draußen sitzen. Melita und Reiner entschieden sich dafür. Vor dem Café war noch Platz, erwärmt von der späten Nachmittagssonne.

R: *Also Melita, als wir vom Bergheimer Hof weggingen und zum Solitudewald hochsahen, da dachte ich wieder dran. Komm nicht los davon.*

M: *Von was kommst du wieder mal nicht los?*

R: *Von dem, was ich über die frühere Jagd weiß. Aus heutiger Sicht des Jahres 2050 ein unfassbarer Frevel. Und das über Jahrhunderte.*

M: *Oder Jahrtausende. Angeblich sollen die Steinzeit-Menschen sich von der Jagd ernährt haben. So hieß es wenigstens früher.*

R: *Na ja, die frühere Historik. Da war viel Falsches dabei. Die Jagd gab's jedenfalls noch weit ins 21. Jahrhundert hinein. Und das weltweit. Waren wir nicht mal in einem Gasthof im Bayerischen, wo eine ganze Wand mit Hirschgeweihen gepflastert war?*

M: *Gepflastert ist nicht der richtige Ausdruck. Doch erinnere mich daran. War wohl über einem Stammtisch, im Allgäu. Als wir Konrads besuchten.*

R: *Die Geweihe mit Resten der Hirnschale aufgenagelt auf Brettchen. Scheußlich. Und das galt als normal, jedenfalls auf dem Land. Dass ich's nicht vergesse: Wir sollten das nächste Mal im Solitudewald diese neue Art von großräumigen Hirschgehegen aufsuchen. Also Melita, du glaubst gar nicht, wie froh ich darüber bin, dass dieser Jagdfrevel schon seit einigen Jahren ein Ende fand. Margo denkt übrigens genauso, klar, als langjährige Veganerin und Kyberfreundin. Wie übrigens auch Bernhard, dann die Mario aus Leipzsch.*

M: *Kyber, wer ist das wieder? Auch einer aus dem Mittelalter mit seinen Jagden und Scheiterhaufen?*

R: *Mittelalter, so nannte man in Europa die Zeit bis zur Renaissance. Da gab's auch weise Menschen, Erleuchtete, großartige Kunstwerke, denk' nur an die romanischen und vor allem gotischen Kirchen. Mit all ihren Sinnbildern. Diese Gewölbe, die Kathedralen! Dann Franziskus von Assisi, ein absoluter Tierfreund. Doch wir leben heute in einer glücklicheren Zeit, auch wenn man keine Kathedralen mehr baut. Und wir leben zudem in einer jagdfreien Zeit. Endlich auch in den Wäldern, auf ‚freiem Felde'. Frieden mit der Tierwelt. Dann diese heute möglichen Tierbegegnungen. Stell dir vor, als ich neulich mit Margo wieder den dortigen Favoritepark besuchte, da kam ein Damhirsch auf uns zu. Hinter ihm sein Harem. Leider hatten wir kein Futter einstecken. Doch dem Herrn, den Damen, dem Nachwuchs genügten auch unsere gern gegebenen Streicheleinheiten. So was wäre noch im frühen 21. Jahrhundert undenkbar gewesen. Kann mich noch heute an das etwas raue Fell der Tiere erinnern. Dann der seelenvolle Blick aus dunkelbraunen Augen. Ab und zu gab's von einigen Tierlein Zungenküsschen. Einfach wonnig. Diese Schönheit, die Friedfertigkeit der Tiere.*

M: *Weil unter uns Menschen endlich Friedfertigkeit sich ausbreitete. Dabei lehrte dies vor gut 2000 Jahren schon der Christus auf Erden. All die Geistigen Wegweiser seither.*

R: *Genau. Dass man freilebende Tiere in Wäldern oder in Parks, auf Feldern, in Gärten berühren, Vögel aus der Hand füttern kann! Wenn das noch der Christian erlebt hätte. Denn der war damals ein seltener Mensch, wie dafür geschaffen.*

M: *Schon wieder dein Herr Christian.*

R: *Wenig gefällt mir freilich, dass man im Stadtpalais einen ganzen Raum immer noch der Jagdgeschichte widmet. Was soll das. All die Scheußlichkeiten der Vergangenheit. Heute leben wir in menschenfreundlichen wie tierfreundlichen Zeiten. Und wieso das in einer Großstadt?*

M: *Weil die einstigen so genannten feinen Herrschaften ihrer Jagdleidenschaft frönten. In alten Zeiten war doch Stuttgart umgeben von Wäldern, Feldern, Wiesen. Denk dir nur die meisten Stadtbezirke weg. Die gab's* *früher schlicht nicht. Und vergiss nicht: Auf dem Land hatte die Jagd noch etwas Rituelles, mit der Kirche im Bunde.*

R: *Die Kirche, eine Geschichte für sich. – Früher wurde selbst in der Musik, in Opern, die Jagd als ‚männlich Verlangen', als ‚fürstliche Freude' verkitscht. Man kann es nicht glauben, und das in einem sich christlich nennenden Land. Du, es soll sogar ‚Kirchenfürsten' gegeben haben, die mit ihrem Anhang Jagd betrieben. Ging's noch übler? Am Sonntagvormittag Gottesdienst, nachmittags aufs Pferd und jagend in die Wälder. Die Pferde, diese missbrauchten friedfertigen Vierbeiner. Auch Vegetarier, und dabei kraftvolle Gestalten. Mit denen dann Jagden…*

M: *Hör' auf damit. Das ist alles vergangen. Wir leben im kostbaren Jetzt.*

R: *Übrigens gibt man im nächsten Monat in der Liederhalle wieder die ‚Große Friedensmesse'. Hör' ich mir wieder an. Weihevolle Musik unsrer besseren Zeit.*

M: *Da geh' ich mit. Vielleicht will auch Alexander zuhören. Und frag doch die Margo, den Gerlinger Christian, ob sie mitwollen. Wir haben uns schon länger nicht mehr gesehen. Die ‚Große Friedensmesse' bekommt uns allen seelisch gut.*

Wahrgewordene Nähe

Vereinzelt war es nur bekannt, wurde praktisch angewandt, jenes Wissen, genannt ‚Gedanken sind wirkende Kräfte'. So wirkten auch Forschungen, denen die Verbesserung der Mensch-Tier-Beziehung ein Anliegen war – um nochmals auf jene Schrift von Michael Rosenberger mit dem Untertitel »Eine christliche Tierethik« zurückzukommen. Rosenberger wurde diesem Anspruch gerecht – soweit es damalige christliche Dogmatik und Liturgie zuließen.

Im Unterkapitel »Wie Mensch und Tier Gefährten wurden. Die absichtslosen Ursprünge ihrer Beziehung« seines Buchs heißt es: *„Die Tiere haben uns menschlich gemacht."* ‚Wie die Tiere uns menschlich gemacht haben.' So lautet auch der Untertitel eines Buchs des amerikanischen Umweltwissenschaftlers Paul Howe Shepard. Seine Kernthese:

‚Ohne bestimmte Tiere wären die Menschen nicht so (menschlich) geworden, wie sie sind.' Sprache und Wissen, Ethik und Religiosität hätten sich nicht so entwickelt, wie sie es haben, wäre der Mensch nicht dauernd in einer engen Verbindung mit Tieren gewesen. Die Tiere als Gegenüber des Menschen hätten diesen erst zur Entfaltung seiner besten und höchsten Fähigkeiten gebracht. Und den domestizierten Tieren spricht Shepard dabei eine besondere Rolle zu. Human zu sein, wirklich Mensch zu sein, bedeute eben immer, sich in einem Kreis von Tieren zu sehen.

Was also wäre der Mensch ohne die anderen Tiere? Immanuel Kant hat es geahnt:

> „*Ohne einen guten Umgang mit den Tieren wäre der Mensch eine ‚rohe Bestie', die auch mit ihresgleichen nicht menschlich umgehen könnte. Die Tiere erst machen den Menschen menschlich. – Nicht umsonst wird in der biblischen Tradition an den König die Aufgabe gestellt, mit seinem Volk so umzugehen wie ein guter Hirte mit seiner Herde (Ez. 34, 1–31). Die zwei größten Führungspersönlichkeiten des Alten Testaments, Moses und David, waren Hirten (Ex. 3,1; 1. Sam. 16,11). Und im Johannesevangelium des Neuen Testaments bezeichnet sich auch Jesus als Guter Hirte (Joh. 10, 1–39). Wer mit Tieren gut umgeht, der taugt als Autorität der menschlichen Gemeinschaft.*
>
> *Die Lebensgemeinschaft zwischen Mensch und Tier kann mitunter sehr eng werden. Mit Tieren, die sich der Mensch zu Gefährtinnen gemacht hat, teilt er selbst in äußerster Not sein Brot. Tiere sind also im wörtlichen Sinne seine ‚Kumpanen'. Denn dieser Begriff, der im militärischen Bereich seinen Ursprung hat, bezeichnet ursprünglich jene, die ihr Brot (lateinisch panis) miteinander essen. Und im Extremfall nimmt der Mensch seine tierlichen GefährtInnen sogar mit in sein Rettungsboot – ganz wie der alttestamentarische Noach (Gen. 6-9).*"[(1)]

Der Übersichtlichkeit halber unterblieb die Wiedergabe einiger Anmerkungen. Es sei noch ergänzt, dass außerkirchliches Schrifttum schon lange umfassendere Mensch-Tier-Beziehungen beschreibt. Hier denken wir besonders an die Anthroposophie Rudolf Steiners, dessen »Tiefen- beziehungsweise Höhenblick« geistiges Verständnis fördert.

„Wer war denn nun dein Christian?“

Zwischendurch fragte Melita nach jenem mehrfach genannten Christian. Von Reiner kam noch keine Antwort. Hier nun die Antwort für die, die bis hierher mit dem Lesen durchgehalten haben: Nähert man sich von Stuttgart her dem weitgehend noch von Wäldern umgebenen Warmbronn, so erreicht man bald den Dorfkern. Ein ländlicher Eindruck begegnet einem. Doch das täuscht, denn auch hier gib es so gut wie keine rein bäuerlichen Anwesen mehr. Die Hänge sind mit Neubauten überzogen; etwa 4000 Einwohner.

Bleibt man auf der geradeaus weiterführenden Christian-Wagner-Straße, so trifft man bald auf das frühere Wohnhaus der Wagners. Ein stattliches Mehrfamilienhaus, das nicht so recht passen will zu den als bescheiden lebend geschilderten Wagners. Das Haus hatte sich ein Arzt im 18. Jh. bauen lassen. Die Wagners und eine weitere Familie wohnten darin, Wagners im Erdgeschoss. Das Haus ist seit den 1970er-Jahren ein Museum. Trotz mancher Umbauten sind Wohnstube und Schlafraum einigermaßen erhalten, vermitteln die früheren gedrängten Lebensumstände. Die Kinder schliefen unterm Dach. Die Wagners – eine kleinbäuerliche Familie, wo Bares meist knapp war. Die verstreuten Äckerlein, der Garten gaben Auskommen gerade fürs tägliche Leben.

Doch der Kleinbauer Christian Wagner (*5.8.1835 in Warmbronn, †15.2.1918 daselbst ‚an Altersschwäche‘ heimgegangen) war ein begnadeter Dichter, ein Natur- und vor allem Tierfreund und Schützer, seiner Zeit um 100 Jahre voraus. Der begabte Junge fiel auf, doch der Besuch einer weiterführenden Schule in Esslingen ist nicht lange möglich: Den Eltern fehlt es an Geld und an seiner Hilfe auf dem Hof. Nach sechs Wochen geht es zurück, wo er, nur unterbrochen von Tagesausflügen und einigen später ihm gespendeten Reisen, sein ganzes Leben verbringen sollte. Ein damals abgelegenes Dorf mit etwa 700 Einwohnern bei Leonberg im Württembergischen, westlich von Stuttgart.

Äußerlich, von den Dorfnachbarn unverstanden, ein bescheidenkarges Leben. Belastende Lebensumstände: So verstirbt die erste Frau schon 1870, ihre vier Kinder sterben bald ebenfalls. Als er nach dem

Tod des Vaters 1866 das elterliche Anwesen übernimmt, beginnen die Schuldscheine: Von 1866 bis 1892, so ist überliefert, sollte er mehr als zwei Dutzend Schuldscheine unterschreiben. Nach Jahren werden sie in kleinen Beträgen abgestottert. Glücklicher dann die Ehe mit der Cousine Christiane (1846-1892). Auch sie, seine geliebte ‚Nane', zieht ins Haus, wieder vier Kinder, die überleben. Im Winter arbeitet er als Tagelöhner, bis 1885 zuweilen als Holzfäller – wie wird ihm das schwer gefallen sein, die geliebten Bäume umzuschlagen...

Doch da war sein reiches Innenleben, seine Warmherzigkeit gegenüber Mensch und Tier. Er schreibt Gedichte ganz eigener Art, Prosa, ein Schauspiel. ‚In der Stadt' wird man auf ihn aufmerksam, Besucher aus dem Kulturleben suchen ihn auf, schreiben ihm, so aus Berlin die Sängerin Lilli Lehman, die Schriftstellerin Tony Schumacher. Hermann Hesse liest Wagner und vieles andere mehr. Dann der damals bekannt gewordene Magnus Schwantje (1877-1959), Schriftsteller, Pazifist, Tierrechtler und Vorreiter der deutschen Vegetarierbewegung. Schwantje gilt als Urheber des Wortes ‚Ehrfurcht vor dem Leben' (1902), später von Albert Schweitzer aufgenommen und verbreitet.

Besonders Schwantje überliefert als Augenzeuge und Briefpartner das ethisch hochstehende Wirken des Dichters. Er berichtet von den jungen Gänsen, die gestopft werden sollten, doch der materiell meist arme Wagner kauft sie dem Nachbarn ab (wahrscheinlich mit erneutem Schuldschein). Das ist Christian Wagner:

„Werden Tiere dir am Weg begegnen,
Heb' die Hände auf, um sie zu segnen,
Findest du am Weg ein hilflos Wesen,
Nimm's in Pflege, bis es ist genesen,
Speise sollst du immer bei dir haben,
Schmachtende und Hungernde zu laben,
Keine Mühe sollst du jemals scheuen,
Vögel, die gefangen, zu befreien;
Keine Kosten, auf den Markt zu wandeln,
Junge zu den Müttern rückzuhandeln."

Ein Lebensweiser war er ebenso der Menschenwelt. So in »Neuer Glaube«:

„Ein unsagbarer Blödsinn ist es, der Trübsal nur eine bessernde Wirkung auf das Gemüt beimessen zu wollen. Vielleicht ist solches bei wenigen rohen Menschen der Fall. Ich aber habe die feste Überzeugung, dass der Mensch durch Freude gebessert wird. Ob alle, wage ich nicht zu behaupten, glaube jedoch, dass dieses bei den meisten der Fall sein wird. – Wo singt der Vogel? In freier Luft oder im Kellergewölbe? Wo entfaltet sich die Blume? Im Sonnenschein oder im Schatten? (...) Qual schafft wieder Qual. Mithin muss Freude wieder Freude schaffen.“

Bei Schwantje finden wir auch:

„So glaubte er, dass das ungeheure Leid, das der Mensch durch das Fleischessen den Tieren bereitet, auch ihm selber furchtbares Unheil mannigfacher Art bringe, und dass umgekehrt der sich blutlos ernährende und das Leben schützende Mensch von den göttlichen Mächten mit größerer Gesundheit und Seuchenfestigkeit belohnt werde“.

„Ich habe, während Meister Christian neben mir stand, viele Hühner und Enten, die ihm nicht gehörten, auf den Arm genommen, und kein einziges dieser Tiere machte die geringste Abwehrhaltung. Die Hennen ängstigten sich nicht, wenn ich die Küken in die Hand nahm (...) Als aber der edle Mann von so vielen Tieren umringt wurde und viele ihn mit so stürmischer Freude begrüßten, da erblickte ich doch etwas, was ich vorher nicht für möglich gehalten hätte, und mir war zumute, als wenn ich in ein Märchenland versetzt wäre.“

„Einmal, als ich in der Stube des Meisters saß, hörte ich, wie ans Fenster geklopft wurde. Ein Huhn stand auf der Fensterbank und verlangte durch das Klopfen Einlass. Eine Tochter des Dichters öffnete das Fenster, das Huhn flog dem Dichter auf die Schulter und stieß mit dem Kopf gegen seine Wange, wie es die Katzen zu tun pflegen. Nachdem er es gestreichelt hatte und ihm einige freundliche Worte gesagt hatte, setzte das Huhn sich auf die Lehne des Stuhles, auf dem Christian Wagner saß,

blieb dort etwa eine Viertelstunde sitzen, ging dann zum Fenster und gab durch Töne zu erkennen, dass es wieder hinausfliegen wolle (...) Seine Tochter erzählte mir dann, dass sehr oft, wenn ihr Vater nicht aus dem Haus gehe, einige Tiere der Nachbarn Einlass begehrten, um ihm ‚Guten Tag' zu sagen; und dass das Huhn, das uns soeben besucht habe, fast täglich zu einer bestimmten Stunde zu ihnen komme. Nahrung erhielten diese Gäste nicht; sie kamen nur aus Zuneigung zu dem gütigen Menschen in seine Wohnung."

Auch jene drei geretteten Gänse zeigten ihm lebenslang ihre Dankbarkeit vor aller Augen, holten ihn am Dorfrand ab, wenn er von der Landarbeit müde nach Hause ging. Christian Wagner hatte auch geistiges Verständnis, war von Wiederverkörperung und Karma überzeugt, ohne einer äußeren geistigen Gemeinschaft anzugehören. Wunderbar sind seine einschlägigen Gedichte dazu, etwa »Wiederverkörperung«, oder auch »Wunschverkörperung« (einer Blume), seine Naturgedichte, Prophetisches. Nochmals etwas aus »Neuer Glaube«:

„Auch die Tierwelt wartet auf ihren Heiland, ja selbst die Pflanzenwelt und die ganze Natur. Sehnsuchtsvoll und zitternd harren sie schon seit Jahrtausenden auf ihren Erlöser. Auf einen Heiland, der ihre Rechte voll anerkennt und zu voller allgemeiner Anerkennung zu bringen vermag. Aber wann wird der kommen? Und welcher Wegbereiter wird sein Johannes sein? Frage nicht! Ich und du, und der und jener; und jeder volle Mensch ist dazu berufen; und wer dieser hohen, heiligen Berufung nicht folgt, hat dafür Verantwortung und Sünde."

Mensch und Tier – Manfred

Kommen wir zurück zu Melita und Reiner, die wieder unterwegs sind, diesmal im Fasanenwald, der früher Fasanenwäldchen hieß. Doch die beiden haben grad wenig mit der Umgebung im Sinn. Sie beschäftigen sich mit ihren Tierthemen. Dazu Reiner mehr mit seinen früheren Beobachtungen und einschlägigen Lesungen, wie gehabt.

R: *Neulich, als wir vom Solitudewald hinunterwanderten, vergaß ich etwas zu sagen. Verzeihung, etwas Wunderschönes.*

M: *Wie kann man Wunderschönes vergessen?*

R: *Melita, ich befind mich im 50. Lebensjahr. Weißt du, als wir vorm Abstieg noch vorm Schloss auf Stadt und Umland hinuntersahen. Dieser Ausblick, die Lichtstimmung erinnerte mich an die Gemälde von Brigitte-Devaia Jost. Mir war, als wenn sich das eine oder andere Landschaftsbild von Brigitte hier vor uns erfüllt hätte. Unsere heimische Landschaft wiedergaben. Das war für mich wie ein geistiges Erlebnis!*

M: *Etwas Erleuchtendes für dich. Du solltest im Schwarzwald leben können, auch Brigitte und Johannes öfter besuchen.*

R: *Wäre wohl schön, bin halt Städter. Doch der Abschiedsblick von oben war so wunderschön wie die Bilder der spirituellen Malerin. Brigitte und Johannes – wären die beiden nur hier gewesen! Johannes' Bücher! Brigittes Bilder sind zweifach deutbar – als Jenseitsvorstellungen oder vom künftigen helleren Erdendasein. Liebe und Licht. Von mir aus auch Übersinnliches darstellend, also Natur, Engel und Lebewesen in ihren feinstofflichen Hüllen. Auch die Elementarwesen. Man kann also die schönere Realität nicht nur herbeimeditieren oder -schreiben, sondern auch herbeimalen. Ein mir neuer Gedanke.*

M: *So neu ist der nicht. Die wenigen von mir gelesenen spirituellen Bücher bringen längst diese Aussage: Gedanken, Vorstellungen, Taten in gutem Willen führen gute Realität herbei. Die geistige Wirklichkeit in den Stufen des Paradiso besteht doch längst, um es mit Dante auszudrücken.*

R: *Was, du hast Dante, seine »Commedia« gelesen?*

M: *Noch nicht. In einem von dir geliehenem Buch war das beschrieben. Fand ich glaubhaft, ja genial. War wohl an Arthur Schult. Auch Rudolf Steiner schrieb und sprach davon.*

„Wer war denn nun dieser Manfred?"

Anderntags gab Reiner endlich Auskunft über seinen Freund Manfred. Es war an der Zeit, Melita fragte schließlich mehrmals nach ihm. Reiner wird später sicher Melita nach Warmbronn ins Christian-Wagner-Museum gefahren haben. Zu ihrer Überraschung fand sie dann lesend Gedanken schon bei jenem Bauern, die für sie erst 2050 selbstverständlich waren. Auch nach Löwenstein bei Heilbronn am Neckar wird Reiner Freundin Melita gefahren haben oder sie ihn in ihrem schicken Volvo. Dort gibt es ein Kyber-Museum in einem historischen Fachwerkhaus, Freihaus genannt. Nicht in jenem Fachwerkhaus, doch bescheidener unterm Dach eines älteren Wohnhauses an der Straße vom Tal herauf wohnten die Kybers zusammen von 1923 bis 1933. Diese Kybers, das waren Manfred (*1880 in Riga/Livland, heute Lettland, †am 10. März 1933 in Löwenstein in jenem älteren Haus) und seine Ehefrau und spätere Lebensgefährtin Elisabeth, geborene Boltho von Hohenbach (1882-1984). Livland, Kurland, die Insel Oesel (und Estland), die Landschaften des Baltikums, sind damals Provinzen im Zarenreich. Die Kybers zählen zu den Deutschbalten, der seit dem 13. Jhd. bis 1918/19 kulturtragenden Oberschicht. Zwei Lebensläufe, die von 1909/1910 bis zum 10. März 1933 verbunden waren, er nur 53 und sie 102 Lebensjahre. Beider Gräber befinden sich auf dem Waldfriedhof in Löwenstein. Nun wäre über Frau Kyber von Bohlto, obgleich keine Dichterin, ebenfalls viel zu schreiben, nicht verwunderlich bei so einem langen Erdenleben, dazu 24 Jahre an der Seite eines Dichters und Tierschützers.

Doch Melita fragte nach Manfred. Manfred Kyber wächst ebenfalls auf dem Lande auf, im elterlichen Gut Paltemal (Livland) im Großraum Riga: Die Stadt, einst 1201 von Deutschen im Rahmen der ‚Aufsegelung' gegründet, ist heute die Hauptstadt Lettlands. Ein tierliebes, begabtes Kind. Wladimir hieß der etwas ältere Bruder. In der Jugend kommen erste Gedichte in heimatlichen Zeitungen. Doch 1902 sein erstes Buch »Gedichte«, dann 1903 das zweite mit »Drei Waldmärchen«. In diesen jungen Jahren wird er seine Berufung, seine Lebensaufgabe bereits gespürt haben. Denn die »Waldmärchen« kündigen gleichsam seine beiden späteren Märchenbücher von 1920 und 1928 an. Die frühen Veröffentlichungen lassen ein vielfältiges literarisches Schaffen erahnen, das sich in diesem kurzen, doch schöpferischen Leben offenbart.

Es sollte eintreffen. Eine Übersetzung aus dem Russischen folgt – wir können sie heute als Aufklärungsschrift von ‚fake news' zum russisch-rapanischen Krieg von 1904/1905 bezeichnen. Bald Prosaschriften (Erzählungen), ein zweiter Band »Gedichte«. Dann 1912 der literarische Durchbruch mit Tiergeschichten, benannt »Unter Tieren«. Zusammen mit einem zweiten Band von 1926 gehören sie zu seinen ersten Erfolgsbüchern, um das englische Fachwort zu vermeiden. Es ist ein ganz eigener Ton, der aufhorchen lässt, eine Form der (Tier)Fabel. In den Tiergeschichten legt Kyber meisterhaft menschliche Verhaltensweisen im Tiergewand bloß – moralisierend, ja, doch auf eine teilweise humorvolle Art, wie etwa in »Der K.d.R.«, eine Wissenschaftsgeschichte – eben auf Kyber-Art. Doch gibt es auch ernste, gnadenlose Geschichten darunter, etwa »Nachruhm«. Diese schildert das Begräbnis eines hochgeehrten Professors, dann seinen Übertritt in die Geistige Welt, wo er, der weltlich hoch Geehrte, das Paradies erwartet – er bekommt auch sein Paradies... Es ist das Schicksal eines – Vivisektors, wie man zu Kybers Lebzeiten jene Wissenschaftler bezeichnete, die qualvolle Tierversuche verbrachten.

Wir eilten etwas zu rasch im Lebenslauf voran. Nach Schulzeit und Versuch eines Studiums in Leipzig übersiedelt der junge Dichter, als Redakteur arbeitend, nach Berlin. Dort lernt er seine spätere Frau Elisabeth kennen. Heirat 1909. Beide entdecken bald den Vortragsredner Rudolf Steiner, dessen ungewöhnlich-neuartige Geisteswissenschaft offene Herzen bei den Kybers vorfindet. Da sie noch russische Staatsangehörige sind, haben sie sich im Ersten Weltkrieg ständig polizeilich zu melden. In den Jahren 1915 bis 1918 schreibt Manfred Kyber mit »Genius Astri – Dreiunddreißig Dichtungen« seine wohl reifsten Gedichte, veröffentlicht 1918, die dritte von vier Lyrikausgaben. »Genius Astri« vom Erleben der Kriegszeit wie von der Anthroposophie geprägt, Rudolf Steiner gewidmet. Und letztlich auch von seiner Tierliebe, denn der Krieg schindet Mensch wie Tier. In Berlin muss es eine persönliche Begegnung mit Rudolf und Marie Steiner gegeben haben, worüber leider nichts geschrieben wird. Kyber gibt Bearbeitungen von Jugendbüchern und dramatische Arbeiten heraus. Nach Kriegsende reisen die Kybers ins Baltikum, um nach den Familien, den dort verbliebenen Verwandten und Freunden zu sehen. Dabei geraten sie in die brutalen Wirren der kommunistischen Oktoberrevolution. Gezeichnet davon ist die Rückkehr Mai/Juni 1919 nach Deutschland mit Übersiedlung nach Stuttgart. Manfred Kyber empfindet es als ‚geistige Stadt', das deutsche Zentrum der Anthroposophie mit erster Waldorfschule (1919). Kybers Neigung zur indischen Geistigkeit vermittelt sein Märchen »Der Königsgaukler«. 1923 sein Buch »Einführung in das Gesamtgebiet des Okkultismus vom Altertum bis zur Gegenwart«, die Druckausgabe seiner Vorträge im Wintersemester 1922/1923 an der Stuttgarter Volkshochschule. Das Buch zeigt seine umfassenden Kenntnisse auf diesem Gebiet, abwägend beschrieben. 1923 ein herber Einschnitt: Elisabeth lässt sich von ihm scheiden. Im selben Jahr erfolgt seine Übersiedlung nach Löwenstein bei Heilbronn. Elisabeth folgt ihm als Lebensgefährtin: Getuschel bei den Löwensteinern... Vielleicht wirkt Manfred zu autoritär auf die feinsinnige Elisabeth, dann sein Kettenrauchen – das sein Erdenleben verkürzt.

Es folgen neben anderen Schriften auch zwei Sachbücher, die es in sich haben: Manfred Kyber als klarsichtiger Kulturkritiker und vor allem leidenschaftlicher Tierfreund und -schützer »Tierschutz und Kultur« (1925, mit überarbeiteter Ausgabe 1929) und sein letztes Buch »Neues Menschentum. Betrachtungen in zwölfter Stunde« (1931). Jenes Zitat, das Reiner seiner Freundschaft Melita 2050 senden wird, stammt aus dem erstgenannten Sachbuch, Seiten 36 und 37. Davon erscheint in den 1980er-Jahren eine verkürzte, gegliederte Ausgabe – das Original ein Buch, »Ohne Punkt und Komma«, ich will sagen ohne Inhaltsverzeichnis, Gliederung und Register. Doch d a s frühe deutschsprachige Tierschutzbuch – eines an sich feinsinnigen, sensiblen Dichters.

Manfred Kyber gehört zu den wenigen namhaften Schriftstellern und Dichtern, sie sich leidenschaftlich auch für die Tiere einsetzten. Als Vegetarier, wie es beide Kybers längst sind, muss ihnen die Ernährung von Manfreds verschiedenen Katzen schwer gefallen sein... Kyber als einer der wohl wenigen Dichter, der häufig mit einer Katze fotografiert wird – fast immer von seiner Lebensgefährtin, die als Fotografin in Löwenstein arbeitet. Mit »Die drei Lichter der kleinen Veronika«, ‚*Der Roman einer Kinderseele in dieser und jener Welt*' von 1929 legt Kyber sein sicher reifstes Buch vor, sein geistiges Vermächtnis. Von der Thematik erstaunlich gegenwärtig: Das heutige auftauchende Thema des bewussten Umgangs von Lebenden mit den Verstorbenen wird hier bereits feinsinnig-kundig geschildert.

Dem Buch stellt der Dichter ein *Motto* voran:

Wer mit den Augen der Andacht geschaut,
wie die Seele der Erde Kristalle gebaut,
Wer die Flamme im keimenden Kern gesehn,
im Leben den Tod, Geburt im Vergehn - - -

Wer in Menschen und Tieren den Bruder fand
und im Bruder den Bruder und Gott erkannt,
der feiert am Tische des heiligen Gral
mit dem Heiland der Liebe das Abendmahl - - -

Er sucht und findet, wie Gott es verhieß,
den Weg ins verlorene Paradies.

Auch sein letztes Buch vom »Neuen Menschentum« ist ein Vermächtnis – für uns.

Wir überlassen Manfred Kyber das (verkürzte) Schlusswort. Wahrscheinlich sein letzter gedruckter Text in »Dichterglaube, Stimmen religiösen Erlebens«, 1932 in Berlin erschienen (Seite 178):

„Ich glaube, dass ferner das dogmatische Moment der Kirchen mehr zurücktreten muss und sie sich, wie in der praktischen Ethik Menschen

und Tieren gegenüber, auch geistig mit einem stärkeren Leben erfüllen sollte. Sie sollte die vielen neuen geistigen Strömungen auf religiösem Gebiet, darunter auch die übersinnlichen Phänomene, die unsere Zeit nicht umsonst wieder wachgerufen hat, weniger abweisend und dünkelhaft betrachten (...) Man muss dem Menschen von heute wieder übersinnliche Beweise vor Augen halten, die ihm das Dasein einer geistigen Welt wahrscheinlich oder erlebbar machen, auch ohne den blinden Glauben vergangener Jahrhunderte. Im Übrigen war dieser Glaube nicht einmal so blind, er wurde ständig unterstützt durch die damals noch sehr häufigen hellsichtigen Wahrnehmungen im Volke selbst.“

Ihr/euer Peter Götz

Über Peter Götz

„Vom Vater hab' ich die Statur, des Lebens ernstes Führen. Vom Mütterchen die Frohnatur, die Lust zu fabulieren“. Das Goethe'sche Bekenntnis gilt wohl für die meisten Mitmenschen. So auch für mich. Zum „Fabulieren“, also zum Dichten, brachten mich die guten Jugendbücher nicht, welche die geistig aufgeschlossene Mutter mir vermittelte, schon längst ans Bett gefesselt, dann bald verstorben. Zwei Berufe gelernt, den des Industriekaufmanns, später Ausbildung zum Verwaltungsbeamten, gehobener Dienst. Frühe wegweisende Freundschaften, zunächst mit älteren Freunden, später bis heute mit wunderbaren Frauen, und dies bei aller eigenen Begrenztheit. 1970 entdeckte ich, noch in Nürnberg, Bücher von Rudolf Steiner. Kurz darauf unkonventioneller Ausbruch aus dem bürgerlichen Leben und Aufbruch nach Skandinavien, insbesondere nach Schweden. Materiell arme, seelisch-geistig reiche Jahre, noch unterwegs, dann ab Frühjahr 1973 in Stuttgart.

Das auch lernte ich im Norden: Dass ich Deutscher bin, lernte Deutschland als Heimatland erfahren und lieben. Wichtig war damals die Freundschaft mit Alfred-Richard Walther (1932 bis 2002), einem späteren freien Mitarbeiter von K.O.Schmidt. Die Bücherwelt des Geistigen entdeckend, die Lust am Schreiben entwickelnd: Zuerst dank Hermann Schütz in der anthroposophischen »Die Drei«, dann in der »esotera«, zuletzt in Wolfgangs Magazin »Lebens(t)räume« mit der Rubrik der ‚Geistigen Wegweiser'. Vorträge in Kulturkreisen und 2002 die Gründung der Manfred-Kyber-Gesellschaft e.V. Die Freude an der heimischen Natur, an den Wäldern. Bis heute die wertvollen Freundschaften: So lange schon mit Melita, mit Roswitha, Margot, mit Margitha in der Schweiz, den Schwarzwäldern, mit Wolfgang Maiworm. In den letzten Jahren nun mit Brigitte und Johannes. Aus der Welt des Geistes: Rudolf Steiner, bald K.O.Schmidt, auch Jakob Lorber und Martinus, den Dänen, dann die Dichter Christian und Manfred als geistige Wegweiser. Es blieb die sichere Empfindung von den lichtvollen Geistigen Welten – versuchter Glaube guten Willens an Christus zu leben.

Kapitel 14

Tara Eleonore Albers

Liebe Leserin, lieber Leser!

„Finde All-Es in dir.
Denn: Dein Göttlicher Plan liegt innen.
Und nun folge deiner Blaupause."

Zu Ehren und aus Achtung – für alle jetzigen Kinder und für die Kinder unserer lichtvollen Zukunft habe ich dies geschrieben – für eine Welt mit glücklichen Kindern, die zu glücklichen Erwachsenen werden. In der Welt der lichtvollen Zukunft wird sich Gottes Architektenplan für diesen Planeten wieder in neuem Glanz abbilden. Der Planet Erde wird von unseren Fehlern befreit und sich wieder mit Hilfe der ‚Kinder der lichtvollen Zukunft' an den universellen Gesetzen ausrichten. Die Kinder der lichtvollen Zukunft haben die Gaben und das Wissen, sich in Einklang mit der Natur, dem Großen Architektenplan anzugleichen.
Ich möchte jedem Kind und auch jedem Erwachsenen sagen: Entfalte dich zu dem, was du schon in Gottes Imagination bist. Wirke daran mit, die Erde zu achten, zu schützen und zu lieben, somit sie für alle Bewohner wieder ein Paradies ist – sodass es wieder so werde, wie es Gottes Entwurf gewesen ist.

In Liebe – *eure Tara Eleonore*

Teil eins: Schau nach innen

Schau nach innen und folge deiner Blaupause

Deine Schönheit, deine Größe, dein Licht, deine Liebe, dein Göttliches Selbst – all das ist innen in dir. Dein irdischer Körper ist, während du hier lebst, Gottes Hand und Fuß auf der Erde. Er ist dein irdisches Handwerkszeug, ist doch nur eine äußere Form, innerhalb dessen dein wahres Ich lebt. Folge deinem Plan, deiner Blaupause, während du auf Erden wirkst.

Kinder, voller Lebenslicht kommt ihr hierher. Die Lebensartenvielfalt möchte sich durch eure Zuwendung und Pflege und durch eure bewusste Entscheidungskraft vervollkommnen zum Segen aller.

Meine Anschauungsweise ist es, vom Besten auszugehen: Ich gehe davon aus, dass jedes Kind, jeder Erwachsene, jedes Tier – und alles in der Natur und im Himmel – ein Wunder ist. Es gibt irdische, unterirdische und überirdische Verbindungen – Wurzeln und Flügel – sichtbare und unsichtbare.

Vielleicht hört sich Manches in diesem Beitrag wie eine ‚Verallgemeinerung' an – wenn von ‚den Kindern der Neuen Zeit' gesprochen wird – oder von ‚Gottes Plan' oder davon, dass Eltern ‚das Beste für ihre Kinder wollen' – und doch ist es das, was Gott für die Planeten im Universum und Lebewesen entworfen hat – Idealwerte – und was sich Eltern *bestenfalls* für ihre Kinder wünschen können. Aus der ‚Großen Allmächtigen, Allwissenden Weisheit' heraus besteht für das Universum, für die Erde, für die Weiterentwicklung des Menschen, für jedes Kind, für die Tiere und für die Natur ein vollkommener Lebensplan. So ist es vorgesehen, vorausgesehen und vorausgeplant.

„Die Erde ist ein Paradies.
Wo du deinen Fuß auch hinsetzt,
ist Heiliges Land."
(Weisheit der Indianer)

Wir alle, jeder Erwachsene, kam durch das Wunder der Schöpfung als Kind in diese Welt. Jedes Kind ist etwas Einmaliges und Einzigartiges. Dieses Kind gibt es zum ersten und einzigen Mal. Und doch verbindet uns alle etwas, denn wir tragen einen Teil von Gott, einen Strahl Gottes, einen Teil seiner Wahrheit in uns. Ein Tropfen des Ozeans hat dieselbe Zusammensetzung wie der große weite Ozean. Ein Tropfen ist ein Teil des Ozeans, und ebenso ist ein Kind ein Teil, ein Tropfen, ein Lichtstrahl, ein Blütenblatt, ein Aspekt von Gott. Und jedes Kind bleibt dies, auch wenn es älter und ‚erwachsen' wird. Wir alle sind ‚ein solcher Tropfen aus dem All-Sein'. Alles was ist, ist eine Facette, ein unvergleichlicher Ausdruck, eine Nuancierung des Einen Lichts.

In jedem Kind, das auf die Welt kommt, möchte sich in seiner Kraft und mit all seinem Wissen und seinen Fähigkeiten, mit all seiner Liebe ein Teil Gottes, ein ‚Funke Gottes' der Welt schenken. Die Welt gestalten, an ihrem Aufbau und vielleicht heute an ihrem Rück-Umbau mitzuwirken – das ist ein Teil der von ihnen übernommenen, gewählten Aufgabe. Die Kinder kommen in ihrem freien Geist, in ihrer Reinheit und Unschuld und in ihrer Liebe hierher. Sie kommen, um den wunderschönen, von Gott geschaffenen Planeten Erde wieder an Seinen Plan und an Seine Vision anzugleichen. Gott möchte uns aufblühen lassen. Die Kinder sind gekommen, um praktische Mitarbeiter zu sein. Mit Talenten, Fähigkeiten und Begabungen wird das, was die Quelle in ihnen aus dem ALL-ES hervorsprudelt, der neuen, der neu aufgebauten, auch umgebauten Welt hinzufügen. Kinder und Erwachsene werden in Liebe und in Freude die Erde zu einem ‚neuen Paradies' erbauen. Sie werden Fehler, die gemacht wurden, erkennen und den Weg neu nach der ‚Ordnung des Lebens' ausrichten.

Dies ist der Grund, warum die ‚Kinder der Neuen Zeit' in die Welt kommen. Es ist ihre große Aufgabe und Hingabe für die Welt. Die Geheimnisse des Lebens liegen tief im Wissen der Seele des Kindes, in seinem ‚Großen, wahren ICH', – und Geist und Seele bringt es mit, wenn das Kind geboren wird. Im Menschen wollen sie erfahren und entschlüsselt werden. Der Mensch will den Geheimnissen des Lebens dienen.

„In einem lebendigen Menschen
verherrlicht sich Gott.“
(Irenäus von Lyon)

Die Kinder unserer Welt sind die Hoffnung für eine wiederheilende-Welt, in der der Göttliche Bauplan zum Besten aller Geschöpfe sich entfalten kann. Kinder sind die Zukunft dieses Planeten, denn sie sind und wirken noch hier, wenn wir gegangen sind. Wir Erwachsenen: Eltern, Lehrer, Begleiter, können die Kinder auf ihrem Weg durch ihr Irdisches in die Welt hineinwachsen – von Baby, Kleinkind, ‚Schulkind', Jugendlichen bis in das Erwachsensein – Unterstützung und Stärke geben. Im ‚praktischen Teil' werden Beispiele dazu gezeigt.

„Kind: Sei in der Welt,
was du in Gottes Bild bist.
Sei dein höchstes Selbst.“
(Tara)

Wer sind nun die ‚Neuen Kinder'? Wir sprechen heute davon, dass sie Indigokinder, Kristallkinder, Sternenkinder, Sternenlichtkinder, ‚Kinder der Neuen Zeit' sind. Sie sind inkarnierte Lichtwesen. Diese ‚Kinder der Neuen Zeit' bringen sehr viel Weisheit mit. Sie zeigen uns, dass das Tor zum Universum in ihnen offen ist und sie Zugang dazu haben. Sie öffnen uns Fenster in die Geistige Welt. Wir sprechen von dem ‚Inneren Kind', das auch im Erwachsenen lebendig bleibt. Es heißt in alten Schriften: *„Nur wenn ihr werdet wie die Kinder, werdet ihr Gottes Größe und Schönheit sehen können.“* Wenn wir fühlen, wie ein Kind fühlt, spüren wir eine unschuldige Liebe. Wenn wir ein Baby ansehen, sind wir sofort von dieser Liebe, von dem Wunder und dem Licht, das es umgibt, berührt.

In der äußeren, weltlichen Betrachtungsweise werden Kinder eingeteilt in hochbegabte, hochintelligente und hochsensible Kinder. Sie werden ‚Frühentwickler' oder ‚Spätentwickler' genannt. Die Kinder haben sich heute weiterentwickelt, als das altbekannte, herübergebrachte Schema es kannte. Anstatt wahrzunehmen, dass es ‚Neue Kinder' mit außergewöhnlichen Begabungen sind, werden ihnen aus Unverständnis ihres wahren Wesens heraus Namen gegeben wie ‚ADHS-Kinder'. Kinder werden als ‚krank' eingestuft, wenn sie vielleicht zu schnell und zu intelligent für den ‚normalen, alt-bekannten Schulalltag' sind. ADHS steht u.a. für hyperaktiv und impulsiv, ungeduldig und schnell frustriert sein – aufgrund von ihnen gefühlter Unterforderung. *„ADHS ist ein Paradebeispiel für eine fabrizierte Erkrankung"*, behauptet ausgerechnet der Entdecker des ADHS, Leon Eisenberg. Dieselbe Ansicht hat der amerikanische Neurologe Dr. Richard Saul (Buch: »ADHS Does Not Exist«). Also werden aufgrund der Reaktionen der Kinder darauf, dass sie nicht verstanden werden – von nicht in die Tiefe Blickende, nur auf das Äußere Schauende, sich Wissenschaftler nennende Erwachsene – Krankheiten konstruiert. Diese verordnen Kindern Medikamente gegen eine Krankheit, die es gar nicht gibt. Wie es auch schon Simone de Beauvoir sagte: *„Jedes Kind, das zur Welt kommt, ist ein menschgewordener Gott."* Die Kinder heute haben ein größeres, waches Bewusstsein und eine Verbindung mit ‚Höherer Intelligenz'.

Wie oben schon gesagt, leuchtet in jedem Kind ein lebendiger Funke, ein Aspekt Gottes und Seine Allweisheit. Jedes Kind kommt aus dem Licht, ist Licht und sendet Licht aus – wissenschaftlich gesprochen heißt es: Unser Körper besteht aus schwingenden Biophotonen. Kinder in früheren Zeiten lernten oft mühsam aus Büchern. Alles was ist und was wir kennen, hat sich aufeinander aufgebaut, auch auf die Erfahrungen der vorherigen Erkenntnisse. Es gibt ein Lebensgedächtnis, das mit der Ewigkeit verbunden ist. Dieses Lebensgedächtnis steht in Verbindung mit unserer Seele. Für Kinder unserer Zeit ist diese Verbindung einsehbar und real. Sie haben Zugang dazu. Ihr Handeln in der Welt gründet sich auf diese direkte Verbindung. Sie leben und erfahren immer mehr ihre Göttlichkeit und handeln daraus. Die Geistige Wirklichkeit, den Göttlichen Kern in sich, entfalten sie sich auf ihre eigene Weise, mit ihren besonderen Talenten und Gaben.

Zu den oben erwähnten Kindern gibt es heute eine neue Gruppe, die ‚Social Media Kinder' genannt wird. Es sind Kinder und junge Erwachsene, die die Technik verstehen und nutzen, um ihr Wissen auf schnelle Weise anzuwenden und sie mit der Welt zu teilen. Sie sind organisiert und miteinander verbunden. Die ‚Technik' ist eine ‚Übersetzung' mathematischer und physikalischer ‚universeller Codes'. Es gehört zur Neuen Zeit, dass diese Codes von Menschen entschlüsselt und in der praktischen Anwendung umgesetzt werden. Wir alle nutzen diese Technik inzwischen. Sie gehört zu den neuen Errungenschaften. Die kreative, geistige, schöpferische Intelligenz der ‚Neuen Kinder' lässt sie zu Erfindern und Anwendern werden. Diese Medien sind ein Kommunikationsmittel. Das Wissen über den Zustand der Welt und über die Anwendung geistiger Gesetze zur Harmonisierung des Lebens auf diesem einmaligen ‚Wunderplaneten Erde' wird in Gedankenschnelle verbreitet und miteinander geteilt.

Oft kritisieren junge Menschen heute die Generation der ‚Alten Erwachsenen'. Doch diese Alten Erwachsenen haben das Internet und Mobiltelefon erst ‚erfunden'. Die Eltern- und Großelterngeneration dieser Jugendlichen haben diese ‚Informations-Welt' aufgebaut. Sie gaben ihren Kindern ein ‚Handy', das heute zum Leben dazugehört. Zur Schule, zum Sport fahren sie die Kinder mit dem Auto. Die Kinder kommen in den Genuss der bisherigen technischen Entwicklungen. Ob diese Technik bisher zum Wohle des Planeten eingesetzt wird, kann sehr wohl kritisch hinterfragt werden. Die heutige Kinder/Jugend-Generation wächst auf im Gefühl: Alles ist da. Alles ist für mich nutzbar.

Die Erfahrung, ‚Alles-Haben-zu-Können-und-zu-Wollen' kann sich jetzt in eine Entwicklung von ‚Weniger-Beanspruchen, Weniger-Kaufen, Dinge länger und besser nutzen' entwickeln. Kindern und Jugendlichen erwächst heute ein Bewusstsein darüber, dass es in der Vergangenheit eine Entwicklung hin zu ‚Überfluss-Produktionen' gab. Bei den bewusst-denkenden Neuen Kindern gibt es immer mehr ein klares Erkennen dieser Situation. Die Neuen Kinder denken an die Zukunft der Erde. Die Eltern-Generation hat an den Aufbau gedacht und ihn erarbeitet. Die Ausmaße für die (Um-)Welt kommen erst jetzt massiv zutage. Die Kinder-Generation denkt und handelt jetzt für den ‚Abbau des Überflüssigen'. Sie denken an die ‚Rettung der Welt' durch Vermeidung von Plastik, durch Säuberung von Flüssen und Meeren, durch Abbau des Kleider-Konsums. Die Neuen Kinder wenden sich hin zum bewussten Umgang mit der Erde und den Dingen des täglichen Lebens.

Die Erforschungen und Erkenntnisse der Wissenschaftler stehen auf den Fundamenten von Jahrhunderten der Entwicklung von Leben. In dieser *unserer* Zeit ist es zum ersten Mal möglich, dass wir jederzeit per Klick im Internet alles Wissen der Menschheitsentwicklung zur Einsicht und Verfügung haben. Deshalb bekommen wir einen Überblick darüber, wie wir uns selbst, die Tiere und Natur misslich behandeln.

Das innere Licht in uns und die äußeren Erforschungen darüber, dass alles aus pulsierender Lichtenergie besteht, treffen sich im bewussten Erkennen, dass in Wirklichkeit ‚Alles Eins ist', dass alles miteinander in Verbindung steht. Die Physiker und Wissenschaftler entdecken immer mehr von Gottes Schöpfung und von dem, was im Universum für ihr Verstehen noch unerreichbar ist. Vor 500 Jahren sagten die Physiker, es gäbe nur das, und sie glauben nur das, was sie sehen und beweisen können. Heute sagen sie, dass hinter dem, was sie erkennen, sich viel größere unerforschte Geheimnisse befinden. Physik und Metaphysik können sich jetzt einander annähern.

Das helle, lichte, klare Bewusstsein, aus dem heraus die Kinder auf die Welt gekommen sind, lebt wach in ihnen. Sie sind intelligente, fähige, selbst-bewusste Menschen-Kinder. Aus Gott und Seiner Schöpfung inhalieren sie das Wissen und die Weisheit. Sie können es verstehen, weil es keine Blockade zwischen der Wahrnehmung ihrer eigenen inneren Weisheit und dem im Außen sich zeigenden Wissen gibt. Kinder sind noch mit der Großartigkeit des Alls verbunden. Sie wissen in ihrer Seele, dass sie ‚Göttlich' sind. Die Neuen Kinder sind die Verbindung zwischen Himmel und Erde. Sie sind gekommen, um daran mitzuwirken, dass sich alles auf der Erde wieder zum Guten ausrichtet. Die Kinder sind ‚die Hände Gottes in der Welt'. Sie sind gekommen, um dem Guten im Inneren und dem Guten im Außen in Liebe zu dienen und sich selbst dabei zu verwirklichen – mit jedem Talent, jeder Stärke und Begabung, die sie mitbringen. Sie sind ‚Berufene', um an der Heilung und Heiligkeit von Mutter Erde mitzuwirken – denn darum geht es.

Teil zwei: Praktische Wege

Gibt es Kindergärten und Schulen, die das Kind in den Mittelpunkt gestellt haben?

Wo wird die Seelenstärke der Kinder unterstützt?

Jedes Kind ist der Grund, warum Menschen wieder an das Gute glauben können.

Eine Botschaft an die Kinder:

> *„Kind, du bist ein Segen. Du erleuchtest die Welt, indem du ihr den neuen, frischen, liebenden Weg zeigst. Wir Erwachsene sind hier, um dir Schutz und Sicherheit zu geben und um dich auf deinem Lebensweg zu begleiten – bis du selber gehen kannst. Wir sind hier, um dich dabei zu unterstützen, dein wahres Wesentliches zu entfalten und aus dem heraus zu leben. Wir helfen dir, dein helles Licht scheinen zu lassen, ihm treu zu sein und der Welt damit zu dienen. Wir helfen dir dabei, dich selbst, deine Mitmenschen und die Schöpfung wahrhaft anzunehmen und in der Begegnung zu erkennen und zu respektieren. Du wirst auf deinem Lebensweg von den Menschen lernen und du wirst ihnen dabei helfen, das Wahre, Schöne und Gute in allem zu erfahren, in ihren Herzen zu bewahren und ihr Leben damit in Übereinstimmung zu bringen. Du bist hierhergekommen, um die Welt und ihre Bewohner zu lieben, zu pflegen und zu umsorgen – zum Wohle aller und zu deiner Freude, zu deiner eigenen Weiterentwicklung. Wir Erwachsene helfen dir dabei, Kind des Himmels und der Erde, deine Schritte in der Welt zu gehen, zu sein, zu lernen, zu wachsen und über uns, deine Eltern, hinauszuwachsen."*
>
> *„Ihr Kinder erinnert uns daran, dass auch wir Erwachsene einmal genauso hier in der Welt angekommen sind: Mit einem freien Geist, mit*

Freude, Hoffnung und Liebe. Wir waren neugierig und offen, die Wunder der Welt zu entdecken. Wie nah sind wir an dem Entwurf für unser Leben, dem Plan des Großen Baumeisters, geblieben? Wie hell leuchten noch unsere Augen, wie fein hören noch unsere Ohren, wie tief fühlt noch unser Herz? Wie viel Liebe lebt noch in uns? Wie viel Liebe haben wir noch zu geben? Wie oft lächeln wir, wie viel Dankbarkeit empfinden wir für diese unsere Reise in der Welt, für unsere Erfahrungen, für alles, was wir lernen, für Begegnungen? Doch – wie viele äußere Schranken haben wir akzeptiert – wurden mit jeder davon unsere Freude und unsere Be-Geisterung im Laufe unseres Lebens weniger? Ihr Kinder erinnert uns daran. Lasst uns zusammen stark und mutig sein und Wunder entdecken."

Hast du dies schon einmal dich selbst oder ein Kind gefragt:
„Bist du ‚nur' für dich hierher ins Leben gekommen – oder weißt du, dass dein Leben einen viel größerem Sinn hat? Welche Befähigungen bringst du mit? Hattest du einen großen Traum? Was ist bis jetzt daraus geworden? Willst du glücklich sein? Willst du deiner inneren Entsprechung, deiner inneren Talente gemäß leben? Tust du es? Oder hält dich etwas davon ab? Sind äußere Grenzen, die dir schon in der Kindheit gesetzt wurden und von dir übernommene Verpflichtungen wichtiger als dein inneres Göttliches Selbst, als dein inneres Kind? – Und nun? Bist du Mutter geworden und Vater? Hast du das Geschenk eines Kindes empfangen?
Dieses Geschenk ist größer als du denken magst, denn in diesem Kind kommt ein Anteil von Gott und ein Teil von deinem eigenen Göttlichen Licht zu dir, ganz nah, um dir Seinen und euren Plan zu zeigen und um dein beherztes Tun zu ermutigen.
Kinder sind unsere besten Freunde. Ein Kind ist Liebe, ein Kind schenkt Liebe, ein Kind braucht unsere Liebe.
Als Allererstes: Liebe dein Kind und wisse, wie Khalil Gibran es sagte: ‚Ihr dürft euch bemühen, wie sie zu sein, doch sie sind Gott näher als ihren irdischen Eltern.'"

Aus diesem inneren ‚Gott-Sein' heraus – denn ihre Seele weiß es – empfinden die Kinder, wissen und handeln sie. Oft sind sie ‚hellsichtig'. Freue dich, wenn du etwas miterleben darfst, was Kinder aus einem Schatz euch mitteilen, den Erwachsene als ‚Fantasie' bezeichnen. Doch weil Gott ein Genie ist, sind auch die Kinder Genies. Ein Kind kommt als ‚Schöpfergott' hier auf die Erde und weiß mehr, als wir oft ahnen.

Schenke deinen Kindern:

- Vertrauen, Liebe, Frieden, Geborgenheit.
- Nimm das, was ein Kind dir sagt, ernst.
- Lächle ein Kind oft an.
- Lass es deinen Glauben an dein Kind spüren.
- Habe immer Verständnis.
- Eine schöne Anregung ist es, mit einem Kind spazieren zu gehen und ihm zuzuhören. Lausche seinen Geheimnissen.
- Wenn wir mit einem Kind sprechen, erinnere dich daran, dass du mit Gott sprichst und Gott zuhört und Gott es hört.
- Sei geduldig mit dem Kind – es muss ja auch mit dir geduldig sein.
- Ermutige es. Lobe es.
- Verstehe es, nimm wahr, was ihm wichtig ist.
- Schütze das Kind, Kinder brauchen unseren besonderen Schutz.
- Stärke dein Kind.
- Muntere dein Kind auf.
- Glaube an das Wunder, das das Kind ist. Zeige es ihm, dadurch stärkst du sein Selbstvertrauen.
- Singe und spiele mit deinen Kindern.
- Sei ihnen ein Vor-Bild.
- Sei Vorbild, damit die Kinder das Gute von dir nachahmen können.

In einer solchen Atmosphäre, in diesem positiven Kraftfeld, kann sich eine Kinderseele in der Welt willkommen geheißen fühlen. Ein kurzer Überblick über den Entwicklungsverlauf und darüber, welche

Möglichkeiten wir haben, um unsere Kinder ‚bestmöglichst' zu unterstützen, zu stärken und ihnen den Raum geben zu können, in dem sie aus ihrer Größe heraus heranwachsen können: Das Kind wird auf seinem Lebensweg von uns, den Erwachsenen, begleitet und geleitet – von Eltern, Großeltern, von Erwachsenen aus seiner Umgebung. Das Kind ist, obwohl es ein hochgeistiges Wesen ist, zuerst in seinem Erdenkörper ein hilfloses Baby. Das Kind lebt zuerst im Wasser, im ‚Meer' der Fruchtblase der Mutter, in der Schwerelosigkeit. Es wird mit allem, was es braucht, genährt. Wenn es geboren wird, befindet sich das Kind plötzlich ‚auf dem Trockenen' – in einer ganz anderen Dimension. Es muss *ATMEN* mit einem Organ, der Lunge, das jetzt zum erstenmal seine Tätigkeit aufnimmt, damit das Kind *LEBEN* kann. Das Erste, was das Kind nach dem Atmen tut, ist, nach der Brust der Mutter zu *SUCHEN.*

Atmen – leben – suchen. Wir suchen das ganze Leben danach, die Einheit, aus der wir gekommen sind, wiederzufinden – das prägt unser gesamtes Dasein. Wir suchen nach etwas, nach mehr, vielleicht nach dem Meer...

Das Kind fängt schnell an zu lernen – zu trinken, zu essen, zu sitzen, zu stehen, zu sehen und zu hören. Die Art und Weise, in der wir Erwachsene mit ihm sprechen, welchen Lebenskreis wir ihm schaffen, in welchen Stimmungen es aufwächst – das formt und bildet von früh an seine physischen Wahrnehmungsorgane aus. Es beginnt, sich aufzurichten und fängt an zu laufen. Aus dem Baby wird ein Kind. Die ‚Milchzähne' wachsen, mit 4 Jahren wird es ein ‚Kindergarten-Kind'. Dies alles geschieht innerhalb seiner ersten Jahre. Mit etwa 7 Jahren kommt der Zahnwechsel, die Milchzähne fallen aus – das ist das Zeichen, dafür, dass das Kind zum Schulkind wird. Mit seinen ‚richtigen Zähnen', die nun für sein ganzes weiteres Leben aufgebaut werden, lernt das Kind sich ‚durchzubeißen'. Das Kind wird zum Schüler. Mit etwa 14 Jahren geschieht ein großer Entwicklungsschritt: Die Pubertät. Nun ist es Jugendliche/r – und wächst heran zum Erwachsenen. (siehe später auch bei den Jahrsiebten)

Das innere Große in den Kindern tritt während des körperlichen Wachstums zurück in den Hintergrund, manchmal ins Unbewusste, wo es still werden kann. Ein irdisches Ich gestaltet sich.

„Ja, Kind, du wirst mehr und mehr ein Teil der Erde. Du lernst, dass Regeln und Grenzen um dich herum aufgebaut sind, an die du dich halten sollst. Oft weinst du und rebellierst und rufst ‚nein'. Doch deine ‚Flügel' werden gestutzt, der freie Flug bleibt dir nur in deiner Fantasie. Halte deine Fantasie lebendig. Oft wirst du möglicherweise als ‚weltfremd' bezeichnet, als Träumer. Aus diesem Grund braucht ihr Kinder unser Verständnis, unsere Herzens-Wärme, unser ehrliches Interesse an euch und unsere Wahrhaftigkeit. Dies als unsere fortdauernde gleichbleibende Haltung gibt euch Sicherheit für eure Schritte im Leben. Daran könnt ihr euch orientieren und gestärkt werden".

So lange wir danach streben, das Kind in seinem inneren Wesen an-zu-erkennen – als Ausdruck des Großen Schöpfers; als ein Gemälde, das Gott gemalt hat; als ein Lied, das Gott komponiert hat; als ein Gebilde, das Gott geformt hat – so lange sind wir im Einklang mit Gott und mit unserem Kind. Wir Erwachsene können das Kind liebevoll annehmen und sind ein Bindeglied zwischen Gott und dem Kind.

In der äußeren Welt – in dem, was Realität genannt wird – obwohl die wahre Realität Gott ist – werden Ansprüche an Kinder und Eltern gestellt. Dies beginnt schon im frühen Alter:

- Was muss ein Kind mit 1 Jahr schon können?
- Was muss ein Kind mit 3 Jahren können?
- Wann muss ein Kind *perfekt* sprechen können?

Wer macht Eltern diesen Druck?

Ein anderes Wort für erziehen ist *dressieren*. Frage dich: Willst du deine Kinder erziehen, dressieren, fördern – oder willst du sie erkennen, anerkennen und unterstützen? Wirst du ihre Großartigkeit, die bereits in ihnen da ist, sehen? Wirst du sie loben, ihnen sagen, wie gut sie sind, weil sie dieses wertvolle, einzigartige Geschöpf sind?

Nach der Zeit in der Familie kommt die Kindergartenzeit, dann die Schulzeit. Immer mehr Eltern suchen nach einer neuen Art und Weise und neuen Möglichkeiten, um ihre Kinder zu unterrichten. Viele Eltern nehmen ihre Kinder aus den ‚normalen' (staatlichen) Schulen heraus oder schulen sie von Anfang an in eine der schon jahrelang bewährten Montessori- oder Waldorfschulen ein. Oder – in dieser Zeit des Wandels – finden sie ganz andere, selbstbestimmte Möglichkeiten, ihre Kinder zu unterrichten. Ein immer stärker werdender Trend ist es, die Kinder zu Hause zu unterrichten. Es entstehen neue Orte eines natürlichen, kindgemäßen Lernens. Eltern bilden mit anderen Eltern und Lehrern zusammen ‚Freie Lerngruppen' und organisieren selbstständig den Unterricht. *Homeschooling* wird dieses neuere ‚Modell' genannt. Es findet mutigen Zuspruch. Nur durch die Veränderung der Lebensumstände, die im Moment stattfinden, mitten in dem Wechsel, der gerade in der Welt vorgeht, ist dies möglich geworden. Noch vor kurzem gab es die ‚Schulpflicht'. Unterricht zu Hause war verboten. Althergebrachte Schul-Vorschriften verlieren inzwischen ihre Gültigkeit, fernab des schulischen Auswendiglernens und des Notensystems werden neue Wege gefunden, erschaffen und gegangen. Und dies kann der Anfang sein für die ‚Lichtvollen-Zukunfts-Schulen'.

Erwähnen möchte ich besonders die Tekos-Schule. Sie ist schon heute eine Schule der Zukunft. (siehe Lesehinweise unten)

Den größten Unterschied im Lernen und Lehren – zwischen dem *Schuldrill* in ‚normalen' Schulen und dem Lernen in neuen Lernräumen – können wir und die Kinder dann erleben, wenn das ‚Innere Sein', das Wachsen und Werden und die innere Weisheit des Kindes in den Mittelpunkt gestellt wird.

Es gibt gute, schon lange erprobte und bestehende Kindergärten und Schulen, bei denen das Kind, der Schüler und die Schülerin in seinem wahren inneren Menschsein und Geist-sein-Wesen angesprochen, gefördert und erkannt wird. Betrachten wir als Beispiele: Montessori-Kinderhäuser und -schulen und Rudolf Steiner-Waldorf-Kindergarten und -schulen.

„Erziehung ist Beispiel und Liebe – sonst nichts."
(Pestalozzi)

*„Ein Mensch wird stark durch das Vertrauen,
das du ihm entgegenbringst."*
(nach Adolf von Harnack)

Montessori-Schulen

‚Du kannst nach den Sternen greifen' – so heißt der Titel eines Films, den Montessori-Schüler über ihre Schule gemacht haben. *„Hilf mir, es selbst zu tun"* – das ist der Leitsatz der Montessori-Schulen und Kinderhäuser. Selbstbestimmtes Lernen ist die Grundlage der Montessori-Pädagogik.

Maria Montessori (1870-1952), in Italien geboren, war die erste Ärztin und Doktorin der Medizin in Italien. Sie war zu ihrer Zeit die einzige Frau, die die Universität besuchte. Nach ihrem Doktorat wurde sie als Assistentin an die Lehrkanzel für Psychiatrie berufen. Ihre Aufgabe war es, ‚geistig zurückgebliebene Kinder' zu betreuen. Sie glaubte an die schöpferischen Kräfte im Kind. Sie sagte: *„Man muss verstehen, dass Kinder für die Weise, in der die Erwachsenen sie behandeln, ungemein empfindlich sind."* Sie entwickelte mit farbigen ‚Bausteinen' Rechtecke, Kreise, Dreiecke, Quadrate, viereckige Würfel – Materialien, die das ‚Denken mit den Händen' bei den Kindern anregen sollen – Materialien, die schon an das Lernen, wie es in der Schule geschieht, angepasst sind. Auch Buchstaben und Zahlen gehören bereits dazu.

1907 wurde das erste Kinderhaus in Rom eröffnet. Der Leitfaden lautete *„Freiheit und Vertrauen in die natürlichen Möglichkeiten des Kindes"*. Es war und ist eine ‚Erziehung ohne Strafen', eine ‚selbsttätige im frühen Kindesalter'. Wichtig war ihr, dass der Verstand der Kinder angeregt wird. Mit 80 Jahren schrieb Maria Montessori das Buch »Erziehung und Frieden«.

Eine ‚sinnvolle Beschäftigung' und ein Erlernen der Fähigkeiten der Erwachsenen wird angestrebt. Die Erzieher sollen Vorbildfunktion haben, sie sollen sich ‚selbst zurücknehmen', nicht alles den Kindern abnehmen, sondern sie beobachten und die Kinder selbsttätig ‚arbeiten' lassen – in ihrem eigenen Rhythmus.

Das Ziel der Montessori-Pädagogik ist, zu erkennen, was das Kind für seine optimale Entwicklung braucht. (Unter ‚optimal' wird verstanden: Die ‚bestmögliche Entwicklung' des Kindes.)

Waldorfschulen

„Das Kind in Ehrfurcht empfangen,
in Liebe erziehen,
in Freiheit entlassen."
(Rudolf Steiner)

In der Waldorfpädagogik wollen die Lehrer und die Lehrerinnen dem Lebensplan des Kindes dienen. Anstatt zu fragen: Was braucht das Kind – wird gefragt: *Wer ist dieses Kind* – wie kann es von innen her am besten das entwickeln, was aus ihm – aus seinem Genie – herauskommen möchte. Der Waldorflehrer fragt *„Welcher Mensch könntest du sein, wenn das Beste aus dir heraus sich offenbaren würde?"*

Kind zu sein und Schüler zu sein, ist die Verwirklichung seiner Talente. Die Lehrer schauen auf das Kind, auf das Menschenwesen. Kopf (Denken), Herz (Fühlen), Hand (Handeln) – diese drei Bereiche werden sich im Tun verbinden. Eine Kindergärtnerin, ein Lehrer, eine Lehrerin – wie auch die Eltern des Kindes – sind Vorbild für das Kind. Es lernt die Welt kennen und durch die Nachahmung erlernt und begreift es sie.

Rudolf Steiner (geboren in Kroatien 1861, gestorben 1925 in Dornach, Schweiz) steht für *„Die Beziehung und Verbindung von Mensch und Kosmos und das Leben des Menschen im Gleichklang mit dem Kos-*

mos". Diese Erkenntnisse Rudolf Steiners und seine lebenslangen Forschungen darüber entwickelten sich zum Wissenschaftszweig der ‚Anthroposophie'. Die Menschenkunde, die Künstlerische Arbeit, die Heilkunst, die Medizin, die ‚Bio-Dynamische Landwirtschaft', die Gartenbau/Pflanzenkunde und die Erforschung über die Bedeutung der Bienen/*„des Bien"*, die Baukunst/Architektur und die Bewegungskunst (Eurythmie) sind in der Praxis, im täglichen Tun umgesetzte, bis heute weltweit anerkannte und angewendete ‚anthroposophische' und ‚geisteswissenschaftliche' Lehren und Prinzipien. Schon damals ergründete Rudolf Steiner die Bedeutung der Bienen und den Fortbestand des Lebens in der Welt, der von ihrem Wirken abhängig ist.

Steiner hat zu allen Bereichen des Geistes, der Seele und des Körpers umfassend geforscht und sie durchleuchtet. Er hat Werke hinterlassen, die vor mehr als 120 Jahren so aktuell und visionär waren wie heute. Es ist fast so, als wären seine Vorträge und Bücher – damals verfasst und in das praktische Tun, in die praktische Anwendung umgesetzt – für unsere Zeit heute ‚vorausgedacht' und entworfen worden. Aus seinen Erkenntnissen heraus sprach er schon damals über den – heute sehr aktuellen Zusammenhang und die Wirkung von Impfungen – und von dessen Auswirkungen auf die Gesundheit und die Seele des Menschen. Gerade heute ist seine Ansicht für uns aufrüttelnd.

Rudolf Steiner sah 1917 einen Impfstoff voraus, der *„alle Neigung zur Spiritualität aus den Seelen der Menschen austreiben würde"*.

In seinen Ausführungen zur Menschkunde legte er dar, dass das gesamte Leben sich in Rhythmen von jeweils 7 Jahren gliedert – das ist gültig für jede Kultur und für jedes Volk – es ist der Rhythmus des Lebens im Menschen. Es sind die ‚Jahrsiebte', ein Zeitraum von Sieben Jahren, in denen – von der Kindheit an bis ins hohe Alter – ein Kind oder ein Mensch sich erneuert und entwickelt. Die Waldorfpädagogik ist aufgebaut auf dieser Erkenntnis der Entwicklungsstufen des Kindes.

Ein kurzer Überblick:

1. Jahrsiebt
Es ist Eltern-Kind-Zeit und die Zeit des Kindergartens. Die Form des äußeren Körpers wird gebildet, die physische Körperhülle.
Die Zeit dauert bis zum Zahnwechsel. Überall auf der Welt fallen den Kindern mit etwa 7 Jahren die ersten Zähne aus, die neuen Zähne werden gebildet. Das Erreichen des Zahnwechsels ist die Zeit der ‚Einschulung'.

2. Jahrsiebt
Im 2. Jahrsiebt lassen die Eltern ihr Kind langsam los und geben es in die Hände der ‚Erzieher' und Lehrer. Es ist die Schulzeit. Das Kind erweitert sein Lebensfeld und die Wahrnehmung.
Das 2. Jahrsiebt reicht bis zur Pubertät mit ca. 14 Jahren.

3. Jahrsiebt
Im 3. Jahrsiebt (von 14 bis 21) geschieht das Hereinwachsen in das Erwachsenendasein.

„Unsere Sache ist es,
den Funken des Lichts festzuhalten,
der aus dem Leben überall da hervorbricht,
wo die Ewigkeit die Zeit berührt.“
(Friedrich Schiller)

Zum Ausklang

Ein Seelenkind kommt aus der Geistigen Welt mit seinem eigenen Plan. Als *es* noch im Himmel war, hatte *es* irgendwann den Wunsch, auf die Welt zu gehen. Es war neugierig darauf, was *es* alles in der Welt Gutes tun könne und wem *es* helfen könne. Es schaute von einer weißen Wolke herunter und dachte: Welche zwei Menschen dort unten würden meine Eltern sein können? Wer würde mich verstehen können? Wer würde mir bei meinen Aufgaben helfen können? Es schaute und schaute und schaute ... so lange, bis es diese zwei Menschen gefunden hatte. Es sah das Wunder und das Licht im Herzen dieser beiden Menschen. Da wurde es fröhlich. Es fragte Gott, ob es hinunter dürfe auf die Welt. Gott lächelte und gab ihm Seinen Segen. Gott gab ihm auch einen Plan, einen Entwurf mit. In dem war alles aufgezeichnet, was nach Gottes Meinung die Welt schöner und lebenswerter machen würde. Gott sagte:

„Was du auch immer tun und erleben wirst, denk daran: Mein Licht und Meine Kraft leuchten in deinem Herzen. Sie machen dich stark."

Zum Abschied gab Gott ihm einen Engel mit auf den Weg.

„Der Engel ist dein Schutzengel. Er wird dich behüten und jeden Stein vor dir wegräumen, auf dass du sicher und in guter Obhut deinen irdischen Weg gehst. Er wird in deiner Nähe sein. Rufe ihn, wenn du einen Freund brauchst. Er wird dir helfen, wann immer du ihn ansprichst."

Das Innerste des Seelenkindes strahlte Gott in großer Freude und Dankbarkeit an. Nun war die Zeit gekommen, nun standen die Sterne in der richtigen Reihenfolge am Himmel – und Gott malte einen großen Regenbogen, der Himmel und Erde verband. Auf diesem Regenbogen durfte das Seelenkind nun an der Seite seines Engels ganz sanft durch die leuchtenden Farben herunterschwebend fliegen – wie auf einer Rutschbahn ähnlich der, die es auf Kinderspielplätzen gibt – auf denen die Kinder so gerne herunterrutschen. Als *es* schon fast unten war, nahm *es* ein Strahlen und Leuchten wahr – so hellbunt wie bei einem Feuerwerk. Es spürte auch, wie einige Farben an ihm hängenblieben. Diese Farben würden ihm besondere Energien von Freude und Kraft und Erinnerung während seines Erdenlebens geben. Und *es* hörte etwas ... als würde seine Mutter ein Lied zu seiner Begrüßung singen ... am Tag seiner Geburt auf der Erde...

„Vom Himmel geschickt kommt deine Seele hierher,
um Glanz zu bringen"
(Haiku* von Tara)

Ich verbeuge mich

Ich verbeuge mich:
Ich verbeuge mich, Kind, vor dir.
Ich verbeuge mich vor dem Licht in dir, Kind.
Ich verbeuge mich vor dem Strahlen des Lichts in dir, Kind.
Ich verbeuge mich vor deiner Stärke, Kind.
Ich verbeuge mich vor der Stärke des Göttlichen Willens in dir, Kind.
Ich verbeuge mich vor der Allmacht Gottes in dir, Kind.
Ich verbeuge mich vor dem Zauber deines Lächelns, Kind.
Ich verbeuge mich vor dem Wunder des Lebens in dir, Kind.
Ich verbeuge mich vor deinen Kräften, Talenten
und Möglichkeiten, Kind.
Ich verbeuge mich vor den gestaltenden Kräften Gottes in dir, Kind.
Ich verbeuge mich vor deiner Liebe, Kind.
Ich verbeuge mich vor deinem Lächeln, Kind.
Ich verbeuge mich vor deinem Vertrauen in uns,
deine Eltern und Lehrer, Kind.
Ich verbeuge mich vor deiner Geduld mit uns Erwachsenen, Kind.

„Du bist ein Licht, Kind, das die Welt erhellt.
Ich verbeuge mich vor dir. Ich danke dir, Kind."
(Tara)

Über Tara Eleonore Albers

„Wie wichtig ist ein kleiner Marienkäfer auf einem Grashalm?“

Tara ist Sozialpädagogin, Waldorfkindergärtnerin, hat einen der ersten Bioläden aufgebaut. Ihre Arbeit mit Farben in Beratungen und Seminaren bezeichnet sie als *„Das Wiederfinden der eigenen – noch in Urzeiten vollkommenen Farb-DNS.“*
Farben geben uns Antworten *„Wer warst du durch die Zeiten hindurch, welches sind deine besonderen ‚Anlagen‘, Aufgaben und Herausforderungen, Stärken und Gaben, welches sind deine Geschenke an die Welt? Welches sind deine tiefsten Gefühle? Warum ist etwas so, wie es ist? Was ist das, was dich auszeichnet, Kind/Mensch? Welches ist dein Werdegang durch viele Leben hindurch?“*
Jeder Mensch – jedes Kind – ist wie ein Glas voller bunter Edelsteine. Einige sind größer, andere sind kleiner, einige sind erkundet, manche warten auf ihre Entdeckung und auf ihr Erkanntwerden. Farben helfen uns zu wissen, was in uns ist: Wir sind Farbnuancen Gottes.

Tara hat drei Bücher geschrieben, ein Buch aus dem Englischen übersetzt. Als sie auf Hawaii war, fühlte sie sich wieder in ihrem alten Zuhause angekommen. Wir sind, *wo* wir sind – und jedes Kind, jede Seele ist dorthin gekommen, wo es etwas *erfüllen* möchte, wo es in seiner besonderen Weise lernen und dienen möchte – in diesem Leben an diesem Ort.

„Ja, es ist möglich, in jedem Augenblick seines Lebens eine Kehrtwendung zu machen. Eine Wendung hin zu sich selbst und zu dem Himmelreich, dem unendlichen Potenzial in uns. Ja, das ist möglich.“
(Rainer Maria Rilke)

www.merlintv-verlag.de

Lesehinweise / Informationen

Montessori-Schule:
https://de.wikipedia.org/wiki/Montessorip%C3%A4dagogik

Rudolf Steiner – Waldorfschulen:
Guter Überblick:
https://naturkindmagazin.de/waldorf-paedagogik-kurz-erklaert/
Buch »Kunst der Erziehung, Kunst des Lebens«, Rudolf Steiner (Archiati-Verlag)
Buch »Die Erziehung des Kindes vom Gesichtspunkt der Geisteswissenschaft«, Rudolf Steiner (Rudolf Steiner Verlag, Taschenbuch)
Buch »Die Erziehung des Kindes. Die Methodik des Lehrens«, Rudolf Steiner
Buch »Erziehung zur Freiheit«, Carlgren/Klingborg (Verlag Freies Geistesleben)

Vortrag in Buchform:
»Was ist Anthroposophie, Wie der Geist das Leben schön macht« (Archiati-Verlag)

Tekos-Schule:
Mikail Petrovitsch Schetinin, Musiklehrer, gründete diese Schule, ein Internat, 1994 im russischen Ort Tekos. Ganzheitliches Lernen und Leben in Achtung für den Einzelnen und die Gemeinschaft. Ein Kind lernt das, wozu es sich am meisten hingezogen fühlt. Ein Kind weiß, was es ist: Bewusst-Sein – und darin findet es alles, was es zu lernen gibt. Meiner Meinung nach ist dies eine *Schule der Lichtvollen Zukunft* mit *Kindern der Lichtvollen Zukunft*.

Link: https://lelek-edu.net/11-information/26-tekos-schule.html
YouTube: www.youtube.com/watch?v=EDYy62tS0As

Kapitel 15

Ursula Maria Warga

„Denn siehe, ich will einen neuen Himmel und eine neue Erde schaffen, dass man der vorigen nicht mehr gedenken wird, noch sie zu Herzen nehmen." (Jes. 65:17) Als ich vor Jahren als Lektorin diesen Text des Propheten Jesaija oder die Worte aus Offenbarung Joh. 21 zur Neuen Erde vorlas, spürte ich bereits eine starke Verbindung – vielleicht eine Vorahnung auf Tage wie diese?

Siehst du die Neue Erde?

Nun, im Sommer 2021 formiert sich vor unseren Augen eine Veränderung, die solche Prophezeiungen schon in einem ganz anderen Licht sehen lassen. Als Mensch stehe ich in einem gewaltigen Spannungsverhältnis: Hier die Welt, wie ich sie seit Kindesbeinen an kenne, dort in der Ferne meiner Vision der Erde 2.0. Mit einem Bein stehe ich hier, mit einem gefühlten Bein schon dort. Ich halte mit meiner Präsenz Stellung, halte Ausschau, und werde zur Brücke für jene, die mit ihren Herzen diesen Übergang nutzen möchten.

Ist die 3D-Welt dem Untergang geweiht oder wird sie fortbestehen? Wird die Neue Erde eine Schwingungsebene sein, die sich gleich einem erweiternden Thorus rund um die bisherige Erde erheben wird, oder wird es ein ganz neuer Planet sein, der fix und fertig parat auf unsere Übersiedlung wartet?

Ist das alles nur ein Traum? Bin ich eben aus einem Traum erwacht, und meine Sinne hängen der verlockenden Nachwirkung der süßen Faszination einer Traumreise hinterher? Oder war es der eher übliche

Alptraum, der morgens immer noch da ist, wenn ich erwache, also jener von der fortdauernden Massenhypnose, und dem Versuch, die Menschheit drastisch zu verringern?

Was wir seit dem zögerlichen kollektiven Erwachensprozess, der sich mit der Coronakrise im Raum ausbreitete, erleben, ist extrem fordernd und in bewussten Sternstunden eben wie der Traum der Erinnerung zurück ans Paradies.

Es erscheint mir wie ein Tauziehen. An der einen Seite zieht die dunkle Riege, möchte uns arglistig täuschen und ist mächtig versucht, sich hinterrücks das Patent auf unser Menschsein abzugreifen, indem sie uns eine Injektion unterjubelt, uns über allerlei Tricks einfach nicht mehr klar denken lässt. MK-Ultra, Wettermanipulation, Verseuchung der Umwelt und Lebensmittel und vieles mehr lässt grüßen. Wurden wir nicht schon genug gepeinigt dadurch, dass man uns seit Geburt als Sklaven ohne Ketten hält, und unsere Geburtsurkunden verpfändet?

Auf der anderen Seite, nicht so ganz verdichtet, von einigen wirklich fühlbar oder über Channelings vermittelt, die Stimmen der Lichtschar, die uns begleiten, die am ‚guten Ende' nicht nur interessiert sein mögen, sondern damit verbunden sind. Sie erinnern uns immer wieder daran, worauf es jetzt ankommt, sie ermutigen uns, nicht aufzugeben und sie stärken uns energetisch.

Ist das nicht ein großes Privileg, eine Chance und eine Heilung, wie sie noch nie da gewesen ist? Wer mag an dieser Heilung wohl alles beteiligt sein? Von welchen lichten Wesen werden wir unterstützt?

Was für eine bewegende Zeit an der Schwelle zu einem neuen Zeitalter! Mir scheint, die Zeit ist wirklich am ultimativen Punkt der Geschichte, wie es Philosophen und Propheten lange voraussagten. Wir sind einfach mittendrin und dabei, wenn die Möglichkeit dafür gegeben ist, ganz neu zu beginnen. Es ist ganz neu für alle, die sich dafür entschieden haben. Es geht nicht darum, diese dreidimensionale Welt zu verbessern. Das sehe ich nicht. Ich sehe eine ganz neue Erde für jede Seele, die sich entscheidet, mitzugehen.

Selbstliebe ist wie die Neue Zeit

Doch sie ist nicht immer präsent. Manchmal ist sie da, zum Greifen nah, und du aalst dich in ihr, genießt sie, schmeckst und riechst sie, liebkost sie, und dann erinnerst du dich und an manchen Tagen ist sie nicht greifbar, zu verhangen sind die Nebel. Wenn du dir jedoch mit deiner Sehnsucht Zeit nimmst, den Draht zu ihr wieder mit deiner Herzensnähe zum Glühen bringst, dich vergewissert hast, dass sie noch da ist, dann bist du beruhigt, und du weißt, dass du sie niemals mehr verlieren kannst, nicht an Tagen wie diesen, wo die ganze Welt einzustürzen droht.

Ja, in der Tat, das ist das momentane Thema. Während wir bedrohliche Erdbeben und andauernde Fluten auf der ganzen Welt beobachten, wird sichtbar, wie sich die Erde nach oben kehrt und die Wassermassen hinunterstürzen. Wird eine göttliche Ordnung durcheinandergebracht, haben wir Menschen oder jedenfalls die Wesen, die aussehen wie Menschen, es tatsächlich geschafft, dass Gott schon eingreift? Vielleicht ist das, was sich uns hier zeigt, nicht mehr die Apokalypse, sondern das Jüngste Gericht?

Wenn wir Bewohner dieser Welt nicht mehr gewarnt werden, obgleich das Ausmaß von den Experten Tage zuvor eindeutig verheerend hätte gezeigt werden können, sollten wir erkennen, dass diese 3D-Welt nicht mehr gerettet werden kann, nicht mehr geheilt werden kann, dass nur Hingabe an das Göttliche der Weg zur Erneuerung ist und dass unsere Anstrengung allein nicht mehr reichen wird.

Vertrauen wir uns dem größeren Ganzen, dem Göttlichen, an, aus dem wir kommen, identifizieren wir uns, und verschmelzen wir mit ihm? Werden wir eins mit Gott? Was ist es, was sterben muss, wenn wir den Aufstieg in eine andere höhere Ebene, einer neuen Bewusstseinsstufe, in eine lichtvolle Zukunft erklimmen wollen? Ängste und Zweifel?

Zweifel, nicht genug zu sein und Zweifel, nicht genug von unseren Mustern oder Fehlern gelöst zu haben, blockieren uns. Dieses ständige Zurückgehaltenwerden, dieses innere Kleinhalten ist Gift, das ausschleichen kann, wenn wir die Liebe in uns entdecken und leben.

Das ERWACHEN heilt all diese Niedrighaltung in unseren Gedanken und Emotionen.

- Erwachen ist der Moment des Erinnerns und birgt uns vor der Untergangsflut, schenkt uns die Menschlichkeit zurück, löst alle Ketten von Sklaventum.
- Erwachen ist die Geburt aus einem Halbwachzustand, einem mittelmäßigen Leben ohne Bewusstsein, wer wir wirklich sind.
- Erwachen ist wie der Tau am Morgen, den du zum erstenmal erblickst. Du bist völlig eingenommen von seiner Schönheit, seinem Glanz in den Sonnenstrahlen. Du möchtest nie wieder zurück.

Bei mir sind es die Ängste, dass ich meine Kinder zurücklassen muss, dass ich sie alleinlassen müsste. Es ist die Angst, die ich noch nicht vollends ablegen konnte. Sie scheint tief in mir verborgen zu sein. Ich hole sie immer dann hervor, wenn ich von meiner Seele wieder mal einen besonderen Auftrag bekomme, wie zum Beispiel zu einem Seminar zu reisen, dann in den Flieger zu steigen und sie zu erleben, in jeder Zelle.

Das Spüren des Körpers ist der Schlüssel zu unserm Bewusstsein. Wenn wir nicht bereit sind, unsere Ängste loszulassen, die ja im Grunde pure Todesangst in Kleinform darstellen, dann können wir die Freiheit nicht erfahren. Dort, wo die größte Freiheit ist, löst sich auch die größte Angst in dir. Sie sind quasi wie miteinander verbandelt. Du bekommst sie im Doppelpack. Bist du also bereit, dich für die Freiheit, die Wahrheit, die Liebe zu entscheiden?

Erwachen bedeutet nicht, dass ab diesem Moment, da wir erkennen, wer wir sind, wir in Ruhe und Einklang mit dem Licht sind. Ab diesem

Moment erscheinen noch mehr Schatten, weil unsere Wahrnehmung ihren Fokus erweitert hat.

Doch Hand aufs Herz, es gibt auch kein Zurück mehr. Niemand würde freiwillig zurückgehen in den Halbschlaf, selbst wenn sich auch neue Abgründe auftun…?

Es sterben auch eine Menge von Unwichtigkeiten, Lappalien. Ein erwachter Mensch wünscht sich nichts anderes mehr, als seinem Seelenplan zu folgen, er fragt nicht mehr unentwegt nach Sicherheiten. Er folgt seinem Innersten, sieht seine Gaben und weiß, dass diese ihm genügen werden.

Du kannst nicht *mehr* sein als was du bist. Es braucht auch nicht mehr – doch *das* braucht es. So einfach und doch so herausfordernd zugleich. Mit der Bereitschaft und der Entscheidung für den Seelenweg sterben alle Zweifel, alle existenziellen Nöte und auch alle Zukunftsängste, erst recht die Angst vor dem Sterben.

„Nichts ist mir zu klein und ich lieb es trotzdem.
Und male es auf Goldgrund und groß.
Und halte es hoch.
Und ich weiß nicht,
wem löst es die Seele los.“
(Aus dem Stundenbuch von Rainer Maria Rilke)

Wenn wir begriffen haben, also nicht mit dem Verstand, sondern mit jeder einzelnen Zelle, dass unser Körper zwar stirbt, niemals jedoch unser heiliges bewusstes Sein, dann verringert sich der Schmerz, weil sich dein Bewusstsein in einem unendlich großen Zusammenhang zeigt und weil du begreifst, Teil eines wiederkehrenden Kreislaufs zu sein. Bewusst schreibe ich hier ‚gewesen‘, weil ich mal offenhalten möchte, ob das auch noch in Zukunft so sein muss?

Für meinen persönlichen Trauerprozess war es von großer Bedeutung, urplötzlich das längst ersehnte fehlende Puzzleteil bezüglich der Reinkarnationsfrage in meinen Händen zu halten. So viele Jahre hatte ich danach Ausschau gehalten und kein Mensch konnte meine Frage trefflich beantworten. ES war wohl noch nicht Zeit dafür. In meinem Schmerz, erfüllte diese Erkenntnis mich mit maximaler Erleichterung. Denn der Schmerz verringerte sich so sehr in der Relation zu allem, was ich nun wahrnahm, was das Leben ausmacht. Mit anderen Worten, die Schöpfung erschien mir unendlich erweitert, während das Leid sich verringerte. So einfach und doch ermutigend.

Mit dem inneren Wissen kam auch die Antwort zu mir: Wir leben viele Leben, mal als Täter, mal als Opfer und als Mann und Frau, als Peiniger und Gepeinigter – doch wie lange müssen wir Erfahrung sammeln? Hört das nie auf? Erleben wir ein Karussell der fortlaufenden Erfahrung und Reifung? Oder können wir aussteigen? Gehört das Sterben auch weiterhin noch zum immerwährenden Zyklus?

An dieser Stelle unseres Daseins, ein Bein in der 3D-Welt, ein feinstoffliches Bein in der wartenden Lichtvollen Zukunft, ist für mich alles möglich. Und längst wissen wir, dass es Menschen gibt, wie es bereits in den biblischen Berichten durchschimmert, auch heute locker mal 300 Jahre alt werden. Warum also sollte es nicht möglich sein, mit dem Bewusstsein ewig alt zu werden, unsterblich zu sein, gemeinsam mit dem Körper?

Ines Nandi hat mit ihrem Buch »Die neue Unsterblichkeit« einen wunderbaren Einblick gegeben – mit all ihren geistigen Begleitern, ihren Co-Autoren. Auch empfehle ich an dieser Stelle gerne die ‚Sternenreise', die Penny McLean in ihrem Buch »Gestorben ist noch lang nicht tot« ihren Lesern ermöglicht. McLean, die den Schleier des Vergessens nicht auferlegt bekam, beziehungsweise ihr Bewusstsein schon sehr weit ausgebreitet hat, beschreibt ihren Blick vom physischen Tod, rückwärts über alle Planetensphären bis an den höchsten Punkt, der Sonne, und danach die erneute Vorbereitung auf eine neue Reise zur Erde. Sehr spannend.

Doch wie kommen wir da rüber? Ich schmunzle gerade, weil mir das Kinderspiel einfällt *„Fischer, Fischer, wie kommen wir da rüber?"* Also, wie geht die Reise in die höhere, weitere und andere neue Erde 2.0 vonstatten?

Sehen wir plötzlich nur noch das, was wir in uns leben, all das, was wir sehen möchten und schon fühlen? Ziehen wir uns in Gebiete zurück? Weiten wir uns soweit aus, dass unsere Sicht eine 3D-Welt übersieht? Sondieren sich Ungeimpfte von Geimpften? Sammeln sich Vereinigte?

All das steht ja noch in den Sternen geschrieben oder in den Herzen der Menschen, die sich in ihren Visionen verloren haben. Und die Sterne wiederum sind Teil des Universums, wie auch die Herzen, die in uns pochen.

Geschieht es in einer Nacht- und Nebelaktion, wenn wir bereit sind, wenn alles zusammenpasst, wie in einer wunderbar arrangierten Symphonie und unsere geistigen Helfer ein Tor für unseren Eintritt öffnen, uns als Hebammen begleiten?

Oder ist es so, wie es Thomas Gebert in seinem Kanal »Loveness Planet« beschreibt, dass die Neue Erde seit dem 8.5.2021 sich feinstofflich neu gebiert und sich für den geeigneten Energieschub in Form eines Thorus vorbereitet, damit wir Menschen uns erst entmaterialisieren und dann komplett neu und losgelöst auf der Neuen Erde neu materialisiere? Er sieht im Übrigen weniger den Blauen Planeten, sondern mehr einen grünen Planeten mit vielen glasklaren Flüssen. Und vielleicht ein Hinweis auf Offenbarung Joh. 21,1:

„…denn der erste Himmel und die erste Erde ist vergangen und das Meer ist nicht mehr?“

Erstmalig in der Menschheitsgeschichte

Wir haben tatsächlich die Möglichkeit, mitsamt unserem Körper einen Dimensionswechsel zu durchwandern. Mit anderen Worten: Durch den Nullpunkt gehen und ein Erwachen in der Neue Zeit. Das ist ein Novum. Der Durchgang wird so geschehen, wie es für jeden am besten ist, so ist mein Verständnis. Manche bekommen davon nichts mit, weil sie tief schlafen, physisch meine ich.

An meinem Erlebnis kann ich für mich festmachen: Es hat definitiv mit meinem Bewusstsein zu tun. Ich gebe eine Art Startschuss, ich entscheide und erlaube es. Es ist pure Gnade und es hat mit Entschlossenheit und dem Setzen von Absicht zu tun. Es geht nicht um die Frage, ob du gut genug bist. Es geht um die Bereitschaft, loszulassen von alten Mustern, von Gewohnheiten, von angehäuften Reichtümern, von der Angst, nicht bereit zu sein… Es geht um ein bedingungsloses „*Ja*“ zur Göttlichkeit in dir. Es ist ein Liebesbekenntnis.

Niemand hatte mir zuvor eine Post gesandt mit detaillierter Vorgehensweise, nein, es ist mein Erlebnis. Gechannelte Berichte wie von Nancy Holten, Ines Nandi, Lena Giger, Marco Haxel bestärken meine Wahrnehmung. Männliche und weibliche Energien sind im Einklang und sind ausgeglichen wie im Nullpunkt. Wann der Zeitpunkt reif ist, wird wie in einem wundervollen Symphoniekonzert von den geistigen Begleitern bestimmt. Ich stelle mir darunter eine Art Schleuse vor, die alle sammelt, um auf die Arche zu steigen. Ein Sammelbecken für Bereitwillige vielleicht? Gut, ich gebe zu, es ist schon sehr mutig und vage von mir, darüber zu schreiben, doch es ist nun mal mein Job. Und da wären wir gleich schon beim nächsten Thema.

Es ist an der Zeit, dass wir der Wahrheit in uns vertrauen und Aufmerksamkeit schenken, sie nicht länger klein und unscheinbar lassen. Nehmen wir die Wahrheit ‚wahr‘ und tragen sie vor uns wie ein Licht. Und tragen wir unser Licht, das wahrste Licht überhaupt, sichtbar durch diese Welt. Jesus erklärte: „*Also lasst euer Licht leuchten vor den Leuten…*“ (Matt 5:16).

Warum bin ich gerade jetzt hier inkarniert? Was hat sich meine Seele dabei bloß gedacht? Was ist mein Auftrag in all dieser Wandelzeit?

Manche reden vom Wassermannzeitalter, was mir gut gefällt (weil ich einer bin), manche von einem Goldenen Zeitalter und verschiedene Kulturen betonen jeweils unterschiedliche Zyklen: 2000, 5000 bis 26.000 Jahre. Allen gemeinsam ist jedoch, dass jetzt die Zeit des Wandels ist, von welchem Zyklusende aus gesehen auch immer.

Selbst wenn kein einziger Mensch bereit wäre, sich für das Licht zu entscheiden, was würde schon passieren? Die Erde geht ins Licht. So oder so. Sie ist bereit. Sie erhöhte ihre Schwingungen kontinuierlich seit dem Jahr 2012, ungeachtet dessen, was wir Menschen tun.

Meine Aufgabe ist und bleibt meine Aufgabe, auch wenn ich sie nicht erfülle. Ist es nicht eine uns innenliegende Sehnsucht, den Sinn dessen zu erspüren, warum wir hier sind?

Die Liebe lenkt das ganze Universum. Ihr können wir uns vollständig anvertrauen. Von ihr können wir uns leiten lassen.

Tragen wir die Sehnsucht nach Auflösung des Lebensrätsels erst mal in uns, wird ein Erwachen nicht mehr fern sein. Sind wir durch die Vergessenheit hindurch erwacht, wird sich ein Weg zeigen, und dieser Weg wird gegangen, weil er zum Weg der Liebe wird. Wie könnte man einen anderen Weg wählen als den Seelenweg? Die Liebe muss nicht erklären, sie ist einfach dann in einem und ist klar. Und dann wird dir nichts mehr zu klein sein, weil du es liebst. Und du wirst gütig mit dir selbst sein und alles auf Goldgrund malen und es hochhalten, wie Rilke es betont in seinen Zeilen.

Wir wissen gar nicht, wem wir dienen, wenn wir einfach nur das tun, was uns mitgegeben worden ist. Und ich weiß nicht, wem löst es die Seele los…

Die Zeit der Zertifikate ist vorbei. Berufsbezeichnungen, akademische Titel werden nicht mehr wichtig sein. Wichtig wird sein, dass du in der Verbundenheit zu dir selbst stehst wie ein Baum. Verwurzelt und mit allen Ästen nach oben zum Himmel ausgesteckt. Der Baum denkt nicht, wie er die tollsten Früchte bekommt. Er ist eingebunden in ein Geflecht und lässt geschehen, was der Samen in ihm auslöst.

Könnte ein Samen nicht der Liebe entsprungen sein, wenn er von Gott kommt? Natürlich hat nicht jeder eine Aufgabe, die unmittelbar für andere erkennbar das Licht leuchten lässt. Woher wissen wir schon, was die ureigene Lebensaufgabe hinter einem Menschenverhalten ist?

Vielleicht ist der Mensch diesmal gekommen, um Verwirrung zu stiften, bewusst zu spalten, zu diffamieren, damit andere in seinem Umfeld trainieren können, stark verwurzelt und ausgerichtet zu bleiben oder wieder andere, um zu erwachen?

Ich möchte dich ermutigen, deine gottgegebene Gabe in dir zu sehen, vielleicht das eine oder andere welke Blatt abzublättern, um dann die Knospe zur vollen Blüte kommen zu lassen. So wie sich die Erde erfüllen lässt von höherer Schwingung und dem Licht entgegengeht, so dürfen auch wir uns erfüllen lassen von diesem Erkennen, Annehmen und bewussten Entscheiden dafür.

Es gibt kein Zurück mehr, wenn du erwacht bist, selbst wenn es nach anfänglichen Glücksgefühlen erst wieder dunkler wird als jemals zuvor. Was bedeutet es für die kommende Zeit, da Menschen erwachen werden, denen nicht viel Zeit bleibt, weil ihnen alle Themen, um die wir Menschen betrogen worden sind oder besser gesagt, um die wir uns haben betrügen lassen, um die Ohren fliegen werden?

Vertrauen wir uns unseren geistigen Helfern an und malen uns in unserer Vision einen Übergang aus, der jeder Seele das ermöglicht, was zu ihrem Seelenauftrag gehört.

Mein Naturell ist geprägt von Realitätsnähe. Man hätte mich nie als Träumerin bezeichnet, ich mich selbst auch nicht. Doch ich habe mich wieder auf meine Träume eingelassen, selbst am Tag.

Ich frage mich wirklich ernsthaft, wie sich die Geistige Welt diesen Übergang vorgestellt hat, wie es wohl vonstattengehen wird? Gleichzeitig sagt ein anderer Teil in mir: *Ich muss es gar nicht wissen.* Wir werden es fühlen, oder wir werden es gar nicht bemerken und es wird einfach geschehen, wenn wir bereit sind, uns vollständig hinzugeben. Was ich erfahren habe, ist, dass wir einwilligen und deshalb betone ich die Bedeutung deines ‚freien Willens'.

> *„Aber Gott hat uns einen neuen Himmel und eine neue Erde versprochen. Dort wird es kein Unrecht mehr geben, weil Gottes Wille regiert. Auf diese neue Welt warten wir."* (2. Petrus 3:13)

Bist du bereit, alles hinter dir zu lassen?

Dein Haus, dein Boot, deine Familie? Ich frage, weil ich selbst diese Fragen durchlebt habe und sie mir halfen, klar zu werden. Ich spüre noch immer Reste von Angst, meine Kinder zurückzulassen... Ich habe für mich die Erkenntnis gezogen, dass wir nicht von selbst alles geheilt bekommen, dass allein die Bereitschaft und die Entscheidung zu gehen zählen...

Das Universum öffnet sich erst, nachdem wir uns entschieden haben. Keine Sekunde früher. Und ich möchte dich ermutigen. Die Liebe trennt dich nicht von geliebten Menschen in deinem Umfeld. Die Liebe fördert deine Klarheit. Bist du bereit?

Ich sehe in der Zeit, die vor uns liegt, die schon begonnen hat, sich auszubreiten, unbemerkt oder mit feinen Antennen erspürt, die größte Chance aller Zeiten. Es ist das NEULAND, auf das wir lange gewartet haben. Es hält für jeden von uns alles bereit, um endlich wieder ganz Mensch zu sein. Vielleicht eine Art großer Rückschluss zu dem, was wir einst einmal hatten, was uns einfach nur verlorenging...?

Schaffen wir es als Menschheitsfamilie zu **Kindern des Einem** zu werden, wie es der Autor Jon Peniel in seinem Buch »Die Kinder von Dem Gesetz des Einem & Die Verlorenen Lehren von Atlantis« benennt?

> *„Beispielsweise können Seelenpartner in Harmonie miteinander leben. Er zeigt auf, dass wir einst mit Gott eins waren, dem Universellen Geist zugeneigt, folglich dies nach außen ausstrahlten und somit nur entsprechende Partner anzogen."*

Es ist nicht ganz einfach, sich vorzustellen, dass dieser paradiesische Zustand wieder sein wird, doch die Frage wird sich nicht stellen, denn in einer 5. Dimension wird diese Stimmung, diese Grundschwingung der Liebe einfach schwingen. Es wird diese Ordnung wieder sein. Klingt doch wirklich wie im Paradies, nicht?

Der Schlüssel zurück wird die Neuordnung hin zu Gott sein. Daraus wird sich alles wieder in die Universelle Ordnung zurückfinden. Unglaublich nicht? Tausende von Jahren haben wir uns gegenseitig bekriegt, einfach nicht wirklich verstanden und uns falsch gefühlt in unseren Körpern von Mann und Frau.

Vielleicht ist diese Frage eher fehl am Platz, ob wir es als Menschheitsfamilie schaffen, sondern eher die Frage passend, ob du es für dich entscheidest, ob du dich der Erde und ihrer Schwingung anschließt? Alle, die sich dort einfinden, sollten nach meiner Wahrnehmung diese Menschheitsfamilie sein. Hören wir noch einmal Jon Peniel:

> *„Selbstsucht wird durch selbstlose Liebe abgesetzt, es wird etwas in Ordnung kommen, was die Menschen lange nicht in Ordnung hatten. Warum? Vor dem Sündenfall waren wir als Menschheit wie in einem Energiekreislauf. Wir hielten uns an den Händen und Energie konnte durchfließen. Wir waren eins, egal wer sich eingekettet hatte. Dies war der Weg des Universums und der Weg von Seelenverwandten, die das Bewusstsein erreicht hatten. Der Sündenfall war demnach wie das Loslassen an den Händen, ein Herumdrehen in unterschiedliche Richtungen zueinander, wie Batterien in falsche Richtung gelegt, ein Abschweifen. Als wir auf der Erde manifestierten und uns letztlich in männliche und weibliche Teile abtrennten, setzte Selbstsucht ein. Der große Kreis war unterbrochen. ES warf unsere Polaritäten durcheinander, sowie unsere Fähigkeit, an unserem ordnungsgemäßen Platz empfänglich oder entsprechen ausfließend zu sein."*

Jedes einzelne Wesen hat die Chance, einzutreten

Woher ich den Mut nehme, all das zu schreiben? Mein Mut, der meinem Wesen oft vorauseilt, als hätte er eine Fährte aufgenommen. Sie dann mit meinem Herzen in Einklang zu bringen, mein Herz sprechen zu lassen, dem Ausdruck zu geben, was ich wahrnehme in allen Zeitebenen, scheint meine Aufgabe zu sein. Ich bin dafür gekommen, um Menschen in Trauer und Schmerz zu sagen: Da ist mehr in deinem Leben, das ist gerade ein Neubeginn, eine große Transformation hin zur Liebe, die du bist.

Voilà. Meine Fährte will dir Mut machen, deine Wahrnehmung von einer Lichtvollen Zukunft auch in die Welt zu geben, damit wir gemeinsam der Lichtvollen Zukunft Kraft schenken.

Meine Vision für Mensch, Tier, Natur und Erde verdoppelt sich mit deiner. Wir werden zu Mitschöpfern an einer uns gemeinsamen Lichtvollen Zukunft. Mögen unsere Lichtbilder Trittsteine werden für all die Wesen, welche gerade erwachen und möge sich deren Schmerz in Liebe verwandeln. Siehst du die neue Erde?

„Und ich sah einen neuen Himmel und eine neue Erde; denn der erste Himmel und die erste Erde waren vergangen, und das Meer gibt es nicht mehr. Und ich, Johannes, sah die heilige Stadt, das neue Jerusalem, von Gott aus dem Himmel herabsteigen, zubereitet wie eine für ihren Mann geschmückte Braut. Und ich hörte eine laute Stimme aus dem Himmel sagen: Siehe, das Zelt Gottes bei den Menschen! Und er wird bei ihnen wohnen; und sie werden seine Völker sein, und Gott selbst wird bei ihnen sein, ihr Gott. Und Gott wird abwischen alle Tränen von ihren Augen, und der Tod wird nicht mehr sein, weder Leid noch Geschrei noch Schmerz wird mehr sein; denn das Erste ist vergangen."

(Joh. 21:1-4)

Wie können wir eine zweite Erde begreifen?

Diese Frage stelle ich mir und auch meinen Interviewpartnern im Rahmen meines Onlinekongresses.

Christa Laib-Jasinski, die telepathisch mit ‚Innererde' kommuniziert, wo Menschen bereits in der 5. Dimension leben, sagt durch Innererde über den Übergang Folgendes:

„Je mehr Menschen ihr Bewusstsein erhöhen, kommen sie in eine andere Sphäre auf diesem Planeten Erde, es ist kein zweiter neuer Planet.

Zunächst werden zwei Zivilisationen nebeneinander her leben, während die eine Zivilisation nach und nach aussterben wird. Sollten jene neu inkarnieren, wählen sie einen Ort außerhalb der Erde.
Alle Menschen haben Verbindung ins göttliche Geistfeld. Je mehr man in seine Mitte kommt, je stärker ist die Verbindung zum göttlichen Geistfeld. Wir werden eine zeitlang hin- und herswitchen zwischen den beiden Erden...“

Ihr verstorbener Mann Alfons Jasinski, dessen Tagebücher sie veröffentlicht, fuhr über einen Zeitraum von 10 Jahren nach Innererde ein und aus wie andere mit dem Bus. Im Buch »Wandel« der »Thalus von Athos«-Buchserie beschreibt er einen kurzen Einblick in die 2. Erde im Oben:

„Ulluer fasste meine Hand und es durchzuckten mich ***Bilder einer Welt voller Frieden und Naturpracht. Es winkten mir Menschen zu und viele streichelten mein Gesicht.“***

Darauf Ulluer: *„Hättest du nicht die Gabe des Einblicks, hätte ich sie dir nicht zeigen können. Du hast gesehen und erlebt aus dir selbst heraus, ich war nur der Katalysator.“*

Christa Jasinski wirkt als Botschafterin des Wedischen, der Lebensweise in Innererde. Und was macht diese ‚wedische Lebensweise‘ aus?

„Es sind keine Schwertkämpfer, keine Führer, keine Helden. Echte Weden sind intuitiv und individuell. Das Wedische ist weder planbar noch installierbar, noch konzentrierbar, es unterliegt keinen äußeren Regeln. Das Wedische ist nur geistseelisch erfassbar, fröhlich und voller Lebens- und Wissensenergie, kein Konstrukt kann ihm das Wasser reichen. Der Mensch kann nur in sich selbst in die Mitte kommen und zum Weden werden – eine wedische Gemeinschaft kann nur innerhalb von Menschen entstehen, die selber in der Mitte sind. Es bedarf der inneren Vorbereitung und Achtsamkeit auf die Zeichen der Zeit.“

Am Rande möchte ich bemerken, dass beim Lesen der Bücher auffällt, dass Besucher von ‚Innererde‘ wie Rudolf Steiner, Ryke Gerd

Hamer, Anastasia, die Tochter der Taiga, Philosophien verkörpern – Raum und Zeit herrschen in der 5. Dimension ja nicht mehr vor –, welche es in unseren Tagen nicht ganz leicht hatten.

Steiners Anwesen in Basel-Dornach ging in Flammen auf. Hamer wird als Antisemit verunglimpft, seines Lehrstuhls enthoben und sein Wissen über die ‚Neue Germanische Medizin', bekannt auch als ‚Die fünf biologischen Naturgesetze', wird von der Wissenschaft vehement unter den Teppich gekehrt. Anastasias Bücher mit der großen Vision von Familienlandsitzen hat man mit Lügengeschichten unterwandert. Allesamt wurden diese Philosophien kleingehalten, was jedoch in der nahenden Lichtvollen Zukunft nicht mehr möglich sein wird, weil Lügen keinen Bestand haben werden. Jeder wird sie sofort erkennen – somit wird auch jede Wahrheit ersichtlich sein.

Heute ahnen wir schon, dass einige dieser besagten Philosophien in der Neuen Zeit GROSS geschrieben und dass sie für uns alle frei zugänglich sein werden. Denn warum sonst sollten sie verschwiegen worden sein, wenn es sich nicht um die Wahrheiten handeln würde?

Das Wissen kommt in uns. Jeder wird an das Geistfeld angebunden sein, es wird selbstverständlich sein, dass Selbstheilung geschehen kann und auch auf welchem Wege. Werden wir überhaupt noch krank werden? Werden wir nicht jetzt schon darauf vorbereitet, alle karmischen Geschichten abzulegen, Frieden zu schließen mit allem Alten, weil wir die Kraft der Ahnen in unsere Realität einladen, weil Heilung jetzt geschieht, um uns für die große Reise in die Lichtvolle Zukunft reisetauglich zu machen?

Es wird spürbar sein, welche Gaben in uns und in unseren Kindern nach außen dringen wollen. Wir werden ‚Gottes Plan' in uns erkennen und gleichfalls leben. Soviel Druck wird von uns abgefallen sein, soviel Zeit für unser Menschsein wird frei werden... Inspiration und Kreativität werden die Menschen überschäumen lassen wie ein Meer an Ideen und Tatendrang, worin wir wahrlich baden werden.

Wir gehen ‚zurück und voraus' mit der Wahrheit, und im Grunde bleiben wir dabei stets im jetzigen Moment.

Die Fäden für ein neues Lernen sind längst gesponnen.

Das Wissen um die Entwicklung des Kindes im Einklang mit der Natur, das freie Geistesleben, freies Lernen, der Wert eines Familienlandsitzes und vieles mehr werden uns erwarten.

„Die wedische Schule hat keine Traktate noch Postulate. Sie ist in der Lage, alle Informationen auf dem Wege der Gefühle weiterzugeben. Je lebhafter und stärker das Gefühl, desto mehr Wissen des Universums ist darin enthalten.“ (Anastasia in »Das Wissen der Ahnen«)

Schulen, wie wir sie noch kannten, gar eine Schulpflicht, wird es nie mehr geben.

„Der fehlende Glaube an sich selbst, die Angst vor dem eigenen Fehler brachte die Menschen dazu, die Kinder in die Schulen und Akademien zu schicken, damit sie dann die Schuld auf die Lehrer schieben können, nur nicht auf sich“, erspürte Anastasia Wladimirs Gedanken.

Der österreichische Lern-Spezialist Ricardo Leppe ist ein Botschafter, der schon jetzt viele Kinder mit seinen Erfahrungen glücklich macht. Ricardo ist von seinen Eltern begleitet worden und ganz ohne Schulsystem groß geworden. Er vermittelt beispielsweise die vedische Mathematik.

Die Kinder der Neuen Zeit werden paradiesische Zustände erwarten dürfen.

Gleich und gleich gesellt sich gern

Seit 2020 veranstaltet Christa Laib-Jasinski, die ich weiter oben im Zusammenhang mit ‚Innererde‘ bereits erwähnte, mit ihrem Sohn Simon Below Seminare, die ganz auf Schöpferkraft, Intuition und Anbindung ans Geistfeld ausgerichtet sind. Sicherlich eine gute Quelle, um sich diesen Themen zu widmen, sich zu stärken, sich mit Seinesgleichen zu umgeben, die Netze auszuwerfen… Weiterhin ist sie Verlegerin des ‚GartenWeden-Verlags‘.

Gerne möchte ich hier auch die lichtvolle Vision des Schweizers Bruno Würtenberger wiedergeben:

„Dein Herz kennt den Weg, lerne du dein Herz kennen und du wirst mit mir und mit uns allen dein Ziel in der 5. Dimension auf einem paradiesischen Planeten leben. Dort werden wir in Ruhe, entspannt, ohne Geld und ohne Forderung in liebevoller Wertschätzung leben."

Bruno ist seit 30 Jahren Bewusstseinsforscher, Verleger und Schriftsteller, Dozent und Bewusstseinstrainer mit eigener Schule und seit 2020 hat er eine Community, einen geschützten Raum für Menschen, die mit ihm in die Neue Zeit gehen werden. Er hält den Raum für Wissen, Forschen, Lieben und Leben für dich parat. Forschungsobjekt bist du.

Ute Höstermann (am Ammersee), die schon seit 20 Jahren eine ‚Zeitenwendeschule' anbietet und sich voll und ganz dem Übergang widmet; der Österreicher Karl Gamper, der Menschen ins ‚Neuland' einschwingt; die geistig-seelischen Pionierinnen Lea Hamann und Jaqueline Le Saunier, um nur einige Namen zu nennen – wo sich mir in der Kongress-Welt die Bewegung ‚NEULAND' offenbart.

Kürzlich ist das »Walnussblatt« erstaufgelegt worden, eine Zeitschrift, die ein ganzes Sammelsurium von Visionen lichtvoll gespeister Menschen zusammenhält. Es ist die Vereinszeitschrift von ‚Ubuntu Spirit', dem ‚Verein für Bewusstseinsarbeit und Gemeinnützige Dorfgemeinschaften', in Kooperation mit dem Online-Event ‚The World becomes One'.

Themen von der Gesellschaft, Umwelt und Natur, Bewusstsein, Ernährung und Gesundheit, Kinder der Zukunft finden hier ihren Platz. Selbst kontroverse Artikel sind hier zuhause, *„weil die Autoren ihre Texte absolut unabhängig und freien Geistes schreiben"*, so Pedro Kraft. Den Leitgedanken *„Abbruch und Aufbau – zwei Welten?"* sieht Pedro Kraft als Ausdruck der eigenen Wahrnehmung, die sich ihm jeden Tag auf unterschiedliche Weise bestätigt. Er schreibt im »Walnussblatt«:

„Das Alte zerbricht nicht einfach so; wir sorgen selbst für den Abbruch. Und scheinbar ist die bedingungslose Liebe und unsere Hingabe an das,

was dem reinen Herzen entspringt, die größte existierende Kraft überhaupt, die nun für allerlei Schöpfungsprozesse genutzt wird.“

Robin Kaiser, Psychologe, beobachtet im Kongress ‚Visionen Erde 2.0‘, wie derzeit Gemeinschaften aus dem Boden sprießen. Er sieht darin die Zukunft, dass wir uns alternative dezentrale Netzwerke schaffen und auch den Tauschhandel neu beleben. Doch er gibt zu bedenken, dass man nicht automatisch zum Öko werden muss:

„Vertraue in dich und deinen Weg. Erlaub dir an jedem Tag ein neues und ganz anderes Leben zu leben. Uns wieder mit den Elementen verbinden, ihre Kraft zu spüren, ist das, was die neue Erde sprießen lässt, sie aufgehen lässt.“

Ich beobachte immer mehr Initiativen vor Ort, um gemeinsam neue Pläne zu schmieden, wie man alternativ zu Lebensmitteln, zu Lerngruppen für die Kinder, zum Austausch in dieser Umbruchszeit, zu handwerklichem Austausch und vielem mehr kommt. Not macht ja bekanntlich erfinderisch. Menschen, die den Aufbruch sehen und ersehnen, finden Lösungen und suchen nach den Seinesgleichen.

Die Menschen finden sich, ziehen sich magnetisch an. Leicht und ohne Anstrengung. Wenn wir das schon jetzt verstärkt wahrnehmen können, wie wird das erst sein, wenn sich die große Flut von Bewusstseinserweiterung über uns ergossen haben wird?

Halte durch – Marias Mantel umhüllt dich

Tage wie diese, so kurz vor dem Zusammenbruch, entmutigen uns und lassen Angst durch unsere Adern zirkulieren. Wir stehen ja nicht vor einer einzigen isolierten Veränderung in unserem Leben. Jegliche Inhalte kommen zum Einsturz. Wir gehen auf den Totalkollaps zu. Da braucht es schon eine gehörige Portion klarer Ausrichtung und Sehnsucht nach dem Neuen und es braucht Unerschrockenheit.

Weil du da bist, genau jetzt, wirst du gebraucht und du wirst alles haben, was diese Zeitqualität erfordert. Dein Anteil an diesem Umbruch, deine gottgegebenen Gaben in diesen Prozess einzubringen, wird groß sein. Und, so paradox das jetzt klingen mag, es wird leicht gehen. Weil du es kannst. Schon jetzt wirst du wissen, was deine Aufgabe sein wird. Schon der große Geisteslehrer Babaji erklärte aus seiner zeitlosen Sicht:

> „*Eine neue Erde wird geboren und du sollst das Licht sein für die, die nach dem Lichte streben, und der Anker für die, die sich selbst noch suchen.*“

Wir dürfen mit einem Gnadenstrom rechnen, einem Art Sonnenblitz, einem kosmischen Geschenk an uns Menschen, das sich über uns legen wird wie der ‚blaue Mantel Marias', die heilende göttliche Kraft.

Wir werden diesen Weg nicht aus eigener Kraft und Anstrengung gehen können, gehen müssen, gehen... Gewiss werden wir begleitet sein, wie wir immer schon begleitet waren. Es gab nie eine Trennung von Gott und es wird nie eine geben.

Halte durch... und zwar mit Vorfreude auf das Kommende und Dahinterliegende, das Schöne und Neue. Wir erfinden uns neu, lösen uns ab vom Alten, vom Schmerzhaften, vom Trauma. Mit Gottes Hilfe schaffen wir das.

Eure Ursula Maria

Über Ursula Maria Warga

1970 geboren, sieht sie sich als Visionärin, Lebenslernerin und Begleiterin. Den Übergängen im Leben hat sie schon als Kind ihre ganze Aufmerksamkeit geschenkt. Es muss mehr geben… hört sie das Kind in ihr. Ihre Sinnsuche führte sie über ein Laienstudium der Theologie und einer Ausbildung zur Trauerbegleiterin zur größten Transformation ihres Lebens, ihrer eigenen Trauer.
2016 verlor sie ihren Mann und Vater der gemeinsamen drei Kinder. Dieser Schmerz ließ sie für eine gewisse Zeit sterben, obwohl sie weitgehend funktionierte. Sie begegnete sich SELBST und der Liebe wie nie zuvor. Traumata lösten sich durch Methoden des geistigen Heilens. Aus diesen gewaltigen Erfahrungen, die Neuland für sie darstellten, entstand 2018 der ‚Meine Trauer Kongress' und ein Jahr später der ‚SchöpferbewusstSEIN-Kongress', den sie veranstaltete. Es entstanden wunderbare Begegnungen mit sehr lichtvoll Trauernden und mit Bewusstseinsforschern, die den Schmerz in einen viel größeren Kontext einordnen, eine Raumöffnung der Orientierung für viele Menschen.

„Nichts ist mehr wie es war…" – Dieser Satz hat durch ihre Trauer seine Richtigkeit. Noch bedeutender ist seine Kraft seit ihrem Erwachen, dem subtilen Weg in der Stille zu ihrem Selbst. Es gab von da an kein Drama, kein Opferdasein, keine Angst vor wiederkehrendem Schmerz der Trauer, keine Zukunftsangst mehr… Dogmen und Glaubenssätze verschwanden. Durch das Erwachen sieht sie die Schöpferin in sich und erlebt ES wie die Einladung der Seele, mit ihr zu gehen.
Zeichen aus der Geistigen Welt begleiten ihren Weg, wie dieses jüngste: Am 6.4.2021 ist sie neben ihren drei Kindern auch stolze Großmutter geworden. Josue ist zur selben Stunde des gleichen Tages geboren, an dem ihr Mann gegangen war.
Ihre Vision ist, Erwachen zu einem Thema zu machen, worüber man spricht. Erwachte Menschen sehen und sehnen eine Neue Erde.

www.ursulawarga.de

Nachwort

Liebe Lichtgeschwister,
auf unserem liebevollen Mutter-Erde-Planeten gibt es zwei Welten: das herrschende Materielle und Grobstoffliche und das liebevolle Geistige und Feinstoffliche. Dabei ist beides real und zu einer unsichtbaren Einheit verbunden und vernetzt. Es ist eine erschaffene Schöpfung und war ursprünglich als ein einzigartiges göttliches Modell der Göttin Erda, Gaia, Terra u.ä. zusammen mit Abermilliarden schöpferischer und göttlicher Seelensplittern mit freiem Willen geplant. Es war schließlich gekrönt in der Zivilisation von Atlantis, als unsere irdische Traumzivilisation von außerirdischen, gottlosen Dunkelwesen überfallen, erobert und zuletzt vernichtet wurde. Auch unsere Nachfolge-Zivilisation haben sie erwischt.

Zwei Basisenergien machen das möglich. Mit der einen, Lügen und Vertuschung, werden möglichst viele unserer Erdenmenschheit *völlig ahnungslos* gehalten. Und mit der anderen wird gekonnt und seit Jahrtausenden der Schöpfer geistig von seinen Geschöpfen *getrennt*, also Gott von uns Menschen (*divide et impera* = trenne und herrsche). Ausnahmslos sind sowohl in den mächtigen Kirchensystemen wie auch in allen Glaubensgemeinschaften ‚Spezialisten' eingeschaltet, Theologen, Mönche, Prediger, Schamanen u.a., die gehört, geehrt und finanziert werden, uns zu erklären und zu vermitteln, was wir glauben sollen. Man schuf Lehren mit Glaubensgesetzen, gar einen strafenden Gott, seiner Existenz irgendwo fern im Himmel und schließlich erfand man auch noch eine Hölle, wenn unsere Seelen wieder heimgehen. Auch in unserem Christentum, der größten irdischen ‚Glaubensgemeinschaft der Liebe', gab es immer wieder gewaltige Glaubenskriege (in Irland bis 1972), Kreuzzüge, weltweites Sklaventum, Hexenverbrennungen und so weiter. In einem aktuellen Bericht von Prof. Manfred Krames aus Japan wird die Macht der neuen Mönche im Bereich der kostspieligen Beerdigungen geschildert, was für uns unvorstellbar ist.

Du fragst dich jetzt vielleicht, warum bringt der JOH dieses alte Thema am Ende dieses großartigen und positiven Buches über unsere Lichtvolle Zukunft? Weil diese entscheidende Erkenntnis bezüglich des Gottesbildes bislang nur Mystiker aller Religionen ohne deren Lehren kannten und auch lebten: *Gott ist in uns.* Was ich ab Seite 97 kurz dargestellt habe,

ist der absolute Bewusstseinswandel der alten zur neuen Welt.

Es gibt keine Trennung mehr. Der neue Wesenskern der Herzmenschen lässt Liebe fließen – und so ist ein inneres Verbundensein mit dem Kollektiv und allen Geschöpfen vorhanden.

Wer in dieser freien Sichtweise das Göttliche wie Mutter und Vater liebt, Jesus nannte Ihn auf aramäisch *abba* (der Schalk in mir flüstert Papa), der kann dann ein glückliches ‚Kind Gottes‘ sein, wirklich glücklich – und somit auch Schöpferin und Schöpfer einer Lichtvollen Zukunft.

Um wohl zu vermeiden, dass unsere klugen Köpfe wieder anfangen zu differenzieren, ist das wirklich Gott selbst oder ist es Christus oder mein Hohes Selbst oder etwas anderes Göttliches, mit dem ich im Herzen verbunden bin, wird uns in Botschaften erklärt ***Licht ist Liebe.*** So bekam auch ich den Hinweis *„Mit dem Licht aus deinem Herzen…“* – die einfache, göttliche Schöpferformel für eine glückliche und ‚Lichtvolle Zukunft‘.

Lasst uns schöpferisch träumen von einem Lichtreich der Herzen.

Und noch etwas Wunderbares wird geschehen. Die dann bewusstseinsmäßig wieder hochschwingenden Zivilisationen der Innererde vereinigen. Für sie ist es dann eine ganz besonders ‚lichtvolle Zukunft’, die dann wieder das äußere Sonnenlicht mit einbezieht. Dank sei Gott!

Euer Joh

Quellenverzeichnis

Johannes Holey

(1) www.praxis-zwerger.de

Bianka Denise Albrecht

(1) www.urwaldkaffee.de
(2) Grazyna Eosar, »Franz Bludorf: Vernetzte Intelligenz – Die Natur geht online«, Omega-Verlag
(3) Clemens Arvay, »Corona-Impfstoffe: Rettung oder Risiko?«, Quadriga Verlag
(4) Grazyna Fosar und Franz Bludorf, »Vernetzte Intelligenz«, Omega Verlag
(5) Sendung: »Report, Südwestfunk Baden-Baden«, ausgestrahlt am 5.10.1992 in der ARD
(6) Chakra-Bewusstseins-Öle sind lichtvolle Pflanzenhelfer aus naturreinen ätherischen Ölen, die mit ihren Licht- und Transformationskräften auf die unterschiedlichen Chakren wirken.
(7) Chakra-Bewusstseins-Öl der Neuen Zeit: chakra-bewusstseins-oele.seelenraum.eu
(8) Weitere Erklärung: www.schamanische-ausbildung.com/mitakuye-oyasin

Peter Götz

(1) »Der Traum vom Frieden zwischen Mensch und Tier«, München 2015, Kösel-Verlag, S. 55 und 56

MEGAWANDEL

Johannes Holey

Dieses Buch ist ein Seelenöffner für die Zeit des inneren und äußeren Wandels. Neues Wissen! Ermutigende Sichtweisen! Wegweisende Impulse! Spannende Erkenntnisse! Zunehmender Bewusstseinswandel! Wollen Sie wissen, warum es genügend Gründe gibt, voller Hoffnung zu sein? Wissen Sie eigentlich, dass uns neue kosmische Energien zur Verfügung stehen, durch die auch Sie Ihr Leben positiv verändern können? Wollen Sie sich eine neue Lebensqualität aufbauen? Wollen Sie geistig-seelische und spirituelle Hintergründe erkennen und dieses Wissen nutzen? Wollen Sie erfahren, warum Gefühle und nicht irgendwelche schlauen Überlegungen die Welt verändern werden? Wollen Sie den selbstsicheren Umgang mit seelischen Kräften und persönlicher Macht in Ihnen aktivieren? Sind Sie bereit für Veränderungen?
Auch wir SELBST verändern uns dabei, allerdings so, wie wir es wollen und es uns gut tut – und kein anderes System kann uns mehr zu ungewollten Anpassungen zwingen. Das ist die Kraft des Megawandels.

ISBN 978-3938656921 • 23,30 Euro

HANDBUCH FÜR GÖTTER

Jan van Helsing

Egal, was die Illuminaten vorhaben, was ist DEIN Plan?

In diesem Buch spricht Jan van Helsing, der bereits im August 2019 über den Corona-Plan informiert war, mit Johannes, einem Hellsichtigen, der sozusagen einen guten „Draht nach oben" hat. Beide gehen der Frage nach, wieso die Mächtigen dieser Welt – die Illuminaten –, die hinter all diesen Szenarien stecken, eine solche Angst haben, dass ihre Machenschaften auffliegen, dass sie deswegen Videos, Bücher sowie Menschen auf dem gesamten Globus zensieren. Wovor haben sie Angst? Die Illuminaten kennen ein Geheimnis, das sie ganz schnell ihrer eigenen Macht berauben würde – hätten die Menschen Kenntnis davon. Es ist etwas, das in jedem von uns verborgen ist, weshalb man uns durch eine gigantische Ablenkungsindustrie davon abhält, uns auf die Suche nach diesem Geheimnis zu machen. Das „Handbuch für Götter" zeigt Möglichkeiten auf, wie jeder Einzelne diese Kraft entdecken und im täglichen Leben zum Einsatz bringen kann.

ISBN 978-3-938656-64-8 • 21,00 Euro

ALLES IST GOTT

Johannes Holey mit Hannelore Dietrich

Anleitung für das Spiel des Lebens

In 130 kurzen Kapiteln führt das Buch schrittweise in eine noch klarere mutige Individualisierung der Leserinnen und Leser und wird zum allmählichen Werkzeug der eigenen und ganz persönlichen Selbstfindung. Und damit auch des Findens beglückender Lebensziele. Die in uns angelegten Schöpferkräfte – unsere göttliche Matrix – werden einfach erklärt und praktisch dargestellt. Mit Erstaunen erkennen wir neue Möglichkeiten und den Reichtum verdrängter Gefühle, die bald schon unseren eigentlichen Selbst-Wert erahnen lassen, denn jeder Mensch ist Schöpfer seines Lebens, seines Alltags und seiner Gesundheit durch seine Gedankenkräfte - nach der Regel „der Gedanke lenkt die Kraft".

ISBN 978-3-9805733-4-4 • 19,70 Euro

DER JESUS CODE

Johannes Holey

Johannes Holey wurde zum kritischen Jesus-Forscher, aber er forscht auch mit Herz und Intuitionen. Er enthüllt und erklärt in diesem Buch logisch: Jesus hat am Kreuz nicht gelitten, weil er Meister aller Elemente war und dies heute Forschungsergebnisse belegen. Sechs weitere wichtige Themen im Leben Jesu werden zeitgemäß ‚decodiert' und enthüllt – dabei auch die ‚Heilige Sexualität' mit Maria Magdalena. Der Autor...

- belegt die Unterdrückung des weiblichen Aspektes in den christlichen Kirchen;
- belegt, dass die Christen die ursprüngliche Frohbotschaft des Meisters Jesus nie ganz erfahren haben;
- belegt, dass Jesus weder Jude noch deren erwarteter Messias war;
- belegt, dass schon Saulus/Paulus mit dem Titel Christos die Person Jesus verdrängte;
- belegt, dass Jesus sich nicht geopfert hat, weil das kein liebender Vater will;
- belegt, dass Jesus schon damals die Gleichheit aller Menschen gefordert hat – der wahre Grund seiner Hinrichtung.

ISBN 978-3-938656-54-9 • 21,00 Euro

SELBSTHEILKRAFT

Klaus Medicus

Die Schlüssel zur Entfaltung höchster Potentiale
gesundheitlich – psychisch – spirituell

»Selbst-Heilkraft« ist das innovative Praxisbuch eines wirklichen Medicus unserer Zeit, das sich mit Leichtigkeit über künstlich gesetzte Grenzen klassischer Medizin, konventioneller spiritueller Leitfäden und des herkömmlichen Denkens hinwegsetzt. Wir sind frei, eine Revolution des Geistes zu erleben, mit der wir die Fesseln alltäglicher Propaganda hinsichtlich Gesundheit, Spiritualität, Gesellschaft, Umwelt und Politik sprengen. In jedem Menschen liegt ungeahntes Potential eigener Schöpferkraft verborgen, das es zu entdecken gilt. Der Medicus nimmt seine Leser mit auf eine faszinierende Reise in Weiten menschlichen Bewusstseins, auf der sich durch die Aktivierung der Zirbeldrüse Zugänge ins universelle Quantenfeld öffnen und die Kraft erlebter Gegenwärtigkeit direkt erfahrbar wird.

ISBN 978-3-938656-74-7 • 21,00 Euro

GIFTDEPONIE MENSCH

Katja Kutza

Der ungewöhnliche Heilungsweg einer Amalgamvergiftung...

„Sie sind austherapiert. Wir können keine körperlichen Erkrankungen bei Ihnen feststellen und vermuten eine psychische Störung." Das waren die Worte, mit denen Katja Kutza aus den meisten schulmedizinischen Praxen entlassen wurde. Am Ende eines langen Leidensweges stand die Autorin mit einem nicht mehr funktionieren wollenden Körper und allein gelassen von Ärzten vor den Trümmern ihres einst glücklichen Lebens. Völlig verzweifelt an diesem Punkt angekommen, bekam ihr Leben endlich eine glückliche Wende. Nicht nur ihre Grunderkrankung – eine Amalgamvergiftung – wurde aufgedeckt, auch spirituelle, geistige und energetische Heilsysteme ebneten ihr den Heilungsweg. Auf diesem Weg zurück in ihr Leben machte sie zahlreiche wichtige Erfahrungen, die sie immer zuerst zu hundert Prozent am eigenen Leib spürte und erfuhr, um dann einen optimalen Genesungs- bzw. Lösungsweg zu erfahren. Ihr daraus entstandenes Wissen, ihre spannende Lebensgeschichte und ihre Erfahrungen auf körperlicher, geistiger und seelischer Ebene gibt sie in ihrem Buch völlig authentisch und ehrlich weiter, bietet Hilfe zur Selbsthilfe und macht Mut, niemals aufzugeben und offen zu sein, ungewöhnliche Wege zu gehen.

ISBN 978-3-938656-47-1 • 21,00 Euro

WISSEN IST MACHT

Dr. Dinero Jan van Helsing

Wenn Dir Dein Leben nicht passt, dann glaub doch was anderes! *„Das würde ich ja gerne, aber ich kann es einfach nicht."*, sagen viele. In diesem Buch erfahren Sie, wie Sie Ihren Glauben und Ihr Sein machtvoll verändern können. Zu wissen, wie man das macht, ist Macht. Das wissen auch die Mächtigen in Politik und Wirtschaft sowie in den Massenmedien, z.B. in Hollywood. Wer die Mechanismen kennt, kann sie anwenden – manipulativ oder befreiend. Man kann ganze Völker für einen Krieg begeistern, Menschen weltweit dazu bringen, sich „impfen" zu lassen oder auf Grundbedürfnisse des täglichen Lebens zu verzichten. Ja, man kann sogar einem Jungen einreden, dass er ein Mädchen ist... Das ist wahre Macht! Dr. Dinero zeigt in diesem Buch, welches diese Mechanismen sind und erklärt, wie Sie selbst diese konstruktiv anwenden können – sei es in beruflichen Situationen, bei Partnerschaftsproblemen oder auch bei Geldangelegenheiten. Vor allem werden Sie verstehen, was zu tun ist, um frei zu sein, nicht mehr manipuliert zu werden und selbst bewusst zu entscheiden, wie Ihr Leben in Zukunft verlaufen soll.

ISBN 978-398562-888-9 • 25,00 Euro

KREBS UND ANDERE SCHWERE KRANKHEITEN...

Chris Patron

Mit den Informationen in diesem Buch halten Sie den Schlüssel für eine dauerhafte Gesundheit in Ihren Händen! Sie werden verstehen, warum Sie erkrankt sind und wie Sie ein für alle Mal wieder vollständig gesunden und gesund bleiben, gleich wie schwer Sie auch erkrankt sein mögen. Sie werden verstehen lernen, was die wirklichen Ursachen für Krankheit sind und dass Krankheit nicht Gott gegeben ist, sondern einzig und allein durch Sie, durch Ihr Verhalten oder Ihre Lebensumstände entsteht, begünstigt oder verursacht wird, mit der Ausnahme angeborener Schäden. Sie müssen verinnerlichen und akzeptieren, dass SIE allein die Ursache Ihres körperlichen Zustandes sind, niemand sonst!

Doch so brutal und direkt diese Feststellung auch sein mag, so POSITIV ist sie im Umkehrschluss, denn was nicht Gott gegeben ist (Gott kennt keine Krankheiten), sondern allein durch Sie verursacht ist, können auch SIE wieder korrigieren!!! Am Ende dieses Buches werden Sie erleichtert durchatmen, und ein befreiendes Glücksgefühl wird sich einstellen, denn aus der Hoffnung wird Gewissheit geworden sein, Sie haben wieder eine Zukunft. Jede auch noch so schwere Krankheit ist heilbar!

ISBN 978-398562-000-5 • 44,00 Euro

ANLEITUNG ZUM DIMENSIONSWECHSEL

Günther Wiechmann

Der Wechsel der Bewusstseinsebenen wird jetzt vollzogen. Dies ist für uns keine Frage des Wollens oder Könnens, sondern lediglich unserer Wahrnehmung – denn es geschieht. Wir durchleben unruhige Zeiten, in denen sich alte Vorstellungen ebenso auflösen, wie die scheinbaren Sicherheiten der materiellen, dualen Welt. Wir bekommen in dieser Zeit vielfältige Hilfe aus der Geistigen Welt, und in diesem Buch bekommen wir eine direkte Anleitung, quasi einen Plan für unseren Weg ins „Neue Zeitalter". Erzengel Uriel erklärt in über hundert Channelings verschiedene Bereiche und Aspekte des Lebens und gibt uns so eine zeitlose, von Weisheit und bedingungsloser Liebe getragene Hilfe. Er erklärt die Verbindung von inneren und äußeren Prozessen des Wandels und zeigt Wege zur Selbst-Liebe auf, die für ihn unser wichtigster Schlüssel zu Freiheit und Frieden ist. Hinter den Worten ist immer seine heilende, liebende Energie spürbar, und manchmal auch der feine, spezielle Humor. So ist dies nicht nur ein Buch zum Durchlesen, sondern ebenso ein Nachschlagewerk zu aktuellen Themen wie auch eine Quelle von Inspiration, Trost und Energie. Schlage es einfach irgendwo auf und empfange.

ISBN 978-3939105985 • 21,00 Euro

DEIN SEELENKOMPASS

Angelika Moser

Als Heilpraktikerin für Psychotherapie und Psychologische Beraterin geht es der Autorin vor allem darum, die vielen kleinen Irrtümer aufzuzeigen, die unser Leben behindern. Eine Vielzahl körperlicher Leiden entsteht durch die Unwissenheit, dass der seelische Hintergrund und die oft unzähligen Blockaden dafür mitverantwortlich sind. Wenn wir aber unseren Fokus, unser Licht, dorthin ausrichten und uns darauf einlassen, dass unter der Oberfläche schwieriger Lebensumstände eine alles umfassende Liebe zu unserem höchsten Wohle arbeitet, kann uns das von krankmachenden Beeinträchtigungen befreien. Die Autorin weist auf die verschiedenen Möglichkeiten und Kraftquellen hin, die uns den Weg aus unseren Behinderungen zeigen. Sie legt in ihre Zeilen mit ihrem Einfühlungsvermögen tiefe Weisheiten, die durch besinnliches Lesen wirken und verinnerlicht werden können. Damit das Licht, die Liebe und der Frieden am Übergang zum Goldenen Zeitalter wirklich die Oberhand gewinnen können, wird es unumgänglich sein, die eigenen Blockaden, Muster und Überzeugungen sowie die unliebsamen Machenschaften in vielen Lebensbereichen zu transformieren.

ISBN 978-3938656914 • 14,80 Euro

Brigitte Devaia ART

empathisch-spirituelle Kunst
als seelische Kraftquelle

Diese KunstART wird nicht nur der Kunst wegen kreiert,
sondern dient als Kanal für die
Göttliche Gemeinschaft allen Lebens.

Empathisch-spirituelle Kunstwerke zum Wohle aller stärken das Gute und Edle sowie das Schöne und Wahre in den Menschen und in unserer sich wandelnden Welt.

Engel und geistige Entitäten wirken durch die Bilder und transportieren unsichtbare Botschaften aus höheren Seins-Ebenen zu den Betrachtern auf die Erdebene. Durch inneres Sehen und Spüren können wir lichte Strahlungsfelder und Lichtpartikel erkennen, die von den Gemälden verströmt werden.

Wenn Sie die Kunstwerke entspannt und unvoreingenommen betrachten, können Sie es spüren und genießen, wie Sie berührt und erhoben und in den Wirkkreis höherer Wesen und Welten hineingezogen werden.

Niemand kann bis jetzt erklären, warum das so ist und wie es funktioniert. Allerdings ergeben Forschungen, kinesiologische Tests und Bovis-Messungen, dass die Gemälde gesundheitsfördernd auf Körper, Seele und Geist und somit auch auf unser Immunsystem einwirken. Ganzheitlich ausgerichtete Mediziner und Heilpraktiker wertschätzen und fördern alles, was unser Immunsystem stärkt, weil dies eine zentrale Schlüsselfunktion für unsere Gesundheit hat. **Deswegen werden die Gemälde auch für therapeutische Zwecke verwendet und gerne in Praxen, Massage- und Seminarräumen wie auch Wohn- und Arbeitsräumen aufgehängt.**

Lassen Sie sich auf meiner Netzseite einfach verzaubern! Dort finden Sie Motive von Engeln, Feen, Aufgestiegenen MeisterInnen, Heiligen, Sternenwelten und Zauberwelten – alle als Poster, Kunstkarten und hängefertige Keilrahmendrucke in verschiedenen Größen bestellbar. (Briefpost bitte über den Amadeus Verlag)

www.brigitte-devaia.com